高职高专电子商务系列教材

电子商务实务

张春玉　徐　巧　闫晓勇　主　编
袁　方　姜旭萍　谢忠凯　副主编

清华大学出版社
北　京

内 容 简 介

本书由具有丰富教学经验的教师和行业专家共同编写。全书由两部分组成：第一部分(项目1～项目7)为电子商务基础知识与理论，同时设置“同步拓展”和“头脑风暴”等栏目，增加行业最新信息，以拓宽读者电子商务专业的知识面，体现互联网科技发展需求和时代特征；第二部分(项目8～项目11)为电子商务实训，设置电子商务行业必会项目操作，强调学生创新精神、实践能力和综合能力的培养。通过本书的系统学习，读者不仅能够有效掌握电子商务的基础知识，也能实际操作相关电子商务项目，切实提高电子商务技能，为进一步学习电子商务专业课程奠定基础。

本书适合作为高职院校电子商务、物流管理等专业的教材，也适合电子商务从业者使用。

图书在版编目(CIP)数据

电子商务实务/张春玉，徐巧，闫晓勇主编. —北京：清华大学出版社，2020.8（2024.8重印）
高职高专电子商务系列教材
ISBN 978-7-302-55939-9

Ⅰ.①电… Ⅱ.①张… ②徐… ③闫… Ⅲ.①电子商务－高等职业教育－教材 Ⅳ.①F713.36

中国版本图书馆CIP数据核字(2020)第120383号

责任编辑：张龙卿
封面设计：徐日强
责任校对：赵琳爽
责任印制：刘 菲

出版发行：清华大学出版社
网 址：https://www.tup.com.cn, https://www.wqxuetang.com
地 址：北京清华大学学研大厦A座 **邮 编**：100084
社 总 机：010-83470000 **邮 购**：010-62786544
投稿与读者服务：010-62776969，c-service@tup.tsinghua.edu.cn
质量反馈：010-62772015，zhiliang@tup.tsinghua.edu.cn
课件下载：https://www.tup.com.cn，010-83470410
印 装 者：三河市龙大印装有限公司
经 销：全国新华书店
开 本：185mm×260mm **印 张**：17.25 **字 数**：390千字
版 次：2020年8月第1版 **印 次**：2024年8月第4次印刷
定 价：49.00元

产品编号：088711-01

前　　言

习近平总书记在党的二十大报告中指出：教育、科技、人才是全面建设社会主义现代化国家的基础性、战略性支撑；必须坚持科技是第一生产力、人才是第一资源、创新是第一动力；深入实施科教兴国战略、人才强国战略、创新驱动发展战略，这三大战略共同服务于创新型国家的建设。

1．编写特色

（1）基础理论教学和实训内容紧密结合。本书根据电子商务行业发展及其特点，结合教与学的规律设计教材的结构和内容，突出理论与实践相结合的特点；内容既有电子商务基础知识与理论，又有电子商务实训。

（2）案例导入，学以致用。本书应用电子商务最新实际案例，涵盖电子商务技术、网络零售、网络营销、网店客户服务、电子商务法律法规、调研问卷设计与发放等领域，针对性强，可以激发并引领阅读者迅速进入学习状态。

（3）配套资源丰富。本书提供精美的PPT课件、课后练习参考答案等教辅资源，另外提供模拟试卷、电子教案等资源，有需要的读者可以访问清华大学出版社网站自行下载。

2．内容安排

本书的参考学时为60 ～ 72学时，建议采用理论与实践一体化教学模式，各项目的参考学时如下。

项　目	项 目 名 称	学　时
项目1	电子商务概述	4
项目2	电子商务信息技术	4 ～ 6
项目3	网络零售	4 ～ 8
项目4	网络营销	4 ～ 6
项目5	网店客户服务	4 ～ 6
项目6	电子商务物流与配送	4 ～ 6
项目7	电子商务法律法规	4 ～ 6
项目8	网上开店与创业	8 ～ 12
项目9	网站的发布	6 ～ 8
项目10	网络市场调研问卷	4 ～ 6
项目11	千牛工作台的操作与使用	4 ～ 6

本书在编写过程中参考了国内多位专家、学者的著作，也参考了多位同行的相关教材和在线案例资料，在此对他们表示崇高的敬意和衷心的感谢！

由于编者水平有限，加之电子商务行业发展迅速，书中难免有欠妥之处，恳请各位专家、教师和同学提出宝贵意见。

编　者

2020年4月

目　录

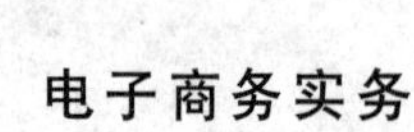

项目1 电子商务概述

知识与技能目标

- 了解电子商务的概念与特征。
- 了解电子商务的发展历程。
- 理解电子商务系统及其组成。
- 掌握常见电子商务交易模式。
- 掌握电子商务的行业应用。

重点概念

电子商务、B2B、B2C、C2C、O2O、网络零售、移动电商、跨境电商、农村电商

【案例导入】

从1997年开始至今,中国电子商务行业迅猛发展,如今已在促进消费与结构调整方面展现出强大的动力,成为驱动国民经济与社会发展的新要素。

(1) 电商交易规模:2018年中国电子商务交易规模为32.55万亿元,同比增长13.5%,占2018年中国GDP(90.03万亿元)的36.15%。其中,B2B电商交易额为22.5万亿元,零售电商交易额为8.56万亿元,生活服务电商交易额为1.49万亿元。

(2) 网民规模:截至2019年6月,我国网民规模达8.54亿,互联网普及率达61.2%,我国手机网民规模达8.47亿,网民使用手机上网的比例达99.1%,较2018年年底提升0.5个百分点。

(3) 网购用户规模:截至2019年6月,我国网络购物用户规模达6.39亿,占网民整体的74.8%。

(4) 电商上市公司:截至2019年6月30日,国内共有电子商务上市公司57家,总市值达49 474.852亿元,占2019上半年沪深两市A股总市值(58.35万亿元)的8.5%。其中,B2B电商上市公司总市值为459.417亿元,占比为0.93%;B2C电商上市公司总市值40 170.697亿元,占比为81.19%;跨境电商上市公司总市值为377.317亿元,占比为0.76%;生活服务电商上市公司总市值8467.421亿元,占比为17.11%。

(5) 电商上市公司分布在B2B电商、B2C电商、跨境电商、生活服务电商领域。

① B2B电商类(8家):上海钢联、卓尔智联、ST冠福、生意宝、焦点科技、*ST欧浦、慧聪集团、科通芯城。

② B2C电商类(24家):苏宁易购、寺库、聚美优品、南极电商、中国有赞、拼多多、宝宝树集团、团车网、趣店、如涵、国美零售、御家汇、云集、阿里巴巴、京东、唯品会、优信、小米集团、1药网、蘑菇街、乐信、宝尊电商、微盟集团、歌力思。

③ 跨境电商类(7家):广博股份、华鼎股份、跨境通、天泽信息、联络互动、新维国际、

兰亭集势。

④ 生活服务电商类（18家）：携程网、途牛、58同城、前程无忧、搜房网、乐居、平安好医生、跟谁学、阿里影业、阿里健康、齐屹科技、美团点评-W、同程艺龙、新氧、瑞幸咖啡、无忧英语、猫眼娱乐、新东方在线。

(6) 电商独角兽：截至2019年6月30日，我国“泛电商”独角兽共146家，总估值达4.9万亿元。排名前十名的公司为：滴滴出行、饿了么/口碑、瓜子二手车、链家、美菜网、房多多、VIPKID、大搜车、自如、汇通达。

(7) 电商投融资：1997—2019年的22年里，中国电子商务行业共发生了6070笔投融资事件，融资总金额达6990.61亿元。其中，B2B电商融资事件713起，金额达1149.83亿元；零售电商融资事件1691起，金额2105.4亿元；生活服务电商融资事件3216起，金额达3277.28亿元；跨境电商融资事件450起，金额达458.1亿元。

（资料来源：http://www.emkt.com.cn/article/668/66882.html）

思考题：请结合上述案例，理解什么是电子商务，并了解中国电子商务的发展历程，掌握当前中国电子商务主要的交易模式。

1.1 电子商务认知

1.1.1 电子商务的内涵

由于电子商务发展的时间不长，目前还没有一个统一的定义，国内外不同组织和专家从各自不同的角度进行了定义，它们可以帮助我们对电子商务有一个概括的了解。

1. 联合国经济合作和发展组织（OECD）的定义

电子商务（electronic commerce）是发生在开放的、网络上的包含企业与其他企业之间（B2B）、企业和消费者之间（B2C）的商业交易。买卖的产品或服务是通过网络安排的，至于支付和产品或服务的最终交付则既可以在网上完成，也可以在网下完成。

2. 世界电子商务大会的定义

电子商务是指实现整个贸易活动的电子化。从涵盖范围方面可以定义为：电子商务交易各方是以电子交易方式，而不是通过当面交换或者直接面谈方式进行的任何形式的商业交易；从技术方面可以定义为：电子商务是一种多技术的集合体，包括交换数据（如电子数据交换、电子邮件）、获得数据（如共享数据库、电子公告牌）以及自动捕获数据（如条形码）等。

3. 世界贸易组织（WTO）的定义

电子商务就是通过电信网络进行的生产、营销、销售和流通活动，它不仅指基于Internet的交易，而且指所有利用电子信息技术来解决问题、降低成本、增加价值和创造商机的商务活动，包括通过网络实现从原材料查询、采购、产品展示、订购到出品、储运以及电子支付等一系列的贸易活动。

4．IBM公司的定义

电子商务是把买方、卖方、厂商和合作伙伴在因特网、企业内部网和企业外部网结合起来的应用，即“电子商务＝Web＋IT（information technology）＋business”，它所强调的是在网络计算环境下的商业化应用。

综合各种电子商务的定义，本书从广义和狭义两方面给出了电子商务的概念。广义的电子商务（e-business）是利用各种电子工具从事的电子业务。电子工具包括从初级的电报、电话、电视到Internet等现代网络系统；电子业务包括企业商务活动、电子政务、电子军务、电子教务和个人商务活动，也可以称为电子事务。广义的电子商务包含狭义的电子商务，狭义的电子商务（e-commerce）指利用信息网络进行的与商务有关的活动。这个概念很明显地界定了狭义的电子商务必须凭借的媒介——信息网络，其中最主要的形式就是互联网。除了互联网外，还会用到其他的信息技术及设备，比如电话、传真等。本书如无特别说明，所指的电子商务是狭义的电子商务的范畴。

【头脑风暴】

《中华人民共和国电子商务法》（以下简称《电子商务法》）规定：“本法所称电子商务，是指通过互联网等信息网络销售商品或者提供服务的经营活动。”该条款就是法律对电子商务的界定，需要从以下3点理解。

1．通过互联网等信息网络

“互联网等信息网络”是一个开放性规定，既包括互联网，也包括移动互联网、物联网、电信网，还包括未来可能诞生的其他新型信息网络。通过移动客户端、移动社交圈、移动应用商店等进行的经营活动，也属于电子商务法的调整范围，比如，QQ群、微信群、朋友圈、微博、博客等。

2．销售商品或者提供服务

销售商品包括网络销售各种有形产品和网络销售无形产品。无形产品主要指数字产品，比如，数字音乐、电子书、计算机软件的复制件、技术交易、数据信息、虚拟财产等。

提供服务是指在线提供的服务，比如，网络游戏、网络出租车、网络教育、在线租房、在线旅游等；或者网上订立服务合同，在线下履行，如网上购票、家政服务等。另外，为销售商品和提供服务进行支撑的相关辅助经营服务活动也属于《电子商务法》的调整范围，比如，电子支付、物流快递、信用评价、网店设计等。

3．经营活动

经营活动是指以营利为目的、持续性、多发性的商事活动，包括上述销售商品、提供服务和相关辅助经营服务活动。自然人、法人和非法人组织，只要主观目的是为了营利，都是电子商务活动。

“经营活动”是判断网络上的行为是不是构成电子商务活动的关键要素。比如，自然人王五偶尔通过二手交易平台出售闲置物品、二手物品，不属于经营活动，不适用《电子商务法》，这些行为可以适用《中华人民共和国合同法》（以下简称《合同法》）等民商事法律。但是，如果王五持续地在二手交易平台上出售商品或者提供服务，则属于电子商务活动。又如,同一微信号、QQ 号、微博账号偶尔进行交易确认和转账,不属于电子商务活动;反之,长期、持续、多次地进行交易确认和转账就属于电子商务活动,适用《电子商务法》。

电子商务一定要利用互联网等信息网络,但不是所有利用信息网络的活动都是电子商务。电子商务的核心是通过互联网等信息网络进行的商事活动。单纯的公司内部管理行为,比如,财务会计管理、生产管理、质量控制、企业的客户管理、合作伙伴管理及人力资源管理等,因其不是法律意义上的经营活动,都不是电子商务,不受《电子商务法》调整的影响。

思考题:请结合《电子商务法》对电子商务含义的界定,分析在朋友圈售卖自己用过的教材是否为电子商务活动。

1.1.2 电子商务的特点

电子商务与传统的商务活动方式相比,具有以下几个特点。

1. 交易电子化

通过互联网络进行的贸易,使得双方从磋商、签订合同到支付都无须面对面进行,均通过互联网完成,整个交易完全电子化。买卖双方通过网络信息的沟通,达成交易意向,签订电子合同,通过网络完成电子支付,整个交易过程都是利用网络的虚拟环境完成。

2. 成本低廉化

由于交易电子化,使得买卖双方的交易成本大大降低,具体表现在以下几个方面。

(1) 利用网络的信息传递相较于传统的信件、电话、传真而言,时效更高且成本低廉。

(2) 买卖双方的交易活动基于网络平台,无须中介参与,减少交易环节,降低成本。

(3) 卖方利用网络进行产品宣传,减少线下传统广告、印刷等费用的支出。

(4) 电子商务实行“无纸贸易”,可减少大约 90% 的文件处理费用。

(5) 互联网使买卖双方即时沟通供需信息,使无库存生产和无库存销售成为可能,从而使库存成本更低。

(6) 传统的贸易平台是实体店铺,新的电子商务贸易平台可以是办公室等场所,降低了店铺的租赁、维护等费用。

3. 效率高效化

传统贸易方式中,用信件、电话和传真传递信息必须有人参与,每个环节都要花不少时间。有时由于人员合作和工作时间的问题,会延误传输时间,失去最佳商机。由于互联网将贸易中的商业报文标准化,商业报文能在世界各地瞬间完成传递与计算机自动处理,原料采购、产品生产、需求与销售、银行汇兑保险、货物托运及申报等过程无须人员干预就可在最短的时间内完成。电子商务克服了传统贸易方式费用高、易出错、处理速度慢等缺点,极大地缩短了交易时间,使整个交易非常快捷与方便。

4. 交易透明化

买卖双方从交易的洽谈、签约及货款的支付、交货通知等整个交易过程都在网络上进行。畅通、快捷的信息传输可以保证各种信息之间互相核对，防止伪造信息的流通。比如，在典型的许可证 EDI 系统中，由于加强了发证单位和验证单位的通信、核对，所以假的许可证就不易漏网，海关 EDI 可以帮助杜绝边境的假出口、兜圈子、骗退税等行径。

5. 市场全球化

随着互联网经济的崛起，“互联网 +”引领下的电子商务正在深刻影响经济的增长方式，深化经济结构调整，国家贸易从单一做大做强到双向优化和平衡转变。随着世界经济全球化、区域经济一体化的深入发展，电子商务市场全球化已成为必然趋势。

1.1.3 电子商务的作用

随着电子商务的不断发展，应用模式越来越成熟。电子商务作为新的、先进的生产力，正以其无比强大的生命力推动着人类历史上继农业革命、工业革命之后的商业革命——第三次产业革命。

1. 电子商务对企业的作用

(1) 采购方式的改变。从厂家的生产流程来看，电子商务不仅改变了厂家的输出端，而且对输入端也有巨大的影响。通过各类电子商务平台，可以更加容易地找到合适的且物美价廉的原材料，也更有利于找到合适的合作伙伴，从而降低采购成本和交易费用。同时也迫使企业的采购方式和组织发生相应的变化，并影响企业与供应商的战略联盟的建立。

(2) 资金筹措操作手段的改变。网络银行的出现，完全改变了企业资金操作的手段，降低了操作的成本，企业财务管理的部分规则也随之而有所变化。比如，在银行授信额度内，发出借款信息的时机选择，有关还款数量与时间的决策技术等，由于操作手段的更新而改变，从而进一步降低成本、提高利润。

(3) 营销方式的改变。与传统广告相比较，网络广告的传播范围更广泛，平均费用大大降低，厂商的广告方式也随之改变。电子商务更是成为改变品牌的塑造方式，使不知名品牌进入市场的机遇更多，原有品牌的市场优势也在发生变化。

(4) 销售组织的改变。从接受订单咨询，到订单的确认以及付款，再到货物的准备和发送等一系列工作流程，与传统商业模式相比都发生了变化，运输体系、运输的组织方式和相应的存储方式也会因电子商务而改变。电子商务的特性正在改变客户的管理方式，即客户的消费特征可以在网上直接被记录，且可以由一定的软件统计分析，从而使厂商可以为客户提供更有针对性的服务。

(5) 流通环节的改变。传统的“厂家→批发（代理）商→零售商→消费者”的商品流通方式正在被打破，利用互联网，厂家与消费者直接面对面的方式正在形成。由于电子商务的逐渐普及，传统的商业中介如果不加以改进或创新，将会面临消亡。

(6) 生产组织管理的改变。企业输出端与输入端的巨大变化，企业生产组织的中间端也将迎来巨大的变化。为适应电子商务所引起的输入端与输出端的变化，企业生产流程的再造必不可免。事实上，虚拟企业的出现，就已经把生产过程的组织方式改变到了极致。电子商务必然导致企业技术单元的细化即专业分工的细化，使部分生产外化，从而导致生产流程的再造。

(7) 企业技术来源的改变。从外部来源的视角看,电子商务正改变着技术交易的形态,大大拓宽了企业搜索所需技术的视野,拓宽了企业委托开发的视野,改变了企业从外部获取所需技术的管理方式;从内部来源的视角看,企业生产所需技术的两个来源是一个有机的体系,外部来源的改变,必然导致企业自身任务、开发投入与开发组织的变化。

(8) 企业对人才选聘的改变。基于IT技术、电子信息网络的人才交易即人才自荐,企业对人才的挑选,甚至对人才的测试和聘用等,正在依托Internet及多媒体迅速发展。网上测评人才的技术也正在迅速发展,人力资源管理的研究课题也不得不随之发展。

2. 电子商务对社会经济的作用

相对于传统商务来说,电子商务是一种全新的商业模式。自进入21世纪以来,电子商务正以其无可比拟的优势和不可逆转的趋势改变着商务活动的运作模式,对企业的经营方式、支付手段和组织形式提出了强有力的挑战,并将给社会经济的各个方面带来根本性的变革。

(1) 商务活动方式的改变。传统的商务活动最典型的情景就是“推销员满天飞,采购员遍地跑”“说破了嘴,跑断了腿”,消费者在商场中筋疲力尽地寻找自己所需要的商品。现在通过网络可以非常轻松地获取相关产品信息。人们可以登录各类电商平台浏览、采购各类产品,而且能得到在线服务;商家可以在网上与客户联系,利用网络进行货款结算服务。

(2) 消费方式的改变。网上购物的最大特征是消费者购物的主导性,购物意愿掌握在消费者手中;同时消费者还能以一种轻松、自由的自我服务的方式来完成交易,消费者的自主权可以在网络购物中得到充分体现。

(3) 对传统行业的改变。电子商务利用网络技术完成信息的传递,极大地提高商务活动的效率,减少不必要的中间环节,传统的制造业借此进入小批量、多品种的时代,“零库存”成为可能;传统的零售业和批发业开创了“无店铺”“网上营销”的新模式;各种线上服务为传统服务业提供了全新的服务方式。

(4) 金融业的改变。在线电子支付是电子商务的关键环节,也是电子商务得以顺利发展的基础条件。随着电子商务在电子交易环节上的突破,网上银行、银行卡支付网络、银行电子支付系统,以及网上链接服务、电子支票、电子现金等服务,将传统的金融业带入一个全新的领域。

(5) 政府行为的改变。在电子商务时代,当企业应用电子商务进行生产经营、银行实现了金融电子化及消费者实现网上消费的同时,将同样对政府管理行为提出新的要求,电子政府或称网上政府将随着电子商务的发展而成为一个重要的社会角色。

1.2 电子商务的发展历程

自从互联网诞生以来,越来越多的企业“触网”。随着技术的进步和时代的发展,全球电子商务发展大致经历了以下几个阶段。

(1) 黄页型 (yellow page)。互联网提供企业或产品黄页,取代了传统的传播介质。互联网黄页具有使用方便、获取成本低、内容多、更新快、传播范围广等优势,直到现在这种服务依然受到市场的欢迎,生命力极强。

(2) 广告型 (pamphlet)。利用互联网发布企业产品广告,取代了传统的广告形式。互联网广告可以利用多媒体的特性,发布形式多样的广告,吸引消费者欣赏或单击广告。与传统媒介的广告形式比较,互联网广告的成本低廉,形式丰富多样,受到各类企业的欢迎。

(3) 销售型 (sale)。出于减少流通环节和降低经营成本的考虑,一些适合在网上销售的产品开始向互联网转移,取代传统的销售方式。同时互联网具有其他销售方式不可比拟的优势,集成了前两个阶段的功能,消费者和企业都更加乐意接受,最先采纳这种销售方式的是原有的邮购商品,采用网络销售方式使企业大大降低了经营成本,使之成为最快获利的商业网站。

(4) 整合型 (integrated)。随着互联网浪潮的到来,企业运作过程中的财务管理、库存管理、人事管理等企业应用层软件一直没有停止过网络化的进程。从产品销售、招聘、招商引资、企业宣传、售后服务、技术支持、合作意向等,凡是可以公开的内容都上网了,从消费者、员工、经销商、零售商、供应商,直到管理者,根据不同的角色和权限,可以浏览各种相关的内容,进行各种各样的活动,如咨询、采购、面试、组织会议、发布消息采访等。这时候,电子商务才真正成为一个企业应用平台,它不再是一个现在所谓的人机交互式的平台,而是人与人沟通的平台。

(5) 在线生产、在线消费型 (produce online& consume online, OPCO)。这种方式现在就已经存在,只不过它仅仅存在于一些特殊商品上,比如,软件、多媒体应用 (电视、广播、电子图书、远程教育、远程医疗、咨询、报关、交税、金融业务) 等,这是电子商务化程度的更高形式。

【同步拓展】

我国电商发展现状

电子商务已深入扩展至生活服务、医疗、娱乐、社交、金融等诸多领域,其竞争结构也由网站为王、服务为王,转移至内容为王的时代,电商已成为发展的重点。国内电子商务从消费互联网向产业互联网迈进,电子商务作为数字经济的突出代表,在促消费、保增长、调结构、促转型等方面展现出前所未有的发展潜力,也为大众创业、万众创新提供了广阔的发展空间,成为我国应对经济下行趋势、驱动经济与社会发展创新发展的重要动力。

1. B2B 电商稳定发展,下半场机会广阔

从 1997 年中国化工网诞生开始, B2B 电商行业仍处于快速发展时期。B2B 电商起步早,其发展过程可以划分为三个阶段:信息服务阶段、交易服务阶段、供应链整合阶段。B2B 电商打通供应链上下游环节,为采购双方提供包括仓储物流、数据分析、金融信贷等在内的一系列服务以实现产业赋能,从"交易闭环"向"交付闭环"转变。

B2B 电商平台的供应链服务价值存在于电子商务"四流"(商流、物流、信息流及资金流)之中,增值服务成为公司主要收入来源,突破了先前以会员费、广告费、佣金为主要

盈利模式的瓶颈。与此同时,随着B2B 3.0时代的到来,供应链服务受到重视,垂直B2B电商开始受到广泛关注。垂直B2B电商基于其本身对于行业的深刻理解,能够提供更符合下游客户需要的供应链服务。

2. 网络零售电商快速发展,行业竞争格局初定

1999年,随着8848、易趣网、当当网等B2C电商平台的出现,标志着零售电商行业的诞生。网购市场中阿里、京东合计占3/4市场份额,拼多多、苏宁、唯品会等紧随其后,长尾企业数量众多。

3. 跨境电商进出口双向流动

跨境电商行业当前仍处于快速发展时期,诞生了包括阿里国际站、速卖通、跨境通、兰亭集势、棒谷、安克创新、敦煌网、天猫国际、考拉海购、洋码头、小红书、蜜芽、丰趣海淘等平台。受到政策推动,跨境电商在支付、结汇退税、物流及海外仓等建设逐渐完善,同时跨境电商通过上市或被并购等方式引入大量资金,进入规模快速扩张时期。未来在"资金"之外,如何提升客户体验感等软实力成为企业核心,而产品差异化、规模集中化、平台化、流量转换率等指标成为继续推动企业成长的关键因素。

4. 生活服务电商资源向头部集中

我国生活服务电商市场起步于2003年左右,在经历了以大众点评、口碑、信息发布等方式为主的市场探索期,以及千团大战的市场培育洗牌期。2013年起,阿里巴巴、百度、腾讯开始布局生活服务。2015年开始,生活服务电商陆续发生了58同城与赶集网合并、美团与大众点评合并、携程与去哪儿合并、饿了么收购了百度外卖等重大事件,各行业平台诸如美团、淘票票、携程、滴滴等众多平台经过市场验证后得以沉淀保留下来,市场资源向头部集中。

此外,生活服务电商行业还涌现出一批"独角兽"平台,比如滴滴出行、饿了么/口碑、链家、房多多、VIPKID、首汽租车、猿辅导、哈啰出行、淘票票、土巴兔、掌门1对1等。

5. 电商监管向规范治理发展

在电商监管层面,随着《电子商务法》的推出,在立法、执法和司法上都有了前所未有的创新,包括互联网法院的成立,因此,创新是电商法律建设的主旋律。未来的监管将进一步加强,从原先宽松的、略带试水性质的监管逐渐趋向严格监管,而且未来对电商的监管会与技术联系更加紧密。当监管与科技紧密结合,企业行为的灰色地带也会逐渐暴露在阳光下。

(资料来源:http://www.emkt.com.cn/article/668/66882.html)

1.3 电子商务系统及其组成

1.3.1 电子商务的概念模型

电子商务的概念模型是对现实世界中电子商务活动的一般抽象描述,由交易主体、电子市场、交易事务,以及商流、物流、资金流和信息流组成,如图1-1所示。

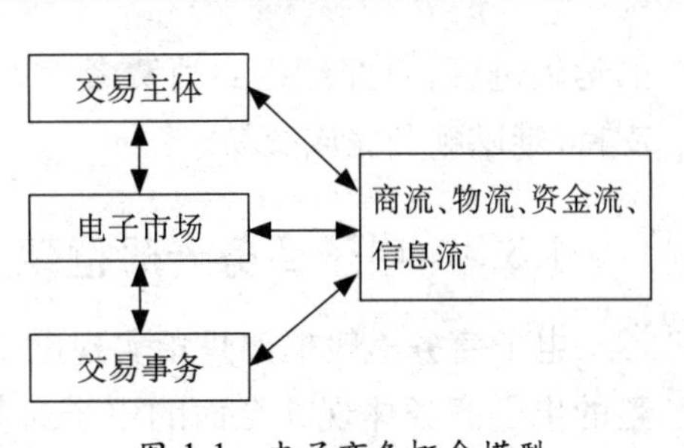

图 1-1 电子商务概念模型

(1) 交易主体又称为电子商务实体,是指从事电子商务活动的客观对象,可以是企业银行、商店、政府机构、科研教育机构和个人等。

(2) 电子市场是指电子商务交易主体从事商品和服务交换的场所,参与者利用各种通信装置,通过网络连接成一个统一的经济整体。

(3) 交易事务是指电子商务交易主体之间所进行的具体的商务活动内容,比如询价、报价、转账支付、广告宣传、商品运输等。

(4) 商流指的是电子商务买卖或者交易活动过程。

(5) 物流主要是指商品及服务的配送和传输过程。

(6) 资金流是资金的转移过程,包括付款、转账、兑换等过程。

(7) 信息流指信息的收集、传递、处理、存储、检索、分析等渠道和过程,包括商品信息的提供、技术支持和售后服务等内容。

商流是物流、资金流和信息流的起点,没有商流就不可能发生物流、资金流和信息流(简称三流);反过来,没有三流,商流也不可能达到目的。

【同步拓展】

商流、物流、资金流和信息流

A 企业与 B 企业经过商谈,达成了一笔红富士苹果的供货协议,确定了商品价格、品种、数量、供货时间、交货地点、运输方式等,并签订了合同,也可以说商流活动开始了。要认真履行这份合同,自然要进入物流过程,将货物进行包装、装卸、保管和运输。如果商流和物流都顺利进行了,接下来是付款和结算,即进入资金流的过程。无论是买卖交易还是物流和资金流,这三大过程都离不开信息的传递和交换。没有及时的信息流,就没有顺畅的商流、物流和资金流;没有资金支付,商流不会成立,物流也不会发生。

1.3.2 电子商务系统

电子商务系统包括电子商务网络系统、供应方和需求方、认证机构、网上银行、物流中心等。

(1) 电子商务网络系统包括互联网(Internet)、内联网(intranet)和外联网(extranet)。互联网是电子商务的基础,是商务、业务信息传送的载体。内联网是企业内部商务活动的场所;外联网是企业与企业之间,以及企业与政府之间开展商务活动的纽带。

(2) 供应方和需求方是电子商务用户,主要包括个人用户和企业用户两种类型。

(3) 认证机构是法律认证的权威机构,负责发放和管理数字证书,使网上交易各方能够相互确认身份。数字证书是一个包含证书、持有人个人信息、有效期、发证单位的电子签名等内容的数字凭证文件。

(4) 网上银行可在互联网上开展传统的银行业务,并为用户提供 24 小时实时服务,通过网上银行,用户可以进行在线支付、在线转账等。

(5) 物流中心接受商家的运送要求,组织运送无法从网上直接发送的商品,跟踪商品的运输进度，将商品送到消费者手中。一个电子商务系统如果没有高效的实物配送系统支持，难以顺利完成交易。

1.3.3 电子商务一般框架

电子商务一般框架是指实现电子商务从技术到应用层所应具备的完整运作基础。完整的电子商务体现在全面的电子商务应用上，需要有相应层面的基础设施和众多支撑条件构成的环境要素，这些环境要素从整体上分为 4 个层次和 3 大支柱。4 个层次自下而上分别是网络层、技术支持层、一般业务服务层和电子商务应用层，3 大支柱分别是国家政策和法律法规、技术标准和网络协议，如图 1-2 所示。

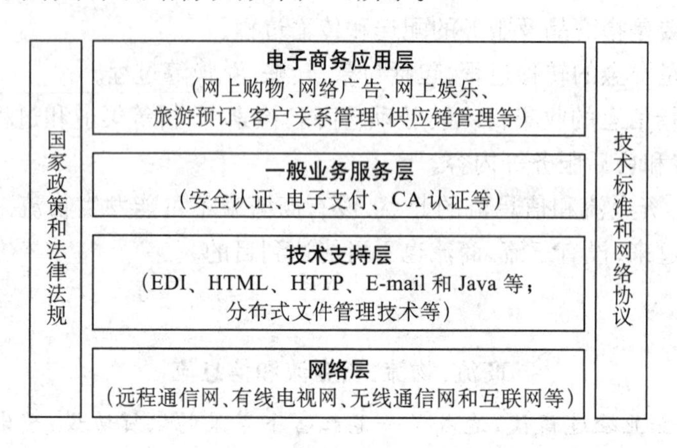

图 1-2 电子商务一般框架

（1）网络层。网络层是网络基础设施，是实现电子商务的最底层的基础设施，是信息传输系统，是实现电子商务的基本保证。网络层包括远程通信网、有线电视网、无线通信网和互联网等，互联网是网络基础设施中最重要的部分。

（2）技术支持层。网络层提供电子商务信息传输使用的线路，技术支持层则决定和解决在网络上传输信息和管理信息的问题。从技术角度上看，技术支持层主要包括应用开发技术、数据库技术和文件管理等技术。

（3）一般业务服务层。一般业务服务层为电子商务应用提供支持，包括安全认证、电子支付、CA 认证等，其中 CA 认证是电子商务服务层的重要因素。CA 认证保证了电子商务交易的安全。

（4）电子商务应用层。电子商务应用层是指在生产流通、消费等领域的各种电子商务应用系统，主要包括网上购物、网络广告、网上娱乐、旅游预订、客户关系管理、供应链管理等。

（5）国家政策和法律法规。电子商务活动需要国家政策与法律法规的约束，以维持市场的稳定并起到制约和规范的作用。电子商务交易的参与者应该遵守国家的政策、法律法规，遵守社会道德，诚实守信。

（6）技术标准和网络协议。技术标准定义用户接口传输协议信息发布标准等技术细节，是信息发布和传递的基础。就整个网络环境来说，技术标准对于保证兼容性和通用性十分重要。

(7) 网络协议是计算机网络中为进行数据交换而建立的规则、标准和约定的集合。

【同步拓展】

常用的网络协议

- DHCP（dynamic host configuration protocol）　动态主机配置协议。
- FTP（file transfer protocol）　文件传输协议。
- HDLC（high-level data link control）　高层数据链路协议。
- HTTP（hyper text transfer protocol）　超文本传输协议。
- ICMP（Internet control message protocol）　Internet 控制信息协议。
- IPv6（Internet protocol version 6）　Internet 协议第 6 版。
- PPP（point to point protocol）　点对点协议。
- SNMP（simple network management protocol）　网络管理协议。
- TCP（transmission control protocol）　传输控制协议。
- telnet protocol　虚拟终端协议。

1.4　电子商务模式

在电子商务带来的流通变革中，交易模式的变革是最为显著的变革之一。所谓交易模式是由交易活动的基本形态、运行原则和内在机制所构成的抽象表达。可以说，它是交易活动的基本模式、常规性运行方式、运行原则和运行机制的基本形态。当前最普遍使用的电子商务分类标准是按照参与交易的主体来划分的。在这种标准下，电子商务的交易模式分为以下几种。

1.4.1　B2B 交易模式

B2B（business to business）电子商务，即企业与企业之间的电子商务。企业与企业间通过互联网进行产品、服务及信息的交换，包括企业与供应商之间的采购，企业与产品批发商、零售商之间的供货，企业与仓储、物流公司的业务协调等。具体交易过程包括发布供求信息，订货及确认订货，支付过程，票据的签发、传送和接收，确定配送方案并监控配送过程等。目前，世界上 80% 的电子商务交易额是 B2B，而不是企业和消费者之间完成的。

B2B 包括非特定企业间的电子商务和特定企业间的电子商务。非特定企业间的电子商务是在开放的网络中为每笔交易寻找最佳伙伴，与伙伴进行从订购到结算的全部交易行为。这里，虽说是非特定占多数，但由于加入该网络的只限于需要这些商品的企业，可以设想是限于某一行业的企业。不过，它不以持续交易为前提，不同于特定企业间的电子商务。特定企业间的电子商务是在过去一直有交易关系或者今后一定要继续进行交易的企业间为了相同的经济利益，共同进行的设计、开发或全面进行市场及库存管理而进行的商务交易。企业可以通过网络向供应商订货、接收发票和付款，特别是使用专用网络或增值网络上运行的电子数据交换（ED）。B2B 在这方面已经有多年的运作历史，使用的效

果也很好。

比如，阿里巴巴1688网站（www.1688.com，见图1-3）就是一个专门服务于企业对企业贸易的网站。各个企业客户都可以在该网站上找到合适的合作对象，进行采购或销售，接收合同等单证和付款业务等。

图1-3 阿里巴巴1688网站

1. 水平B2B电子商务平台

水平B2B电子商务平台也称为综合类B2B电子商务平台，比如阿里巴巴1688网站，慧聪网、环球资源网等，行业范围广，很多行业都可以集中在一起进行贸易活动。买方和卖方集中到一个电子市场上进行信息交流、广告、交易和库存管理等。

2. 垂直B2B电子商务平台

垂直B2B电子商务平台通过聚焦优势品类，在产品和服务上专注行业特点，做深、做透，形成专业集群，比如中国化工网、全球五金网。我国很多地区都有自己的产业集群，比如温州鞋帽、成都女鞋、义乌小商品等，依托地方产业集群，专注于某一个行业或者细分市场深化运营的“垂直电商”或许成为一条独具地方特色的电商之路。

【头脑风暴】

2019年中国B2B电子商务榜单

表1-1所示为2019年中国B2B电子商务排行榜（排名不分先后）的部分企业名单，请根据企业运营的特点等，分析哪些是水平B2B电子商务平台，哪些是垂直类B2B电子商务平台。

表 1-1　2019 年中国 B2B 电子商务榜单（部分）

序号	企业名称	序号	企业名称	序号	企业名称	序号	企业名称
1	阿里巴巴	6	中国化工网	11	百纳网	16	黄页 88 网
2	慧聪网	7	中国建材网	12	找塑料网	17	金银岛
3	科通芯城网	8	全球五金网	13	中国网库	18	义乌购
4	网盛生意宝	9	华强电子网	14	久久信息网	19	365 采购网
5	敦煌网	10	世界工厂网	15	中国供应商	20	网络 114

1.4.2　B2C 交易模式

B2C（business to customer）电子商务，即企业与消费者之间的电子商务。B2C 类电子商务主要应用于商品的零售业，包括面向普通消费者的网上商品销售（网上购物）和网上电子银行业务（存款业务、取款业务和货币兑换业务等）。它类似于联机服务中进行的商品买卖，是利用计算机网络使消费者直接参与经济活动的高级形式。这种形式基本等同于电子化的零售。目前，在 Internet 上遍布着各种类型的商业中心，提供从鲜花、书籍到计算机、汽车等各种消费商品和服务。传统商家根据各自销售商品的经验使用电子商务平台进行此类商务活动。

B2C 是目前发展非常迅速的一个领域，也是电子商务的一个新的增长点。B2C 是我国最早产生的电子商务模式，以 8848 网上商城正式运营为标志，截至目前，B2C 市场上成功的企业有天猫商城、京东商城、当当网、一号店、亚马逊、苏宁易购、国美在线等。京东商城网站（www.jd.com，见图 1-4）是当前知名的 B2C 电子商务网站，聚集家电、数码通信、服装服饰、母婴等多类商品供消费者选购。

图 1-4　京东商城网站

1.4.3 C2C 交易模式

C2C（consumer to consumer）电子商务，即消费者与消费者之间的电子商务。简单地说就是消费者本身提供服务或产品给其他消费者。

在电子商务的运营模式中，C2C 模式由于其用户参与性强、灵活方便等特点，表现出了很强的发展潜力。C2C 电子商务平台通过为买卖双方提供一个在线交易平台，使卖方可以在上面发布待出售的物品的信息，而买方可以从中选择进行购买，同时，为便于买卖双方交易，提供交易所需的一系列配套服务，如协调市场信息汇集、建立信用评价制度、多种付款方式等。截至目前，C2C 市场上成功的企业有淘宝网、咸鱼（淘宝系 APP）、转转（58 系）等。图 1-5 所示为阿里巴巴集团旗下的淘宝网。

图 1-5 淘宝网网站

1.4.4 O2O 交易模式

O2O（online to offline）电子商务，即线上线下共同交易模式。O2O 电子商务模式将线下商务的机会与互联网结合在一起，让互联网成为线下交易的前台。线下服务在网上寻找消费者，然后将他们带到现实的商店中。它是支付模式和为店主创造客流量的一种结合，实现了线上的购买、线下的服务。它本质上是可计量的，因为每一笔交易（或者是预约）都发生在网上。应该说这种模式更偏向于线下，更利于消费者，让消费者感觉消费得较踏实。图 1-6 所示为美团网和口碑网。

1.4.5 电子商务其他模式

B2G（business to government）电子商务，即企业与政府之间的电子商务。这种商务活动覆盖企业与政府组织间的各项事务，包括政府采购、税收、商检、管理条例发布以及法规政策帮助等。

图 1-6 美团网和口碑网

C2B（customer to business）交易模式，即消费者与企业之间的电子商务。C2B 的核心是采用消费者主动的方式，通过聚合分散分布，使数量庞大的用户形成一个强大的采购集团，以此来改变 B2C 模式中用户一对一出价的弱势地位，使之享受到以大批发商的价格买单件商品的利益。这一模式改变了原有生产者（企业和机构）和消费者之间的关系，帮助消费者和商家创造一个更加省时、省力、省钱的交易。

ABC（agent、business 和 consumer）交易模式，即代理商、商家与消费者之间的电子商务。ABC 模式是新型电子商务模式的一种，它是由代理商、商家和消费者共同搭建的集生产、经营、消费于一体的电子商务平台。三者之间可以相互转化。大家相互服务、相互支持，真正形成了一个利益共同体。

B2B2C（business to business to consumer）是一种新的网络销售方式。第一个 B 指广义的卖方（即成品、半成品、材料提供商等），并不局限于品牌供应商、影视制作公司和图书出版商，任何商品供应商或服务供应商都可以成为第一个 B；第二个 B 是 B2B2C 模式中的电子商务企业，通过统一的经营管理对商品和服务、消费者终端同时进行整合，是广大供应商和消费者之间的桥梁，为供应商和消费者提供优质的服务，是互联网电子商务服务供应商；C 表示消费者，即在第二个 B 构建的统一电子商务平台购物的消费者。

B2B2C 来源于目前的 B2B、B2C 模式的演变和完善，把 B2C 和 C2C 完美地结合起来，运用 B2BC 模式的电子商务企业能构建自己的物流供应链系统，提供统一的服务，把“供应商→生产商→经销商→消费者”各个产业链紧密连接在一起。整个供应链是个从创造增值到价值变现的过程，把从生产、分销到终端零售的资源进行全面整合，不仅大大增强了网商的服务能力，也更有利于客户获得增加价值的机会。平台帮助商家直接充当卖方角色，把商家直接推到与消费者面对面的前台，让生产商获得更多的利润，使更多的资金投入技术和产品创新上，最终让广大消费者获益。

1.5 电子商务行业应用

1.5.1 移动电子商务

移动电子商务是指通过手机、PDA、掌上电脑等手持移动终端从事的商务活动。伴随着大数据、O2O 模式、互联网金融、移动支付等概念不断拓展和完善，移动电子商务逐渐成为电子商务的重要应用之一，具有移动接入、身份鉴别、移动支付等特点。

（1）移动接入是移动用户使用移动终端设备通过移动网络访问 Internet 信息和服务的基本手段，用户随时随地可以方便地进行电子商务交易。

（2）身份鉴别主要是通过 SIM 卡来实现。SIM 卡的卡号全球唯一，每一个 SIM 卡对应一个用户，这使得 SIM 卡成为移动用户天然的身份识别工具，可以用来实现数字签名、加密算法、公钥认证等电子商务领域必备的安全手段，开展比 Internet 领域更广阔的电子商务应用。

（3）移动支付是移动电子商务的一个重要目标，用户可以随时随地完成必要的电子支付业务。移动支付的分类方式有多种，其中比较典型的分类包括以下内容。

- 按照支付的数额可以分为微支付、小额支付、宏支付等。
- 按照交易对象所处的位置可以分为远程支付、面对面支付、家庭支付等。
- 按照支付发生的时间可以分为预支付、在线即时支付、离线信用支付等。

在众多移动商务应用中，百度、阿里、腾讯三家提供的移动服务占据移动端前 20 名 APP 中的 17 个，控制力远近强于 PC 端。如有赞微商城，其主要是为需要在移动端营销的商家提供平台，目前有接近 200 万家商家在使用，综合服务的消费者超过 3 亿人。有赞微商城无缝结合了微信、微博等无线互联网社区，商家可以通过微信公众号或是朋友圈分享自己的店铺与商品。

1.5.2 跨境电子商务

近年来，我国在对外贸易整体增速趋缓的情况下，跨境电子商务异军突起。跨境电子商务是指分属不同关境的交易主体，通过电子商务平台达成交易、进行支付结算，并通过跨境物流送达商品、完成交易的一种国际商业活动，如图 1-7 所示。跨境电子商务能够缩短对外贸易环节的中间环节，提升进出口贸易效率。

2014 年以来，国家出台了多个政策来推动跨境电子商务的发展。第一和第二批有 13 个跨境电子商务试点城市，分别是杭州、天津、上海、重庆、合肥、郑州、广州、成都、大连、宁波、青岛、深圳、苏州。2018 年 7 月 13 日，国务院常务会议决定在北京、呼和浩特、沈阳、长春、哈尔滨、南京、南昌、武汉、长沙、南宁、海口、贵阳、昆明、西安、兰州、厦门、唐山、无锡、威海、珠海、东莞、义乌22个城市新设一批跨境电子商务综合试验区。2019年12月24日，国务院同意在石家庄、太原、赤峰、抚顺、珲春、绥芬河、徐州、南通、温州、绍兴、芜湖、福州、泉州、赣州、济南、烟台、洛阳、黄石、岳阳、汕头、佛山、泸州、海东、银川24个城市设立跨境电子商务综合试验区。截至2020年3月，我国共有59个跨境电子商务综合试验区，包括苏州、上海、天津、义乌等城市。用新模式为外贸发展提供新支撑，我国跨境电子商务发展迎来了新机遇。

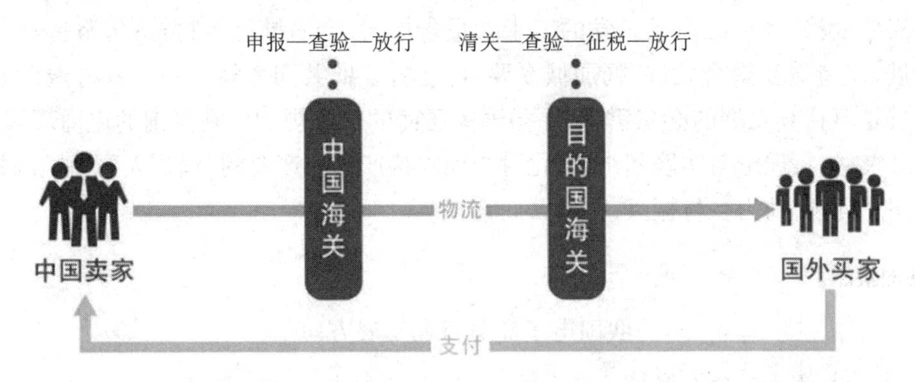

图1-7　跨境电子商务

跨境电子商务业务的主流平台包括TikTok（国际版抖音）、Temu（拼多多跨境）、速卖通等。如图1-8所示为Temu宣传页。

图1-8　跨境电商平台Temu

1.5.3　农村电子商务

随着乡村振兴战略的提出以及大中城市互联网普及度的提高，渠道下沉已是大势所趋，各电商巨头为了战略发展，纷纷转向还未开发的占地面积广、人口占比大的农村市场。农村电子商务，广义上的理解是借助于信息技术开展的所有与农村相关的业务活动；狭义上的理解是利用淘宝、京东等平台，从事涉农业务的主体所开展的产品网络推广、销售、支付、物流以及客户沟通等业务活动。

如今,电子商务已经广泛渗透至农村,成为解决农民增收、农业发展、农村稳定的重要手段。现代化“三农”是指农村消费品电商、农资电商和农产品电商。农村电子商务的核心价值是解决农村消费,包括网上购物消费和网上农贸市场。农村电子商务不仅是农村新的经济增长引擎,也是避免农村落后于时代发展的必然之举。农村电商的崛起是区域经济发展内在需求与电商平台渠道下沉战略二者合力的结果,并非昙花一现的流行风,而是有着旺盛生命力的新经济。

民族要复兴,乡村必振兴。党的二十大报告提出,全面推进乡村振兴,坚持农业农村优先发展,坚持城乡融合发展,畅通城乡要素流动,开辟共同富裕之路。乡村振兴战略的实施不仅是可持续发展的必然需求,更是国家层面的宏观规划。在当前的电商环境下,大学生走进农村,将理论与实践相结合,化身当地农特产品和产业的“代言人”,用“互联网+”新思维解决问题,助力乡村振兴,推动共同富裕。

【实训案例】

我国电子商务行业发展方向

1. 中国各产业将全面迎接“供应链+”时代的到来

在互联网+时代,诞生了Web应用、消费APP、3G/4G手机,实现了人人互联。共享+时代,共享+商业模式层出不穷,被列入党和国家的战略规划。在智能+时代,诞生了智能应用、工业APP、AI、IOT、云终端、5G,实现了万物互联。供应链+已被上升为国家战略,它向全社会发出一个明确而强烈的信息,中国产业发展将进入供应链+的新阶段。

2. 零售电商随着流量红利结束,提高转化率成为发展核心

随着电商达到一定规模后,流量的快速增长最终会停止,而提高流量转换率将成为一个电商企业保持长期发展的决定性因素。提高流量转换率的主要途径包括:

(1) 提升SKU数量,满足更多需求。随着SKU数量不断增长,电商平台可以提供更多的产品,实现一站式购物体验,一方面能够覆盖更多的潜在客户,另一方面能够满足单一客户的更多需求,从而提高流量转化率。

(2) 改善流量结构,提高直接流量。

(3) 绑定老用户,提升重复购买率。

(4) 提升客户购物体验。

3. 线上线下融合是未来电商发展的主要方向

未来的电商发展应向线上线下融合的全产业链方向发展。从总的趋势来看,未来电商作为一个单独的产业领域,或将逐步发生改变,形成电商融合实体领域。因此,更多的实体领域、运用电商工具以及相应的模式去寻求更好的发展,是未来整个行业发展的主要方向。

4. 产业电商回归主战场,工业互联网产业加速推进

目前阿里巴巴、腾讯、百度三巨头均已完成了面向B2B方向的架构调整,这预示着B2B正在回暖,产业互联网正在回归主战场。当前处在产业互联网迅速发展时期,未来

产融结合是必然趋势，这涉及产业链的改造升级、产业价值链的重构。加之近年来智能制造和工业互联网相关政策频出，纲领性文件出台后，工业互联网的发展从最初的论证阶段逐步进入国家引导阶段，从而出现了各类创新工程。工业互联网进入实质性的落地阶段，空间广阔。

5．跨境电商品牌化建设、提升客单价成为关键

我国跨境电商发展初期依托国内供应链优势，以低价产品为主冲击海外零售市场，并通过价格战的模式实现规模的快速提升。随着电商网站拥有一定客户基础后，应当逐渐推出高单价产品，既能够增加客户黏性，又有助于公司销售规模的直接提升。随着大量卖家的蜂拥而至，原本具备高毛利的3C类产品、假发等产品已经逐渐沦为跑量产品，价格战是跨境电商面临的一大问题。跨境电商低价时代已经过去，未来品牌化建设等成为企业发展的关键。

6．生活服务电商从“增量竞争”转向“存量竞争”

生活服务电商此前经历了从粗放式发展到规范化发展，随着人口红利逐渐减少，用户规模增速逐年放缓。市场已经从“增量竞争”转向了“存量竞争”。未来平台发展向精细化、数字化发展，加强品质、服务质量的提升。人工智能、云计算等高新技术将大大提高服务平台的运营效率，为生活服务电商行业带来了更好的发展机会。除服务效率的提升之外，市场下沉也是生活服务电商平台的发展方向。

（资料来源：http://www.emkt.com.cn/article/668/66882-2.html）

课后练习

1．名词解释

（1）电子商务　（2）移动电商　（3）跨境电商　（4）农村电商

2．单项选择题

（1）小A是一个网球迷，最近打算买一副新球拍，可又舍不得扔掉旧球拍。正好小A的好朋友小B开了一家个人网店，生意还很红火，小A就为自己的旧球拍拍了照片，并描述了一番，请小B帮他发到网店上，起价是50元。第二天，就有一位叫小C的网球迷出价66元，小A非常高兴，决定把网球拍卖给他。小A与小C之间的交易活动属于电子商务模式中（　　）。

A．B2B　B．C2C　C．B2C　D．B2G

（2）随着电子商务的发展，电子商务出现了多种模式，其中B2B模式是（　　）的电子商务活动。

A．企业与个人　B．企业与企业　C．企业与政府　D．个人与个人

（3）在对电子商务发展现状进行调研时，（　　）不是衡量电商发展的重要维度。

A．发展阶段　B．应用领域　C．市场规模　D．用户数量

(4)（　）不属于第三方B2B电子商务平台。

A．阿里巴巴　B．环球资源　C．京东　D．中国制造网

(5) 电子商务应用领域很多，应用于国际贸易行业的电子商务是（　）。

A．移动教育　B．大数据分析　C．跨境电子商务　D．农村电子商务

3．多项选择题

(1) 电子商务高速发展，目前已经渗透到各个领域，在农村电子商务领域主要有（　）等应用。

A. 将农村旅游资源放到互联网上展示　B. 在网上卖农产品

C. 将工业品卖到农村　D. 借助网络帮助农民学习相关种植、养殖技术

(2) 电子商务目前主要呈现出的特征为（　）。

A. 产品丰富化　B. 交易连续化　C. 交易快捷化　D. 交易全球化

(3) 电子商务系统包括电子商务网络系统、供应方、需求方和（　）等。

A. 认证机构　B. 物流中心　C. 网上银行　D. 电子商务服务商

(4) 完整的电子商务体系体现在全面的电子商务应用上，从整体上可以分为4个层次（包括网络层、技术支持层、服务支持层和应用层）和3大支柱，3大支柱是指（　）。

A. 国家政策及法律规范　B. 技术标准和网络协议

C. 物流体系的构建　D. 支付宝的成立

4．判断题

(1) 不管电子商务如何发展，电子商务模式始终只有B2B、B2C和C2C三种。（　）

(2) 从事跨境电子商务业务的人员，不仅需要具备电子商务相关知识，还需要具备国际贸易、海关等知识。（　）

(3) 电子商务高速发展，用户已经习惯于网络购物，在不久的将来，将完全取代实体店。（　）

5．简答题

(1) 请简单描述中国电子商务发展的趋势和方向。

(2) 请简单描述B2B2C交易模式。

6．实践操作

请完成表1-2的电子商务模式内容填写，重点理解各种电子商务模式的运作过程。

表1-2　电子商务模式

	定义	特点	典型企业
B2B			
B2C			
C2C			
O2O			

续表

	定义	特点	典型企业
B2G			
C2B			
ABC			
B2B2C			

项目2 电子商务信息技术

知识与技能目标

- 了解电子商务环境下的信息技术相关知识。
- 了解电子商务信息技术的最新应用。
- 通过实际操作能对电子商务信息设施进行操作、维护。

重点概念

通信、网络、网站、信息安全、电子支付、电子数据交换、人工智能

【案例导入】

2019年“双11”全球狂欢节天猫订单峰值高达54.4万笔/秒,相当于6个鸟巢体育场坐满观众,在同一秒下单背后的商品、交易、支付、库存、物流等系统零误差,其中1.7亿笔订单是由C2M的方式实现的,消费者和工厂实现了“直连”。

阿里巴巴核心系统100%上公有云,不管是门店、运营、存储、计算,所有体系都跑到云上。全世界还没有任何一家其他公司能做到这一点。

这一系列的数字离不开强大的信息技术的支持。

思考题:请结合上述案例,思考在电子商务系统高效率运行背后有哪些信息技术作为支撑。

2.1 通信技术

2.1.1 通信技术的产生与发展

通信技术是指以电磁波、光波、声波等形式将信息通过脉冲,从发送端传输至接收端的技术。

通信技术最初是为保障军队在作战、指挥等各项活动时传递信息而产生的,建造了建筑物和构筑物以保障军队通信,是国防技术的重要组成部分。驿站、烽火台等就是古代的通信设施。

军事科学和武器装备技术的发展,促使军事通信技术逐步发展。

通信技术对保障电子商务信息安全、准确、快速和连续传输具有重要意义。网络与通信密不可分,通信对于保障电子商务信息在网络传输时满足安全、可靠及传输速率要求起着重要作用。

当前,移动通信技术发展到第五代(5th generation mobile networks,以下简称5G)。

5G技术是继4G（LTE-A、WiMax）、3G（UMTS、LTE）、2G（GSM）技术之后的最新一代蜂窝移动通信技术。5G凭借其高数据速率(最高可达10Gbps,比4G快大约100倍)、低网络延迟（5G低于1ms，4G为30～70ms）、节省能源、支持大规模设备连接等优势，将为电子商务的发展开辟一片新的蓝海。

2.2.2　通信技术在电子商务中的应用

1．匿名通信技术

随着电子商务的迅猛发展,网上购物的隐私、匿名问题逐步成为人们关注的焦点。匿名通信技术很好地解决了网上购物的隐私问题。匿名通信技术用一定的方法将数据流中的通信关系隐藏,使窃听者无法获知或推知双方的通信关系。

通常,按照所要隐藏信息的不同,可以将匿名分为以下三种形式。

（1）发起者匿名,即保护通信发起者的身份信息。

（2）接收者匿名,即保护通信中接收者的身份信息。

（3）发起者或接收者的不可连接性,即通过某种技术使通信中的信息间接地到达对方,使发送者与接收者不直接关联。

【同步拓展】

匿名通信系统

匿名通信系统即第二代洋葱路由系统,它由一组洋葱路由器（the onion router, TOR）组成（也称为TOR节点）。这些洋葱路由器用来转发起始端到目的端的通信流。每个洋葱路由器都试图保证让外部观测者看到输入与输出数据之间的无关联性,即由输出的数据包不能判断出其对应输入的数据包。使攻击者不能通过跟踪信道中的数据流而实现通信流分析。TOR是一个由虚拟通道组成的网络,团体和个人用它来保护自己在互联网上的隐私和安全。

2．量子加密技术

为了保证通信安全,人们在通信中大量采用了加密和身份识别技术,如ID卡、个人识别号（PIN）等。这其中有很大一部分是采用单向函数来实现的,即计算机存储的是识别对象的单向函数值,而不是识别对象本身。该技术在某种程度上避免了他人侵入系统的可能性,但仍然避免不了黑客之类的攻击,即还存在一些安全问题。只有对加密技术进行改进,才能建立一个更安全的通信系统,量子加密技术由此应运而生。

量子加密通信目前有两种方式,一种是利用量子的不可克隆性质生成量子密码,它是二进制形式的,可以给经典的二进制信息加密,这种通信方式称为“量子密钥分发”；第二种是利用量子技术传输量子信息的最基本单位——量子比特。

量子加密技术不仅有极高的科学价值,还具有良好的市场前景。在一些科技机构,量子加密技术受到高度重视,许多针对应用的实验正在进行,如美国的BBN科技公司正尝试将量子加密技术引进因特网,使用户可在因特网大量的加密量子流中接收属于自己的密码信息。在线支付是电子商务的关键环节,而安全则是在线支付的基石,在电子商务中应用量子加密技术,可以确保在进行在线支付时用户、密码等各种重要信息的安全。

3. 移动技术

移动技术是应用互联网、移动通信、近程通信等技术,实现智能手机、平板电脑等可携带终端设备随地通信的技术。

电子商务正从以PC端为主要界面向以随时、随地为特征的移动电子商务方向发展。有人预言,移动商务将决定21世纪新企业的风貌,也将改变生活与商业的面貌。

移动技术在电子商务的应用发展经历了3代。

(1) 第1代移动电子商务系统是以短信为基础的访问技术。该技术存在许多严重缺陷,最严重的问题是实时性较差,查询请求不会立即得到回答。此外,由于短信有长度限制,使得一些查询无法得到完整的回答,这些问题是用户无法接受的。因此,一些早期使用基于短信的移动电商系统的机构开始对第一代移动电子商务系统进行技术改造。

(2) 第2代移动电子商务系统基于无线应用协议(wireless application protocol, WAP),用手机通过浏览器访问WAP网页以实现信息的查询,解决了第一代移动访问技术的一些问题。第2代移动访问技术的缺陷主要是WAP网页访问的交互能力差,极大地限制了移动电子商务系统的灵活性和方便性。此外,WAP网页访问的安全问题对安全性要求极为严格的电子商务系统来说是一个严重问题。这些问题也使得第2代技术难以满足用户的要求。

(3) 第3代移动电子商务系统采用了将智能移动终端、移动VPN、基于SOA架构的Web Service技术相结合的第3代移动技术,使得电子商务系统的安全性和交互能力有了极大提高。第3代移动电子商务系统融合了智能移动终端、VPN、数据库同步、身份认证及Web Service等多种移动通信、网络的最新技术,依托无线通信和专网技术,为电子商务人员提供了安全、快速的移动商务办公条件。

【同步拓展】

与传统通过计算机(台式PC、笔记本电脑)平台开展的电子商务相比,移动电子商务拥有更为广泛的用户基础。截至2019年6月,我国网民规模为8.54亿,新增网民2598万,互联网普及率达62.2%,较2018年底提升2.36%。其中,我国手机网民规模达8.47亿,较2018年年底新增手机网民2984万;网民中使用手机上网的比例由2018年年底的98.6%提升至2019年年底的99.1%,手机上网已成为网民最常用的上网渠道之一。

2.2 网络技术

计算机网络是指将分布在不同地理位置上的多台计算机,通过通信设备和线路互相连接起来,并遵循一定协议的计算机工作系统。网络技术是通信技术和计算机技术结合的产物。进入电子商务时代,网络购物的普及极大地促进了网络技术的应用。

2.2.1 网络的产生与发展

网络经历了从简单到复杂的发展过程,从为解决远程数据信息的接收和处理而搭建的联机系统发展到以信息共享为目的而建立的通信系统。

(1) 网络最早出现于20世纪50年代的美国,最初应用于军事、国防领域,起初是通过通信线路将远处终端资料传输给计算机处理的以单台计算机为中心的简单联机系统,是面向终端的计算机网络。

(2) 20世纪60年代至70年代,广域网产生并发展,可以跨接很大的物理范围。重点标志是1968年,美国国防部高级计划局和BBN公司签订合同,开始研制阿帕网,代表互联网的出现。

(3) 20世纪80年代,局域网技术开始发展并逐渐成熟,局域网络可以方便、简单、灵活地连接,不占用通信线路,具有较高的保密性。

(4) 20世纪90年代,广域网和局域网的紧密结合使得企业网络迅速发展,并构建了覆盖全球信息网络的Internet(也称互联网、因特网),其具有统一的网络体系结构并遵循国际标准化协议。Internet迅速覆盖全球各个领域,其运营性质也逐渐商业化,为21世纪电子商务的兴起奠定了基础。

我国的计算机网络发展始于1986年,当时,北京计算机应用技术研究所与德国卡尔斯鲁厄大学合作的国际互联网项目——中国学术网(China academic network, CANET)项目启动。之后,我国计算机网络经历了从无到有、从落后到较为先进的艰难的发展历程,才有了我国计算机网络蓬勃发展的今天。

2.2.2 网络的功能与分类

计算机网络为电子商务提供数据通信、资源共享、远程传输、集中管理、分布式处理、负载均衡的功能。我们身边存在着各种各样的计算机网络,我们熟悉的Internet只是计算机网络的一部分。一般来讲,可以从多个角度对计算机网络进行分类,如表2-1所示。

表2-1 网络的功能与分类

分类标准	类　别				
按网络覆盖的地理范围分类	广域网	局域网	城域网		
按使用的网络操作系统分类	Microsoft Windows	Netware	UNIX	Linux	
按传输协议分类	Ethernet	Token Ring	FDDI	TCP/IP	OSI RM
按传输介质分类	同轴电缆网络	双绞线网络	光纤网络	无线网络	
按拓扑结构分类	星形结构	环形结构	总线型结构	树形拓扑结构	混合型拓扑结构
按信息交换方式分类	电路交换	报文交换	报文分组交换		

2.2.3 计算机网络的体系结构

计算机网络体系结构是计算机网络的分层、各层协议和层间接口的集合。不同的计算机网络具有不同的体系结构，其层的数量、各层的名字、内容和功能以及相邻层之间的接口都不一样。但是，在任何计算机网络中，每一层都是为了向它邻接的上层提供一定的服务而设置的，而且每一层都对上层屏蔽了如何实现协议的具体细节。这样，计算机网络体系结构就能做到与具体的物理实现无关，即使连接到网络中的终端和主机型号各不相同，只要它们遵循相同的协议，就可以实现互相通信和互相操作。

目前以下两种网络体系结构占据主导地位。

（1）国际标准化组织提出的 OSI RM（开放系统互联基本参考模型）。

（2）Internet 所使用的工业标准 TCP/IP RM（TCP/IP 参考模型）。电子商务依托的 Internet 遵循的网络协议是 TCP/IP 协议。

OSI 参考模型与 TCP/IP 参考模型的对照关系如图 2-1 所示。

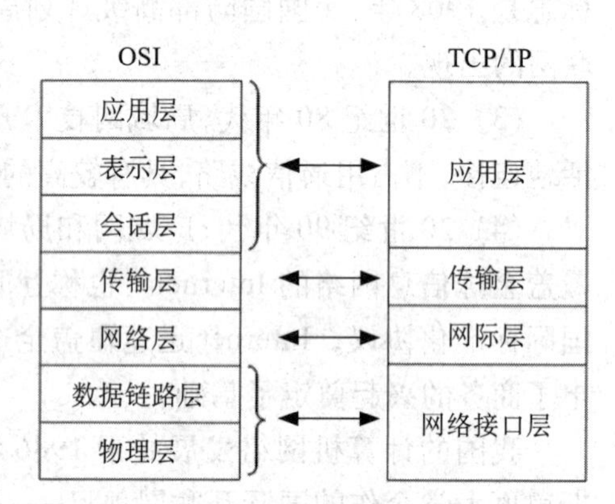

图 2-1 OSI 参考模型与 TCP/IP 参考模型的对照关系

在 TCP/IP 参考模型中，网络接口层包括操作系统中的设备驱动程序、计算机中对应的网络接口卡；网际层负责处理分组在网络中的活动，比如分组的选路；传输层主要为两台主机上的应用提供端到端的通信；应用层负责处理特定的应用程序细节。

2.2.4 IP 地址和域名

Internet 地址能确定网络上每一台计算机的位置。Internet 地址格式主要有 IP 地址和域名两种书写形式。

1. IP 地址

IP 地址（Internet protocol address）是网络协议地址，连接在 Internet 上的每台主机都有一个在全世界范围内唯一的 IP 地址。主流 IP 地址采用 IPv4 协议，IP 地址长度为 4 字节，即 32 位。为了便于理解，IP 地址通常用十进制表示法表示，即将每个字节的二进制数转换成对应的十进制数值（取值范围为 0 ~ 255），数值中间用点号“.”分隔开。

【同步拓展】

IP 地 址

IP 地址由网络地址与主机地址两部分所组成。

（1）网络地址。可用来识别设备所在的网络，网络地址位于 IP 地址的前段。当组织或企业申请 IP 地址时，所获得的并非是 IP 地址，而是取得一个唯一的、能够识别的网络地址。同一网络上的所有设备都有相同的网络地址。IP 路由的功能是根据 IP 地址中的网络地址，决定要将 IP 信息包送至所指明的那个网络。

(2) 主机地址。它位于 IP 地址的后段,可用来识别网络上的设备。同一网络上的设备都会有相同的网络地址,而各设备之间则是以主机地址来区别。由于各个网络的规模大小不一,大型的网络应该使用较短的网络地址,以便能使用较多的主机地址;反之,较小的网络则应该使用较长的网络地址。为了符合不同网络规模的需求,IP 在设计时便根据网络地址的长度设计与划分 IP 地址。

(资料来源:https://baike.baidu.com/item/IP/224599)

IP 地址分为 5 类:A 类、B 类、C 类、D 类和 E 类,其中 A 类、B 类、C 类为常用的 IP 地址,D 类地址用于在 IP 网络中的组播,E 类地址为研究之用。

A 类 IP 地址为大型网络而提供,仅使用第一个 8 位组表示网络地址,剩下的 3 个 8 位组表示主机地址。A 类 IP 地址的第一个 8 位组的最高位总为 0,且第一组数字不能全 0 或者全 1 (有特殊用途),所以全世界范围内只有 2^7-2,即 126 个 A 类网络。每一个 A 类地址能支持 $2^{24}-2$ 个不同的主机地址,减 2 是因为 IP 把全 0 表示为本网络,而全 1 表示网络内的广播地址。

B 类 IP 地址适用于中等网络,一个 B 类 IP 地址使用两个 8 位组表示网络号,另外两个 8 位组表示主机号。B 类 IP 地址的第一个 8 位组的前两位总是设置位 1 和 0,即第一段数字范围十进制为 128 ~ 191。

C 类地址适用于小型网络,其使用前三个 8 位组表示网络地址,最后一个 8 位组表示主机号。C 类地址第一个 8 位组的前三位数为 110,所以 C 类地址前 8 位组的范围是 192 ~ 223。C 类 IP 地址包含私有 C 类地址,私有地址在互联网上不使用,而被用在局域网络中。

IP 地址的分类如表 2-2 所示。

表 2-2　IP 地址的分类

网络地址		主机地址	地址范围	地址分类
0	7 位网络	24 位主机	1.0.0.1 ~ 126.255.255.254	A 类
10	14 位网络	16 位主机	128.0.0.1 ~ 191.255.255.254	B 类
110	21 位网络	8 位主机	192.0.0.0 ~ 223.255.255.255	C 类

电子商务的发展壮大也要求互联网提供大量的 IP 地址。

IPv6 采用 128 比特地址,假设以每微秒分配 100 万个地址的速度进行分配,需要 1020 年才能将所有的地址分配完毕。这从根本上满足了电子商务发展对 IP 地址数量的要求。IPv6 以其巨大的地址数量、安全性、服务质量优势助力电子商务的安全、便利、快捷与成本低的优势更加凸显。

IPv6 凭借巨大地址空间和层次化的地址结构可以为全球每一个通信设备(如笔记本电脑、手机、个人数据助手)配备一个 IP 地址,并使其具备移动性进而实现移动终端的随时随地上网。IPv6 以庞大的地址空间、地址自动分配机制和对移动端的支持,助力电子商务发展。

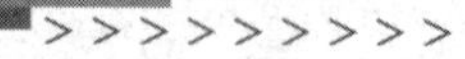

【同步拓展】

比特（bit）

二进制数系统中，每个0或1就是一个位，或者称比特(bit)。位是数据存储的最小单位。其中8bit就称为一个字节（Byte）。

存储容量的常用换算公式如下：

1Byte = 8 bit（即 1B=8b）

1 KB = 1024 Byte

1 MB = 1024 KB

1 GB = 1024 MB

2. 域名

数字形式的IP地址难以记忆，故在实际使用时常采用字符形式来表示IP地址，即域名系统（domain name system，DNS），每个主机必须建立相应的DNS服务才能实现IP地址与域名的对应。域名系统由若干个子域名构成，域名之间用小圆点的分割，域名的层次结构如下。

（1）根域。根域位于域名空间最顶层，一般用一个“.”表示。

（2）顶级域。顶级域代表某种类型的组织机构或国家地区，比如net、com、org、edu、gov、mil、cn等。

（3）二级域。二级域用来标明顶级域内的一个特定的组织，国家顶级域下面的二级域名由国家网络部门统一管理，比如.cn顶级域名下面设置的二级域名：.com.cn、.net.cn、.edu.cn等。

（4）子域。二级域下所创建的各级域统称为子域，各个组织或用户可以自由申请注册自己的域名。

（5）主机。主机位于域名空间最下层，用来标识具体的计算机，比如Web服务器用www.123.com，邮件服务器用mail.123.com。

常见机构的域名代码如表2-3所示。

表2-3 常见的机构性域名代码

域名代码	机构类型	域名代码	机构类型
int	国际组织	com	商业组织
edu	教育机构	gov	政府部门
net	网络服务机构	web	与万维网相关的实体
org	非营利性组织	mil	军事组织

2.3 网站技术

网站是指使用HTML（标准通用标记语言）等工具，根据一定的规则制作的用于在因特网上展示特定内容相关网页的集合。网站的运行原理如图2-2所示。

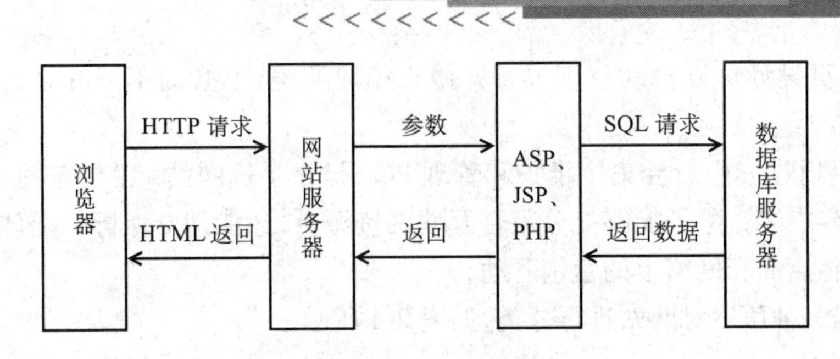

图 2-2 网站运行原理示意图

电子商务网站是指应用网站技术以展示商品信息为手段，实现在线交易，并通过网络开展与商务活动有关的售前和售后服务，全面实现电子商务功能的网站。网站技术是电子商务技术的一个重要组成部分。

2.3.1 网站技术的产生与发展

早期网站主要由程序、服务器与域名组成。随着科技的发展，空间服务器、DNS 域名解析、数据库等也成为网站的组成部分。网站技术的发展经历了 4 代。

1. 第一代网站技术

第一代网站诞生于 20 世纪 90 年代，运用网页制作软件制作出网页，然后将网页链接起来组成一个静态网站。

2. 第二代网站技术

在第一代网站技术基础上，针对一些功能加入数据库管理模块（如新闻发布、产品介绍等），网站管理员在后台可针对这些模块进行管理，同时可以对这个网站进行管理和维护。第二代技术在一定程度上帮助企业克服了网站内容更新的困难。

3. 第三代网站技术

这是指 2003 年出现的智能建站技术，该技术在自助建站软件的基础上增强了其功能模块，使得制作出来的网站由单一的宣传展示型向服务型转变，交互功能大大增强。不仅保留其使用成品模块的便捷性，而且用户能够很方便地自定义网站的框架内容，可以方便快捷地管理自己的网站并随时升级网站，满足了每个客户都需要的网站前台界面个性化需求。

4. 第四代网站技术

第四代网站技术是 Internet 阶段的产物，也是 Web 2.0 的一个关键技术。它以 HTML 5 为基本规范，以满足多种设备访问为目的，获得微软、苹果、诺基亚、中国移动、谷歌等主流软件厂商、通信公司和互联网公司的支持，对程序和域名有独到的理解，更具有一体化和人性化。

第四代网站技术是公开的技术，具有如下特点。

(1) 多设备跨平台，可以跨平台使用。

(2) 自适应网页设计，让同一张网页自动适应不同大小的屏幕，根据屏幕宽度自动

调整布局，网页设计可以自动识别屏幕并做出相应调整，不必为不同的设备提供不同的网页。

(3) 可以通过一个后台集中维护和管理PC网站、手机网站(手机官网+微信网站)和APP手机客户端。除了能够充分整合互联网资源外，还能建立实际产品体验和互联网内容互动、实体店面和网络上的营销互动。

可以根据多种角度对网站进行分类，如表2-4所示。

表2-4 网站的分类

分类标准	类别			
按网站所用编程语言分类	ASP网站	PHP网站	JSP网站	ASP.NTE网站
根据网站的用途分类	门户网站	行业网站	娱乐网站	
根据网站的功能分类	单一网站	多功能网站	网络商城	
根据网站的持有者分类	个人网站	商业网站	政府网站	教育网站
根据网站的商业目的分类	营利性网站	非营利性网站		

2.3.2 网站技术在电子商务系统的应用

1. ASP.NET

ASP.NET意为“活动服务器网页”(active server page)，是一个免费的动态网页开发框架，它通过集成HTML、CSS、JavaScript及服务器脚本构建网页和网站。任何.NET语言，例如C#，可以引用该组件创建网页或Web服务。

ASP.NET提供3种开发模式，如表2-5所示。

表2-5 ASP.NET开发模式

网页	MVC	Web表单
单页面模型	模型视图控制器	事件驱动模型

网页是最简单的ASP.NET模型，类似于PHP和ASP，内置了用于数据库、视频、社交媒体等的模板和帮助器。MVC将Web应用程序分为3种不同的组件：针对数据的模型、针对现实的视图、针对输入的控制器。Web表单是传统的ASP.NET事件驱动开发模型，添加了服务器控件、服务器事件以及服务器代码的网页。

ASP.NET具备验证、缓存、状态管理、调试和部署等开发网站应用程序的全部功能。在代码撰写方面，它将业务逻辑与页面逻辑分开，分离程序代码与显示的内容。其优势为使程序看起来更加简单清晰，让丰富的网页更容易撰写。

2. Java Web

Java Web是基于Java技术解决相关Web问题的技术总和。Sun公司对Java Web应用作了如下定义：Java Web应用由一组Servlet、HTML页、类以及其他可以被绑定的资源构成，其技术原理如图2-3所示。它可以在供应商提供的实现Servlet规范的容器中运行。

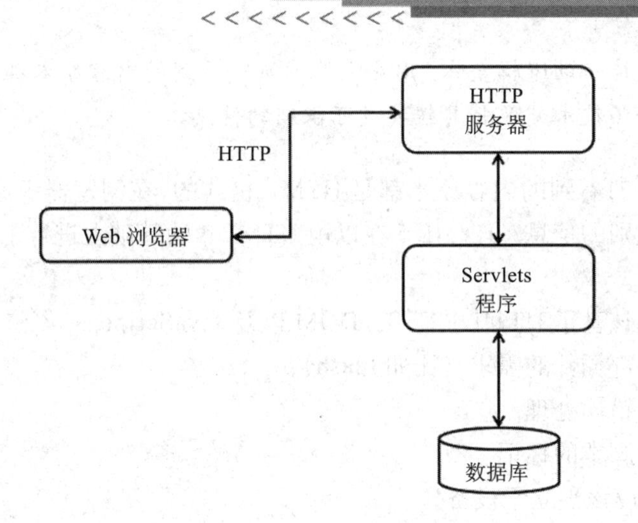

图 2-3 Java Web 技术原理

Java 在客户端的应用有 Java Applet。Java 在服务端的应用非常丰富,如 Servlet、JSP 和第三方框架等。Java 语言有很多优点,如面向对象、跨越平台、安全性高等,很多大型电子商务网站都采用 Java Web 技术进行开发。Java Web 技术为电子商务网站的发展提供了强大动力。

3. PHP

PHP 是 hypertext preprocessor(超级文本预处理语言)的缩写。同微软的 ASP 相似,PHP 也是一种 HTML 内嵌式的语言,它们都是在服务器端执行的嵌入 HTML 文档的脚本语言。

PHP 最初是由拉斯姆斯·勒多夫在 1995 年开始开发的,最初这些工具程序用来显示勒多夫的个人履历,以及统计网页流量,来取代原先使用的 Perl 程序。

PHP 独特的语法混合了 C、Java、Perl 以及 PHP 自创新的语法,现在被很多程序员及电子商务网站使用。

PHP 执行引擎会将用户经常访问的 PHP 程序保存在内存中,其他用户下一次访问这个程序时直接执行内存中的代码就可以了。这也是 PHP 高效率的原因之一。

PHP 具有非常强大的功能,所有的 JavaScript 功能 PHP 都能实现,而且支持几乎所有流行的数据库以及操作系统。

4. HTML 5

HTML 5 是继 1997 年 HTML 4 后新一代的 HTML,是 Web 中核心语言 HTML 新的规范,是构建以及呈现互联网内容的一种语言方式,是互联网的下一代标准。它被公认为互联网的核心技术之一,将广泛应用于互联网应用的开发。

【同步拓展】

HTML 超文本标记语言

HTML(hypertext markup language)即超文本标记语言,是一种标记语言(markup language),包括一系列标签(markup tag),通过这些标签来描述网页,使分散的 Internet 资源连接为一个格式统一的逻辑整体。用户浏览网页时看到的内容原本都是HTML格式的，在浏览器中通过一些技术处理将其转换成可识别的信息。

用户浏览网页时看到的内容原本都是HTML格式的，在浏览器中通过一些技术处理将其转换成了可识别的信息。HTML 5在以前HTML 4的基础上进行了一定的改进，建立了如下一些新规则。

（1）新特性应该基于HTML、CSS、DOM以及JavaScript。

（2）减少对外部插件的需求（比如Flash）。

（3）更优秀的错误处理。

（4）更多取代脚本的标记。

（5）HTML 5应该独立于设备。

（6）开发进程应对公众透明。

HTML 5新特性如下。

（1）用于绘画的canvas元素。

（2）用于媒介回放的video和audio元素。

（3）对本地离线存储的更好的支持。

（4）新的特殊内容元素，比如article、footer、header、nav、section。

（5）新的表单控件，比如calendar、date、time、email、url、search。

HTML 5网站具有的优点有代码简洁，采用全新的标签，网站定义更丰富，优化网站更简单，用户体验度好，拓展了用户浏览渠道，支持多媒体元素，可移植性好，开发费用相对较低等。下面以MENDO电子商务网站为例，介绍HTML 5技术的效果，如图2-4所示。

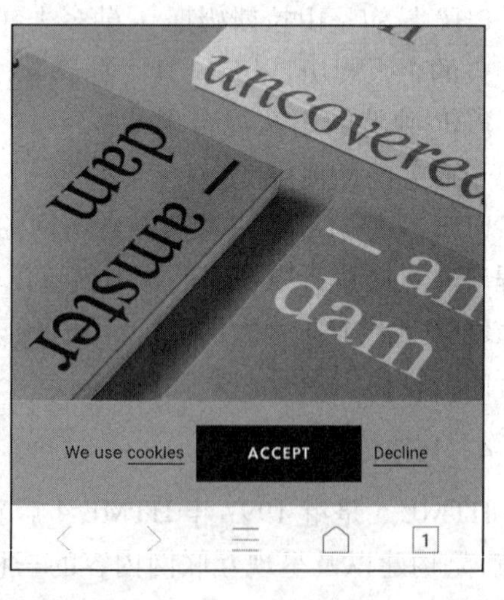

图2-4 基于HTML 5技术的MENDO电子商务网站界面

5. 分布式技术

电子商务网站海量数据处理和高并发的场景越来越多，实现服务的高可用、短延时成为必然，在此情况下分布式技术应运而生，电子商务购物的场景不外存储和计算，因此分布式系统可以简单地分为分布式存储、分布式计算。

所谓分布式系统就是一批计算机组合起来共同对外提供服务,对于用户来说具体有多少的计算机完成了这次请求,完全是无感知的。分布式系统中的计算机越多,意味着计算和存储资源等也就越多,能够处理的并发访问量也就越大,响应速度也越快。

Hadoop 技术将 HBase（一个建立在 HDFS 之上面向列的 NoSQL 数据库,用于快速读、写大量数据,使用 Zookeeper 进行管理)、Hive（类似于 SQL 高级语言,用于运行存储在 Hadoop 上的查询语句)、ZooKeeper（用于 Hadoop 的分布式协调服务)、MapReduce (Hadoop 的主要执行框架)、HDFS（Hadoop 分布式文件系统）技术相结合,基于其构建的大型分布式电子商务网站,具有分布式、高并发、高可用、海量数据的特点,从而帮助电商网站实现了一分钟上亿元的交易量,令人叹为观止。

2.4　信息安全技术

2.4.1　电子商务安全概述

1. 电子商务安全威胁

虽然人们越来越认可并使用电子商务购物,但还存在对其安全性的担忧,也出现了许多问题,如购物时信息被截获、篡改、伪造或者中断等。常见的电子商务安全威胁场景如下。

(1) 真实身份认证问题。涉及两个问题,一个是网上购物用户的真实身份,另一个是购物网站的真实身份。非法用户可以伪造假冒购物网站和用户身份,因此合法用户无法知道其登录的网站是否真实可信,而合法的购物网站无法验证登录到网站的用户是否拥有合法身份。传统的“用户名 + 口令”身份认证方式根本无法满足安全要求。

(2) 完整性问题。如果在用户端计算机和网上购物网站服务器之间的购物信息与银行账号信息传输不加密,则信息在传输过程中极有可能被非法篡改,把应转给购物网站的钱转到其他银行账号,导致用户以为已经付款,而购物网站却没有收到购物款。

如果消息发出之后在到达接收方之前已经发生改变,则消息的完整性被破坏。完整性被破坏分为以下两种情形。

① A 向 B 发出的消息“转账 1000 元转给 C”,而 B 收到的消息却变成了“转账 10000 元转给 C”,则该消息完整性被破坏。

② 由于消息传输线路不可靠,使消息在传输过程中发生了难以察觉的改变。

(3) 交易的不可否认性问题。不可否认性又称不可抵赖性,即由于某种机制的存在,人们不能否认自己的操作行为和操作内容。比如网上购物网站用户有可能会由于各种原因否认其在线交易行为,从而拒绝向商家支付。因此每笔交易一定要有可靠的签名记录以作为用于纠纷仲裁的法律依据。

(4) 机密性问题。用户在购物时要求输入账号密码和银行卡账号等秘密信息,如果此类信息在传输过程中不加密,则非常容易被非法截取。

针对以上安全隐患,沃通（WoSign）数字证书产品推出了基于公钥基础设施技术外包服务的电子商务信息安全解决方案。

【同步拓展】

2019年“双11”活动前夕,浙江乐清象阳派出所接到李女士报警。李女士称自己接到自称某快递工作人员的电话,对方自称“快递小哥”,还说出自己公司的完整名字。“快递小哥”说把她的快递搞丢了,要赔等值的钱给她。见对方如此“诚恳”,毫无防备心理的李女士信以为真,扫描二维码后按要求进行了一系列操作,把自己的个人信息,包括姓名、身份证及3张银行卡卡号等均填入其中。信息提交后不久,李女士收到了一条214万元被转走的短信通知!这个时候,李女士才发现自己被骗了。

思考题:请结合上述案例,思考“快递小哥”如何知晓李女士的购物信息,李女士的遭遇对电子商务安全提出了什么要求。

2. 电子商务安全要求

一个安全的电子商务系统,除应满足真实性、完整性、不可否认性、机密性要求外,还应满足匿名性、可用性、访问控制安全要求。

(1)匿名性。电子商务系统应防止交易过程被监听,保证交易中不把用户信息泄露给不可信的第三方,保护合法用户的隐私不受侵犯。

(2)可用性。可用性是指电子商务系统能随时为授权用户提供服务,避免出现由于非授权者干扰而不能为合法用户提供服务的情况。一个典型的破坏可用性的例子是:由于非授权用户C的故意操作,使授权用户A无法与服务器计算机B联系。

电子商务的特点决定其购物活动是离散事件,消费者在了解商品性能、质量、价格等信息后,决定购买后将商品加进购物车,提交订购信息及支付相关信息,这些环节都要求电子商务系统能够随时提供稳定的服务。

在我国,对于像天猫、京东这类的大型电子商务网站,如果因受到攻击或发生故障而停止服务,哪怕只是几分钟的停止,就会有千万次的交易无法正常进行,这将给电子商务企业带来巨大的经济损失。

(3)访问控制。这是一种几乎所有系统都会用到的安全技术,该技术按照设定的规则判断主体对客体的访问是否合法。如系统可以设置普通用户对其信息只有读取的权限,而设置某个高级用户对信息具有读取、修改的权限。访问控制的根本目的还是为了保障系统中信息的真实性、完整性、机密性和可用性等安全要求。

综上所述,为了防御电子商务面临的各种安全威胁,一个安全的电子商务系统应该满足以下安全要求,如表2-6所示。

表2-6 电子商务安全要求

安全要求	解　释
真实性	保证购物用户和网站身份是真实的
完整性	信息未被篡改
不可否认性	消息的发、收双方不能对自己收发消息行为进行抵赖
机密性	信息不被非法用户截取

续表

安全要求	解　释
匿名性	保证合法用户隐私不受侵犯
可用性	用户需要时,系统保证可以提供服务
访问控制	对用户访问资源的权限进行控制

2.4.2　信息安全技术在电子商务中的应用

电子商务系统常用的信息安全技术包括公钥基础设施、网络安全技术、认证技术、加密技术、访问控制技术等。

1．公钥基础设施

公钥是密钥对中公开的部分,私钥则是非公开的部分。公钥基础设施（public key infrastructure，PKI）提供了一个能实施各种安全服务的框架,是目前比较完善和成熟的电子商务信息安全解决方案。PKI的功能主要包括提供身份认证、不可抵赖性、时间戳、数字签名等认证服务。

2．网络安全技术

网络安全技术需要从多个环节综合运用,常见的网络安全技术有防火墙技术、病毒防护技术、入侵检测技术、虚拟专用网技术,基于这些技术电子商务系统可以一定程度保证网站的安全。

3．认证技术

在电子商务交易中,需要保证交易双方的身份是真实的和收到的消息是真实而且没有被伪造或篡改过,从而满足电子商务交易的真实性需求。认证技术含身份认证技术和消息认证技术。

身份认证技术包含两种认证模式。

（1）基于可信第三方的认证模式。通信双方都信任第三方且与第三方共享一个密钥,由可信第三方向各方提供用密钥加密的身份证明,被认证方将可信第三方提供的身份证明解密后交给验证方进行认证。

（2）当事人自行约定的认证模式。当事人约定好采取何种认证方式对对方的身份进行认证,没有第三方参与。

4．加密技术

加密技术是电子商务系统采取的最基本安全技术,也是很多其他安全技术实现的基础。加密技术分为对称加密技术和非对称加密技术。

（1）对称加密技术,也叫单密钥加密技术,利用对称加密技术可对通信的双方传输的数据进行加密。如果信息被攻击者截获,只要攻击者没获取到密钥,攻击者就无法解读,也无法修改加密之前明文的内容。该技术可对信息的机密性和完整性提供一定的保证。采用对称加密技术,要求发送方和和接收方使用相同的密钥,即文件加密与解密使用相同的密钥。对称加密（解密）的工作流程如图 2-5 所示。

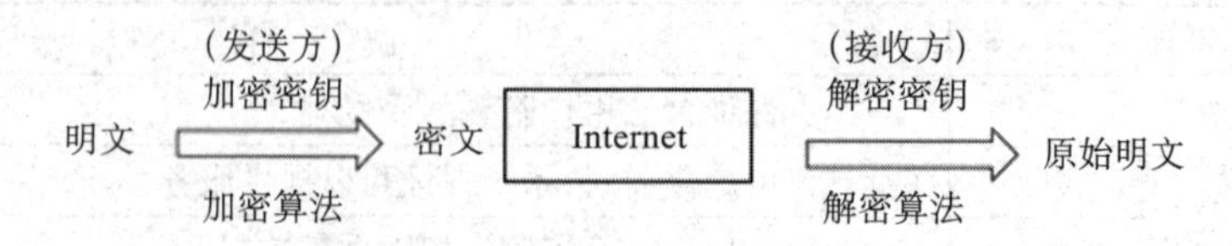

图 2-5　对称加密技术工作流程

【同步拓展】

对 称 加 密

明文 P（plaintext）：也叫明码，可以理解为信息原文。

密文 C（ciphertext）：经过加密后将明文变成无法理解的信息。

加密 E（encryption）：由明文变成密文的过程，通常由加密算法来实现。

解密 D（decryption）：将密文恢复成明文的过程。

加密 / 解密算法（algorithm）：用于对信息进行加密 / 解密的一组数学变换（数学函数）。

密钥（key）：为通信双方所掌握的、用于控制加密和解密实现的字符串 / 数据。

（2）非对称加密技术，也叫公钥加密技术，采用公钥和私钥两个密钥来进行加密和解密。因为加密和解密采用的是两个不同的密钥，所以也叫非对称加密技术。使用该技术有两个密钥，其中一个是公开的；另一个是私钥，由用户自己保存。所以在密钥传输上不存在安全性问题，使其在传输加密数据的安全性上高于对称加密技术。其工作流程如图 2-6 所示。利用公钥加密技术可解决对称加密技术遇到的很多难题，公钥加密技术常用来完成数字签名等这些特殊的功能。

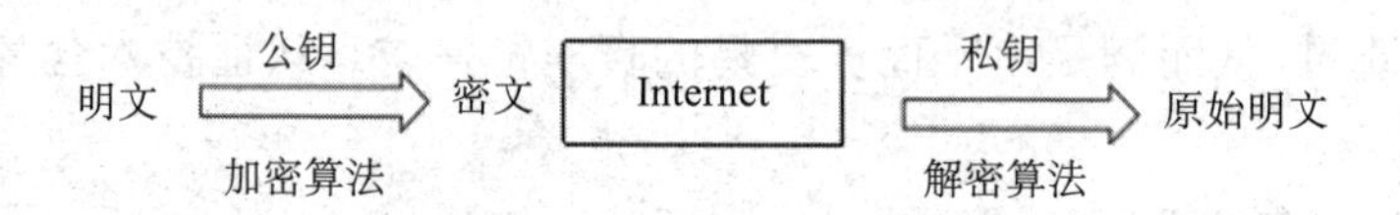

图 2-6　非对称加密技术工作流程

5. 访问控制技术

访问控制技术在身份认证的基础上提供安全服务，其目的是管理和控制合法用户访问资源的方式和范围，防止合法用户对资源滥用和误用。访问控制技术建立了良好的访问秩序，保护了客体的安全，维护了资源所有者的利益。

2.5　电子支付技术

2.5.1　电子支付技术概述

电子支付以电子计算机及其网络为手段，将负载有特定信息的电子数据用于资金流程并具有实时支付效力。

电子支付体系由客户、商家、CA认证中心、支付网关、商家开户行、客户开户行、金融网络组成,如图2-7所示。认证中心充当第三方中介机构,它对参与体系的各方进行身份认证并确认参与者的资质信用状况,向参与者发放和维护数字证书;支付网关是保障整个电子支付体系安全的关键所在;金融网络把中央银行、各个商业银行和其他金融机构联系在一起。该体系目前主要依靠相对成熟的安全电子交易(secure electronic transaction,SET)协议和安全套接字(secure sockets layer,SSL)协议,在一定程度上保证电子支付安全、高效地实现。

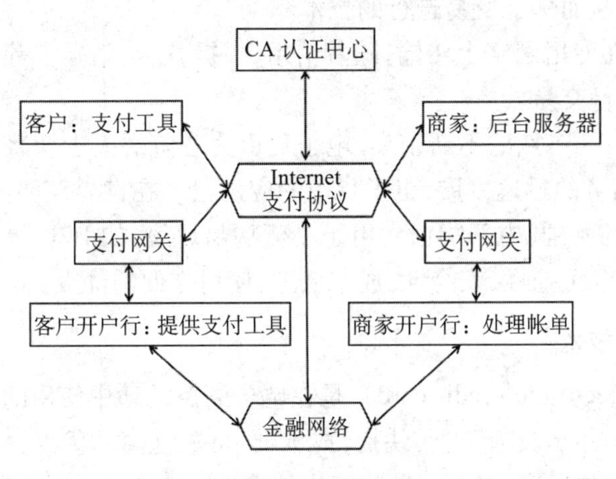

图2-7 电子支付体系结构图

电子支付系统由交易主体、安全协议、金融机构、认证体系、网络基础设施、法律和诚信体系、电子商务平台组成,如图2-8所示。①交易主体:网上支付系统的主体首先应包括买(消费者或用户)卖(商家或企业)双方。②安全协议:网络支付系统应有安全电子交易协议等安全控制协议,这些涉及安全的协议构成了网上交易可靠的技术支撑环境。③金融机构:包括网络金融服务机构,商家银行和用户银行。④认证体系:公开安全的第三方认证体系,这一体系可以在商家与用户进行网上交易时为他们颁发电子证书,在交易行为发生时对电子证书和数字签名进行验证。⑤网络基础设施:电子支付建立在网络平台之上,包括Internet网、企业内网,要求运行可靠、接入速度快、安全等。⑥法律和诚信体系:属于网上交易与支付的环境的外层,是由国家及国际相关法律法规的支撑来予以实现,另外还要依靠完善的社会诚信体系。⑦电子商务平台:可靠的电子商务网站以及网上支付工具。

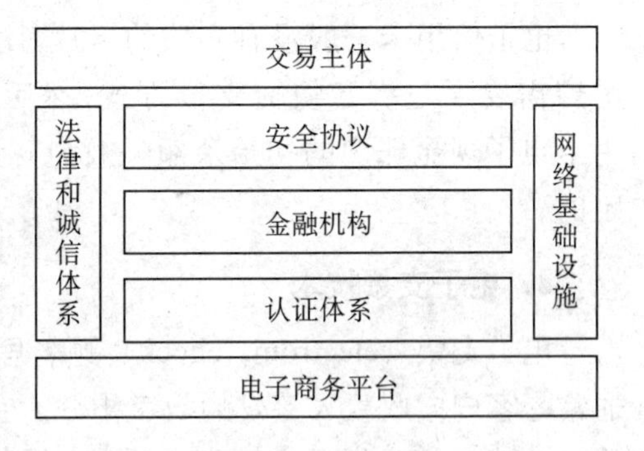

图2-8 电子支付系统结构图

电子商务支付技术可以按支付方式分为以下3类。

(1)电子货币技术,如电子现金、电子钱包等。

(2)电子信用卡技术,如信用卡、智能卡、借记卡、电话卡等。

(3) 电子支票技术。

2.5.2 电子支付技术在电子商务中的应用

1. 电子货币技术

电子货币技术（electronic money technology）指用一定金额的现金或存款从发行者处兑换并获得代表相同金额的数据，并通过银行及第三方推出的电子化途径将其进行转移以进行快捷支付，从而保证交易进行的技术。

电子货币通常在专用网络上传输，随着信用卡、提款卡、消费卡等的发行进行使用，通过 POS、ATM 等进行交易。

随着 ATM 及 POS 布点的不断密集，电子货币为各阶层人士所普遍拥有。近年来，随着 Internet 及电子商务的迅速发展，电子货币的应用已经在世界范围内广泛进行。电子货币是电子商务活动的基础，电子货币常用于小额购物环境，如 B2C 等。与传统货币相比，电子货币具有通用性、可控性、安全性、成本低廉、使用方便的优点。

2. 电子信用卡技术

电子信用卡（electronic credit card）是在电子商务活动中使用的信用卡，通过网络直接进行支付。电子信用卡具有方便、快捷、成本低、可靠性高的优点，卖方可以通过发卡机构实时了解持卡人的信用度，避免了欺诈行为的发生。

电子信用卡基于安全电子交易协议（secure electronic transaction，简称 SET 协议）保证电子信用卡卡号和密码的安全传输。在用信用卡支付的过程中，也需要对客户、商家及信用卡发放机构进行身份认证，从而防止抵赖行为的发生。

电子信用卡一般没有实质的卡片，属于虚拟信用卡。要想使用电子信用卡进行消费，用户需要通过绑定快捷支付方式，然后就可以在线上消费支付。通常情况下，电子信用卡电子现金账户的初始余额一般为 0 元，具体的额度是根据信用卡持卡人信用状况核定的。

3. 电子支票技术

电子支票（electronic check），顾名思义，是以电子方式进行传递、传输和储存的支票，通常是客户向收款人签发的数字指令。它通过因特网或无线接入设备来完成传统支票的所有功能。相对纸质支票而言，电子支票的签发者可以通过银行的公共密钥加密自己的账户号码以防止被欺诈。电子支票非常适合 B2B 领域的大额结算。

在进行电子支票支付前，需要在计算机上安装读卡器和驱动程序。读卡器是一根与计算机的串行通信口相连的串行电缆。

在安装驱动程序时，智能卡设备的加密驱动程序首先被安装在机器上。Web 服务器首先验证客户端证书的有效性，在确认证书有效后，Web 服务器发送一串随机数给客户端浏览器，智能卡使用私有密钥对这串随机数进行数字签名，签名后的随机数被回送给 Web 服务器，并由 Web 服务器验证签名。如果签名验证通过，Web 服务器和浏览器之间基于安全套接字协议建立安全通道进行通信，之后客户可以进行电子支票支付操作。

电子支票支付具有以下优势。

(1) 与传统支票类似,客户比较熟悉,易于接受。

(2) 学习过程简单,可为新型的在线服务提供便利。

(3) 通过应用数字证书、数字签名及加密解密技术,比传统支票更加安全可靠。

2.6 电子数据交换技术

2.6.1 电子数据交换技术概述

电子数据交换（electronic data interchange，EDI）是一种基于标准化格式利用计算机进行商务信息处理的技术。人们将EDI称为“无纸贸易”（paperless trade），EDI的发展已经至少经历了30多年,其发展和演变的过程已经充分显示了商业领域对其重视的程度。

EDI用一种国际公认的标准格式,将贸易、运输、保险、银行和海关等行业的信息,形成结构化的事务处理的报文数据格式,并通过计算机网络,使有关各部门、公司与企业之间进行数据交换与处理,并完成以贸易为中心的全部业务。EDI包括买卖双方数据交换、企业内部数据交换等。

EDI将发票、订单等结构化数据在计算机间按国际通用的标准化格式进行交换和自动处理,实质是通过用户将原始数据的标准化表示,实现数据经通信网格在各用户所拥有的计算机应用系统之间进行交换和自动处理,达到迅速和可靠的目的。

标准化是实现EDI的关键环节。EDI至少涉及两方面的标准。

(1) 数据标准：指的是数据的格式和内容,这也是EDI的具体标准。

(2) 协议标准：指的是一台计算机与另一台计算机之间对话所遵循的规则。

EDI系统由通信模块、格式转换模式、联系模块、消息生成和处理模块等4个基本功能模块组成。

标准报文、数据段、数据元为EDI的3个要素。一个EDI信息包括了一个多数据元素的字符串,每个元素代表了一个单一的事实,比如价格和商品模型号等,相互间由分隔符隔开。整个字符串被称为数据段。一个或多个数据段由头和尾限制定义为一个交易集,此交易集就是EDI传输单元（等同于一个信息）。一个交易集通常由包含在一个特定商业文档或模式中的内容组成。当交换EDI传输时即被视为交易伙伴。

2.6.2 电子数据交换技术在电子商务中的应用

在基于互联网的电子商务普及应用之前，EDI曾是一种主要的电子商务模式,是使用范围最广泛和最为成熟的电子商务应用系统。

EDI的根本特征在于国际的标准化,早期的EDI标准,是由贸易双方自行约定的,随着使用范围的扩大,出现了行业标准和国家标准,最后形成了统一的国际标准。国际标准的出现,大大地促进了EDI的发展。随着EDI各项国际标准的推出,以及开放式EDI概念模型的趋于成熟，EDI的应用领域也不限于跨境电子商务领域。

在电子商务活动中,使用某种商定的标准来处理信息结构,整个过程都是自动完成,无须人工干预,减少了差错,提高了效率。通过 EDI 技术进行订单业务的流程如图 2-9 所示。

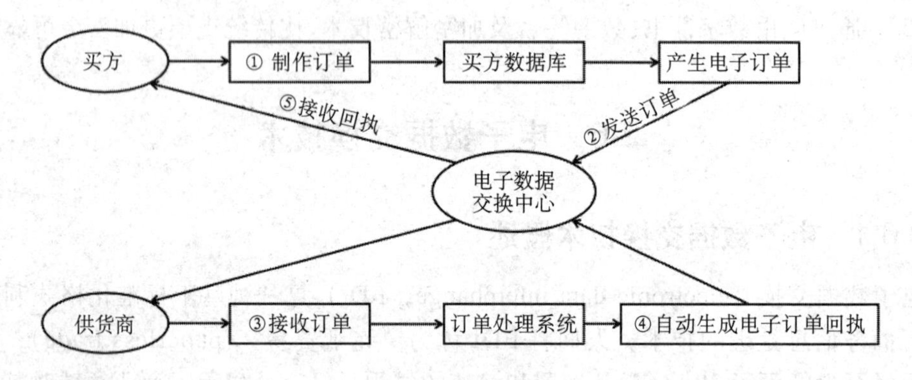

图 2-9 通过电子数据交换中心进行订单业务流程图

2.7 人工智能技术

2.7.1 人工智能技术概述

人工智能技术（artificial intelligence technology，AI）是计算机科学的一个分支,是研究、开发用于模拟、延伸和扩展人的智能的技术。该技术的研究领域包括机器人、语言识别、图像识别、自然语言处理和专家系统等。

我国的电子商务公司如阿里巴巴（Alibaba)、京东（JD）等正在大举投资人工智能技术。应用人工智能技术,使得国内电子商务企业不需要亚马逊规模的预算就能与这些行业巨头保持竞争。

2.7.2 人工智能技术在电子商务中的应用

全球电子商务快速发展,预计到 2021 年,网络零售将达到 4.878 万亿美元,占全球零售总额比重将达 17.5%,其中,亚太地区是发展先行区，2021 年占全球网络零售额的比重将接近 70%。

电子商务产业发展如此迅速,电商企业的竞争势必更加激烈。人工智能技术（如自然语言处理、机器学习和数据挖掘）的部署帮助各个规模的电子商务企业从简单重复的劳动中解放出来,以最少的投入吸引和留住客户。人工智能的出现,正帮助电商企业构建全新的竞争力。

电子商务网站应用的四种主流人工智能技术如下。

(1) 虚拟个人助理（virtual personal assistant，VPA)。VPA 是一个不知疲倦的助手，它基于 NLP 技术理解人类的语言,并根据需要做出响应。研究表明，VPA 被 31% 的企业高管评为最有效的人工智能工具,它对于电商企业管理人员和客户来说都是非常实用的工具。

(2) 智能客服。随着人工智能技术的发展,80% 的客户互动将由人工智能客服处理。作为呼叫中心的替代品,客服机器人正迅速成为电商客户服务中不可或缺的工具,基于大数据、搜索、NLP、知识图谱、深度学习等技术,提供在线机器人问答能力,支持问答、业务办理、故障诊断等应用场景,实现部分取代座席员,帮助企业节约人力成本、扩展服务时长、改善用户体验,构建全新的竞争优势。客服机器人实现了线上客服自动化,通过配置语义库,集成到购物车、在线支持和订单流程中,能够完成客户智能接待与问题自动分类解答。

(3) 数据挖掘 (data mining, DM)。基于数据挖掘技术,电子商务网站有能力和时间准确而彻底地记录、分析和消化来自世界各地潜在客户的大量数据,及时地处理数百万数据集,以帮助处理各个方面的业务问题。电子商务网站上有很多的客户评价信息,通过数据挖掘,企业可以倾听客户的意见,可以洞察新的市场,可以有效地对评论的关键词或品牌进行跟踪。基于对这些数据的分析,总结成可操作的反馈,以改善客户体验和品牌的影响力。

应用数据挖掘技术分析客户位置,可以使电子商务网站本地化。通过提供基于地理位置的服务、特定地理位置的广告,可以更大程度吸引本地客户。这种个性化技术,显著地提升了站点的实用性。

(4) 机器学习 (machine learning, ML)。借助 ML 工具分析消费者数据,进而预测市场,并优化电子商务网站以提供有针对性的营销。通过识别用户的个人特征,几乎可以在瞬间预测每个用户想要什么,每个消费者都在想看的时间通过想看到的方式看到了想看到的商品。通过利用客户的在线信息,基于机器学习技术,电子商务网站可以为他们提供个性化的广告,提供相关的推荐,并为他们制作特定的内容。

基于 ML 技术,电子商务网站的搜索引擎能够"记住"每个访问者的搜索方式和搜索偏好等习惯,下次客户返回时使用此信息可以加快所有服务的速度。

收集的客户数据越多,对该客户的优化效果就越好。搜索如此丰富的信息在过去可能需要数年时间,但通过 ML 技术,这些工作可以快速完成。

通过分析产品细节和搜索的内容,也可以主动提出补货或者采购的建议,使消费者更有可能在使用这些技术的网站上找到并购买更多的商品。全球电子商务公司已经在实施许多此类工具,以提高效率,并触及更广泛的受众。

一项调查表明, 33% 的潜在客户从未收到过后续调查,从而可能造成营销预算的浪费,基于机器学习的预测技术让企业能够识别客户的品牌忠诚度和产品偏好。通过分析数百万潜在客户的数据并识别符合特定标准的客户,可以识别出高质量的潜在客户,为识别客户节省了大量时间,从而提升销售业绩。

【头脑风暴】

阿里巴巴推出了天猫精灵和阿里助手,其客户服务聊天机器人处理了多达 95% 的咨询业务,包括语音及文字咨询,功能强大。阿里巴巴表示,人工智能能够推动内部及客户服务运营。此外,阿里巴巴使用人工智能绘制最有效的物流路线,智能物流的推广使车辆使用量减少了 10%,行驶距离减少了 30%。

亚马逊推出人工智能产品Alexa，通过提升算法的性能帮助亚马逊制定针对性的营销策略。亚马逊的推荐系统已能根据用户搜索记录预测其喜好，并进行产品推荐。

eBay利用人工智能维护消费者兴趣，提升公司竞争优势。eBay Shopbot通过自然语言处理技术找出客户感兴趣的产品。客户能够通过文字、语音以及手机拍摄的照片与机器人进行通信。

日本最大的电子商务网站乐天利用人工智能技术预测客户行为，分析上亿种产品，并进行推荐销售。此外，他们利用实时数据对买家进行精确地细分。在Rakuten Fits Me软件中，图像识别技术帮助提高客户满意度及销售效率。

阿里研究院与中国发展研究基金会联合发布《人工智能在电子商务行业的应用和对就业影响研究报告》，经研究发现，人工智能技术应用显著提高工作效率和电商从业人员的收入，同时也对部分电子商务岗位带来冲击。

思考题：请结合上述案例，思考电子商务专业学生应该具备哪些信息素养，以及如何胜任电子商务企业的工作岗位。

课后练习

1．名词解释

(1) 5G技术　　(2) IPv6

(3) HTML 5　　(4) 电子商务安全技术

(5) 加密技术　　(6) 电子货币技术

(7) EDI技术　　(8) 人工智能技术

2．单项选择题

(1) 移动通信技术已经发展到（　　）时代。

A．5G　　B．4G　　C．3G　　D．2G

(2) Internet上的每台正式计算机用户都有一个独有的（　　）。

A．协议　　B．E-mail　　C．TCP/IP　　D．IP地址

(3) 以下IP地址表示方法，正确的是（　　）。

A．210.202.198.2　　B．202.256.160.9　　C．192.168.100　　D．255.255.255.0

(4) 在主机域名中，顶级域名可以代表国家。代表中国的顶级域名是（　　）。

A．China　　B．Zhongguo　　C．cn　　D．zg

(5) HTML指的是（　　）。

A．超媒体文件　　B．超文本标记语言

C．超文本传输协议　　D．超文本文件

(6) 数字证书是一种（　　）。

A．学历证书　　B．用于安全认证的证书

C．职业资格证书　　D．用于加密的证书

(7) 与传统货币相比,电子货币的优点为（　　）。

A. 方便、成本低　　B. 管理技术复杂

C. 解决了合理征税问题　　D. 不可能被伪造

(8) 标准报文、数据段、（　　）为 EDI 的 3 个要素。

A. 标识　　B. 数据　　C. 数据元　　D. 字段

(9) 作为呼叫中心的替代品,（　　）提供在线机器人问答能力,支持问答、业务办理、故障诊断等应用场景,实现部分取代座席员。

A. 智能客服　　B. 虚拟个人助理　　C. 数据挖掘　　D. 机器学习

3. 多项选择题

(1) 1986 年,国际联网项目——中国学术网是由（　　）启动实施。

A. 北京市计算机应用技术研究所　　B. 德国卡尔斯鲁厄大学

C. 北京大学　　D. 犹他州大学

(2) 网络按覆盖的地理范围分类,可以分为（　　）。

A. 广域网　　B. 局域网　　C. 市域网　　D. 城域网

(3) IP 地址由（　　）构成。

A. 网络地址　　B. 主机地址　　C. 规模地址　　D. 计算机地址

(4) 按网站的用途分类,网站可以分为（　　）。

A. 门户网站　　B. 行业网站　　C. 娱乐网站　　D. 多功能网站

(5) 电子商务安全问题主要表现为（　　）。

A. 机密性问题　　B. 完整性问题

C. 真实身份认证问题　　D. 交易的不可否认问题

(6) 电子支付体系主要基于比较成熟的（　　）。

A. TCP/IP 协议　　B. DNS 协议　　C. SET 协议　　D. SSL 协议

(7) 标准化是实现 EDI 的关键环节。EDI 涉及两方面的标准:（　　）。

A. 数据标准　　B. 协议标准　　C. 报文标准　　D. 应用标准

(8) 人工智能技术的研究领域包括（　　）自然语言处理和专家系统等。

A. 语音识别　　B. 机器人　　C. 仿生技术　　D. 图像识别

4. 判断题

(1) 匿名通信技术是指利用数学或物理手段,对电子信息在传输过程中和存储体内进行保护,以防止泄露的技术。（　　）

(2) Internet 是当今世界上规模最大、信息资源最丰富、最开放的、由数万个网络及上百万台计算机相互连接而成的计算机网络。（　　）

(3) HTML 语言是构成网页文档的主要语言。（　　）

(4) JavaScript 是 Java 语言在网页中的应用。（　　）

(5) 一个安全的电子商务系统,应满足真实性、完整性、不可否认性、机密性、匿名性、高并发性、访问控制安全要素。（　　）

(6) 电子支付体系主要由客户、商家、认证中心、支付网关、客户银行、商家银行、金融网构成。（　　）

(7) EDI 系统由通信模块、格式转换模式、控制存储模块、消息生成和处理模块 4 个基本功能模块组成。 ( )

(8) 虚拟个人助理是一个不知疲倦的助手,它基于 NLP 技术来理解人类的语言,并根据需要做出响应。 ( )

5. 简答题

(1) 简述量子加密通信的两种方式。

(2) 简述电子支付的概念。

6. 实践操作

请完成表 2-7,了解 5 个常见电子商务网站的 IP 地址和域名,分析其网址结构,并指出每部分对应的内容。

表 2-7 IP 地址和域名

序号	电子商务网站	IP 地址或域名	分析网址结构
1			
2			
3			
4			
5			

项目3 网 络 零 售

知识与技能目标

- 了解网络零售的相关知识。
- 了解网络零售的发展趋势。
- 掌握网络零售 B2C 模式和 C2C 模式。
- 掌握网络平台适销商品的选择。
- 了解新零售和更多零售模式。

重点概念

网络零售、新零售、无人零售、轻零售、B2C 网络零售 C2C 网络零售、网络商品层次

【案例导入】

2019 年上半年,我国网络零售市场保持快速增长,全国网上零售额达 4.82 万亿元,同比增长 17.8%,比一季度加快 2.5 个百分点。其中,实物商品网上零售额 3.82 万亿元,增长 21.6%,占社会消费品零售总额（以下简称社消零）的比重为 19.6%,比一季度提高 1.4 个百分点,对社消零增长的贡献率达 44.8%,比一季度提高 3.6 个百分点。从市场结构看,B2C 网络零售模式占比不断提升,上半年 B2C 交易额占网络零售总额比重达到 75.8%,较上年同期提升 4.1 个百分点,高于 C2C 零售额增速 16.4 个百分点。其中服装鞋帽针纺织品、日用品、家用电器及影像器材网络零售额规模位居前 3 位,化妆品、烟酒、中西药品销售额增长最快。随着消费升级不断深入,不同地域热点呈现消费差异,从主要电商平台发布的数据看,大城市生鲜、化妆品、宠物用品零售额增长较快,中小城市和农村地区服装、汽车用品、大家电零售额增长较快。我国网络零售潜力还在不断地释放,在激发需求潜力、扩大国内消费方面的作用不断增强。

思考题:请结合上述案例,思考什么是网络零售,网络零售的模式,以及网络零售的未来发展趋势。

3.1 网络零售概述

3.1.1 网络零售的内涵及功能

1. 网络零售的内涵

网络零售又称为网上零售,是指利用信息技术,通过互联网或其他电子渠道向最终消费者个人或社会机构和团体出售商品及相关服务,以供其最终消费之用的全部活动,这个

概念包含以下 3 个内涵。

(1) 交易双方以互联网或其他电子渠道为媒介进行信息的组织和传递,实现有形商品和无形商品所有权的转移和服务。

(2) 买卖双方通过电子商务应用实现交易信息(信息流)、交易(资金流)和交付(物流)等活动。

(3) 网络零售是针对终端消费者,为个人或家庭提供服务,不包括生产性采购等企业电子商务活动。

2. 网络零售的功能

相较传统零售,网络零售是一种新业态,不受时间、空间地理位置等条件限制,可以 7 天 ×24 小时全天候为消费者提供服务,消费者足不出户就可以通过网络店铺购买到来自世界任何地方的商品。网络零售具有的 4 大功能如图 3-1 所示。

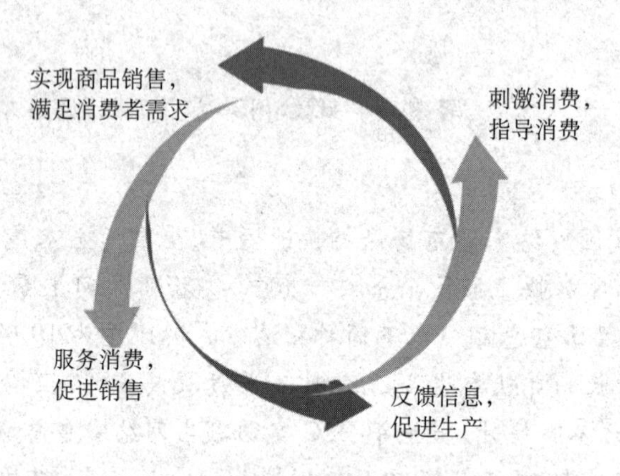

图 3-1 网络零售功能

3. 网络零售的交易流程

(1) 商家将商品信息化后,商品上架到平台并展示给消费者。

(2) 消费者登录账号后,浏览选择商品,买卖双方达成交易意向。

(3) 消费者在支付页面选择合适的支付方式,比如支付宝、微信支付等作为交易中介进行资金支付。

(4) 银行检查核实买家的支付能力,实行资金的冻结、扣账或划账,并将结果信息传至第三方支付平台和网上消费者本身。

(5) 第三方支付平台将支付结果通知商户,支付成功或失败。

(6) 商户向支付成功的买家发货或提供相应的服务。

(7) 买家确认收货或者接受服务后,确认收货,完成网络零售交易。

3.1.2 网络零售的参与主体

随着信息技术的突飞猛进,基于网络的电子商务迅速发展,更多国人选择网上购物。网络零售参与主体包括交易过程中的机构、团体和个人,具体表现为网络零售平台、商家、买家、服务商等,如图 3-2 所示。

图 3-2 网络零售参与主体

1. 网络零售平台

网络零售平台为消费者提供网上浏览感知商品的场所,完整的购物平台包括信息流、资金流和物流 3 大模块,其中信息流分为商品展示和信息沟通,资金流为在线支付,物流即配送方式。后台功能(以淘宝网为例)包括店铺管理、交易管理、物流管理、宝贝管理和客户服务。

(1) 店铺管理。

(2) 交易管理包括“已卖出的宝贝”和“评价管理”。

(3) 物流管理包括“发货”“物流工具”“物流服务”和“我要寄快递”。

(4) 宝贝管理包括“发布宝贝”“出售中的宝贝”“仓库中的宝贝”和“体检中心”。

(5) 客户服务包括“退款管理”“违规记录”和“基金还款”。

2. 商家

商家包括 B 端商家和 C 端商家。C 端商家为 16 周岁,有意经营网络零售的个人。B 端商家入驻则需要根据平台的要求需要具备不同的资质,比如开设天猫旗舰店,开店主体必须为品牌(商标)权利人或持有权利人出具的开设天猫品牌旗舰店排他性授权文件的企业;开设天猫专卖店,开店主体需要持有品牌授权文件才能开设并经营一个(或多个)授权销售品牌商品的专卖店。

3. 买家

买家为 16 周岁的个人、团体、机构或其他。

4. 服务商

服务商是为电子商务交易提供技术、信息咨询、服务和解决方案的个人或者团队,主要包括金融支付、仓储物流、整合营销、数据分析等电子商务垂直型服务商,也包括提供线上代运营、渠道分销以及品牌策划等服务全栈式服务的电子商务综合服务商。电子商务服务商逐渐成为推动“互联网 +”发展的重要力量,是新经济的组成部分之一。

网络零售平台的实力和流量优势、服务商的专业化运营为商家打通销售渠道、拓展销售机会,为消费者提供日益丰富的商品与服务,多方合作,已经形成一个协同发展、共同繁荣的电子商务生态圈。

【同步拓展】

支 付 宝

支付宝(中国)网络技术有限公司是国内的第三方支付平台,致力于提供“简单、安全、快速”的支付解决方案。支付宝最初只面向淘宝,即与淘宝网购物的应用场景相结合,服务淘宝交易，而后支付宝独立发展，向独立支付平台转型。支付宝已经成为电子商务的一项基础服务，担当着“电子钱包”的角色。

支付宝发展历程大体上经历 4 个阶段，从最初的“植根淘宝”到“独立支付平台”，到“金融支付平台”，再到 2020 年 3 月支付宝宣布升级为“数字生活开放平台”。支付宝从 2004 年建立开始，始终以“信任”作为产品和服务的核心，向更多的合作方提供支付服务，推动电子商务活动的开展。目前支付宝与国内外 180 多家银行以及 VISA、MasterCard 国际组织等机构建立战略合作关系，成为金融机构在电子支付领域最为信任的合作伙伴。

3.1.3 网络零售的发展历程

20 世纪 90 年代，我国政府敏锐地意识到电子商务发展对我国经济增长和企业竞争力发展的重要作用，积极推动电子商务应用，先后实施一系列“金”字工程，为我国电子商务发展奠定了基础，也为网络零售创造了条件。

【同步拓展】

“金”字工程

“金”字工程是指国家政务体系中从中央到地方乃至基层单位统一平台、统一规范、信息数据实时共享的 12 项电子信息化建设工程，包括金财工程、金农工程、金盾工程、金保工程、金税工程、金关工程、金水工程、金质工程、金审工程、金卡工程、金贸工程和金企工程。

1993 年年底，为了适应全球建设信息高速公路的趋势，我国正式启动“三金工程”，建设“信息准高速国道”。“三金工程”包括金桥工程、金关工程和金卡工程。

金桥工程属于信息化的基础设施建设，是我国信息高速公路的主体，旨在最终形成电子信息高速公路干线，并与全球信息高速公路互联。

金关工程是国家经济贸易信息网络工程，可以延伸到用计算机对整个国家的物资市场流动实施高效管理，对外贸企业的信息系统实施联网，推广电子数据交换业务，通过网络交换信息取代磁介质信息。

金卡工程从电子货币工程起步，旨在推广普及金融交易卡，实现支付手段的革命性变化，从而跨入电子货币时代。

1999 年 5 月，国内第一家 B2C 电子商务平台——8848 网站上线，拉开我国网络零售的大幕。我国网络零售的发展历程大致可以分为 4 个时期：探索期、市场启动期、高速发展期和应用成熟期。

1．探索期（1999—2003）

伴随着互联网信息技术的发展，零售业开始触网。但网络零售的市场环境不成熟，消费者线上购物习惯需要培养迁移，配套产业基础设施尚未形成，制约网上零售业的发展。

2．市场启动期（2004—2008）

国际网络零售巨头 eBay、亚马逊进入中国市场。阿里巴巴率先推出 C2C 平台淘宝网，随后京东商城、唯品会成立,开启自营、特卖等创新模式。

3．高速发展期（2009—2014）

网民数量持续上升，“80后”成为主力消费群体。唯品会、聚美优品等创新型厂商涌现,传统零售业苏宁、国美也开始涉足电商业务,整个市场受到消费者、资本、企业的多方推动。

4．应用成熟期（2015—至今）

经历多年的发展,阿里巴巴、京东、拼多多等巨头相继上市,占据市场绝大部分份额,形成“双超多强”的稳定格局,网民红利逐渐消失。整个网络零售市场已经进入成熟期,电商巨头与实体零售融合加速,品质电商开始兴起,挖掘用户价值,重塑流量走向。

【同步拓展】

1999年5月,王俊涛创办国内第一家B2C电子商务平台——8848网站。

1999年8月,邵亦波创办国内首家C2C电子商务平台——易趣网。

1999年11月,当当网等网络零售网站相继上线,掀起国内第一波B2C创业浪潮。

2000年2月,卓越网上线。

2003年5月,平台淘宝网上线。

2004年8月,亚马逊收购卓越网,更名为卓越亚马逊。

2004年8月,《中华人民共和国电子签名法》通过并实施。

2004年12月,第三方支付平台——支付宝成立。

2007年8月,今日资本向京东商城投资1000万美元,开启国内家电3C网购新时代。

2007年,凡客、李宁等各类服装网购品牌相继上线,兴起服装B2C直销热潮。

2009年12月,唯品会上线,主营品牌折扣商品。

2009年11月,淘宝商城（天猫）开始大型促销活动,即“双11活动”,李宁、联想、飞利浦等27个商户参加,整个平台交易额达到5200万元。

2010年,京东商城实现跃升为中国首家规模超过百亿元的网络零售企业,同时实现从3C单一零售品类向综合性网络零售商转型。

2010年2月,B2C网购平台苏宁易购正式上线。

2010年4月,雷军成立小米科技。

2010年4月,全球速卖通正式上线,面向海外消费者,通过支付宝国际账户进行担保交易。

2014年5月,天猫移动端成交额首次超过PC端,移动端表现出强劲增长态势。

2015年9月,拼多多手机购物APP成立,鼓励以更低的价格,拼团购买商品。

3.1.4 网络平台适销商品

商品是为交换而生产(或用于交换)的对他人或社会有用的劳动产品。这个概念包含以下2个内涵：首先,商品是经过劳动所生产出来的产品,任何没有经过人类劳动而由自然界为提供的诸如空气、水、阳光等都不是商品,只有经过人类劳动加工的氧气、太阳能、自来水等才是商品；其次,商品一定是为交换而生产的产品,为自己消费所生产的劳动产品不是商品。

1. 网络商品的基本属性

(1) 品名。品名是商品的名称，是一种商品区别于另外一种商品的称呼或概念。品名在一定程度上能够体现商品的自然属性、用途以及主要的性能特征。

(2) 商品编码。商品编码或商品代号、货号，是在商品分类的基础上，赋予某种或某类商品以某种代表符号或代码的过程。商品编码按其用途的不同分为商品分类码、商品销售识别码和辅助识别码。

商品编码是商品的“身份证”，具有唯一性、稳定性、简明性和规范性的特点，是商品流通的“共通语言”，是设备识别商品的标识。商品编码能够增加商品资料的准确性、提高商品流通的效率，方便拣选和送货，是商品入驻亚马逊商城、天猫商城、大型超市等的必备条件。

(3) 产地。产地是指商品的生产、出产或制造的地点，常指某种商品的主要生产地。进出口商品原产地指作为商品而进入国际贸易流通的货物的来源，以商品最终制造、加工及组装地为准。

(4) 价格。价格是商品价值的货币表现，是买卖双方对其商品价值的估算以货币方式衡量界定的交易手段。在日常交易中，价格是买家为获取商品、服务等场所需要付出的代价或付款。

(5) 质量。商品质量是指商品满足规定需要和潜在需要的特征和特性的总和。任何商品都是为满足用户的使用需要而制造的。商品质量特性依商品的特点而异，表现的参数和指标也多种多样，反映用户使用需要的质量特性，归纳起来表现为 5 个方面，即性能、寿命、可信性、安全性、经济性，如图 3-3 所示。

图 3-3 商品质量

① 性能指商品在功能上满足顾客要求的能力，包括使用性能和外观性能等。

② 寿命指产品正常使用的年限，包括使用寿命和储存寿命两种。使用寿命指商品在规定的使用条件下完成规定功能的工作总时间。储存寿命指在规定储存条件下，商品从开始储存到规定的失效时间。

③ 可信性用于表述可用性及其影响因素（可靠性、维修性和保障性）。可靠性指商品在规定的条件下、在规定的时间内，完成规定功能的能力。维修性是指产品在规定的条件、时间、程序和方法进行维修，保持或恢复到规定状态的能力。保障性是指按规定的要求和时间，提供维修所必需的资源的能力。显然，具备上述“三性”时，必然是一个可用、好用且质量上乘的商品。

④ 安全性指商品在制造、流通和使用过程中保证人身安全与环境免遭危害的程度。目前，产品的安全性是用户购买商品考量的重要因素。

⑤ 经济性指商品寿命周期的总费用，如效率、使用费用（油耗、电耗等）等，是用户日

益关心的一个质量指标。

(6) 计价单位。计价单位是表示产品或服务价格的一种衡量标准。为了方便买卖交易,必然需要使用一定的货币计价单位,依据一定的计价基准,运用一定的方法,采用一定的程序并将之结合应用,这就是计价单位。比如,钻石的常见计价单位是克拉,金银是克,衣服是件,大米是斤。

(7) 使用和保存方法。不同商品的使用和保存方法不同,在商品属性中必须要明示。比如,电器的使用必须按产品说明书使用,食品的常见保存方法是"常温""冷冻"或"冷藏"。

2. 网络商品的层次

网络适销商品与传统商品内涵有一定的差异性,主要体现在网络商品的层次更加宽泛,网络产品层次如图 3-4 所示。商品的层次清晰地反映出网络商品的开发与销售必须满足消费者的需求。

(1) 核心产品层次。核心产品是向消费者提供的商品的基本效用或利益,是商品的使用价值,是用户购买的实质性东西。比如,消费者购买口红的目的不是为了得到某种颜色、某种形状的实体口红,而是为了使用口红提升其形象和气质,迎合对应的场景。

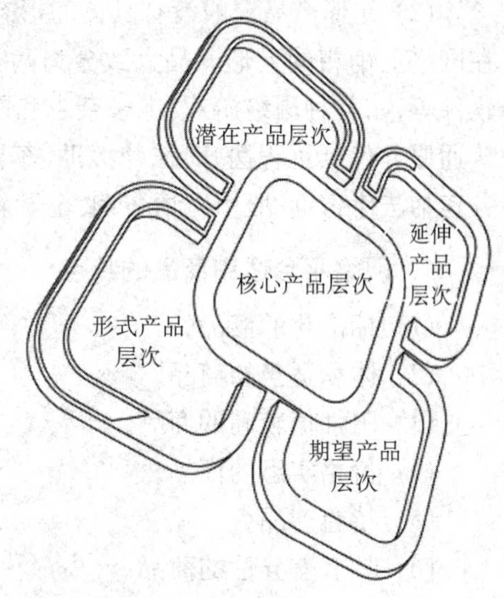

图 3-4 网络商品的层次

【经验之谈】

不同消费者购买同一种商品,其追求的核心产品层次可能不同,比如,消费者购买帽子,有的是为了保暖,有的是为了美观,有的是仅为了跟随潮流。

(2) 形式产品层次。形式产品是商品的具体物质形态,是核心产品的外在表现或对目标人群满足特定需求的形式,包括商品的质量、功能、款式、品牌和包装等。消费者多是通过商品的形式产品层次了解商品。

(3) 期望产品层次。期望产品是购买者在购买商品时期望得到的与商品密切相关的一整套属性和条件,比如消费者入住旅游酒店时,期望得到干净整洁的房间、美味可口的菜肴和管家式的酒店服务。

(4) 延伸产品层次。延伸产品是指顾客购买形式产品和期望产品时,附带获得的各种利益的总和,包括产品说明书、安装、维修、送货、技术保障等,主要是为了帮助消费者更好地使用核心利益和服务,比如,花呗分期免息、免费送货、一年免修包换等。

(5) 潜在产品层次。潜在产品是指现有产品包括所有附加产品在内的,可能发展成为未来最终产品的潜在状态的产品,是满足消费者潜在需求的产品层次。潜在产品层是产品的第五个层次,是产品整体概念中的最高层次,是企业努力寻求的满足顾客并使自己与其他竞争者区别开的新方法。

3. 网络平台适销产品的分类

网络销售产品按照性质的不同，主要分为有形产品（实体商品）和无形产品（虚拟商品）两大类。

(1) 有形产品是指具有具体物理形态的物质产品，包括消费品、工业品和农业品等。有形产品满足消费者某一需求和特定形式，是核心产品得以实现的形式。消费者通过商品的详情页了解商品，双方达成交易后，卖家需要按照消费者的要求按时、按点将产品送达消费者。

(2) 无形产品一般没有具体的形态，即使表现出一定形态也是通过其载体体现出来。在网络上销售的无形产品大致分为两类：软件和服务。软件包括计算机系统软件和应用软件等，如各种网络游戏、电子杂志和图书等。服务分为普通服务和信息咨询服务两大类，普通服务包括远程医疗、法律援助、车票预订、入场券预订、医院预约挂号等；信息咨询服务包括法律咨询、股市行情咨询、电子新闻和电子报刊等。

4. 网络平台适销商品的特点

(1) 标准化的商品。

(2) 体积适当的商品。

(3) 附加值较高的商品。

(4) 价格实惠的商品。

(5) 特色产品。

(6) 具有差异性的商品。

(7) 高复购率的商品。

(8) 数字化商品、服务等无形商品。

【同步拓展】

网络平台禁限售商品

网络销售商品必须遵守国家法律法规、民俗民风、社会道德及平台规则，以下商品不得在网络销售（不同平台要求略有不同）。

(1) 考古发现品或者禁止出口的物品。

(2) 被禁止的著作、文献、资料等。

(3) 电子邮件或网址列表。

(4) 国内域名。

(5) 医疗及医疗器材，医疗广告以及医疗药品、器材。

(6) 处方药物及其原料。

(7) 人体器官、遗体等。

(8) 需要执照或者许可才能使用的设备，如广播发射台、卫星地面接收系统等。

(9) 伪造证件。如伪造的驾驶执照、身份证、档案及其他证件等。

(10) 带有攻击性的种族主义物品、反宗教信仰物品等。

(11) 盗版及仿制品，包括图书、杂志、印刷品、软件、光碟、影像制品、音像制品、音乐、电影、电视节目等；私自提供下载、刻录、翻印的上列产品；由设计师设计的服装、手表、配件；注册成为专利或者商标的品牌及其产品。

(12) 色情物品。

(13) 正在流通的股票、债券和抵押品。

(14) 钱币。

(15) 偷盗品、走私品。

(16) 犯罪工具，如撬锁设备等。

(17) 危险物品，如易燃品、易爆品、腐蚀性物品等。

(18) 军火武器包括轻武器、弹药、刀具等。

(19) 警用和军用设备，与警方有关物品。

(20) 管制刀具。匕首、三棱刀（包括机械加工用的三棱刮刀）、带有自锁装置的弹簧刀（跳刀）以及其他相类似的单刃、双刃、三棱尖刀。

(21) 动物，包括国家保护级动物（标本、活体或相关产品）以及恐龙化石、化石蛋。

(22) 烟花爆竹。

(23) 骚扰、侵犯他人权利的物品，如个人私密资料。

(24) 被认为具有攻击性的物品。

(25) 反动、色情等违反规定的音像制品。

(26) 其他所有以上未列出的中国法律、法规、条例或者规定严禁或者限制销售的物品或服务。

3.2 典型的网络零售模式

买卖双方通过电子商务应用实现交易信息的查询交易和支付等行为，按照平台的交易对象划分，网络零售可分为 C2C 和 B2C 电子商务两种模式。

3.2.1 C2C 网络零售

C2C 网络零售是消费者与消费者之间通过互联网进行个人交易的电子商务模式。C2C 模式的平台主要有易趣网、拍拍网、淘宝网等。

1. C2C 免费开店平台模式

2003 年 5 月正式上线的淘宝网，经过多年的快速发展，成为我国最大的 B2C 和 C2C 购物平台。平台商品种类齐全，涉及消费者日常生活和工作方方面面。年满 16 周岁的中国公民都可以在淘宝网开店，阿里巴巴工作人员除外。“免费开店 + 成交提取佣金”的模式成为其快速发展的重要驱动因素。淘宝网免费开店步骤如图 3-5 所示。

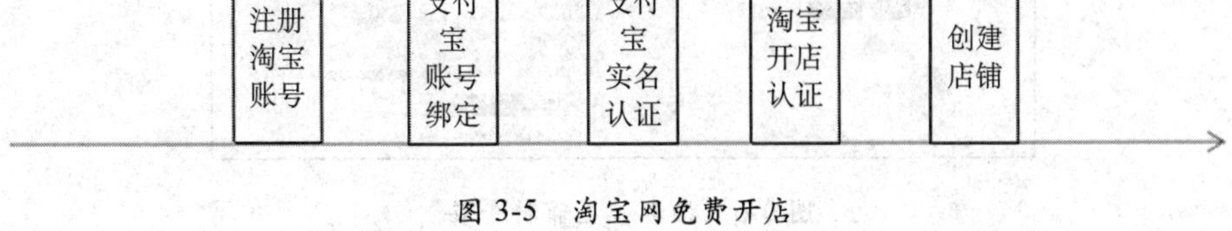

注册淘宝账号

支付宝账号绑定

支付宝实名认证

淘宝开店认证

创建店铺

图 3-5 淘宝网免费开店

【头脑风暴】

易 趣 网

成立于1999年8月的C2C电子商务平台——易趣网,在2000年1月被评为中国最受欢迎的拍卖网站,在2002年3月得到全球最大的电子商务网站eBay公司的大力支持,更名为eBay易趣,快速成为国内最大的在线交易社区。但是随着淘宝网的上线，eBay易趣的市场份额不断下滑。有人说正是因为淘宝网的“免费开店”模式导致了eBay易趣的发展困境。对此你怎么看?

2. C2C网上拍卖模式

网上拍卖是典型的C2C网络零售模式。eBay是全球最早的C2C电子商务平台,其典型应用是为买卖双方搭建拍卖平台。拍卖是卖家在拍卖网站上缴纳一定保证金,取得拍卖资质后,卖家设置起价,买家缴纳拍卖保证金后,进行竞拍的一种销售模式,最后价格最高者获得购买权利,在规定时间内补足差额款项。

(1) 英式拍卖。也称为“出价逐升式拍卖”,是目前最流行的网上拍卖方式,拍卖中竞拍人出价由低开始出价,出价最高者即最后一个竞买人将以其所出的价格获得该商品。拍卖需要事先确定拍卖的起止时间,一般是数日或者数周。

【同步拓展】

拍卖“巴菲特午餐”

2019年的巴菲特午餐慈善拍卖通过eBay网进行竞拍,如图3-6所示,拍卖的起拍价格为2.5万美元,接受竞价的时间：太平洋夏令时2019年5月26日晚7：30至2019年5月31日晚7：30。根据规则,最终中标者将有机会邀请最多7位朋友,一起与“股神”巴菲特在美国纽约市的Smith & Wollensky餐厅共进午餐。来自中国的孙宇晨以456788800美元的价格获得与巴菲特共进午餐的入场券。

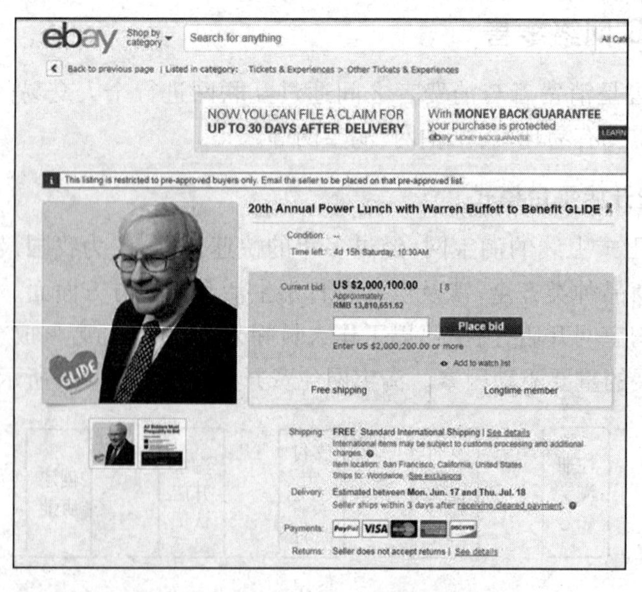

图3-6 拍卖“巴菲特午餐”

(2) 荷兰式拍卖。也称为"出价逐降式拍卖",先由拍卖人给出一个潜在的最高价,然后价格下降,直到有人接受价格。荷兰式拍卖成交速度特别快,需要所有竞买人在某一时间同时竞买。与传统荷兰式拍卖不同,淘宝网荷兰式拍卖最终成交价一般是最低成功出价,如果靠后的买家可以获得的商品数量不足,则可以放弃购买。

(3) 密封拍卖。指竞买人通过加密的方式将出价发送给拍卖人,再由拍卖人统一开标后,比较各方递价,最后确定中标人。

(4) 双重拍卖。指买方和卖方通过软件代理竞价系统同时递交价格和数量来出价,然后在网上拍卖信息系统进行匹配,这种拍卖一般只对那些事先知道质量的物品有效,例如有价有标准级别的农副产品,通常这类物品交易的数量很大。

【经验之谈】

网上拍卖技巧

① 产品的选择。网上拍卖可以选择非标类产品、热卖款产品或稀缺性产品,比如巴菲特的午餐慈善拍卖。网上拍卖也可以用来测试新品或者清库存。

② 上架时间。离下架时间越近,排名越靠前,可以最大化在下架前展示给目标客户群。

③ 上架数量和间隔时间。拍卖产品上架数量不宜过多。

3.2.2 B2C 网络零售

B2C 网络零售是企业与消费者之间的电子商务,企业通过互联网为消费者直接销售商品和提供服务,消费者通过网络在线购物、支付,并获取商品和相应服务。B2C 模式以 8848 网上商城正式运营为标志。

1. 第三方平台 B2C 网络零售

第三方平台 B2C 网络零售平台独立于产品或服务的提供者和需求者,通过网络服务平台,按照特定的交易与服务规范,为买卖双方提供服务,服务内容可以包括但不限于"供求信息发布与搜索、交易的确立、支付、物流",比如天猫商城、亚马逊等。第三方 B2C 网络零售平台具有以下特点。

(1) 独立性。第三方平台既不是商家,也不是买家,只是提供双方交易的平台。

(2) 综合性。第三方平台品类丰富,聚集了各种类型的用户,并为买卖双方交易提供解决方案。

(3) 专业性。第三方平台依托专业的技术向商家和买家提供包括对订单管理、支付安全、物流管理等,能够为买卖双方提供安全便捷的服务。

(4) 中介性。第三方平台发挥"信用中介"的作用,以自己强大的实力和信誉为商家背书,增加商家获得交易的机会。

(5) 交互性。一方面,第三方平台推送商品、匹配资源给商家和买家;另一方面,匹配广告投放企业和用户的供需,商机的多少决定了交易的机会和平台的容量。

2. 自营平台 B2C 网络零售

自营平台以标准化的要求,对其经营产品进行统一生产或采购、产品展示、在线交易,并通过物流配送将商品送达买家，比如京东商城和海尔商城。

(1) 垂直性。自营平台专注于对某一品类的市场深挖，对产品和服务及目标市场有着较强的了解。

(2) 品牌保证。自营平台加强对商品来源、商品质量、商品供应及物流配送的管控能力，通常制定符合自我品牌诉求和买家需要的采购标准，以品牌作为平台支撑点，将平台自身打造成极具价值的品牌。平台方强大的背书能力和品牌保证能力，其商品和服务均得到买家的认可。

(3) 产品质量可控。自营平台经过一定的发展，成功塑造了强有力的品质和售货保障形象，为保证买家对平台的满意度，制定规范的商品准入标准和品牌引进原则，提高商品入驻门槛，严控产品质量，使买家获得更加优质的产品和服务。

(4) 交易流程管理体系完备。自营平台在商品的引进、展示、交易、物流配送和售后保障等整个交易流程都严格管控，实施交易全流程实时管理。自营平台逐渐成为拥有完善生态系统的独立个体。

3. B2C 网络零售代表平台

(1) 天猫商城。天猫商城原名淘宝商城。2012 年 1 月 11 日，淘宝商城正式更名为天猫商城，专营 B2C 网络零售，提供 100% 优质的商品、7 天无理由售后服务及购物积分返现等优质服务。在 2020 年 1 月发布的全球最具价值 500 大品牌榜发布，天猫排名第 49 位。

① “双 11”购物狂欢节。“双 11”购物狂欢节指每年 11 月 11 日的网络促销日，源于淘宝商城（天猫商城）2009 年 11 月 11 日举办的网络促销活动，当时参与的商家数量和促销力度有限，但营业额远超预想的效果。每年的 11 月 11 日成为天猫举办大规模促销活动的固定日期，目前“双 11”活动已成为中国电子商务行业的年度盛事，并且逐渐影响到国际电子商务行业。

2019 年天猫“双 11”开场 14 秒销售额破 10 亿元；开场 1 分 36 秒成交额破 100 亿元，开场 17 分 6 秒，成交额超过人民币 571 亿元，超过 2014 年“双 11”全天成交额。

② 天猫 V 榜。2019 年 5 月天猫 V 榜在手机淘宝上线。天猫 V 榜是大数据遇上商品力的结果，大数据是基础，商品力是核心。天猫 V 榜以消费者为中心，根据商品销量、商品好评指数以及店铺运营指数等几十个数据指标，结合商品力，综合得出商品榜单。目前，天猫 V 榜陆续发布了 70 个品类榜单，覆盖美妆、个护、大小家电、美食和 3C 等头部品类，从全网数亿商品中累计精选出 1197 款商品登上 V 榜，引导消费新风向。天猫 V 榜女性消费者占比超过 60%，“80 后”和“90 后”占比达 72%，消费者深度互动 1.8 亿人次，全年触达消费者近 5 亿人，对商品销售的带动非常明显，成为品牌增长新动能，天猫 V 榜客单价是大盘客单价的 5 倍。

【同步拓展】

商　品　力

商品力是商品所表现出来的综合能力，包括转化力、引领力、传播力、品牌力，从买家需求出发重点考核商品的转化率和商品的高性价比，目的是提升转化和交易。

(1) 商品力的模型。

消费品：单击转化率 + 近 7 天交易额 + 近 7 天买家数 + 勋章

工业品：现货能力（标签）或本地化服务能力（标签）+ 产品近 7 天交易金额大于 0

(2) 现货能力。

现货商品：近 30 天有 2 笔（含）以上交易，且平均发货时间在 48 小时内的商品。

现货商家：需要同时符合以下三个条件。

• 有 5 条（含）以上的现货商品。

• 交易勋章大于或等于 2。

• 近 7 天有商家后台登录行为、有旺旺响应行为。

(3) 本地化服务能力。

根据商家最近 30 天的交易订单，分行业（各行业）统计成交的买家（去重）在各地级市的数量分布。

(2) 京东商城。京东于 2004 年正式涉足电商领域，创办“京东多媒体网”（京东商城的前身），启用新域名 www.jd.com 在线销售计算机、手机及其他数码产品、家电、汽车配件、服装与鞋类、奢侈品、家居与家庭用品、化妆品与其他个人护理用品、食品与营养品、书籍与其他媒体产品、母婴用品与玩具、体育与健身器材以及虚拟商品等，共 13 大类的商品。2014 年 5 月京东在美国纳斯达克上市。2019 年 7 月，京东集团第 4 次入榜《财富》全球 500 强，成为是中国线上线下最大的零售集团之一。

① 会员系统。京东会员可以通过登录、购物、评价和晒单获取成长值，累计的成长值决定会员级别，会员级别越高，所享受的会员权益越大。京东会员分为 5 个等级：注册会员、铜牌会员、银牌会员、金牌会员、白金会员和钻石会员。京东为向核心客户提供更优质的购物体验，特别推出京东 PLUS 会员，PLUS 权益包含购物回馈、自营免运费、退换无忧、专属客服、专享商品等网购特权。

② 物流配送。京东商城将信息部门、物流部门和销售部门垂直整合，2007 年开始自建物流，2012 年注册物流公司，2017 年 4 月正式成立京东物流集团。截至 2019 年年底，京东物流在全国运营约 650 个仓库、25 座大型智能化物流中心“亚洲一号”。包含云仓在内，京东物流运营管理的仓储总面积达到 1600 万平方米。为了推进线上销售，京东商城推出 211 限时达、大家电 211 限时达、次日达、夜间配、大家电夜间配、定时达、极速达、隔日达、京准达等。物流大件和中小件网络已实现大陆行政区县几乎 100% 覆盖，90% 以上的自营订单可以在 24 小时内送达，90% 区县可以实现 24 小时达区，无法送达的订单会委托专业的第三方快递公司进行配送。

【同步拓展】

211 限时达

由京东自营配送且是京东库房出库（偏远区域除外）、重量在 15 千克、体积在 0.12 立方米以内的商品享受 211 限时达物流服务。211 限时达指当日 11：00 前提交的现货订单（部分城市为 10：00 前，比如德阳市等），当日送达；当日 23：00 前提交的现货订单，次日

15：00 前送达。

3.2.3 网络零售的发展趋势

随着互联网的快速发展和网民规模的扩大，网络购物已经成为重要的零售渠道。2019 年全国网上零售额 106324 亿元，比上年增长 16.5%，其中，实物商品网上零售额达到 85239 亿元，增长 19.5%，占社会消费品零售总额比重的 20.7%，在实物商品网上零售额中吃、穿、用类商品分别增长 30.9%，15.4% 和 19.8%。随着信息技术的进步和网络覆盖范围的扩大，尤其是国家对农村地区网络建设的支持力度不断加大，网络购物用户规模持续壮大，网络零售额增速远远超过社会商品零售总额的增速。

1．消费群体年轻化

互联网技术的完善和互联网终端的普及加速了“全民互联”时代的到来，社会主力消费群体转向“80 后”“90 后”人群，为网络零售奠定良好的客户群体基础，并且释放出巨大的市场潜力。“80 后”基于自身喜好，乐于消费；“90 后”注重自身感受、追求个性化、热衷对品牌和潮流的追求。

2．网络零售品质化

彰显时尚个性，贴近互联网、追求高品质生活成为网络零售的主要特点，零售品质持续提升，推动消费升级不断深化。网络零售市场加速整合，企业竞争从规模扩张向质量提升发展，在质量和服务上更有优势的 B2C 模式市场份额继续扩增。

3．国货品牌消费趋势明显

网络零售市场正在从“量变”到“质变”发展，带动整个市场的消费升级。随着国货品牌品质和功能的完善，更多的国货品牌开始被消费者认可和选择。国货品牌的增量主要来自“85 后”“90 后”消费群体。

【同步拓展】

国货品牌的崛起

消费者对于国货品牌的热情始于老牌国货的逆袭。耳熟能详的老品牌对标新消费群体的消费喜好，推出相应产品是老字号迎来“第二春”的共同原因。

从回力鞋的走红到百雀羚的创新，从 WEY 牌汽车的热销到佰草集的蜕变，中国传统企业开始了一路“潮”前，缔造非凡的日子，更多的人开始认国货、用国货，还给这些不走寻常路的产品起了一个他们认为更为准确的名字——新国货。由“中国制造”走向“中国智造”，如今，更多的国货品牌正在甩开旧模样，通过创新的“国潮”展示国货焕发的新活力，和年轻人互动，走进了年轻人的圈子，对市场消费结构开始产生一系列新的影响。

2018 年 6 月，六神与 RIO 合作，驱蚊止痒液化身鸡尾酒饮料让人出其不意，“一口驱蚊、两口入魂”。限量供应的六神 RIO 鸡尾酒在 17 秒内被天猫买家抢购一空。2018 年 8 月，美加净与大白兔联手推出奶糖味润唇膏，一秒内，首批发售的 920 只唇膏被秒杀一空……

五芳斋推出了《复仇者联盟》人物“能量罐”,钢铁侠能量罐里装牛肉粽,美国队长能量罐里装黄米黑豆酥肉粽,黑豹能量罐里装金色馅心与乌米饭粽,复联能量罐里装黑芝麻粽。五芳斋作为老字号品牌,用户层和用户群体年龄偏大一些。但“95后”和“00后”的新一代消费群体受西方文化与动漫影响更多,且《复仇者联盟》深受他们欢迎,五芳斋通过具有突破性的产品、包装、设计以及传播先吸引他们的注意,再吸引他们来吃。

冷酸灵是中国最早的牙膏老字号品牌之一,其推出的火锅味牙膏登上了诸多媒体的版面。一盒三管牙膏,售价29.9元,味道分别为“标准中度辣”“川渝微微辣”“传闻变态辣”。产品于5月11日一经推出,便销售一空。

鄂尔多斯(ERDOS)甩掉从前的大红配大紫、绿叶配牡丹,取而代之的是花草芭蕾印花无袖棉服、可爱小鹿印花真丝系带连衣裙、轻薄小翻领亚麻短袖针织衫……转型之后的画风也得到了年轻消费者的关注与青睐。

将视线放在未来发展大势上,不因循守旧,进行结构转型升级……一批优质的中国企业,正在实现着从“中国制造”向“中国智造”的改变。正是因为它们在品牌建设上的种种努力,才迎来了国货品牌在消费群体中的复兴。

4．购物移动化

移动购物应用广泛应用于日常生活的各领域,寻求更多与消费者互动的机会,消除消费者直线式的购物路径并影响其购物决策。消费者对各类应用持开放态度,使其使用和普及程度都在飙升,助推网络零售市场“线上＋线下”“娱乐＋消费”“社交＋消费”等方向发展。

5．零售业态多元化

社交电商、直播电商、无人零售、生活服务电商发展迅速,成为市场的新增量,更好地满足消费者个人化和多元化的需求,推动了网络零售规模的不断扩大。天猫新零售引领的线上线下一体化正是当中的创新实践。各类业态相互补充,通过途径和品类差异等满足消费者的不同需求。

6．跨境电商加速发展

随着国民生活水平的提高,国内消费者对海外商品的需求越来越旺盛,相关政策也开始顺应趋势,对跨境电商领域释放利好。新实施的《电子商务法》明确支持促进跨境电商的发展,帮助企业“走出去”。

7．下沉市场潜力释放

随着数字乡村建设、电子商务进农村综合示范、网络扶贫等工作深入推进,淘宝、拼多多、京东等大电商平台对下沉市场的争夺进入白热化,邮政、“四通一达”等物流企业加速布局,打通农村电商的最后一公里,推动下沉市场的潜力逐步释放。下层市场对网络购物需求得到拓展,带动零售额的大幅增加;同时打开新的网络零售渠道,解决农产品的滞销问题,为农产品在全国地区销售打下了基础。

8．线上线下精准融合

从企业到业内资本,各种资源一并导向线上线下精准融合,得到强势、优质的资源重置,网络平台利用线下零售的区域网络及体验优势抢夺用户场景,线下零售借助线上电商的互联网、大数据等优势,不断拓展渠道实现经营升级。线上线下的融合强力推动网络零售全渠道发展。

3.3 新 零 售

3.3.1 新零售的内涵

新零售 (new retailing),即个人、企业以互联网为依托,通过运用大数据、人工智能等先进技术手段,对商品的生产、流通与销售过程进行升级改造,进而重塑业态结构与生态圈,并对线上服务、线下体验以及现代物流进行深度融合的零售新模式。

3.3.2 新零售的产生背景

1. 技术的发展与变革

新技术,比如机器视觉、生物感知系统的出现使得购物场景变得数据化,物联网和大数据深度挖掘和分析消费者的购物习惯,使之更加符合消费者需求。

2. 消费者需求的变化

经济的发展和时代的进步,消费者在购物时更倾向于高品质、个性化的商品和更加周到、便捷的服务。

3. 产业格局的变化

电子商务的出现丰富了消费者的日常生活和工作所需品类,带来更加经济实惠的价格,但是电子商务对消费者个性化和及时化的需求提供的解决方案并不理想。目前互联网获取流量的成本越来越高,急需新的零售方式出现。

4. 新中产阶级的崛起

"80 后"和"90 后"逐渐成为社会的中流砥柱和网络零售消费主体,他们普遍接受过高等教育,其消费观的最大特征是理性化倾向明显,追求自我提升,注重商品和服务的品质,并为之付出更高的价格。

3.3.3 新零售的主要特征

1. 线上线下渠道一体化

新零售全面打通线上线下渠道并与之深度融合,打造二维市场结构空间和各种形态的销售场景,商品、库存、服务等环节贯穿成为一个整体,满足消费者的需求。

2. 零售数字化

新零售依托互联网信息技术,实现消费者数字化、商品数字化、营销数字化、交易数字化和管理数字化等,深度推动线上线下的融合。

3. 门店智能化

门店以物联网等新兴技术进行智能化改造应用,广泛使用智能货架与智能硬件延展店铺时空,构建丰富多彩的全新零售场景。门店智能化提升顾客互动体验和购物效率,增加多维度的零售数据,并将大数据分析结果应用到零售中。

4. 物流智能化

消费者要求全天候、全渠道、全时段快速便捷地获取商品,新零售对接第三方智能配送物流体系,缩短物流周期,提高物流配送服务,实现去库存化。

5. 消费品质化

消费升级背景下,消费者对商品品质以及商品个性化的要求越来越高,越来越注重购物体验。新零售从内容、形式和体验上如何更好地满足消费者的需求,是当前零售经营的核心。

3.3.4 新零售的商业模式

新零售是线上与线下结合,组合的价值主要是线下为线上引流,降低引流投入,线下成为线上的体验店,提高转化和复购,线上和线下双渠道一起提高周转,提高效率,线上和线下虽然各自核算收入和投入,但相互之间能产生互促效应。新零售目前有 4 大主要模式。

1. 平台模式

平台模式是邀请超市门店等入驻平台,消费者购物后,配送员到点取货给消费者。平台模式的代表是京东到家、饿了么、美团外卖等。

2. 前置仓模式

前置仓模式是指在消费者集中的地方,比如办公楼、社区和零售门店等,设置小型仓储单位,生鲜产品销售方利用冷链物流提前将商品配送到前置仓,消费者下单后,商品从附近的小型仓储单位（比如门店）发货,在 2 小时内甚至更短时间送达消费者。前置仓模式追求的是将大店的规模化和小店的便利性相结合,满足消费者“既快又好”的需求。前置仓模式的代表是每日优鲜、叮咚买菜、盒马小站等。

3. 单店赋能模式

永辉生活 APP、多点、大润发优鲜是单店赋能商业模式,消费者打开 APP 直接进入某个实体店的线上商店。多点上线后与华润、光明、乐购、麦德龙、岁宝、物美等连锁超市深度合作,做到商品、物流、仓储、技术、营销一体化,全面打通会员、供应链、营销等上下游产业链,赋能传统超市门店,实现数据、场景、交易和体验闭环。

4. 新业态便利店模式

新业态便利店模式的代表是盒马鲜生、7fresh。新业态便利店模式的一个价值点是筛选顾客,通过实体店定位和商品结构,筛选高价值顾客,在不收运费、不设起送金额的前提下,提高笔单价。

3.4 网络零售其他模式

3.4.1 无人零售

2016 年 12 月亚马逊在西雅图推出的实验性无人值守商店 Amazon Go，使用计算机视觉、深度学习以及传感器融合等技术，带来了革命性的购物体验，消费者无须结账，即买即走。无人零售的主要商业模式是无人超人和无人货架。亚马逊目前推出 3 种类型的无人零售店。

1．Amazon Go 无人零售店

首家 Amazon Go 2016 年年末开张，至 2018 年年初面向公众正式开放，大概能容纳 500 ～ 700 款商品，主要服务写字楼里的办公族。目前，亚马逊在芝加哥、旧金山、纽约等各地区落地，共开设了 25 家 Amazon Go 无人零售店，成为在该领域最为知名的无人零售品牌。亚马逊推出的 Amazon Go 是亚马逊最具革命性的创新项目之一，颠覆传统便利店、超市的运营模式，顾客通过 APP 扫码进店后，在店内随意拿商品，离店后自动扣款，彻底跳过传统收银结账的过程。除了顾客无须结账，即买即走，免去了顾客排队的苦恼外，Amazon Go 跟普通的零售店几乎没有区别，其商品摆设与普通零售店也基本一致，主要销售即食早餐、午餐和晚餐，以及新鲜的小点心。此外还包括面包、牛奶、手工奶酪和本地制作的巧克力等。Amazon Go 最大的亮点是顾客拿走或者放回物品的同时，用户手机里的系统（该系统与 Amazon Go 商店的信息中枢无延迟地同步进行更新）会自动更新清单，然后用户直接离开商店即可。

2．迷你版 Amazon Go 无人零售店

迷你版 Amazon Go 的面积只有 Amazon Go 的 1/5 到 1/4，是一种可以引入机场等有限空间的零售布局，并为相关人群提供早餐等服务。

3．Go Grocery 无人零售店

Go Grocery 设立在亚马逊西雅图总部附近的国会山旁边，能储存大约 5000 款商品，主要包括 Amazon Go 无人零售店中没有的商品，比如烘焙食品、肉类、农产品等。作为无人零售店，无须排队结账，自然属于消费者良好购物体验中的重要一环，因而，亚马逊在 Go Grocery 中对结账系统也进行了再度升级，新版本的结账系统无须包装纸便可识别苹果、卷心菜等商品。在亚马逊看来，这种流畅的结账体验也将帮助其在美国日杂市场中占据更大份额。

【头脑风暴】

2017 年被称为中国无人零售的元年，据统计，这一年共有 138 家无人零售企业，其中 57 家获得融资，国内这一领域的创业公司融资总额达到了 48.47 亿元。以无人便利店、无人货架为代表的无人零售一度成为投资创业企业的热门选择。然而从 2018 年年初开始，果小美、猩便利、GOGO 小超市、七只考拉、缤果盒子等明星企业就接连不断被曝出亏损、

裁员等消息,还有的已经倒闭。

思考题:无人零售项目的倒下是什么原因?零售的本质是什么?

3.4.2 轻零售

轻零售又称自零售或"全民零售",是指企业以互联网为依托,运用大数据、人工智能等先进技术手段,通过社交媒体的形式,打造出一套全新的自驱动系统,并服务于供应商和消费者,触发其向不特定的大多数或者特定的单个人推荐商品的零售行为的总称。

(1) 轻零售的主体。轻零售主体从网红、关键意见领袖(KOL)和专业卖手全面拓展到每一个消费个体。每个个体既是消费者也是销售者,他们通过自己的消费体验向周围推荐商品,所有的商品被推荐到最适合它的潜在消费者面前,所有商品的推广都源自口碑实现人人传播、人人营销、人人零售、千人千店千面的效应。

(2) 轻零售的消费场景。轻零售强调消费者对于服务和商品的随时、随处可得,不再拘泥于某一个具体场景。

(3) 轻零售的货。轻零售是轻囤货、轻投资,与以内容种草撬动流量带货不同的是,轻零售无须囤货兜售及赋能供应商,去掉了中间复杂的层级环节,让商品直接触达消费者,让消费者购买到性价比高的商品。

未来在轻零售构建的网络中,任何消费者都可以在身边任何一个代言人的推荐下购买到满意的商品,品牌商家实现了去中心化的营销效果转化,轻零售模式的使命就是为了实现三者的共赢和良性循环。

【扩展案例与分析】

2016年1月,阿里巴巴的自营生鲜类商超"盒马鲜生"在上海金桥广场开设了第一家门店。盒马鲜生设有生鲜区及百货、鲜花等商品区,店内干净整洁,卖场分区明细,指引清晰,方便顾客挑选。目前盒马鲜生已经成为我国新零售第一样本。

(1) 盒马鲜生的消费者。盒马鲜生服务"80后"和"90后"的群体,高收入、高学历、日常工作繁忙,其消费场景由外卖逐渐转化为在家做饭,对生鲜商品品质要求高。

(2) 盒马鲜生的商品。盒马鲜生提倡健康消费,享受更好的商品和更好的服务。盒马鲜生从源头到整个门店,从田头到餐桌,实现了全程跟踪,全程可追溯,取消所有中间环节,保证商品的新鲜度。另外,盒马鲜生根据消费者产品使用的不同场景重建商品体系,比如按照中国人的早餐场景(中式早餐包括包子、馒头、粥、面条、饺子、馄饨等,西式早餐包括牛奶、面包、三明治等)和晚餐场景(工作日以半成品的快手菜为主,周末以一系列的高档海鲜、进口水果等为主)。

(3) 盒马鲜生的店。盒马鲜生按照消费者的需求,重构电子商务和线下零售业,组建离消费者最近的网络分布体系。整个门店完全按全渠道经营的理念设计,完美实现了线上和线下的全渠道整合。货架电子标签化,实现所有货架的库存、货架的商品、动态的变价全面数字化;门店安置大量的交互设备、交易设备,包括触摸屏,通过视频识别进行精准的推送,提升门店效率。

(4) 盒马鲜生的配送。物流仓储作业前置到门店,和门店共享库存和物流基础设施,店内部署了自动化物流设备进行自动分拣,保证商品下单后30分钟送达消费者。

思考题:新零售经过高速扩张后,纷纷陷入发展窘境,盒马鲜生为什么能够获得消费者的认可,并成为一个成功的销售范式?

课后练习

1. 名词解释

(1) 网络零售　　(2) 新零售　　(3) 无人零售　　(4) 自零售

2. 单项选择题

(1) 下面平台中,是B2C网络零售平台的是(　　)。

A. 易趣网　　B. 淘宝网　　C. 拍拍网　　D. 全球速卖通

(2) 网络商品分为5个层次,向消费者提供商品的基本效用和利益的是(　　)。

A. 核心产品　　B. 期望产品　　C. 延伸产品　　D. 潜在产品

(3) 下面平台中,是自营型B2C网络零售平台的是(　　)。

A. 淘宝网　　B. 天猫商城　　C. 京东商城　　D. 亚马逊

(4) (　　)从买家需求出发重点考核商品的转化率和商品的高性价比,目的是提升转化和交易。

A. 商品力　　B. 传播力　　C. 服务力　　D. 品牌力

(5) 天猫商城从(　　)年11月11日开始举办大型网络促销日,即"双11"活动。

A. 2008　　B. 2009　　C. 2010　　D. 2011

3. 多项选择题

(1) 1993年年底,为了适应全球建设信息高速公路的趋势,我国正式启动"三金工程","三金工程"是指(　　)工程。

A. 金桥　　B. 金关　　C. 金卡　　D. 金水

(2) 商品质量是指商品满足规定需要和潜在需要的特征和特性的总和,其特性归纳表现为性能、寿命、可信性和(　　)。

A. 便捷性　　B. 适用性　　C. 安全性　　D. 经济性

(3) 网络购物用户规模持续壮大,网络零售额增速远远超过社会商品零售总额的增速,网络零售的发展趋势包括(　　)。

A. 消费群体年轻化　　B. 网络零售品质化

C. 购物移动化　　D. 零售业态多元化

(4) 网络拍卖需要事先确定拍卖的起止时间,一般是(　　)。

A. 数日　　B. 数周　　C. 数月　　D. 数年

(5) 京东为向核心客户提供更优质的购物体验,特别推出京东PLUS会员,PLUS权益包含购物回馈、(　　)等。

A. 自营免运费　　B. 专享商品特权　　C. 专属客服　　D. 退换无忧

3．简答题

(1) 请简单描述网络零售的交易流程。

(2) 请简单描述第三方B2C网络零售平台的特点。

4．实践操作

(1) 请完成表3-1所示的网络零售B2C平台，重点理解其主要服务或者优势。

表3-1　网络零售B2C平台

主要销售领域	B2C网络零售平台	成立时间	有无自建物流	主要服务或者优势
服装类				
家电3C类				
百货类				
全品类				

(2) 请完成表3-2新零售模式，理解新零售模式的优势和劣势，并总结新零售的未来发展趋势。

表3-2　新零售模式

	代表平台	优势	劣势
平台模式			
前置仓模式			
单店赋能模式			
新业态便利店模式			
总结			

项目4 网络营销

知识与技能目标

- 了解市场营销的相关知识。
- 网络营销的相关知识。
- 了解网络营销理论。
- 掌握网络市场调研方法。
- 掌握网络营销的常见方法。

重点概念

市场营销、网络营销、网络推广、网络销售、网络市场调研、搜索引擎营销、直播营销、社群营销、网络广告

【案例导入】

2019年1月17日晚，《啥是佩奇》刷爆朋友圈，短短几个小时就成星火燎原之势，像病毒一样蔓延全网，仅在微博就达到了两千多万次播放。短片讲述了一位大山里的爷爷给城市里的孙子准备“佩奇”作为新年礼物的过程。《啥是佩奇》是贺岁电影《小猪佩奇过大年》的宣传片。不得不说，片方在2019年这个大片云集的贺岁档厮杀战中，打了一个漂亮的热身赛。

把握时机

年关将至，各类宣传广告都以“春运”“团圆”“亲情”为切入点，走温情路线，《啥是佩奇》也不例外。2019年是中国的猪年，短片以小猪佩奇这个现成的IP为基础，踩在猪年春节的时间点上，以阖家团圆的隔代亲情为主题，使得观众对“家”的敏感情绪一触即发。《啥是佩奇》激发了城市与乡村、老一代和年轻一代人的碰撞，引发观众的情感共鸣，在情感上占据了传播优势。

内容走心

《啥是佩奇》内容单纯质朴，作为动画电影宣传片独出心裁。正是这种纯朴的情感，才最能激发观众对家乡和家乡年迈双亲的思念。

IP自带流量

2018年，随着“小猪佩奇身上纹，掌声送给社会人”这句网络语的传播，使得小猪佩奇从儿童动画界跃入了成人社交圈。小猪佩奇自身就是一个横跨多个年龄层的现象级流量，这就给《啥是佩奇》带来了热度和受众基础。

另一方面，在娱乐之外，小猪佩奇社会人在年轻群体中盛行，表达了社会对中产阶级生活的戏谑。而《啥是佩奇》找到了一个微妙的平衡点：既反映了大城市中年轻人追逐

潮流的生活方式，又以一个山村老人数次追问表达出这种戏谑——“年轻人到底在追求什么？”“什么是所谓的潮流？”。

“大V”宣传

《啥是佩奇》选择“抱流量大腿”以博得更高关注的套路。知名演员刘佩琦发文称自己才是“佩琦本琦”，将“小猪佩奇”梗推向高潮。话题在微博走红后，自称“小猪”的罗志祥也被借用流量。网友用Photoshop将刘佩琦与罗志祥的照片整合在一起当作合照，并调侃二人是“小猪佩琦官宣”，借势宣传，又拉近了影片与观众的距离。

《小猪佩奇过大年》作为一部动画电影，本来在今年大片云集的贺岁档不占优势，却因《啥是佩奇》宣传短片意外走红，为动画电影宣传开创了营销新手段，确实值得我们去研究其成功背后的原理。

思考题：请结合上述案例，思考什么是网络营销，以及网络营销有什么职能。

4.1 网络营销概述

4.1.1 市场营销的内涵

“市场营销”起源于20世纪初，由英文单词marketing翻译而来。关于市场营销的定义，理论界有多种表述，菲利普·科特勒定义市场营销是通过创造和交换产品及价值，从而使个人或群体满足欲望和需求的社会过程和管理过程。市场营销是综合性的企业活动，包括市场调研、目标市场选择、产品开发、产品定价、渠道选择等，可以通过以下几个概念更好地理解市场营销的内涵。

1. 需要、欲望和需求

(1) 需要是指消费者生理上或者心理上没有得到基本满足的状态，是产生购买行为的原始动机，是市场营销的源泉。

(2) 欲望是指想得到基本需要的具体满足物的一种愿望，不同背景下的消费者欲望不同，而且会随着社会条件的变化而变化。

(3) 需求是以购买能力为基础的欲望。在市场经济条件下，并非所有的需要都能转化为需求，并非所有的欲望都能够实现，购买力是关键。

2. 交换、交易和关系

(1) 交换是指通过提供某种东西作为回报，从他人那里获取所需物品的行为。交换的发生，必须满足以下5个条件。

① 至少有交易双方。

② 交易双方都有可以进行交换的商品。

③ 交易双方都认为对方的商品对自己有价值。

④ 交易双方都能沟通信息和传送商品。

⑤ 交易双方都可以自由接受或拒绝对方的商品。

(2) 交易是指双方以货币及服务为媒介的价值的交换。交易是买卖双方价值的交换,以货币为媒介,而交换不一定以货币为媒介,可以是物物交换。需求的产生是交换活动的前提,价值的认同是交换成功实现的条件。只有顺利完成交换,实现企业和社会经济效益的目的,才算完成了交易。交易时达成意向的交换,交易的最终实现需要双方对意向和承诺的完全履行。

3. 市场和关系

(1) 市场是由所有潜在的客户组成,这些客户具有一个共同的特殊需求和欲望,并愿意和有能力进行交换以满足这种需求和欲望。市场的形成有 3 个基本要素,用公式表示为"市场 = 人口 + 购买力 + 购买欲望"。这 3 个要素相互制约、互为条件,共同构成现实的市场,并决定市场的规模。

(2) 关系在现代营销中的作用非常重要。企业同顾客、供应商和分销商等建立并保持良好的业务关系,可以减少交易费用和时间,保证企业利润及长远发展。

4. 效用、价值和满足

顾客在对商品或者服务进行选择的时候,是依据各种产品的效用和价值。

(1) 效用是消费者对满足其需要的产品的全部效能的估价,是产品满足欲望的能力。

(2) 价值是指消费者对产品效应的理解,是一种心理的判定。绝大多数消费者并不能明确产品的社会必要劳动时间,但其对具体产品的价值评价会直接影响消费者的购买态度。

(3) 满足是一个自我心理感受,来自人的主观评价。

4.1.2 网络营销的内涵

网络营销 (e-marketing)) 是基于互联网技术,更高效地满足消费者的需求和欲望,从而实现企业营销目标的一种手段。网络营销是企业整体营销战略的一个组成部分。企业实施网络营销,不仅需要进行网上推广,必要时也需要采用传统的营销手段,达到企业营销的目标。企业和个人在实施网络营销的过程中,经常混淆网络推广、网络营销、网络销售这三个概念。

1. 网络营销与网络推广

网络推广的重点是"推广",主要目的是使用各种网络推广方法尽可能地使产品或服务被知晓;而网络营销侧重于"营销",更注重的是通过各种推广方式和手段,激发消费者的购买欲望和购买行为,产生具体的经济效益。成功的网络营销是集品牌策划、广告设计、网络技术、市场营销等于一体的销售体系。网络营销和网络推广的异同如图 4-1 所示。

2. 网络营销与网络销售

网络营销是创造市场的过程,吸引顾客,激发顾客购买欲望,为销售做铺垫。网络销售是网络营销发展到一定阶段的结果。

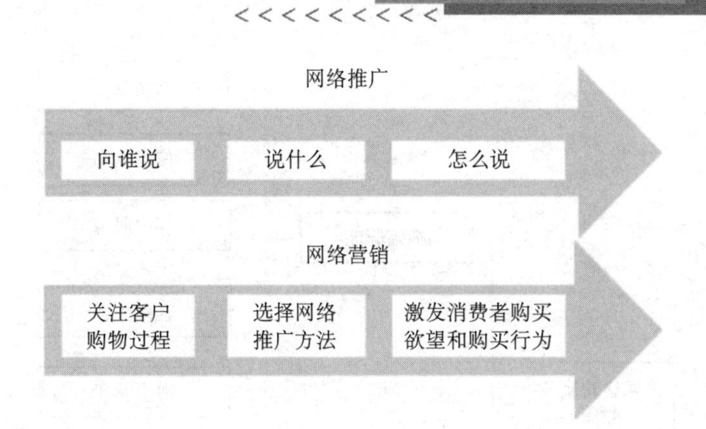

图 4-1 网络营销与网络推广

【同步拓展】

第一个通过互联网赚钱的网络营销案例——“律师事件”

1994 年 4 月 12 日，美国亚利桑那州一对从事移民签证咨询服务的律师夫妇 Laurence Canter 和 Martha Siegel 把一封“绿卡抽奖”的广告信发到他们可以发现的每个新闻组，他们的“邮件炸弹”让许多服务器处于瘫痪状态。

这两位律师在 1996 年撰写《网络赚钱术》，书中介绍他们的这次辉煌经历：通过互联网发布广告的信息，花费 20 美元的上网通信费用吸引了 25000 个客户，赚了 10 万美元。他们认为通过互联网进行 E-mail 营销是前所未有的而且几乎无须任何成本的营销方式。当然他们并没有考虑别人的感受，也没有计算别人因此而遭受的损失。

这对律师夫妇堪称通过互联网进行网络营销的“开山鼻祖”，宣告了网络营销时代的开始。

4.1.3 网络营销的职能

网络营销策略的制定和各种网络营销手段的实施是以网络营销的职能为目的的。网络营销的 8 大职能主要表现为网络品牌、网站推广、信息发布、销售促进、网上销售、客户服务、客户关系和网络调研，如图 4-2 所示。

1. 网络品牌

网络营销的重要任务之一是通过互联网建立并推广企业品牌，以及让企业的线下品牌在线上得以延伸和拓展。网络品牌价值是网络营销效果的表现形式之一，通过网络品牌的价值转化，实现持久的顾客关系和更多的收益。在一定程度上，网络品牌价值甚至高于通过网络获得的直接收益。网络品牌建设通过一系列的推广措施，达到顾客和公众对企业的认知和认可。

2. 网站推广

获得必要的访问量是网络营销取得成效的基础，对于大、中、小企业而言，通过互联网手段进行网站推广的意义显得很重要。网站推广是网络营销的基本职能之一，是网络营销的基础工作。

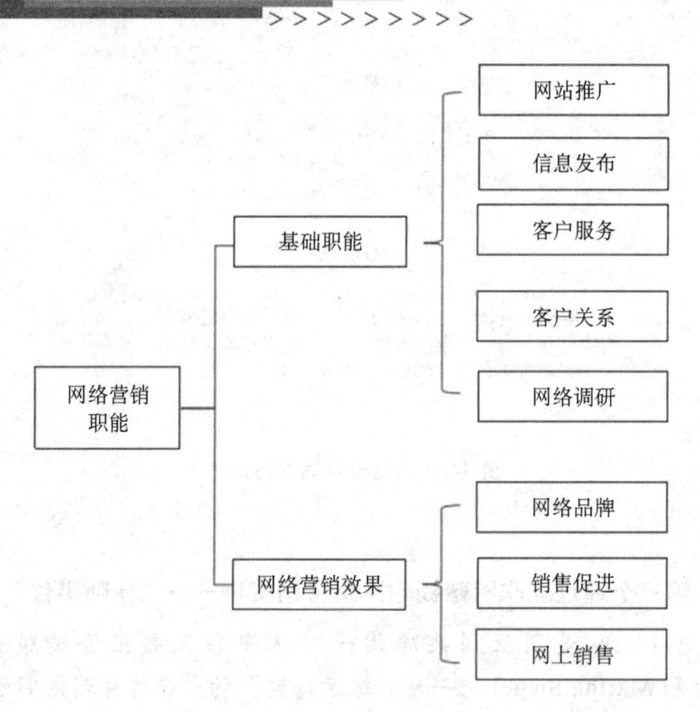

图 4-2 网络营销职能

3. 信息发布

信息发布是网络营销的主要方法之一,也是网络营销的基本职能之一,无论哪种营销方式,都需要将一定的信息向目标用户、合作伙伴和公众等群体传递。网络营销可以实现信息的广覆盖,形成地毯式的信息发布链,创造信息的轰动效应。

4. 销售促进

网络营销的基本目的是为增加销售提供帮助。大部分网络营销方法都与直接或者间接促进销售有关,事实上,网络营销对线下销售也十分有价值。

5. 网上销售

网上销售是企业销售渠道在网上的延伸,一个具备上网交易功能的企业,网站本身就是一个线上交易场所。网上销售渠道建设并不局限于企业网站本身,还包括建立在综合商务平台的网上商店,以及开展与其他电子商务网站不同形式的合作等。

6. 客户服务

互联网提供了更加方便的在线客户服务手段,包括常见问题解答(FAQ)、电子邮件、邮件列表、在线论坛和各种即时信息服务软件(比如千牛工作台等)。在线客户服务是网络营销的基本组成内容,具有成本低、效率高的特点,直接影响到网络营销的效果。

7. 客户关系

维持良好的客户关系对于企业的长期发展至关重要,以客户关系为核心的营销方式成为企业创造和保持竞争优势的重要策略。通过网络营销的交互性和良好的客户服务手段,增进同客户的友好关系,提高客户满意度和客户忠诚度,成为网络营销取得长期效果的必要条件。

8．网络调研

网络调研具有调查周期短、成本低的特点，是制定网络营销策略的重要辅助手段之一。合理利用网络市场调研手段，对于营销策略具有重要价值。网络调研与网络营销的其他职能具有同等地位，既可以依靠其他职能的支持开展，也可以相对独立而行，网络调研的结果反过来可以为更好地发挥其他职能提供支持。

网络营销的各个职能之间并非相互独立，而是相互联系、相互促进达到网络营销的最终效果。

4.2 网络营销理论

4.2.1 4P 营销理论

美国密西根大学教授杰罗姆·麦卡锡于 1960 年提出 4P 营销理论，他认为企业营销的目的是通过制定一系列策略，使消费者能够更好地了解产品，从而形成购买的过程。4P 营销理论包括 4 个可控因素，分别是产品、定价、渠道和促销。4P 是企业进行市场营销活动的主要手段，最终形成企业的市场营销战略。

（1）产品（product）。指企业提供给目标市场的实体商品和服务的集合，主要包括商品的效用、质量、外观、式样、品牌、包装和规格等因素。

（2）定价（price）。指企业出售商品所追求的经济回报，主要包括基本价格、折扣价格、付款时间和借贷条件等。

（3）渠道（place）。指企业为商品进入和达到目标市场所组织实施的各种活动，主要包括途径、环节、场所等，即分销渠道、储存设施、运输设施、存货控制等。

（4）促销（promotion）。指企业利用各种信息载体与目标市场进行沟通的传播活动，包括广告、人员推销、营业推广与公共关系等。

4.2.2 4C 营销理论

4P 营销理论更多的是强调从企业角度出发，生产什么样的产品、制定何种价格及如何获取期望利润的过程，忽略了消费者作为购买者的利益特征，忽略了顾客是营销活动的直接对象。经济社会迅速发展，消费者个性需求日益突出，在这种背景下，美国学者劳特朋教授提出 4C 营销理论，强调以消费者需求为导向，重新定义营销要素，即消费者（consumer）、消费者所愿意支付的成本 (cost)、消费者购买的便利性 (convenience) 和消费者要求实现的双向交流和沟通 (communication)。4P 营销理论和 4C 营销理论的对比如图 4-3 所示。

（1）消费者。指企业要把消费者放在第一位，强调挖掘消费者需要的产品，向消费者提供其需要的产品。

（2）成本。指消费者获得满足的成本或消费者满足自己的需要和欲望所付出的成本价格，包括企业的生产成本和消费者的购买成本等。

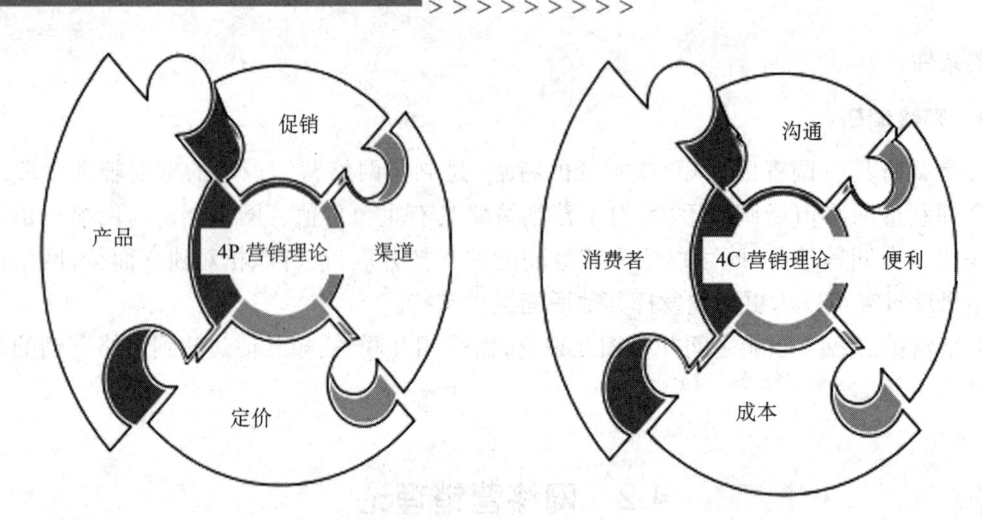

图 4-3 4P 营销理论和 4C 营销理论的对比

（3）便利。指购买的方便性。相比传统的营销理论，4C 理论更强调重视服务环节，为消费者提供便利。企业深入了解不同消费者的购物方式偏好，把便利原则贯穿于营销活动的全过程。

（4）沟通。指与消费者沟通，以积极的方式适应顾客的情感，企业尝试多种营销策划与营销组合，强调与顾客的双向沟通，增进相互理解，培养忠诚的消费者。

4.2.3 4R 营销理论

4R 营销理论由美国学者唐·舒尔茨在 4C 营销理论的基础上提出，该理论认为，企业应该以更高层次、更有效的方式在企业与消费者之间建立新型主动关系，注重企业利益同时兼顾消费者需求。4R 分别指关联（relevance）、反应（reaction）、关系（relationship）和回报（reward）。

（1）关联。要求企业必须通过有效的方式在业务、需求等方面与消费者建立密切的关联，形成一种互助、互求、互需的关系，提高消费者的忠诚度，建立长期稳定的市场。

（2）反应。要求企业倾听消费者的需求和希望，加强对市场的反应速度，推动市场的发展。

（3）关系。要求企业重视与消费者的长期友好合作关系，建立长期稳固的关系已经成为市场占有的关键。

（4）回报。要求企业必须注重产出，注重企业在营销活动中获得的回报。营销的最终价值在于给企业带来短期或者长期的收入。

4.2.4 4I 营销理论

4I 营销理论即整合营销理论，网络互动的特性使消费者真正参与到整个营销的过程中成为可能。在满足个性化消费需求的驱动下，网络营销要把顾客整合到整个营销过程中。该理论倡导更加明确的消费者导向理念，根据企业的目标设计营销战略，支配企业各种资源以达到战略目标。该理论主要包括趣味原则（interesting）、利益原则（interests）、互动原则（interaction）和个性原则（individuality）。4R营销理论和4I营销理论的对比如图4-4所示。

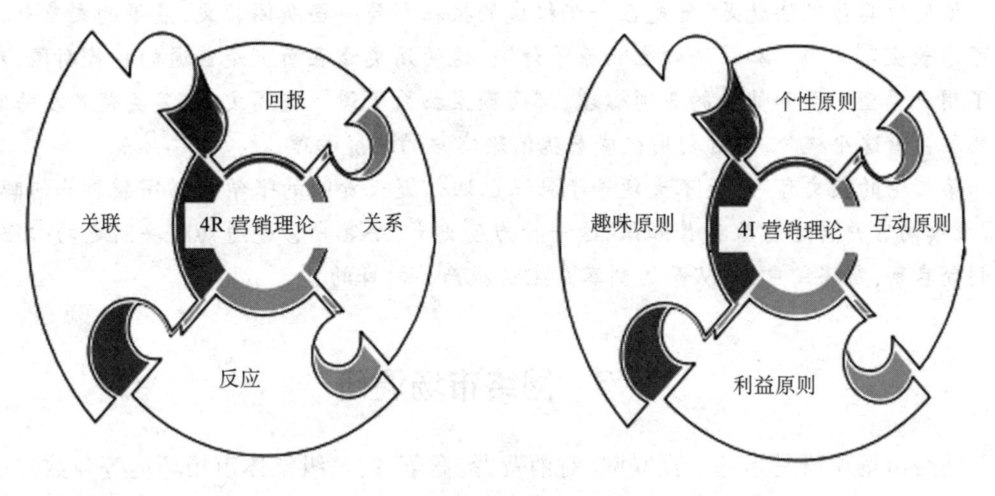

图4-4　4R营销理论和4I营销理论

（1）趣味原则。要求在网络营销推广的过程中,采用消费者感兴趣的方式进行传播,激发消费者的关注。

（2）利益原则。要求营销活动兼顾企业和消费者的利益,消费者能够在这个过程中获取信息或资讯,或者满足实际物质和精神需求利益,让消费者认为于己有关,有利可图。

（3）互动原则。要求企业正视网络特性与消费者交流的需要,重视消费者在网络营销活的互动性,消费者参与互动与创造,将网络营销的功能发挥到极致。

（4）个性原则。要求企业重视消费者的专属性、个性化,满足消费者的焦点关注需求,激发消费者的互动与购买行为。

4.2.5　网络软营销理论

网络软营销理论是针对工业经济时代的以大规模生产为主要特征的"强势营销"提出的新理论,强调企业进行市场营销活动必须尊重消费者的感受和体会,以友好的方式宣传自己,淡化营销过程中的商业活动,在提供有价值的内容给公众的同时,建设软实力,打造社会型企业。

强势营销的主动者为企业,而软营销的主动者为消费者。事实证明,企业使用软营销更能俘获消费者的喜爱,而强势营销往往需要投入大量时间、成本,也不一定能达到想要的结果。

【同步拓展】

脑白金软营销赢天下

1998年,史玉柱准备用脑白金东山再起之际,背负3亿多元的债务,如何用有限的资金让脑白金迅速打开销路,是史玉柱团队面临的严峻挑战。

压力就是动力，史玉柱带着他的团队决定用软文来打开市场，他们创作了几百篇软文，从中精挑细选了十几篇软文进行媒体投放。

他们的具体做法就是，首先在一些权威的报社刊登一些新闻软文，最早的文章有“人类可以长生不老吗”和“两颗生物原子弹”。这两篇文章表面上是普通的科普新闻，却抓住了用户渴望长寿和健康的普通心理。“两颗生物原子弹”这篇文章，其实就是在给客户包装脑白金这个概念，同时利用权威数据消除客户的质疑心理。

第二轮的软文有“一天不大便等于抽三包烟”“夏天贪睡的张学良”“宇航员如何睡觉”等，继续向客户传递健康科普知识，这一轮力度更大，给客户营造迫切解决问题的心理，最后刊登启事、留咨询电话，从而达到客户主动找产品的目的。

4.3 网络市场调研

网络市场调研是指基于互联网，对消费者、竞争者、一级整体市场环境等与数据进行收集、整理、分析和研究的过程。企业通过详细的市场调研，可以找到营销的解决方法，为企业制订产品计划、营销目标和价格策略等提供科学依据。

网上市场调研的内容主要包括市场可行性研究、不同市场的销售机会和潜力分析、影响销售的各种因素的研究、竞争分析、包装测试、产品研究、价格研究、特定市场的特征分析、消费者研究、市场性质变化的动态研究、广告监测、广告效果研究等方面。

4.3.1 网络市场调研的特点

网络市场调研充分利用互联网的开放性、交互性、无时空性等特点开展调查工作，其特点如下。

(1) 网络调研无时空、无地域限制，可以7天 ×24小时、365天全天候进行。

(2) 网络信息的及时性和共享性。只要有网络，被调查者可以随时参加各类调查、参加投票查看结果。

(3) 网络市场调研的便捷性和经济性。网络调查可以节省大量的人力、物力和时间，调查者只需要在互联网上发放调查问卷，供网民志愿填写，通过统计分析软件对访问者反馈回来的信息进行整理和分析即可。

(4) 网络市场调研的交互性。被调查者可以在任何时间、任何地点完成不同调研问卷，也可以就问卷相关问题提出自己的看法和建议。

(5) 调研结果的可靠性和客观性。基于顾客和潜在顾客的市场网络调研结果是比较客观和真实的，能够很大程度上反映消费者消费心态和市场发展的趋向。

4.3.2 网络市场调研的方法

网络调研一般采用网上直接调研方法和网上间接调研方法。

1. 网上直接调研

网上直接调研是通过互联网进行问卷调查等方式收集一手资料，有网上观察法、专题讨论法、网上实验法和在线问卷法。

(1) 网上观察法。网上观察是通过相关软件记录网络浏览者浏览网页时所单击和查看的内容等活动来实施。

(2) 专题讨论法。专题讨论多通过新闻组、电子公告牌或邮件列表讨论组进行。

(3) 网络实验法。网络实验是通过在互联网上投放广告、内容与形式进行实验。设计几种不同的广告内容和形式,在互联网上发布,通过服务器终端的访问统计软件等随时监测广告的效果和客户的反馈信息量。

(4) 在线问卷法。在线问卷法要求浏览网站的个人通过填写在线问卷参与企业的各种调查。可以委托专业调查公司进行,也可以自己设计调查问卷进行。

2. 网上间接调研

网上间接调研是从互联网收集二手资料。互联网查找资料主要通过利用搜索引擎、访问政府机构和行业协会网站和利用网上数据库等方式获取。

(1) 利用搜索引擎查找资料。中国常用搜索引擎主要包括百度、360 搜索(好搜)、神马搜索、搜狗搜索等,在国内有运营的国外搜索引擎主要有谷歌(中国香港)、必应(微软)等,其他还有一些市场份额很少,基本可以忽略。

(2) 访问政府机构和行业协会网站。

(3) 访问网上数据库。网上数据库有付费和免费两种,多数高质量数据库都需要付费。国内知名的商业数据库包括 IBM、Teradata、SPA 和甲骨文等。

4.3.3 网络市场调研的内容

1. 市场需求调查

市场需求是在一定的条件下人们对商品或服务愿意且能够购买的数量。市场需求调查主要包括:

(1) 社会购买力调查;

(2) 市场商品需求结构调查;

(3) 消费人口结构调查;

(4) 消费者购买动机调查;

(5) 消费者购买行为调查。

2. 竞争对手调查

所有对本企业争夺同一目标用户群的企业都可以视为竞争对手。竞争对手调查主要是通过一切可以获得的信息来源了解竞争对手的情况,发现竞争对手的优势和劣势,帮助企业制定营销战略、扩大市场份额。竞争对手调查主要包括:

(1) 竞争对手的数量与经营实力;

(2) 竞争对手的市场占有率;

(3) 竞争对手的竞争策略与手段;

(4) 竞争对手的产品。

(5) 竞争对手的技术发展。

3. 产品调查

市场的成功往往依赖于产品,产品调查重在了解核心产品及其外在性能与作用有关的情况。

(1) 产品主体调查。
(2) 产品包装调查。
(3) 产品品牌调查。
(4) 产品服务调查。
(5) 产品价格调查。
(6) 产品市场占有率调查。

4. 销售渠道调查

销售渠道调查是统计市场上不同销售渠道的比例和销售量,以便找到更有效和更易获得利润的营销渠道。

5. 广告效果调查

广告效果调查是对商品广告活动的影响和效果的调查。这类调查一般在广告活动后,收集和研究商品销售效果和社会效果,以便对营销活动作出评价,为下一步销售决策提供基础。

(1) 广告受众的界定。
(2) 广告送达率。
(3) 广告媒体选择调查。
(4) 广告与销售业绩调查。

【头脑风暴】

请阅读《天猫国际官方直营店用户满意度调研》,思考其网络调研的内容是什么,以及应如何实施网络市场调研。

天猫国际官方直营店用户满意度调研

本次调研旨在了解您购买进口类商品的购物体验,您的反馈将帮助我们更好地服务于您。我们将从认真答完问卷的用户中随机抽取50名赠送10元天猫现金红包!

1. 最近,您有没有在网上购买过"进口类商品"?(单选)

A. 有　　B. 没有

2. 当您想在网上购买"进口类商品"时,您第一个想到的网站是?

____

3. 请问您是否知道"天猫国际官方直营"店铺?(单选)

A. 知道　　B. 不知道

4. 最近您是否在"天猫国际官方直营"购买过商品?(单选)

A. 购买过　　B. 没有购买过

5. 从您最近的经历来看,您觉得"天猫国际官方直营"还有哪些问题或者需要提升的地方?

4.3.4 实施网络市场调研

网络市场调研是企业营销与互联网技术相结合的产物,大大丰富了调研的资料来源,具有花费时间少、覆盖区域广、调查形式多样等特点。实施网络市场调研一般有如下5个步骤。

1. 明确调研问题与目标

进行网络市场调研前,首先明确调研的问题和目标,即调查什么,为什么调查。

2. 确定调查对象

网络市场调研的对象主要为:

(1) 企业的消费者。

(2) 企业的竞争者。

(3) 企业的合作者和行业内的中立者。

3. 制订调查计划

有效的调查计划包括资料来源、调查方法与手段、抽样方案和联系方法等内容。

(1) 资料来源。网络市场调研的资料来源可以是一手资料,也可以是二手资料,需要保证资料的准确性和真实性。

(2) 调查方法与手段。网络市场调研可以采取在线问卷和软件系统等方式进行。在线问卷制作简单、分发迅速、回收方便、分析便捷。

(3) 抽样方案。抽样方案是实施抽样而制订的一组策划,包括抽样方法、样本容量和样本单位、判断准则等。

① 抽样方法包括随机抽样、分层抽样、系统抽样和整群抽样等。

② 样本容量是样本中个体的数目或组成抽样总体的单位数。

③ 样本单位是确定抽样的目标,包括总体样本规模的大小、数据调查结果的可靠性等。样本必须包括目标总体范围内所发现的各种类型。

(4) 联系方法。联系方法是指以何种方式接触调查的主体。

4. 处理与分析数据

收集信息后,需要调查人员从庞大的数据中提炼出与调研目标相关的信息,为后续工作提供依据。

(1) 数据录入。首先在Excel表格中建立编码表,将问卷中题目选项文字部分编码成数值。

(2) 数据清洗。数据清洗包括数据筛选、数据查重和数据补缺。

(3) 数据读取。读取处理后的数据,并在变量视图中设置值标签,使输出结果显示更明朗。

（4）数据分析。分析需要借助Excel、数据分析技术或分析软件，比如SPSS、SAS等。不管采用哪种方法进行分析，必须保证分析的可靠性、真实性和准确性。

5．提交调研报告

针对分析软件输出的结果，进行相应的解读，撰写调研报告。报告不是数据和资料的堆砌，而是应该展现与网络营销决策有关的主要调查结果和分析结果。

4.4 网络营销方法的选择

【案例导入】

新东方在线99网络学习节

作为一个主要服务于年轻人的在线教育品牌，北京新东方教育科技（以下简称新东方）深知互联网当下年轻人的网络学习诉求及消费特点，也深知偶像养成时代，粉丝效应能给品牌营销带来的巨大影响力。2018年9月1日至9月10日，新东方在线以“C位开学，霸道出场”为主题，通过自制TVC短片、发起“找个学霸当偶像”话题、邀约明星化身“C位开学体验官”等事件，对名师、学霸、明星及直播、视频等资源进行系列整合，成功策划了教科书级的开学季营销案例——99网络学习节。

在活动预热阶段，新东方在线在全平台发布了自制的TVC短片，通过讲述多个不同的求学追梦故事，深度触达暑期考研、准备出国、高考备战等主流学习人群。让受众在品味他人的求学逐梦故事之后，获得相似的情感共鸣，为品牌活动做铺垫。

在活动推广阶段，新东方在线联合《城市画报》发起“找个学霸当偶像”主话题，动员粉丝为有才华、够努力的偶像打榜。正能量偶像话题为活动攒足底气，为后续直播中明星嘉宾的参与提供健康良好的营销环境。

值得一提的是，在粉丝们的热情支持下，“找个学霸当偶像”话题刚发起三天，就吸引了上千万粉丝的关注，产生相关子话题24个，微博话题总阅读量超4亿，总浏览量1721万，相关讨论达到64万，仅新东方在线官方微博的转发量便超过59万。

在活动收官阶段，即在9月10日大咖直播秀中，新东方在线没有采用明星代言的形式，而是让嘉宾明星化身“C位开学体验官”，在直播中真实分享自身学习及感悟，使互动内容与新东方在线的品牌更契合，在消费者心中建立专业、有趣、年轻的品牌形象。

新东方在线99网络学习节，充分利用了热点事件、粉丝效应、直播场景互动三个阶段传播，触达更多潜在用户，同时借势构建起与年轻用户的情感桥梁，最终使受众对品牌及产品服务产生更多的认知及认可。此次，新东方在线荣获“2018金旗奖社群营销金奖”不仅实至名归，更是对其多年来积极创新网络营销工作的认可。

思考题：请问在本案例中采用了哪些网络营销方法？品牌方是如何实施网络营销的？

网络营销是随着互联网进入商业应用而产生的，为达到一定营销目的的全面营销活动。在网络营销活动中必然要使用多种营销方法达到营销目标。

4.4.1 搜索引擎营销

搜索引擎营销 (search engine marketing，SEM) 是基于搜索引擎平台的网络营销，利用人们对搜索引擎的依赖和使用习惯，在人们检索信息的时候将信息传递给目标用户。搜索引擎营销可以带来更多的单击与关注，提高品牌知名度，为企业带来商业机会。

1. 搜索引擎营销过程

搜索引擎营销全流程涉及企业、平台、用户三个方面。企业在进行搜索引擎营销时，需要考虑多方面、多环节因素，才能更好地进行网络营销推广，实现更好地转化及收益。用户通过搜索引擎进入某个具体网页的流程如图 4-5 所示。

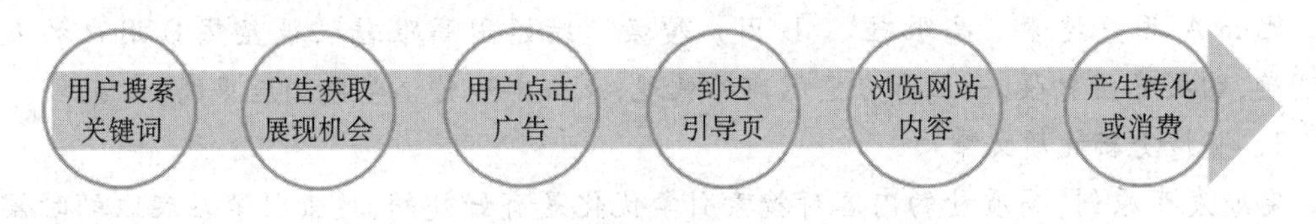

图 4-5 搜索引擎营销流程

(1) 用户搜索关键词。用户通过关键词搜索信息，企业需要进行关键词挖掘和分析，布局高质量的关键词。

(2) 广告获取展现机会。用户搜索关键词后，搜索引擎平台将展现企业广告，广告被展现在不同位置。

(3) 用户点击广告。用户选择自己感兴趣的广告进行点击。对于企业而言，需要有吸引力的创意撰写来吸引用户点击行为。

(4) 到达引导页。让用户顺利到达广告所展示的产品页面。

(5) 浏览网站内容。用户浏览网站是要找到对自己有效的信息，企业需要结合自身产品，制作干净、易读、浏览体验好的页面呈现给用户。

(6) 产生转化或消费。这一环最为关键，对于企业而言，一切营销活动均以营利为目的，前期所做的推广都是为了提高转化带来实际收益，此处要求页面必须包含必要的营销元素，如产品、电话、咨询等。

2. 搜索引擎营销方式

(1) 竞价排名。竞价排名服务是由客户为自己的网页购买关键字排名，按单击计费的一种服务。客户可以通过调整每次单击付费价格，控制自己在特定关键字搜索结果中的排名，通过设定不同的关键词捕捉到不同类型的目标访问者。

(2) 购买关键词广告。即在搜索结果页面显示网站链接广告内容，实现定位投放，用户可以根据需要更换关键词，相当于在不同页面轮换投放广告。

(3) 搜索引擎优化。通过对网站优化设计，使得网站在搜索结果中靠前。搜索引擎优化（search engine optimization，SEO）包括网站内容优化、关键词优化、外部链接优化、内部链接优化、代码优化、图片优化和搜索引擎登录等。

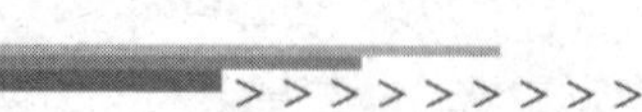

【经验之谈】

关键词优化

1. 关键词分析

首先需要使用关键词分析工具分析当前目标产品的最佳关键词有哪些，关键词的竞争难度如何，可以使用关键词规划师、Moz 等工具来进行分析。

2. 长尾关键词规划

长尾关键词的特征是比较长，存在于内容页的标题和内容中。长尾关键词带来的客户转化为网站产品用户的概率比主关键词高很多，因为长尾词的目的性更强，更深刻地体现了用户的根本需求，所以要瞄准更具体、竞争力较弱的长尾关键词。

比如 A 用户搜索“高跟鞋”，B 用户搜索“结婚用高跟鞋”，很显然 B 用户的表述更明确，购买意图更强，一旦有合意的商品展现，点击率和转化率也相应更高。

3. 坚持更新优质文章

定期发布原创、高质量的内容对搜索引擎优化是有好处的，搜索引擎在爬取的时候会筛选最新的、有价值的内容，并给予比较好的排名；同时用户可以通过关键词查找到有价值的信息，树立品牌在用户心目中的形象。

4.4.2 直播营销

直播营销是指在现场随着事件的发生、发展进程同时制作和播出节目的营销方式，该营销活动以直播平台为载体，达到企业获取品牌提升或是销量增长的目的。拨号上网与宽带上网刚兴起的时候，网速普遍较慢，网民上网以聊天、看新闻、逛论坛为主，因此，这一时期的直播形式仅支持文字或图片，网民通过论坛追贴、即时聊天工具分享等形式，了解事件的最新进展。随着网速的提升，视频直播开始出现，2008 年，主打语音直播的 YY 语音面世，并受到游戏玩家的推崇。智能手机硬件不断升级，移动互联网逐步提速降费，网民进入全民移动直播时代，与之对应的是大批移动直播网站的火爆，花椒平台、映客、斗鱼和陌陌等。

1. 直播平台

目前的直播平台主要分为 5 类：秀场直播平台、PC 游戏直播平台、手游直播平台、教育直播平台、电商直播平台和其他直播平台，如表 4-1 所示。

表 4-1 直播平台分类

直播平台分类	代表平台
秀场直播平台	花椒、映客、六间房、秀色娱乐、美拍、人人、网易薄荷等
PC 游戏直播平台	斗鱼、虎牙、火猫、熊猫、龙珠、网易 CC 等
手游直播平台	斗鱼、企鹅电竞、狮吼直播、触手直播等
教育直播平台	网易云课堂、沪江 CCtalk、荔枝微课、新东方在线等
电商直播平台	淘宝、京喜直播、蘑菇街、苏宁易购、拼多多

秀场类直播平台是直播行业起步比较早的类型，直播展示自我才艺，用户在秀场直播

平台浏览不同的直播间。

游戏类直播平台是针对游戏的实时直播平台。2011年，美国 Twitch. TV 从 Justin. TV 分离，独立成为首家游戏直播平台，主打游戏直播及互动。2013年语音聊天工具（如 YY），以及视频网站（如 ACFUN），开始进入游戏直播领域，游戏直播平台初具规模。随着资本的助力，行业迅猛增长，游戏直播市场走向成熟，腾讯入股斗鱼、虎牙，加大对头部直播平台的投资，虎牙成功上市纽约证券交易所，与此同时熊猫直播关闭。

传统的在线教育平台以视频、语音、PPT 等形式为主，虽然呈现形式足够丰富，但互动性不强，无法做到实时答疑与讲解。因此，教育类直播平台应运而生，其中网易云课堂、沪江 CCtalk 等平台直接在原有在线教育平台的基础上增加直播功能；而千聊、荔枝微课等平台则属于独立开发的教育直播平台。随着大众喜好、市场需求的更迭，直播平台内容愈发多元化和聚焦化，衍生出体育、财经、带货等直播定位清晰的内容。其中，电商直播带货的发展势头不容小觑。

电商直播平台通常带有较强的营销目的，以更低的成本吸引观众，引导交易。淘宝直播是电商直播平台的佼佼者。淘宝直播于2016年3月开始运营，定位于"消费类直播"，涵盖母婴、美妆、食品等各个品类，用户可以边看边买。目前淘宝直播已经成为淘宝内容化、社区化的核心引擎，直播帮助淘宝从人找货、到货找人的转变，网红主播、货、消费者之间的关系进一步紧密，主播推荐带动产品销量，去品牌化、去平台化、去明星化在电商直播中越发明显。2019年有1.7万品牌选择直播营销，目前淘宝直播已经成为主流电商模式和商家标配。

2．直播营销

"直播+"的行业大趋势下，直播与电商的结合为两个行业带来生机，具有转化率高、提升用户购物体验、激发用户购物需求的诸多优势。电商直播不断在用真实的数据展现其强大的生命力和无可撼动的行业地位。"人货场"是直播的关键，做直播需要掌握人、货、场三个端口，做好三者的匹配。

（1）人。指的是主播、运营团队和粉丝。

① 任何一场直播，都离不开主播对产品的专业能力、表达能力、控场能力，甚至必要的表演能力。主播的知识和技能可以缩短用户的消费决策时间，在直播间里全方位展示商品，节约用户的时间，实现所见即所得的效果。电商直播要保持长久生命力，主播需要花费大量时间和精力学习和研究与商品相关的各类专业知识，形成在专业细分领域的积累和沉淀，通过自己的专业素养形成差异化竞争，以丰富的经验和精准到位的产品点评，为用户提供全方位服务。只有足够专业，主播才可以简单明了地把商品的卖点在短时间内有效、清晰地表达给顾客，才能令人信服，赢得更多的忠实用户，才能有高转化、高收益。

② 直播前、中、后，运营团队的配合及辅助，是直播能够顺利进行的至关重要的因素。

③ 粉丝的忠诚度、购买力、数量，则和最后的成交息息相关。在直播中，粉丝经营很重要。主播在直播开始，通常会先抽奖，让直播间聚集人气；其次，在直播间抢先加购的粉丝可以获得相应的奖品，增加粉丝购买的欲望；对于粉丝提出的问题，主播和助理都会尽量回答，尤其是优惠信息、产品功能、秒杀信息，都会多次重复，让粉丝不错过重

要信息。

【同步拓展】

直播复盘

直播结束后需要复盘，不断探索、优化和沉淀，提升后续直播效果。复盘包括人员复盘和数据复盘。数据复盘主要从直播吸引力、直播销售力、直播流量、产品等维度对数据综合分析和探究。直播吸引力数据主要包括“最高在线人数、平均停留时长、新增粉丝数量、转粉率、评论人数、互动率”等；直播销售力通过“转化率、订单转化率、客单价、客单件”等数据展示；直播流量包括“视频推荐、直播推荐、其他、关注、同城”等；产品数据包含“直播间浏览量、直播间点击量、单品点击率、支付订单数、支付GMV、单品UV价值”等。

（2）货。“货”是直播中的SKU（stock keeping unit，库存单位），具有“品、质、价”（品类丰富、质量保障、性价比高）的商品是主播之间竞争的关键要素。用户进入直播场景中，选品的多样化及优惠福利是真正高效引导和影响用户的方式。同样的主播、同样的内容、同样的脚本拼到最后，逃不过顾客对性价比的追求。电商带货的一个关键竞争力是价格，直播往往也会强调是最低价或者工厂价，最大限度缩短产品流通的中间环节，节约渠道成本。这样才能将销量提高到一定量级，从而使得直播带货成为网红主播与生产厂家的完美互补。工厂品牌为主播提供具有市场竞争力的品质和价格，直播带货满足工厂品牌对流量的诉求，让工厂品牌有更高的曝光度，实现供和销的双赢。

【同步拓展】

直播选品

直播选品非常严格，主要从亲测好物、市场热度、粉丝需求三个角度筛选。“亲测好物”意味着该产品必须经过主播亲身试验认可之后才会去分享，获取粉丝认可，而不只是卖货；市场热度是根据时下热点，如热播剧、重大节假日、购物节，从而进行相应推荐；粉丝需求是通过直播交流与粉丝互动，了解粉丝近期需求，从而对产品进行测评。

（3）场。线下购物满足用户边逛边看的购物需求，线上购物满足用户足不出户、便捷购物的需求。直播带货则结合了线上线下所有的优势，在直播间或实地场景（比如商场、档口、原产地等）建立媲美线下的“场”，唤起用户线下记忆的消费场景，满足用户随时随地购物、分享，满足用户所见即所得的视觉体验和购物需求。

4.4.3 社群营销

社群是指基于移动互联网和社交工具（比如微信群、QQ群和APP等），拥有相同兴趣或价值观的人，将信息、资源链接起来，突破时间、空间限制聚合而成的能实时互动的多利益共同体。有共同爱好是社群成立的前提，其发起者或者管理者属于头部KOL，有一定的影响力吸引更多用户的到来。

1. 社群的特点

(1) 形成强交互形态的共同利益体。社群不同于集群,成员之间的利益靠共同利益维系,这些共同利益通常以共同兴趣爱好等方式出现。通过共同利益链接的共同体,社群成员相互认可高,其日常交流显示强交互形态。

(2) 节省信息获取成本。在信息爆炸的"E时代"(电子时代),信息筛选成本高昂。社群基于共同兴趣和利益产生,形成一个半定制型的信息过滤器,从社群获取有效信息的效率非常高。比如"宝妈社群"共享的产品信息都是宝宝的妈妈关注的、需要的、偏好的,大大节省有效信息获取的成本。

(3) 形成弱中心化的表达渠道。社群是一个弱中心化的扁平组织,每个人都有平等的话语权,且都是内容创造者,其信息传递能够获得相应的反馈和重视。一个社群的日常状态就是在共同规则下自由交流,高频的内部互动也是弱中心化的体现。

2. 社群营销

社群营销是在合适的场景下,针对特定的社群,通过具有传播力的内容,利用社群结构进行人与人的连接,快速实现信息的传播,获得有效的扩散。线上的论坛、微博、QQ群、微信群、贴吧等,线下的社区,都可以是社群营销的平台。

(1) 组建强意向用户的社群。一个强意向的社群通常对某些事物有着高度的认可度,或是相似的爱好和行为,组建社群需要聚焦在一个垂直领域,比如宝妈社群、动漫社群、健身社群……社群垂直化发展,用户目标清晰、归属感强、意向强。

(2) 输出优质主题内容。一个健康的社群是基于互动才有价值的自生式生态系统,既能满足成员的某种价值需求,又能给营销带来一定回报,形成良好循环。内容优势明显、差异化突出,是碎片化信息时代的制胜之道。社群营销一定要满足优质主题内容的价值输出。

(3) 具有活跃的社群领袖。一个社群里有多种角色,如内容创造者、信息搜集者、评论者、参与者、围观者等,社群营销必须为信息收集者提供有价值的干货信息、为评论者提供可以评论的话题、为围观者创造"吃瓜"的场景。这些成员中,最核心的是社群的意见领袖,他们链接的是"人性",输出的"价值观",能够激活其他成员,碰撞出更有深度的内容。

(4) 设立行之有效的群管理规则。群管理规则即统一的、严格的、被高度认可的群规。比如"不发红包""不发无关链接""不发与群主题无关信息""不发广告"等,创建一个相对"干净"的社群。一个具有较强专业性和认可度高的社群领袖,即使群规很严,成员也愿意遵守并执行。

(5) 策划高质量的线上线下活动。活动是维持社群关系链长期良好发展的重心环节,能够催化社群的"温度",促使成员积极参与,提高社群影响力,比如"抽奖""返利""红包""独特的礼物"等。活动的策划需要结合社群的主题和成员的诉求,丰富成员的体验,强化社群的存在感。

(6) 打造专属的社群文化。社群文化营造成员的"归属感"和"专属感",增加社群成员的黏性,让社群变得更具活力,可以让社群走得更长远,成熟的品牌都能够看到显著的社群文化特质，比如：①罗辑思维的社群文化在于思考、知识与独立。②豆瓣网的社群文化在于文艺、清新与小情怀。③小米手机的社群文化在于时尚、年轻与潮流。

不同的社交文化属性给产品和品牌带来不同的印象感知，当这种文化进一步发酵、沉淀、扩散、裂变，会形成新的能量并不断输出，社群成员会主动成为与社群文化一致的人。

【同步拓展】

建立社群文化的关键要素

建立社群文化的关键要素包括故事性、仪式感、独特的“语言”、竞争、归宿感、模拟关系。

(7) 重视社群的“裂变”。社群营销要重视让用户黏性转化为社群裂变，从而产生销售突破，实现经济利益。

① 首先是选择符合产品定位和潜在需求的人群。

② 提供给用户可获得的、有需求的价值，这样才有动力激发裂变，比如支付宝锦鲤。

③ 建立能够有效引导用户裂变做转化的机制，最大程度实现用户裂变。比如新东方大塘小鱼做用户裂变时都会设计好话术，引导用户提交朋友圈截图，关注公众号和添加客服微信号，最大程度实现用户裂变。

④ 精细运营社群，让入群的成员感受社群的专业性、好玩性、有趣性，产生进一步了解产品和服务的意愿。

4.4.4 短视频营销

视频广告是通过网络视频发展而形成一种插播视频的广告模式。视频广告分为传统视频广告和移动视频广告，传统视频广告是在视频内的广告进行设置和投放，而移动视频广告分为传统贴片广告和 in-app 视频广告。

① 传统视频广告是在视频开始之前插播的一段小广告，贴片广告的时间通常都很短，一般为 3 ～ 5 秒。广告时间太长，容易引起视频观看者的不满。

② in-app 视频广告是移动设备第三方应用程序中的视频广告，主要是在应用开启或者过渡时插播。由于移动互联网 APP 用户使用碎片化和重叠化的特征，因此，该类广告在 APP 媒体投放过程中控制广告对独立用户有效的展现次数，通过频次控制覆盖更多目标受众人群。

【同步拓展】

in-app 视频广告

in-app 视频广告分成了 4 种形式，分别是激励式视频广告 (rewarded video ads)、插播式广告 (interstitial video ads)、输出流视频广告（outstream video ads）和贴片广告（in-stream video ads）。激励式视频广告通过为用户提供有用价值来吸引注意力，触发用户看完视频后得到相应奖励而积极参与、关注广告；插播式广告通常是全屏，插在 APP 页面跳转的时候，一般可以跳过；输出流视频广告是嵌在 APP 内容中的视频广告，用户浏览时会自动播放；而贴片广告就是穿插在 APP 视频前、中、后的视频广告。

4.4.5 网络广告营销

网络广告是基于互联网,通过图文、多媒体形式等发送的、旨在推广产品、服务或者站点的信息传播活动。广告包括 5 个要素,即广告主、广告费用、广告媒体、广告受众和广告信息。

1. 网络广告的形式

网络广告具有文字、图像、声音、动画、虚拟视觉等多种功能,根据创意组合成多种多样的表现形式。

(1) 横幅（banner）广告。横幅广告是最早的网络广告形式,以 GIF、JPG、Flash 等格式创建图像文件,定位在网页中用来展现广告内容。横幅广告分为静态、动态和交互式 3 种,具有通栏、旗帜、按钮、对联、浮动等表现形式。

① 静态横幅广告。静态横幅是网页上的固定广告图像,其优点是制作简单；缺点是不够生动,有些沉闷乏味。事实证明,静态广告的点击率很低。

② 动态横幅广告。动态横幅广告具有各种动态元素,或移动或闪烁,是目前最重要的网络广告形式。通过丰富多彩的动态图像,向观众提供更多信息,并加深观众的印象。动态广告的点击率通常高于静态广告的点击率。

③ 交互式横幅广告。无论是静态广告还是动态广告,都还停留在让用户被动看的阶段。互联网相对于传统媒体的最大优势是互动,因此出现了交互式广告。交互式广告有多种形式,如游戏、插播、下拉菜单、填写表格等。用户可以参与到广告中,和广告互动,通过互动对企业和产品有更深的认识和了解。

(2) 文本链接广告。文本链接采用超文本形式,单击文本进入相应的广告页面。这是一种对浏览者干扰最少,但却较为有效果的网络广告形式。图 4-5 所示为中国化工网的文本链接广告。

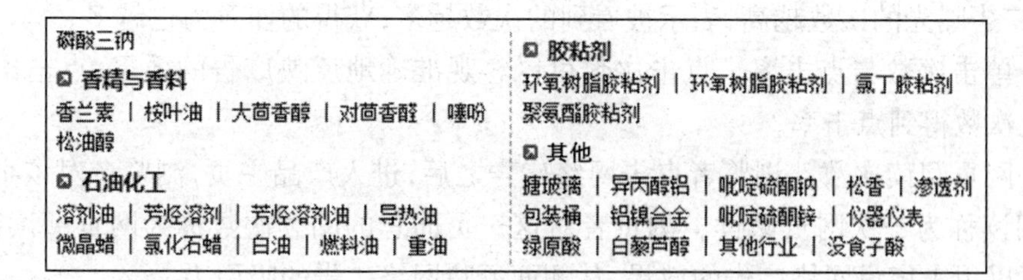

图 4-6 文本链接广告

(3) 富媒体广告。在互联网发展初期,由于宽带原因,网络广告主要基于 GIF 和 JPG 格式图片为主。随着互联网的普及和技术的进步,出现了具有声音、图像和文字的多媒体组合的媒体形式,人们普遍把这些媒介形式的组合叫富媒体,以技术设计的广告被称为富媒体广告。富媒体广告形式多样、内容丰富、影响力强,但通常成本更高。

2. 网络广告计费形式

网络广告计费形式主要 4 种。不同计费广告的收费,依据主页的热门度(即浏览人数)等划分价格等级。

（1）按展示计费。

① 千次印象费用（cost per mille，CPM）：广告每显示1000次（印象）的费用，可以在短时间为企业带来巨大访问量。按访问人次计费已经成为网络广告的惯例。

② 定位用户的千次印象费用（cost per targeted thousand impressions，CPTM）：CPTM广告根据人口统计信息等定位，更加精准地投放广告。CPTM与CPM的区别在于，CPM是所有用户的印象数，而CPTM只是经过定位的用户的印象数。

（2）按行动计费。

① 每次点击费用（cost per click，CPC）：根据广告被点击的次数收费。关键词广告一般采用这种定价模式。

② 每次行动费用(cost per action，CPA)：根据每个访问者对网络广告所采取的行动收费的定价模式。对于用户行动有特别的定义，包括一次下载，形成一次交易，获得一个注册用户，或者对网络广告的一次点击等。

③ 每次广告点击引导的费用(cost per lead，CPL)：按照广告点击引导用户到达指定网页的客户数量计费，一般限定一个IP 24小时内的点击算一次。

（3）按销售计费。

① 按订单或交易(cost per order，CPO)：根据每个订单或每次交易来收费的方式。

② 按购买数量或金额(cost per sale，CPS)：按用户最终购买或者消费产品的数量或者金额的一定比例换算广告刊登金额。

（4）按时长计费。

按时长计费（cost per time，CPT）是以时间计费的网络广告形式，广告主可以根据自身需求在特定时间段选择特定广告进行有针对性的宣传。

3. 网络广告传播效果评估标准

（1）广告曝光次数。网络广告所在的网页被访问的次数，这个数字通常用计数器进行统计，广告曝光的次数越高，表示被看到的次数越多，获得的注意力也越多。

（2）单击次数与点击率。点击次数可以客观准确地反映广告的效果，点击次数除以广告曝光次数得到点击率。

（3）网页阅读次数。浏览者点击网络广告之后，进入产品主页，浏览者对该页面的一次浏览阅读称为一次网页阅读。浏览者对这一页面总的阅读次数称为网页阅读次数，这个指标可以用来衡量网络广告的效果，从侧面反映网络广告的吸引力。

（4）转化次数与转化率。转化被定义为受网络广告影响而形成的购买、注册或者信息需求。转化次数指由于受网络广告影响所产生的购买、注册或者信息需求行为的次数，转化次数除以广告曝光次数得到转化率。

【实训案例】

新东方在线的社群营销

北京新东方教育科技（集团）公司，简称新东方，成立于1993年11月16日。最早专营大学生出国英语考试（托福、GRE等）培训。目前其业务已扩展到国内英语考试培训、少儿英语、其他外语培训、中学全科培训（语文、数学、理综、文综），以及出国咨询和在北美的服务，年收益逾几十亿元。以下是新东方教育科技集团运营负责人朱兆伟就新东方在线社群营销的访谈录。

主持人：朱老师，您好！您之前提过“做社群，在某种程度上是搭建温暖的家园”。但就在我身边，更多的社群变得默默无闻，最终解散，您认为根本原因是什么呢？

朱兆伟：你好，主持人。我认为社群的建立首先要找到的是一群有共同价值观的人。通俗地说，共同的价值观就是“同好”，这是社群最根本的东西。如果只是为了一时的共同利益而建群，当共同利益没了，社群也就失去了存在的价值，更无所谓活跃了。比如很多生涯规划机构建群，基本上只有在报志愿的这几个星期活跃，志愿填报时间段过后，群里就成了部分成员发送无用信息的垃圾场了。

主持人：“有共同价值观的人”，您说的这点在建群之初很难判断。

朱兆伟：社群建立初期，我们要设定一个门槛，实行邀请制。通过设置门槛淘汰一批人。第一批种子用户里一定会有高质量的用户，甚至能产生一些内容。一定别不忍心淘汰不靠谱的人，也不要没有用户限定标准，先拉群再淘汰。在选择用户时，尤其是种子用户时，不在于数量而在于质量。要把一个群结构稳定了，输出固定了，才能复制放大。所以要注意严进宽出，严格准入标准。

主持人：从建立一个有效的微信社群来说，是不是只要“同好”就可以？

朱兆伟：社群是一个严谨的体系，需要精心设计。除了“同好”这个根本要素之外，还需要考虑以下几个要素。

(1) 社群的结构。

(2) 输出决定了社群的价值，也为转化提供了重要的依据和通道。

(3) 运营决定了社群的寿命，有效的运营塑造组织感、仪式感、归属感和参与感。

(4) 社群能否复制决定了社群的规模。将每个环节标准化，复制放大时就可以快速实现规模化。

(5) 同时运营微信号、公众号和朋友圈，很多时候朋友圈的影响力比公众号更大。

主持人：那么是不是只要有了这样的微信社群，就可以实现群内营销呢？

朱兆伟：实现群内营销需要非常有效的运营方式。只有通过活动或优质内容，机构才能吸引到对应的家长和学生，并形成潜在用户的社群矩阵池。

再根据不同的定位和标签，形成不同主题的群。比如××年级×××学科群等。

机构的教师向用户池子（社群矩阵）中输出内容（专题讲座、答疑或其他）。这样一方面可以激活用户，另一方面将用户转为客户。机构可以分别构建学员群（按班级）和家长群（按班级）。

机构做好教学，确保效果，将学生的进步情况可视化（VPS），续费和转介绍自然就来了。

主持人：那么接下来如何让社群进行口碑传播并扩展规模？

朱兆伟：这就要进行分类。K12的课外培训可以简单分为应试和非应试两大类，两者口碑传播的路径和方式有很大的不同。

从应试类来说，小升初考试具有很强的选拔性，也就是说这个考试的效果是明确的，最容易做出口碑。同时，为了让家长更容易见到效果，各家机构设置了各种比赛。这是显示自身教学成果的一个重要工具。此外,机构设计了很多系统,目的就是向家长展现孩子的进步,比如新东方教学七步法中每节课的“进门考”“结果公示”等。

非应试教育,比如少儿英语、素质教育等,要做口碑传播的最核心思想就是让家长充分接触产品并外化效果,以便促使家长在非商业化的气氛下尽量向外传播效果。口碑传播不是自发的,而是运营出来的。比如,机构可以每个月组织活动,要求家长陪同或协助参加,家长就能在活动中充分感受到机构的产品,感受孩子的学习成果。大多数妈妈都是“晒娃狂魔”。这种看似无目的、却也无商业气氛的分享,其实远远比一个孩子呆板地站在机构的商标下面拍照或者“集赞免费学”的广告效果要好得多。

课后练习

1. 名词解释

(1) 网络营销　(2) 网络市场调研　(3) 4C 营销理论　(4) 4R 营销理论

2. 单项选择题

(1) (　) 强调企业进行市场营销活动必须尊重消费者的感受和体会,淡化营销过程中的商业活动,在提供有价值的内容给公众的同时,建设软实力。

A. 软营销理论　B. 4I 营销理论　C. 4P 营销理论　D. 4R 营销理论

(2) 处理和分析数据时需要: ①录入数据; ②读取数据; ③清洗数据; ④分析数据。其先后顺序正确的是 (　)。

A. ①②③④　B. ①③④②　C. ①③②④　D. ①②④③

(3) (　) 服务是由客户为自己的网页购买关键字排名,按点击计费的一种服务。

A. 竞价排名　B. 关键词优化　C. 搜索引擎优化　D. 网络广告

(4) 网络广告计费主要依据主页的热门度 (即浏览人数) 等划分价格等级, CPC 指的是 (　)。

A. 每次行动费用　B. 每次点击费用　C. 每次交易费用　D. 每次金额费用

(5) (　) 关注客户购物过程,注重激发消费者的购物欲望和购买行为。

A. 网络营销　B. 网络推广　C. 网络销售　D. 网络交易

3. 多项选择题

(1) 市场的形成的 3 个基本要素是 (　)。3 个要素互为条件,构成现实的市场,并决定市场的规模。

A. 人口　B. 购买力　C. 家庭环境　D. 购买欲望

(2) 美国学者劳特朋教授提出 4C 营销理论,强调以消费者需求为导向,重新定义营销要素,即消费者、(　) 和消费者要求实现的双向交流和沟通。

A. 成本　B. 便宜

C. 便利　D. 魅力

(3) 可以通过 (　) 收集二手资料。

A. 搜索引擎　B. 访问行业协会网站

C. 访问政府平台　D. 访问网上数据库

(4) 网络市场调研的对象有（　　）。

A．消费者　　B．合作者　　C．竞争者　　D．中立者

(5) 常见的电商直播平台有（　　）。

A．网易云课堂　　B．苏宁易购　　C．沪江 CCtalk　　D．淘宝

3．简答题

(1) 请简单描述 4I 整合营销理论。

(2) 请简单描述实施网络调研的 5 个步骤。

4．实践操作

(1) 收集 3 个网络营销成功案例并简单描述，分析总结其成功原因，完成表 4-2。

表 4-2　网络营销案例

成功的营销案例	简单描述营销案例	营销成功的原因

(2) 请选择一个电商直播平台，亲身体验做“主播”，结合自身情况，选择商品，做好人、货、场的匹配，撰写直播方案，完成表 4-3。

表 4-3　电商平台直播

直播平台	
人员配置	
直播商品或服务	
场景选择或布置	
直播方案	

项目5　网店客户服务

知识与技能目标

- 了解网店客服的含义、作用。
- 了解网店客服的必备素质和技能。
- 分析客户购物心理,挖掘客户需求。
- 掌握售前客服接待工作的具体事宜和处理方法。
- 掌握订单处理和物流跟踪方法。
- 掌握处理普通和特殊的售后问题。

重点概念

客户服务、网店客服、客户、规格、型号、尺码、材质、售前客服、售中客服、售后客服、产品关联

【案例导入】

客户在网上浏览进入某台灯专卖店,看中一款国AA级的Led台灯,下单前就台灯的有关事项咨询客服,对话如下。

客户：我想给孩子买一款护眼台灯。

客服：亲,欢迎光临。您正在浏览的这款台灯很适合孩子学习使用。

客户：我也是看这款台灯貌似很不错。

客服：亲,这款台灯是我们店铺的爆款,卖得很好。现在的孩子学习任务重,用眼多,这款国AA级全光谱护眼台灯,4000k色温,让孩子用眼不再那么疲劳。

客户：AA级是什么意思?

客服：这个指的是照度。若是照度不够,会影响使用者的视力,导致专注力不集中。A级照度是一盏读写学习台灯的最基本的要求。台灯国AA级对应的是双A级照度,能够充分满足孩子晚间学习使用。

客户：我对比了你们的产品和另一家的AA级Led台灯,你家的为什么便宜很多?

客服：亲,我们的产品是厂家直销,省去了很多中间销售环节,所以价格要低些。

客户：你们的产品质量怎么样?

客服：亲,品质您也可以放心,我们的产品是通过了国家质量认证的。

客服：我们的产品提供7天无理由退货服务和全国联保服务,产品出现任何问题,都可以在您所在城市服务点得到售后服务。

客户：我再看看。

客服：亲,我们店铺现在有满减活动,您正在咨询的这款台灯刚好满足满减条件,现在购买非常划算。

几分钟后,客户下单购买了这款台灯。

思考题:客服的必备素质和技能是什么?客服每天的工作内容是什么?客服应该怎样应对客户的咨询及处理各种问题?

5.1 认识网店客服

市场经济快速发展,传统的市场状态发生了巨大改变,已经逐步转变为以客户为中心,以服务为目的的买方市场。客户是企业的信息资源,是企业利益的来源,更是企业生存的基础。掌握客户的需求,有效发掘和管理客户资源,与客户保持良好的关系,提供更加符合客户需求的服务,是企业获得市场竞争优势并增加企业的市场竞争力的有效手段。

5.1.1 网店客服的内涵

客户服务(customer service)简称客服,顾名思义就是为客户服务,是指一种以客户为导向的价值观,是企业通过营销渠道,为满足客户的需求,提供的包括售前、售中、售后等一系列服务的过程。广义而言,任何能提高客户满意度的内容都属于客户服务的范围。企业为客户提供优质的服务,是为了满足客户的服务需求,达到客户满意。

网店客服是通过网店的一种服务形式,利用互联网进行信息传输,为客户提供相关产品咨询、问题解答等服务。网店客户服务可以分为4个层次:基本服务、满意服务、超值服务和难忘服务。

(1)基本服务。基本服务是指客服依托客户沟通工具及操作系统等,为客户提供简单的辅助。客户通过付款获得商品和服务,以满足基本的物质价值利益。

(2)满意服务。满意服务是指客户在购物的时候,客服对客户殷勤问候、热情招待、语气友善、态度礼貌,使客户能够得到精神方面的满足。

(3)超值服务。指提供具有附加值的服务,使客户更加满意,获得更大收获。

(4)难忘服务。指不但要满足客户物质上的需求,还要满足客户精神上的需求,使客户享受到远超预期的服务。

从服务的层次来看,最基础的是基本服务,满意服务是客户服务水准线。企业要获得客户的忠诚,需要提供超值的服务,甚至是难忘的服务。

5.1.2 网店客服的作用

作为店铺和客户沟通的中介者,网店客服主要承担迎接客人、销售商品、解决客户问题等工作职责,在网店运营中发挥着重要作用。

1. 更好地服务客户

更好地服务客户是每家网店的重要理念,一个具备专业知识和良好沟通技巧的网店客服可以给客户提供更多的购物建议,更完善地解答客户的疑问,更快速地解决客户的问题和困惑，从而更好地服务于客户，赢取客户的认可和信任。

2．提高网店成交率

有购买意向的客户在下单之前针对不清楚、不确定的问题咨询卖家，或者询问优惠券等，网店客服需及时跟进，了解客户需求和想法，打消客户顾虑，增加客户对店铺或者产品的信任度，从而达成交易。

3．塑造网店形象

客户选购商品时多是凭图片和详情页介绍进行了解，无法全面准确地了解商品，客服能够搭建客户了解店铺的桥梁，帮助客户进一步了解和熟知品牌价值，塑造店铺良好形象。

5.1.3 网店客服的必备素质

客服人员在和客户沟通过程中的职业专业程度、对待客户的工作态度，包括工作过程中的情绪、语气和语调都直接向客户展示店铺的服务精神和服务品质，也影响着客户对店铺的第一印象。履行好客服职责，成为一名合格的客服人员，网店客服需要具备一定的素质。

1．具备良好的心理素质

网店客服首先应该具备良好的心理素质。在为客户服务的过程中，客服会接触各种类型的客户和不同的问题，客服必须能够承受各种压力和挫折。

2．“客户至上”的服务理念

一名合格的客服人员应该热爱客服这个岗位，遵循“客户至上”的服务理念，全身心投入，保持热情诚恳的工作态度，不骄不躁、有耐心，让客户感受到重视与尊重，这是一个合格客服的必备条件。

3．熟练的产品专业知识能力

客服工作的主要内容是为客户解答疑惑、处理问题、引导购物等，一名合格的客服人员对店铺、商品和相关业务情况非常熟悉，这样才能为客户提供高效服务，提升客户信任感，让客户享受优质服务。

4．良好的语言沟通协调能力

良好的沟通协调能力是客服人员的一个基本素质，客服需要倾听客户、了解客户、启发客户、引导客户，只有了解客户需要什么样的服务和帮助，并灵活应对，与客户沟通协调，才能够引导交易成功。

5．有效解决问题的能力

在交易中出现了问题，客户不是希望得到道歉，而是要解决问题。客服需要具有良好的沟通应变及解决问题的能力，认真倾听，查明问题的原因；跟进处理，妥善解决客户的问题，让客户体验到店铺的专业服务。

【头脑风暴】

图 5-1 所示为客户咨询平台下单返 2 元的案例，请问客服的回答到位吗？客服应该怎么回答？客服应该具备什么素质？

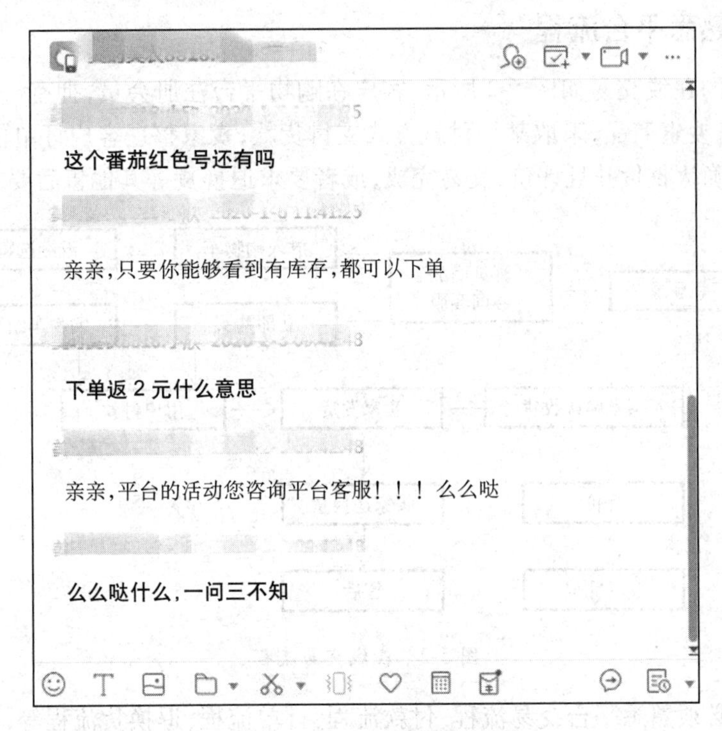

图 5-1　客服聊天记录截图

5.1.4　网店客服的必备技能

1．熟练使用计算机

网店客服的所有工作都是基于互联网信息技术，借助计算机和客户进行沟通联系。胜任网店客服岗位，必须掌握一定的计算机技能，比如办公软件的使用等。客服上岗前，能够熟练打字，达到 80 字 / 分钟以上的要求，避免出现打字速度慢影响对客户问题的回复。

2．熟练使用智能客服工具

目前智能客服机器人在客服工作过程中运用十分广泛和平常，客服人员应该善于利用这种工具来辅助自己解决一些日常咨询工作，为客户提供完善的、标准化、流畅化的服务。

3．掌握产品销售技能

从本质上看，淘宝客服是一个网络产品销售人员，他们的工作就是将淘宝店铺销售的产品卖给网购者，懂得如何销售产品更能帮助淘宝客服服务客户。

5.2 网店客服岗前准备

5.2.1 熟悉平台流程

一笔完整的在线交易如图5-2所示,客户在购物平台注册会员,拥有一个专属平台账号,在平台浏览搜索商品,采取某一付款方式支付货款,卖家整理客户订单信息并发货,客户收到商品后确认收货并且评价,交易完成,或者要求退换货等其他售后要求。

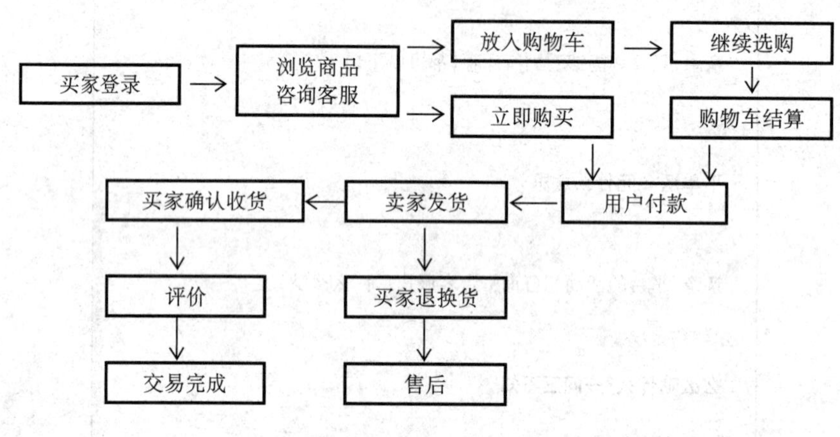

图5-2 在线交易流程

网店客服必须熟悉平台交易流程、付款流程、订单流程、退换货流程等,并就客户在网络购物过程中的各种问题予以解答和解决,力争让客户购物满意。

5.2.2 熟悉平台规则

我国的中小卖家多是利用第三方平台开展网络销售活动,常见的第三方平台有天猫商城、京东商城、拼多多等。作为一名网店客服,有必要了解第三方平台交易规则,规避常见违规行为。以淘宝网为例,为了保障买卖双方权益,促进成功交易,平台制定了一系列的平台规则,包括《消费者保障服务协议》《淘宝平台违禁信息管理规则》《淘宝平台争议处理规则》《淘宝网评价规范》和《淘宝网七天无理由退货规范》等。

1. 正品保障规则

进驻商户签订《消费者保障服务协议》,承诺提供"正品保障"服务,出售正品。一旦发现有出售假货及非原厂正品商品,淘宝有权立即与商家终止协议,对客户进行先行赔付。客户购买商品后,若客户认定已购商品为假货,有权在交易成功后14天内,向平台发起针对该卖家的投诉,申请"正品保障"赔付。

2. 交易评价规则

买卖双方可基于真实的交易在交易成功后15天内发布与交易商品或服务相关的信息,开展相互评价。自交易成功之日起180天(含)内,客户可在做出信用评价后追加评论,内容不得修改,也不影响卖家信用积分。被评价人可在评价人做出评论内容或追评内容之时起的 30 天内做出解释。评价人可在做出中、差评后的 30 天内，对信用评价进行一次修改或删除。

3. 卖家发货规则

卖家对每个独立生成并付款的交易订单（非购物车合并付款的订单）应予单独发货，除特殊情形外，若未征得买家同意，不得合并成一个包裹发货，否则，买家签收后主张商品少件的，由卖家负举证责任。卖家应将商品送达买家订单收货地址并交由收件人本人签收，需买家至指定地点提取的，应事先予以显著明示或征得买家同意。

4. 违规行为类型及扣分规则

违规行为分为出售假冒商品（即 C 类违规）、严重违规行为（即 B 类违规）及一般违规行为（即 A 类违规），三者独立扣分、分别累计、分别执行。违规行为成立，平台对会员进行扣分并采取相应的节点处理措施。会员的违规扣分在每年的 12 月 31 日 23 时 59 分 59 秒清零。会员因出售假冒商品扣分累计达 24 分及以上的，该年不清零，以 24 分计入次年；次年新增出售假冒商品扣分未达 24 分的，违规扣分于该年 12 月 31 日 23 时 59 分 59 秒清零，累计扣分达 48 分及以上的，查封账户。

【经验之谈】

如图 5-3 所示，客户要求开具“办公用品”类发票，客服的应答是错误的，触犯了平台规则。只要客户支付货款，卖家就需要无偿向索要发票的客户提供发票，不能拒绝，不能索要额外的费用，不能开具与所售类目不同的发票。网店客服必须熟读平台规则，正确引导客户下单，同时避免误踩规则“雷区”，规避风险，避免不必要的纠纷。

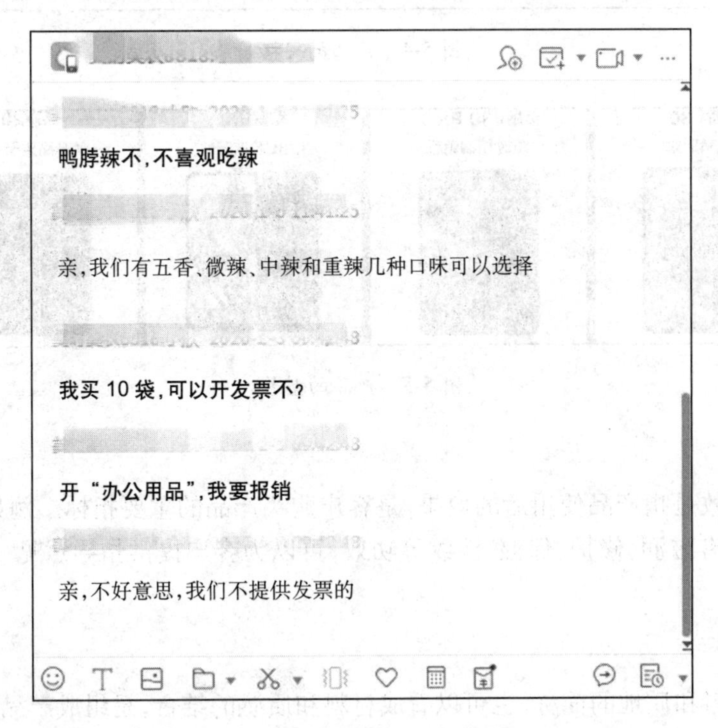

图 5-3 客服聊天记录截图

5.2.3 掌握产品详细信息

客户与客服工作人员沟通的大部分内容是围绕产品及其服务展开。客户对产品最直观的印象来源于产品详情页，除了产品图片外，还有尺码、规格、型号、功效、材质、相关搭配等方面的信息。不同行业、不同产品之间的信息各有不同，客服应该掌握商品的基本信息。只有做好了这些准备工作，才能给客户及时传递准确的产品详细信息，促使客户下单，提高产品的成交率。

1．规格和型号

网上购物不能参照实物进行选择，客户只能通过图片和文字说明来了解产品。所以店铺卖家及客服都应该了解产品规格和型号，并将这些重要信息传递给客户。

规格指产品的物理形状，一般包括容积，长、宽、高（体积），形状，重量等。图 5-4 所示为三生花护手霜套装的规格为 40 克 / 毫升（兰花单支）和 120 克 / 毫升（套装）。型号是指用来识别同类商品或同一品牌不同产品的编号，每个公司都有自己专属的产品型号，用来表示特定的产品。图 5-5 所示为华为手机的不同型号：荣耀 V30、荣耀 V30 PRO、荣耀 9X 等。

三生花护手霜套装

功效：滋润、修护、保湿、淡纹、去角质、改善肤质　　有效日期：三年

草本成分：山茶花、白芨、桂花、玉竹、兰花、蚕丝

规格：40g/ml（兰花单支）120g/ml（套装）

适用肤质：多种肌肤，特别是干燥粗糙/脱皮干裂/暗黄无光等各种手部问题肌肤

图 5-4　产品的规格

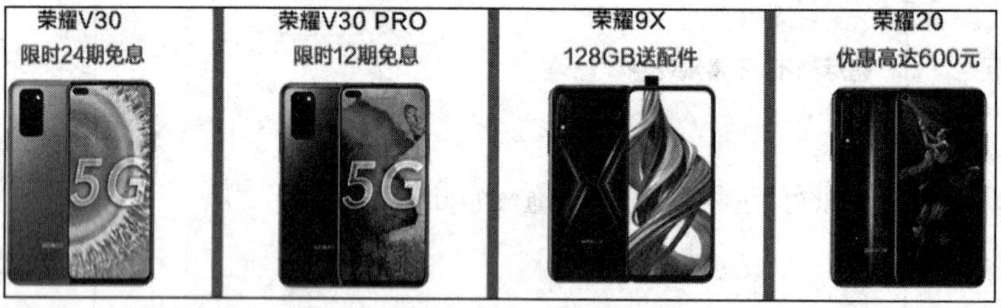

图 5-5　产品的型号

2．功效

产品的功效是指产品使用后的效果，是客户购买产品的重要指标。例如，图 5-4 所示的护手套装具有滋润、修护、保湿、淡纹等功效，可以为客户提供指导意见，为客户做出购买判断。

3．材质

材质是材料和质地的简称，也可以看成材料和质感的结合，是组成产品的成分、面料、特质，是产品的内在特征，是产品质量的具体化体现。一般的工业产品都会对材质进行归

类说明,客服应该了解具体材质的特点和优缺点。

【同步拓展】

服装材质一般指服装的布料,俗称纺织纤维。纺织纤维品类繁多,大致可以分为天然纤维和化学纤维两大类。

1．天然纤维

(1) 棉。棉纤维柔软,吸湿性强,棉织物手感好,穿着舒适,耐洗,适宜做四季各类服装及床上用品等,其缺点是易皱、缩水、易变形。

(2) 麻。麻主要指苎麻、亚麻、黄麻、大麻等,布料中用得较多的是前两种。苎麻是麻纤维中品质最好的纤维,具有凉爽、吸湿、透气等特性,而且刚度较高、硬、挺,不贴身,适宜制作夏季衣料。麻的强度高于棉,纤维较硬,弱性差,织物易起皱。

(3) 毛。纺织用毛类纤维用量最大的是羊毛,毛通常指的是羊毛。毛纤维比棉纤维粗长,洗后容易缩绒。因此,市场上出售的机洗羊毛衫,多经过表面处理防止缩绒。

(4) 蚕丝。天然丝分为家蚕丝和野蚕丝,家蚕丝即桑蚕丝,野蚕丝主要是柞蚕丝。蚕丝强度大,纤维细长,柔软平滑,弱性比纤维素纤维好,具独特的光泽。蚕丝是高档的服装材料,与羊毛一样属于蛋白质纤维。

2．化学纤维

化学纤维的吸湿性普遍比天然纤维低,摩擦后易带静电,易吸尘土,大多数强度高,弹性好,穿久易起毛球。燃烧时一般先软化收缩,有的会发出异味。熨烫温度低于天然纤维。

(1) 涤纶 (的确良)。涤纶是化纤中发展最快的一种纤维,具有闷热、不透气、易吸尘、易洗、快干等特点。涤纶做成的纺丝绸面料有柔姿纱、佳丽丝、麻纱料等。将涤纶与棉混纺称棉的确良 (棉涤),与毛混纺为毛涤,与麻温纺为麻涤。

(2) 锦纶 (尼龙、耐纶、卡普隆)。锦纶弹性好、强度高、耐磨性高、耐光性较差,在阳光下晒容易泛黄,常用于袜子、手套及针织运动衣等。

(3) 腈纶 (奥纶、开司米纶、爱克斯纶)。腈纶具有蓬松、柔软、保暖、质轻价贱、色泽鲜艳、不霉不蛀、洗后不用烫等特性,适宜做秋、冬季服装面料,如腈纶针织衫、纺裘皮大衣以及毛毯等。

(4) 维纶 (维尼纶、纱纶、可乐纶)。将维纶与棉混纺后,就成了维棉纶布。维纶织物很像棉布,在合成纤维中性质最接近棉纤维,多用于床上用品。

(5) 粘胶。粘胶的原料是天然的物质,如木材、竹子、棉短绒、甘蔗渣等,纺出的纤维也叫人造丝,具有表面光滑、手感柔软的特点,悬垂性比棉麻大,适宜做裙装及各种服装面料、里料,常见面料有美丽绸、富春纺、人造软缎、人造棉、人造毛等。

(6) 醋 (酯、酸) 纤 (维)。醋 (酯、酸) 纤 (维) 大多以丝绸风格出现,除做服装面料外,还常用做里料等。

(7) 氨纶 (马利当,莱卡)。氨纶具有高弹性、耐磨性良好等特点,故又称弹性纤维,能取代橡筋使用,但目前价格较贵。

4．尺码

客户无法真实地接触到产品,对产品的大小没有具体的概念,只能通过产品尺码进行

大致判断，所以要对产品的大小、尺码等信息标注清楚，便于客户根据需要进行选择。客服上岗前，需要掌握产品最基本的尺码，如服装、鞋子等产品的具体尺寸等。

服装尺码多采用国际码，即 S、M、L、XL、XXL，分别表示小号、中号、大号、加大号、超大号等，对应不同中国码，如表 5-1 所示。

表 5-1　服装尺码（以耐克男装为例）

国际码	中国码（身高 / 胸围）	解　释
S（小号）	165/84A	Small
M（中号）	170/88A	Medium
L（大号）	175/92A	Large
XL（加大号）	180/96A	Extra Large
XXL（超大号）	185/100A	Extra Extra Large

注：中国码一般是按照身高和胸围标识。不同厂商、不同版型的服装尺码略有差异。

鞋码也称为鞋号，是用来衡量脚的形状以便配鞋的标准单位系统。目前世界各国采用的鞋码并不一致，常用有中国码、欧洲码、美国码、英国码等，但一般都包含长、宽两个测量。即使在同一个国家 / 地区、不同人群和不同用途的鞋，例如儿童鞋、运动鞋等，也有不同的鞋码定义。客服要掌握换算的方法，便于为客户推荐，以供其选择。表 5-2 所示为我国常用鞋码对照。

表 5-2　我国常用鞋码对照表

女鞋尺码对照表		男鞋尺码对照表	
鞋码	脚长 / 厘米	鞋码	脚长 / 厘米
35 码	22.1 ～ 22.5	39 码	24.1 ～ 24.5
36 码	22.6 ～ 23.0	40 码	24.6 ～ 25 .0
37 码	23.1 ～ 23.5	41 码	25.1 ～ 25.5
38 码	23.6 ～ 24.0	42 码	25.6 ～ 26.0
39 码	24.1 ～ 24.5	43 码	26.1 ～ 26.5
40 码	24.6 ～ 25.0	44 码	26.6 ～ 27.0
41 码	25.1 ～ 25.5	45 码	27.1 ～ 27.5
42 码	25.6 ～ 26.0	46 码	27.6 ～ 28.0

注：不同厂商、不同人群、不同用途的鞋码略有差异。

【经验之谈】

图 5-6 所示为客户咨询服装尺码与客服的对话。由于商品的使用对象和个性特点等不同，客服需要把握客户的高矮胖瘦和着衣穿鞋习惯，分析客户的具体需求，适当推荐尺码供客户参考，最后决定权在客户。

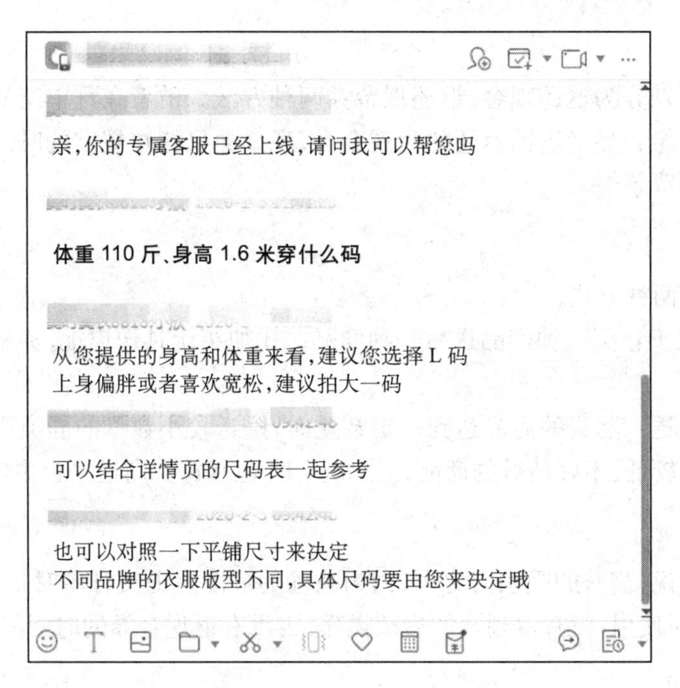

图 5-6 客服聊天记录截图

5.2.4 掌握店铺促销优惠活动

网店常使用各种优惠促销活动,通过降低商品价格、赠送礼品等方式,吸引客户下单,提高产品销售量和营业额,经常开展的优惠活动有优惠券、打折、返现、满送和满减等。客服要掌握店铺正在进行的活动,并根据实际情况将店铺的促销活动向客户传达介绍,引导客户下单购物,必要时解释清楚活动的具体操作方式和注意事项,避免不必要的纠纷。

1. 优惠券

优惠券是由卖家设置的一种针对某一具体商品或者全店通用的代金券。客户领取优惠券后可用于购买某一商品,并抵扣现金。图 5-7 所示为店铺优惠券,使用时需要符合一定的消费条件。

图 5-7 优惠券

2. 打折

打折是促销活动中最常见、最普通的一种促销方式,可以采用限期折扣、名额折扣和会员折扣等方式进行折扣促销。

3. 返现

返现活动可以分为返还现金、返还现金券两种方法。前者在订单交易成功后,由客户联系店铺返还现金;后者店铺返还的为现金券,现金券只能在规定的时间用于下次购物,且满足一定的消费条件。

4. 满送

满送一般有两种方式。

(1) 买A送B:买一种产品送另一种商品。比如买玩具送电池,买皮鞋送鞋垫,买钱包送卡包等。

(2) 多买多送:购买的商品达到一定数量时,赠送较小数量的同类产品或其他产品,一般针对单价比较低、不好估数的商品。比如买10包麻辣牛肉送一包牛肉粒。

5. 满减

对于客户来说,满减的吸引力更大,因为减除的额度在提交订单时是直接由系统扣除的,优惠可以及时使用,没有返现金的后续操作,也没有返现金券的时间限制。

6. 限时折扣

限时折扣是卖家定期、定时降低商品的价格,以"先到先买、限时限量、售完为止"为原则,客户需要在规定的时间付款交易,否则系统自动关闭。这种促销方式突出商品的稀缺性,在一定的时间内可以获取大量订单。

【头脑风暴】

优惠券和满减活动是一样的吗?

5.3 售前客服

网店的客服人员一般分为售前客服、售中客服和售后服务,如图5-8所示,客服有明确的分工和责任划分。

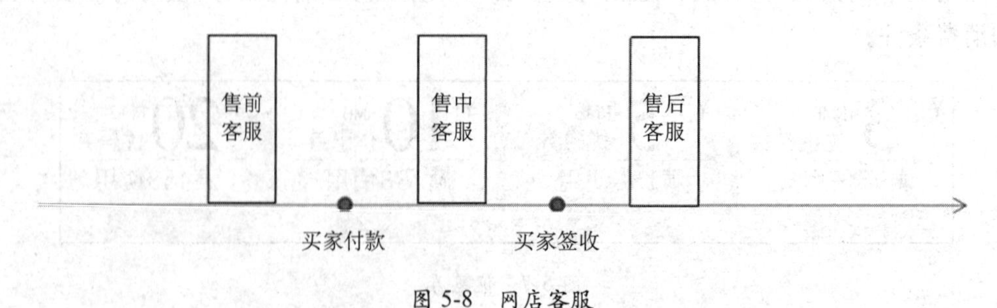

图5-8 网店客服

【案例导入】

客户在网上浏览进入某化妆品店,看中一款正在做促销活动的面膜,下单前就面膜购买有关事项咨询客服,对话如下。

客户：你好，这款面膜有活动吗？

客服：亲，您好。这款面膜目前有活动，买 10 片送 1 片。

客户：还有其他优惠活动吗？

客服：亲，有的，您可以在店铺首页领取优惠券，满 50 减 5 元，满 99 减 10 元。

客户：好的，我已经领取了。可以把赠送的面膜换成护手霜吗？

客服：不行的哦，亲。商品的赠品都是活动前搭配好的，不能更换。

客户：我前几天买了都可以换，为什么今天不行？

客服：亲，不好意思，今天真的不行，我们现在做活动，发货量大，赠品都是仓库和商品一起发送的。赠品更换不了。

客户：那算了。

思考题：以上对话中，客户提出更换赠品的要求，被客服拒绝，最后取消订单。售前客服应该如何应答客户，售前客服的工作职责是什么？

售前客服主要从事客户下单前的工作，处理客户咨询，引导客户网上顺利购买，促成交易。从客户进店咨询到客户下单付款的整个购物环节都是售前客服的工作范畴。

5.3.1 分析客户购物需求

客户在购买商品过程中，心理变化十分复杂，会经历 5 个阶段的消费心理及行为：形成消费动机，了解产品信息，选择合适的商品，购买商品以及使用和评价商品。顾客对某一商品产生需求，才会激发形成相应的购买动机，需要通过一些较为可靠的渠道去了解商品的信息。客户了解商品的过程，就是客服介入的最佳时期。

客服需要站在客户的角度，有目的地与客户聊天，耐心聆听客户的话语，听懂客户的言外之意，挖掘客户真正的想法和需求，适时引导客户了解店铺产品或者服务的优势。

5.3.2 售前客服接待服务

1．接待客户

接待客户贯穿和客户沟通的整个过程，客服随时准备接待客户，时刻保持热情，及时应答客户的提问，给客户留下良好的第一印象，让沟通流畅。在处理客户咨询时，避免只有“一个字”的敷衍式答复，如图 5-9 所示。客服在和客户沟通过程中尽可能搭配解释性的语言和表情，反之，太多的文字回复也容易让客户抓不住表述的重点。

2．促成订单

客户在网络购物过程中，客户会有不了解、不清楚的问题向客服提问，只要客服处理得当，恰当应对客户，就可以促成订单。客户经常就产品、发货、服务和平台操作等方面的问题需要向客服咨询。

（1）产品问题多与产品自身有关，包括产品的材质、尺寸、版型、功能等问题。

（2）发货问题包括发货时间、快递选择和快递时效等问题。

（3）服务问题包括产品安装与维修、售后保障等问题。

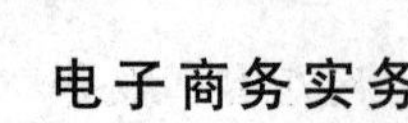

图 5-9　客服聊天记录截图

(4) 平台操作问题包括订单提交、优惠券使用、运费险购买等问题。

客服在处理问题时要抓住问题关键，站在客户的角度思考，用事实和数据消除顾客的疑虑、误解，达成共识。

3. 催付

客户经过沟通咨询后拍下了产品却迟迟没有付款，这个时候需要客服进行催付。催付工作是提高询单转化率最直接、最简单的操作。客服一般可以采用短信和千牛平台对话的方式催付，注意催付的语言表达和频率问题，切忌过度营销。不当的催付，客户不仅不会付款，反而对店铺产生反感。

4. 欢送客户

交易完成后，客服合理使用千牛平台上的各种表情、声音和手势等网络语言，向客户表达感谢之意并邀约客户下次光临。

5.3.3　售前客服销售技能提升

1. 产品关联推荐

售前客服工作的一个重要内容是根据客户的需要将店铺所售产品推送给客户。客户咨询的问题直接反映了他们的需求，客服需要把握客户需求的关键词和购买欲望，有针对性地推荐商品。

产品关联是指通过某种形式的暗示和推荐，让客户对多个产品产生兴趣，并最终导致购买的行为。这种购买行为可以在一次购物中发生，也可以在多次购买中发生。一般出现在服饰、家居等行业中，此类产品是消耗品，用户需求多，消费频次高。客服根据当前产品的属性进行关联推荐，为客户提供颜色、款式、功能等最为匹配的其他产品，帮助客户进行搭配和选择，促进产品的销售。

(1) 场景诱导关联推荐

一般情况下，客户购买某一商品的时候，基本都会有特定的应用场景。在这种特定的应用场景下，不止需要一种商品。比如一位家长购买了充气游泳池，在这个场景下必然需要充气泵（电动或脚踩）助力游泳池充气，腋下游泳圈确保宝宝安全，游泳玩具供宝宝玩水。客服根据应用场景，有针对性地为她推荐充气泵、游泳圈和戏水玩具，如图5-10所示，必然会引导客户的兴趣，激发客户的购买行为。

（2）类似商品关联推荐

将外观相似、功能相似、价位相似的商品，如图5-11所示，通过适当的方式推荐给客户，让客户清晰地了解多个商品之间的区别，降低当前商品的跳失率，引导客户下单购买。

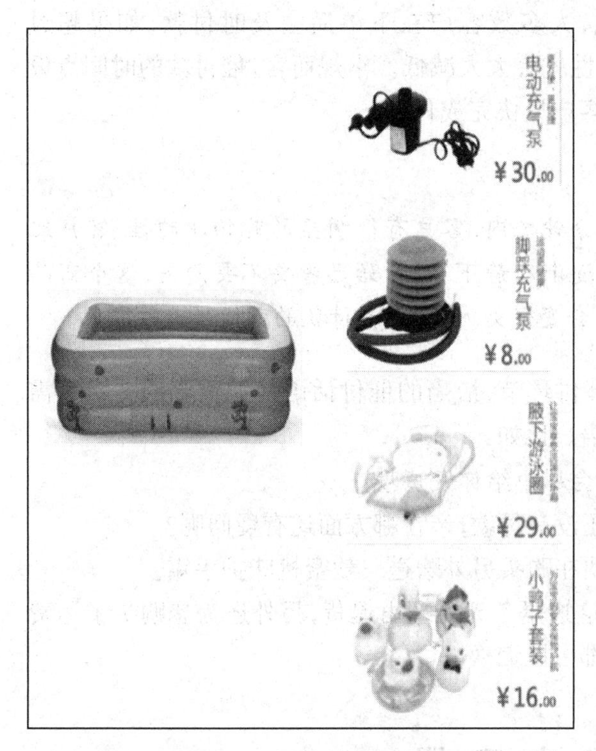

图5-10　场景诱导关联推荐

图5-11　类似商品关联推荐

【经验之谈】

客户接受商品的价格或者款式，才会进店查看商品的更多详情。如果关联推荐的是其他价位、不同类别的产品，客户如果对主产品不满意，又没有类似的产品选择，可能会马上选择离开。因此在做关联推荐时，最好推荐同一类别的产品、相同价位的产品或者相同款式的产品。以此增加客户选择的余地，尽可能满足客户最初的购买需求。

2．有效催付

在网络购物过程中，即使客户已经下单，也可能因为某些原因迟迟不付款，最后导致订单流失。客服需要分析客户未付款的原因，选择合适的催付时机，采取灵活的催付话术，提升销售付款成功率。

(1) 分析未付款原因。客户没有及时付款的原因很多,通常包括以下几种。

① 不会使用在线付款方式。

② 账户余额不够。

③ 对店铺和商品缺乏信任。

④ 怀疑质量和售后服务等。

⑤ 还在比价。

⑥ 客服没有及时响应。

⑦ 对客服服务不满意。

(2) 选择合适催付时机。一般情况,大多数客户在下单后会及时付款,如果超过15分钟仍未付款,那么该客户付款的可能性就会大大减低。常规而言,催付款的时间点设在客户下单后15～30分钟,激励未付款客户尽快完成付款。

【同步拓展】

付款冲动期指的是客户下单后的15分钟之内,客户有很明显的购物冲动性,客户比较原意付款。超过这个时间段之后,客户逐渐冷静下来,开始思考要不要购买,这个商品究竟好不好、实不实用等问题,其购物行为会变得更加理性,其付款的可能性大幅降低。

(3) 采取灵活的催付话术。在整个催付环节,恰当的催付话语是很重要的。卖家需要针对不同情况,提前制定不同的催付话语。比如:

① 亲,运费已经改好了。付款后我们会尽早给你发货哦!

② 亲,这个宝贝我们销售爆款,看您还没有付款,亲在哪方面还有疑问呢?

③ 亲,我们这款宝贝正在参加活动,现在购买另外赠送一款蜜桃味护手霜。

④ 亲,看到您这边还没有付款,我们这边是7天无理由退货,另外还为您购买了运费险。如果不满意、不合适、不喜欢,您随时都可以退换。

5.4 售中客服

订单状态分成等待客户付款、客户已付款、卖家已发货和交易成功4个环节,每个环节都需要客服完成对应的工作。售中客服的工作主要集中在物流订单的处理,贯穿从客户付款到订单签收的整个过程。

【经验之谈】

售中客服一定要做好与售前客服的交接,防止发生订单错乱的情况。一些网店将售前客服和售中客服工作内容合并,减少工作失误。

5.4.1 确认订单

在网店交易过程中,有部分订单因为客户通信信息错误或商品拍错,导致退换货的发生,因此订单确认非常重要。客服需要第一时间通过千牛工作台与客户及时取得联系,确认客户填写的通信信息等是否正确，如图 5-12 所示，避免发错地址，引发纠纷。

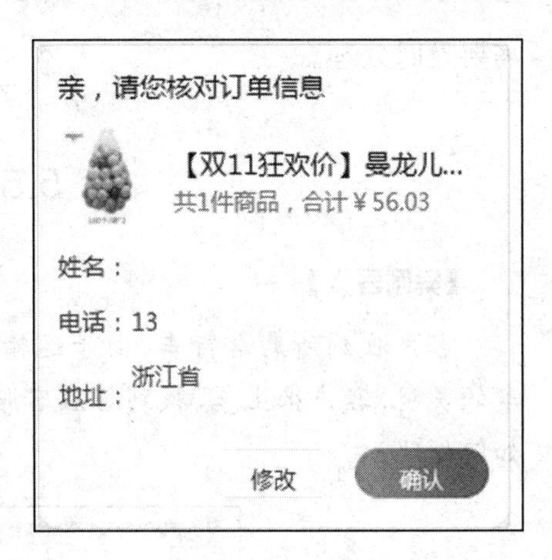

图 5-12　订单确认

5.4.2　跟踪订单

订单确认后，商品进入打包发货阶段。打包的重点是商品包装。商品包装不仅方便物流运输，同时也是对商品在物流运输过程中的一种保护。快递工作人员取货成功，商品进入物流运输阶段。物流信息有 3 个重要环节，分别是订单发货信息、订单配送信息及订单确认信息，客服需要实时跟踪，并且及时反馈给客户。

(1) 跟踪订单。根据平台规则，卖家必须在承诺发货时间发货，平台默认在客户付款后的 72 小时内必须发货。如果卖家迟迟不发货或延迟发货，将承担相应损失。客服人员要在后台设置“卖家已发货”状态，并且跟踪订单，提示客户订单已发货。

(2) 签收提醒。当包裹在派件途中，客服以短信方式提醒客户注意商品正在派送，注意签收。确认商品准时、安全到达客户手中。

(3) 确认收货后好评提醒。客服通过查询订单物流，确认客户已经签收商品后，同样需要对客户表示感谢，以优惠券、赠品等形式希望客户及时给予好评。

5.4.3　处理问题订单

1. 排查未发货订单

售中客服每天一定要定时排查订单，重点排查未发货订单。这类异常订单大多与预售、商品缺货、已经发货但未单击“确认发货”按钮等有关。也可以使用相应软件自动排查未发货订单，提醒仓库发货。

2. 处理缺货订单

缺货是指库存紧缺，无货可卖。订单出现缺货，导致客户不能及时收到商品，对店铺信用造成不良影响。出现商品缺货，售中客服需要在第一时间与客户取得联系，说明原因，商议最佳的解决方法，比如退还客户款项、调换同类商品、升级客户会员等级、优惠券补偿等。解决此类问题时，客服一定要想客户所想，妥当解决，避免客户的投诉。

3. 处理紧急订单

在各类订单中，有几类订单需要紧急处理，其中包括投诉单、错单等。

(1) 投诉单。投诉单是商品未发货或者商品在途中的情况下，客户出于某些原因进行投诉，客服需要立刻与客户取得联系，知道投诉的原因，并且做出妥善的解决。

(2) 错单。错单分成 2 种情况。一是由于客户填写错误的地址和相关信息，没有第一时间告知卖家，卖家在处理订单准备发货时才获知信息错误；二是卖家错误填写了客户信息，或者发错商品等。错单的发生严重损害了买卖双方的利益，刺激客户的不满情绪，需要及时处理。

5.5 售后客服

【案例导入】

客户收到所购自行车，由于运输原因等，自行车上有多处深浅不一的划痕，严重影响车的美观，客户很生气，找到售后客服，希望解决这个问题，请问客服的处理恰当吗？应该如何处理？

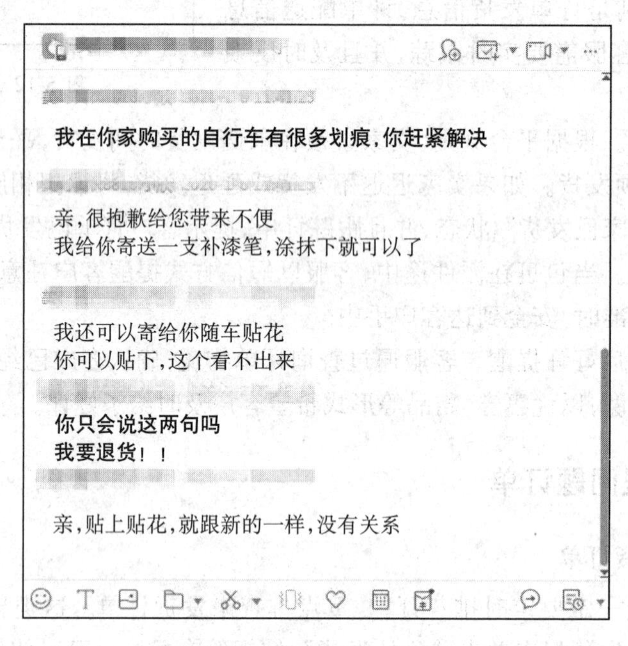

图 5-13 客服聊天记录截图

客户收到商品后，基于不同的原因对商品不满意，首先会想到寻求售后客服的帮助和解决。售后客服一般需要处理哪些售后事项？客服应该怎样解决这些让人"头痛"的售后问题。

售后客服负责处理商品销售后为客户提供的优质服务，如处理客户收到货后对商品的反馈，处理客户投诉以及退换货，指导客户对商品进行安装调试、维修维护等。

5.5.1 售后客服的工作思路

售后客服必须有积极应对不同问题的能力和应对负面情绪的技能，售后工作思路如下。

1. 倾听问题

客户收到货后发现商品与自己的心理预期不同等原因，向售后客服释放不满意的情绪。客户闭口不言、耐心倾听客户反馈的问题，保持与客户情感上的交流。

2．积极沟通

客服不急于辩解，清楚表达自己对客户反馈问题的重视，缓和客户的情绪，耐心安抚客户，避免矛盾激化引起不必要的争执。

3．分析问题

经过倾听与沟通，分析问题，找到客户抱怨投诉的原因。客户抱怨投诉的原因一般集中在以下4个方面。

(1) 商品与描述不符。

(2) 发货速度慢。

(3) 客服服务态度差。

(4) 快递时效或服务差。

4．解决问题

售后问题原因繁多，货不对版问题、物流问题、维修问题、维权问题、客服问题等。客服要善于衡量售后问题的轻重缓急，站在客户的角度思考，对客户提出的问题做出解释，请求客户的原谅，最后向客户提出解决方案，与客户达成解决共识。

5．记录与跟踪

客服与客户达成问题解决的共识后，要对情况做记录并告知客户问题处理的进度，力争让客户感受到网店的诚意与责任心。

【同步拓展】

消费心理预期是指消费过程中，消费者对所要购买的商品，通过个人认知所确定的心理上所期待的或能承受的商品的价格和性能的结合体。消费心理预期的构成包含很多因素，如同类型商品的市场价格、功能的实用性、售后服务体系、品牌的知名度等。

客户多是通过卖家提供的图片信息、详情页信息、买家秀等确定对商品的心理预期。比如，客户通过浏览商品信息，认为自己购买的商品应该是质量上乘、做工精良的衣服，当实际收到的商品没有达到心理预期，就会造成巨大的心理落差，导致对商品的投诉。客服在引导客户购物的过程中，需要客观介绍商品，适当降低客户的心理预期。

5.5.2 解决普通售后问题

1．正常退换货

正常的退换货是指客户收到商品后，由于商品的质量、颜色、款式、7天无理由退货等要求店铺退换商品。

(1) 退货。客户收到商品后因为质量问题、商品描述不符等提出退货，客服可以先查明原因，及时为客户提出解决方案，挽留或者引导客户取消退货。

(2) 换货。客户收到后商品有发错货、质量问题、商品大小等问题提出换货。客户查明原因后，引导客户提交换货申请，同时备注跟进。

【同步拓展】

七天无理由退换货有什么条件?

7天无理由退换货指用户(下称“卖家”)使用淘宝提供的技术支持及服务向其客户提供的特别售后服务,允许客户按本规则及淘宝网其他公示规则的规定对其已购特定商品进行退换货。具体为:以签收日后的第二天零时起计算时间,满168小时为7天,若因客户主观原因不愿完成本次交易,卖家有义务向客户提供退换货服务;若卖家未履行其义务,则客户有权按照本规则向淘宝发起对该卖家的投诉,并申请“7天无理由退换货”赔付。

2. 退款

退款是指卖家发出商品后,客户未收到商品或者已经收到商品,对商品感到不满意,要求店铺退还部分或者全部消费金额。

退款操作中的常见问题如下。

(1) 商品少件、货物破损等。

(2) 描述不符。

(3) 质量问题。

售后客服要先查明原因,掌握客户的实际意图,找到问题的源头,解决问题。对于可退可换的客户,沟通后可将退款转化为换货,减少退款率。

3. 处理维权

普通维权是指双方交易成功后,客户收到的商品与商品信息描述存在不符,与网店客服沟通无果,通过平台维权窗口发起维权。处理维权时必须严格把控有效维权处理的时间。

售后客服一般有5天(实物)或3天(非实物)的时间对维权进行响应,与客户取得联系,达成协议,引导客户取消维权。如果客服不能妥善处理纠纷,没有在规定的时间解决好维权,客服人员会介入纠纷,判定维权成立,会计入卖家的纠纷退款率,对店铺造成不可逆转的恶劣影响。

5.5.3 处理特殊售后问题

严重投诉指针对商品存在的争议较大,但双方沟通不顺畅,导致客户非常不满,从而申请平台介入。买卖双方的争议点多集中在发货、换货、退款、补差价等问题上,一旦投诉成立,网店会面临严重的处罚。

严重投诉的常见问题如下。

(1) 恶意骚扰。恶意骚扰是指卖家在交易中或者交易后采取恶劣手段骚扰客户,妨碍客户购买权益的行为。一旦恶意骚扰投诉成立,网店每次被扣分12分,情节严重者每次扣48分。

(2) 违背承诺。违背承诺是指卖家拒绝向客户提供其所承诺的各项服务,包括拒绝履行“7天无理由退换货”、违反支付宝担保交易、拒绝提供承诺过的服务等。卖家一旦违背承诺并且客户投诉成立，网店每次按照 4 分、6 分、12 分不等的标准处罚。

(3) 延迟发货。延迟发货是指卖家在客户付款后没有在规定时间内发货（定制、预售等其他特殊情况除外）。一旦延迟发货投诉成立，卖家需要向客户支付该商品实际成交额的 30%（金额最高不超过 500 元）作为违约金。

售后客服在处理严重投诉时，一定要注意对时间的把握，在规定的 3 个工作日内与客户沟通、协商达成一致解决方案，严格执行半小时跟进制度。

5.6　打造优质客户服务

5.6.1　建立标准化客服规范

网店客服是与客户接触的一线人员，很大程度上影响到客户体验满意度、购买率，以及后期的复购率等。需要建立高效、标准的客服服务流程，规范客服的工作职责，从客户咨询、交易，到后台记录、物流跟踪，收货确认等各个节点制定规范的话术、操作步骤，防止客服人员的情绪化或者其他因素影响到客户的满意度和购买率。

1. 热情

热情是个体在某种情景因素下，表现出来的友好、愉悦的情绪。处于计算机另一端的客服需要积极响应，通过文字、表情等让客户感知自己的热情，让客户感受到被重视，增加继续聊天的欲望。

2. 礼貌

在与客户交流的过程中，客服的热情和礼貌帮助店铺树立良好的服务形象，拉近与客户之间的距离，建立一种友好的聊天氛围。拒绝“我不知道”“我不清楚”“爱买不买”“随便你”等服务禁语。

3. 耐心

客户咨询时疑惑很多，从面料、尺码、做工、款式、生产日期、发货时间等都要客服确认，面对客户的“十万个为什么”，客服必须要有“耐心”。耐心回答客户疑问，解答客户的疑惑，这是客服工作的重心。

4. 尊重

在与客户的交流中，客服要做到尊重客户的提问，不随意打断对方；客户问什么答什么，不抢话；推荐商品，引导客户购买，尊重客户的选择。

5.6.2　识别客户，关注重点客户

客户是指通过购买你的产品或服务满足其某种需求的人群，也就是指与个人或企业有直接的经济关系的对象。客户是为产品或服务买单的人，客户不一定是用户，用户不一定是客户。

【头脑风暴】

A公司购买一部X品牌汽车奖励给销售经理Y使用，请问，该名销售经理是X品牌汽车的客户吗？

提示：在该案例中，Y经理是用户，A公司是X品牌汽车的客户。

客户识别是指通过分析客户在购物平台上的相关数据特征，如聊天工具数据、会员信息、客户订单特征等，判断客户对商品的喜好、购买意图、消费能力、沟通特点等，找出潜在客户、目标客户、现实客户和流失客户等。

1．潜在客户

潜在客户是指对某商品或服务有需求或者购买动机的人群，有潜在购买可能性但是还没有产生购买行为的人群。

2．目标客户

目标客户是指商家经过调研分析后确定，力图开发的客户。

3．现实客户

现实客户是指已经购买了商品或者服务的人群。按照客户与店铺之间的疏密关系，现实客户又分为初次购买客户、重复购买客户和忠诚客户。

（1）初次购买客户（新客户）。

（2）重复购买客户。

（3）忠诚客户是指不断地、指向性地重复购买商品或者服务的客户，此类型客户对店铺的服务和商品有着高度认同感。

4．流失客户

流失客户曾经购买店铺的商品或者服务，但是由于种种原因不再产生购买行为的客户。

5．非客户

非客户是指无意于店铺商品或者服务，甚至有敌意，不可能购买商品或者服务的人群。

以上几种客户类型是可以转化的，潜在客户或目标客户一旦产生购买行为，就成为店铺的现实客户，甚至成为忠诚客户；与此同时，现实客户会因为对店铺、产品的不满，或者因为其他店铺或产品有更为诱惑的条件，就会成为流失客户，甚至是非客户。客服人员应能够识别不同客户，努力加强同潜在客户、目标客户和现实客户的沟通交流和管理，挖掘其个性需求，并为之提供能够满足其需求的商品或者服务，建立长期稳定的良好买卖关系。

5.6.3 提升物流体验满意度

客户完成付款后，期待卖家尽快发货，期待商品尽快送达。要满足客户这两个需求，商家需要做好以下工作，提升客户对物流的体验满意度。

1. 优选高效的物流方式

卖家在选择物流方式时,需要将客户体验放置首位,综合考虑以下几个因素,选择服务好、时效好的物流方式。

(1) 快递的服务能力。

(2) 快递的送达范围。

(3) 快递的送达速度。

(4) 快递的价格。

2. 做好包裹在途关怀

卖家发货后,需要第一时间告知客户,满足客户对卖家及时发货的期待。告知内容包括发货时间、物流公司和物流单号等。商品到达客户所在城市后,给客户发出包裹即将送达的提示,告知客户注意保持手机通信畅通,及时收货。

3. 处理物流纠纷

包裹在配送过程中出现下列情况容易引发物流纠纷。

(1) 出现疑难件。

(2) 出现超区件。

(3) 商品发出后,超出常规送达时间,客户尚未签收。

(4) 交易显示已经确认收货,客户尚未签收。

一旦出现这些问题,物流的整体流转时间势必被延长,如若没有妥善处理,容易引发客户差评甚至投诉。卖家发货后,及时跟踪物流公司所提供的物流信息,从而及时发现存在隐患的物流单,及时联系客户,给出有效解决方案,降低客户的焦虑感。

5.6.4 引导客户积极评价

客户签收包裹后,首先是判定商品是否符合心理预期,并做出不同的行动反应,如图 5-14 所示。

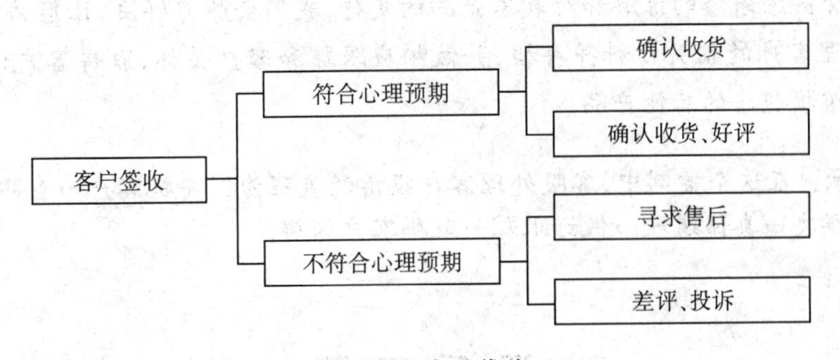

图 5-14 客服签收

客户签收后,卖家应该及时向客户发送签收关怀信息,解决客户的不满或者不解问题,对客户行为作出正面引导,寻求客户的积极评价。

【扩展案例】

客户：在吗？

客服：亲，您好，欢迎光临××官方旗舰店，我是售后客服，请问您有什么需要？

客户：我的皮肤过敏了，怎么办？

客服：您好，请问是什么原因过敏的呢？

客户：用了你家的产品。

客服：亲，请问您是用完了我们的哪个产品过敏？您之前用过其他牌子的护肤品吗？因为如果用了其他牌子的护肤品，然后再转用另一款，会导致皮肤不适应而产生类似过敏的现象。

客户：没有，我用完了你家的产品后就过敏了，痒死了。

客服：亲，给您带来这样的体验，真的很抱歉。麻烦您将身体过敏部位照片、订单号以及产品的生产批次报给我。然后送给我们的质检部门去检查，我们会尽快联系你解决这个问题。

客户：太麻烦了。

客服：让你麻烦我们感到很抱歉，我们公司有规定，需要将相关凭证检测了才能够受理，请您谅解。

客户：唉，太麻烦了，算了，我现在忙。

第二天客户没有再次联系客服。

客服主管打电话给客户。

客服主管：您好，我是××官方旗舰店客服主管，请问您现在忙吗？很抱歉，您使用我们的产品后出现皮肤过敏的现象，我们会给您快速处理。请问您现在有时间将订单号、产品的生产批次图片和过敏部位照片发给我吗？

客户：稍等，我发给你。我一直看好你家这个产品，没想到过敏了，可能是我不适合这款产品。

客服主管：感谢您的谅解和对我家产品的支持，我们会尽力解决，让您满意。

客服整理客户的相关资料并存档，并做相应跟踪和客户关怀，取得客户谅解，客户后来再次购买该旗舰店的其他产品。

提示：在这个案例中，客服处理客户投诉的流程为：安抚客户→查明原因→表明立场→全力解决→真诚道歉→做好跟踪→取得客户谅解。

课后习题

1. 名词解释

(1) 网店客服　(2) 满送　(3) 材质　(4) 产品关联

2．单项选择题

(1) 售后客服一般对实物和非实物维权进行响应的时间分别为（　　），与客户取得联系，达成协议，引导客户取消维权。

A．5天，3天　　B．5天，5天　　C．3天，3天　　D．3天，5天

(2) 一旦恶意骚扰投诉成立，网店每次被扣（　　）分，情节严重者每次扣48分。

A．3　　B．6　　C．12　　D．24

(3) 客户投诉延迟发货成立，卖家需要向客户支付该商品实际成交额的（　　）（金额最高不超过（　　）元）作为违约金。

A．10%，500　　B．20%，500　　C．30%，500　　D．40%，500

(4)（　　）领取后，可以用于购买某一商品，并抵扣现金，但是需要满足一定的消费条件。

A．打折　　B．返现　　C．优惠券　　D．满减

(5) 在网店交易过程中，有部分订单因为客户通信信息错误或商品拍错，导致退换货的发生，因此（　　）非常重要。

A．确认订单　　B．处理订单　　C．跟踪订单　　D．反馈订单

3．多项选择题

(1) 售前客服的工作内容包括（　　）。

A．掌握产品基本信息　　B．处理物流跟踪问题

C．排查未发货订单　　D．熟悉销售优惠活动

(2) 以下订单为紧急订单，需要立刻处理（　　）。

A．客户反馈收货地址和相关信息填写错误

B．客户投诉商品未在规定时间发货

C．客户要求加送赠品

D．客户反应某类商品缺货

(3) 常见的订单状态有（　　）。

A．等待客户付款　　B．客户已经付款　　C．卖家已发货　　D．交易成功

(4) 在做关联推荐时，最好推荐（　　）。

A．同一类别的产品　　B．相同价位的产品

C．相同款式的产品　　D．同一价格的产品

(5) 退款操作中的常见问题包括（　　）。

A．描述不符　　B．质量不符　　C．货物破损　　D．描述不符

4．简答题

(1) 请简单表述如何向客户做关联推荐。

(2) 请简单表述如何处理缺货订单。

5．实践操作

如图 5-15 所示，客户使用某化妆水后发现长痘，向客服反映商品问题，分析客服应该如何应对。

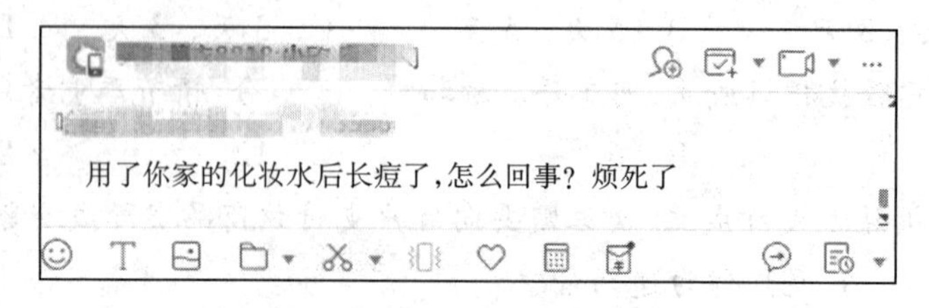

图 5-15 客服投诉

项目6 电子商务物流与配送

知识与技能目标

- 了解电子商务环境下的物流相关知识。
- 了解电子商务物流的最新应用。
- 掌握各种物流模式。
- 掌握物流信息技术的具体应用。
- 通过实际操作掌握物流快递的发货、下单、跟踪和查询等。

重点概念

物流、配送、条形码技术、RFID技术、GIS技术、GPS技术、物流标准化技术、自营物流、第三方物流、物流联盟、即时物流、众包物流、最后一公里配送、无人机、无人仓、云物流、云仓储、绿色物流

【案例导入】

2019年天猫"双11"当日,物流订单量不断刷新历史纪录:开场6小时25分,超过2016年"双11"全天6.57亿元;开场24小时,全天总订单量锁定12.92亿单。从2009年第一年天猫"双11"的26万单,到2019年的12.92亿单,11年时间天猫"双11"物流订单量增长近5000倍。

订单越来越多,快递越来越快:2018年"双11"产生的订单,菜鸟网络科技公司(以下简称菜鸟)联合其他快递企业一起,用一周时间将其处理完。今年天猫"双11"当天,开场仅8小时,物流订单已发货过亿单;8时1分,进口商品清关量超过了1000万单。可以说,每个电商购物节对物流企业来讲都是一次大练兵。购物节期间的订单量屡屡刷新纪录,而"爆仓"这个词出现的频率却越来越低了。峰值的不断突破,驱动着物流企业不断调整自己的业务结构与产能。

(1) 数字化。过去应对旺季订单高峰,物流企业大多选择用堆人力的方式去解决;而当订单量成为一个天文数字时,这种做法就显得过于无力。因此,过去几年里几家大快递公司纷纷加紧对分拣中心进行数字化改造。比如从行业自动流水线超5000千米,到数字化仓落地;从智能供应链普惠商家,到跨境"秒级通关",再到末端数字化;菜鸟协同全球快递合作伙伴,带来行业效率和服务体验的全方位提升,行业开始从劳动密集型向技术密集型转变。

(2) 预售制。电商企业一天内产生的12.92亿订单,其物流一定程度上进行了前置。可以看到,中通快递、百世快递等企业试水云仓储业务,就是在数智化的基础上,通过历年大数据预测、分析,再辅之以预售机制,将部分商品进行"前置"。今年"双11"前菜鸟上线的"预售极速达"服务,使得快递能够实现当日达、次日达,缓解大促销期间分拨、运输、

配送等压力。预售形式既能有效平衡订单波峰波谷,又能维持稳定的消费者体验。

正如上面所说,应对这种订单爆发状态的,是消费者、电商平台、物流公司等参与角色的社会化大协同。而对于物流企业来说,这仅仅解决了量的问题。

(资料来源: https://wetuc.com/article/5dcb6b165a70000fef8c97b3)

思考题:请结合上述案例,思考什么是电子商务物流,理解电子商务与物流存在什么样的关系,并分析电子商务物流中使用了哪些技术。

6.1 电子商务物流概述

随着信息技术和网络技术的快速发展,我国电子商务呈现迅猛发展的势头,已经渗透到社会生活的各个领域。2019 年全年交易规模突破 30 万亿元,其中的每一笔交易都包含信息流、商流、资金流和物流。物流是商品或者服务的流动过程,是电子商务活动过程中不可缺少的重要环节。

6.1.1 现代物流的发展

物流,即"物的流通"。关于物流活动的最早文献记载是在英国。1918 年,英国犹尼利弗的哈姆勋爵成立了"即时送货股份有限公司",目的是在全国范围内把商品及时送到批发商、零售商和用户手中。第二次世界大战期间,美国从军事需要出发,在战时对军火的供应中,首先采用了"物流管理"(logistics management)一词,并对军火的运输、补给、屯驻等进行全面管理;第二次世界大战后,"物流"一词被美国人借用到企业管理中,被称作"企业物流"(business logistics)。

20 世纪 50 年代,日本经济基本恢复到第二次世界大战前的水平,生产力大大提高,从美国引入"物流"概念,即物流活动和管理(physical distribution,PD)。我国改革开放初期,吴清一、吴润涛等学者引入"物流"概念,开启我国认识、认知现代物流的窗口。

6.1.2 现代物流的内涵

根据 2006 年颁布的国家标准《物流术语》(GB/T 18354—2006),物流的定义为:物品从供应地向接收地的实体流动过程。

物流的顺利开展和实施,需要运输、仓储、装卸、搬运、信息处理、包装、流通加工和配送这几大因素有效地结合在一起,形成一个密切相关、紧密相扣的系统,合理、有效地实现物流目标。物流要素如图 6-1 所示。

1. 运输

运输指利用相关设备和工具,将物品从一个地点向另一个地点运送的物流活动。运输是物流活动的核心环节,也是降低物流费用、提高物流速度、实现物流系统整体功能的核心。运输方式主要有公路运输、铁路运输、水路运输、航空运输和管道运输等。

图 6-1 物流要素

2．仓储

仓储指通过仓库对物资进行储存、保管以及仓库相关储存活动的总称。如果说运输承担改变商品空间状态的重任，仓储则是改变商品时间状态。它与运输构成了物流的两大支柱，其他物流活动都是围绕运输和仓储而进行的。

3．装卸和搬运

在同一地域范围，如车站范围、工厂范围、仓库内部等，以改变“物”的存放、支承状态的活动称为装卸；以改变“物”的空间位置的活动称为搬运，两者合称装卸搬运。装卸搬运把物品运动的各个阶段联结成为连续的“流”，使物流的概念名副其实。

4．信息处理

信息处理包括信息的收集、储存、加工和分析等，主要有两个作用：①随时把握商品流动所带来的商品量的变化；②提高各种有关物流业务的作业效率。信息处理的有效性也是现代物流和传统物流最重要的一个区别。

5．包装

包装指为了在流通过程中保护商品、方便储运、促进销售，按一定技术方法而采用的容器、材料及辅助物等的总体名称。包装是生产的终点也是物流的起点，在流通过程中起到保护产品、货物识别、方便储存、提高物流效率等作用。

6．流通加工

流通加工指物品在从生产地到使用地过程中，根据需要施加包装、分割、计量、分拣、刷标志、拴标签、组装等简单作业的总称。合理的流通加工可以促进销售，使周期性供货的商品，如农产品延长销售的时间。

7．配送

配送是指在经济合理区域范围内，根据用户要求，对物品进行挑选、加工、包装、分割、组配等作业，并按时送达指定地点的物流活动。配送是由集货、配货、送货三部分组成。

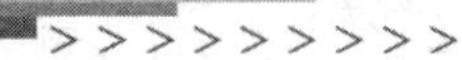

【同步拓展】

商品包装的含义包括两方面：一方面是指盛装商品的容器，通常称作包装物，如箱、袋、筐、桶、瓶等；另一方面是指包扎商品的过程，如装箱、打包等。商品包装具有从属性和商品性等两种特性。包装是其内装物的附属品。商品包装是附属于内装物的特殊商品，具有价值和使用价值，同时又是增加内装商品价值的重要手段。

1．包装的分类

(1) 按产品经营方式：内销产品包装、出口产品包装、特殊产品包装。

(2) 按包装在流通过程中的作用：单件包装、中包装和外包装等。

(3) 按包装制品材料：纸制品包装、塑料制品包装、金属包装、竹木器包装、玻璃容器包装和复合材料包装等。

(4) 按包装使用次数：一次用包装、多次用包装和周转包装等。

(5) 按包装容器的软硬程度：硬包装、半硬包装和软包装等。

(6) 按产品种类：食品包装、药品包装、机电产品包装、危险品包装等。

(7) 按功能：有运输包装、贮藏包装和销售包装等。

(8) 按包装技术方法：有防震包装、防湿包装、防锈包装、防霉包装等。

2．商品包装的作用

(1) 保护功能。保护功能是包装最基本的功能，即使商品不受各种外力的损坏。一件商品要经多次流通才能走进商场或其他场所，最终到消费者手中，这期间需要经过装卸、运输、库存、陈列、销售等环节。在储运过程中，很多外因，如撞击、潮湿、光线、气体、细菌等因素，都会威胁到商品的安全。因此，包装的首要功能是保证商品在流通过程中的安全。

(2) 便利功能。便利功能是商品的包装便于使用、携带、存放等。一个好的包装，应该以"人"为本，站在消费者的角度考虑，拉近商品与消费者之间的关系，增加消费者的购买欲和对商品的信任度，也促进消费者与企业之间的沟通。

(3) 销售功能。以前是"酒香不怕巷子深""一等产品、二等包装、三等价格"，只要产品质量好，就不愁卖不出去。在市场竞争日益激烈的今天，包装的重要性也被厂商所重视。

6.1.3 现代物流的价值

物流的价值是企业通过一项物流作业将产品送到顾客手中的过程产生的有价值的活动的集合。其价值主要从以下几个方面理解。

1．场所价值

商品的生产场所和消费场所不在同一地点，改变场所位置所创造的价值为"场所价值"。获得场所价值的方式包括从集中生产地流入需求场所创造价值；从分散生产场所流入集中需求场所产生价值；从甲地流入乙地创造场所价值。

2. 时间价值

“物”从供给者到需求者之间有一段时间差,改变这一时间差所创造的价值为“时间价值”。获得时间价值的方式包括缩短时间创造价值,弥补时间创造价值和延长时间创造价值。

3. 加工价值

现代物流的一个重要特点是流通企业根据自己的优势进行补充性的加工活动,完善产品的功能和包装等,形成产品的附加价值。

6.1.4　电子商务与物流的关系

电子商务与物流存在着互生的依附关系。物流的创新发展为电子商务提供了有力支撑,而电子商务对物流也提出了全新的要求。随着电子商务加码配送提速,新零售推动快递物流升级。物流行业正经历颠覆式发展,进入无人技术 3.0 时代。

1. 物流的创新发展为电子商务提供了有力支撑

电子商务成功的重要一环在于实现人、货、场三者之间的最优化匹配,其中,供应链与物流的支撑尤为关键。

(1) 现代物流是电子商务交易顺利完成的主要保障,是信息流、商流和资金流最终实现的根本保证。

(2) 现代物流是电子商务实现“以顾客为中心”理念的最终保障,是增强企业竞争力的有效途径。

(3) 现代物流的发展是电子商务活动的利润源泉。现代物流能够有效减少流动资金的占压,加速资金周转,充分发挥资金的增值作用。

2. 电子商务对物流提出了全新的要求

电子商务是四流合一的商业形态,改变了人们传统的物流观念,同时也改变了物流的运转模式,对物流提出了全新的要求。

(1) 对即时物流的需求。为保障用户的体验,物流的速度要达到“极速”与“准时”,这也是最基本的物流服务需求。要想达到极速化的速度,离不开技术的支撑,特别是大数据、智慧物流等新兴技术。

(2) 对服务标准化的需求。通过各种平台建立考核评价体系,对作业流程各个环节时限和效果进行全程掌控。

6.2　电子商务物流技术

物流信息技术是指用于物流各个环节中的信息技术,它是物流现代化的重要标志,也是物流技术中发展最快的领域。物流信息技术通过对物流信息数据进行自动识读、自动输入等方法和手段,初步形成了一个包括条码技术、射频技术、GPS 技术、GIS 技术和物流标准化技术为一体的高新技术,具有高效性、精确性和低成本的特点。

6.2.1 条码技术

1. 条形码的原理

条形码（bar code）最早出现在20世纪40年代，是由一组按特定编码规则排列的条、空及其对应的字符所组成的可以表示一定信息的符号。条码中的条、空分别由深浅不同且满足一定光学对比度要求的两种颜色（通常为黑、白色）表示，这组条、空和字符代表相同的信息。条用于机器识读，字符供人直接识读或者通过键盘向计算机输入数据使用。

2. 条形码的分类

（1）一维码。条码符号的不同组合形成不同的条码种类，每一种条码都有自己特定的标准码制，即条码符号的类型。常用的条码种类主要有UPC（universal product code，通用商品代码），EAN（European article number，欧洲商品代码）。UPC主要在美国和加拿大使用，有标准版和缩短版两种，标准版由12位数字构成，缩短版由8位数字表示。标准版UPC如图6-2所示。

EAN由前缀码、厂商识别码、商品项目代码和校验码组成。前缀码是国际EAN组织标识各会员组织的代码，如00 ~ 09代表美国、加拿大，45、49代表日本，69代表中国大陆。厂商识别码的赋权在各个国家或地区的物品编码组织，中国由国家物品编码中心赋予制造厂商代码。商品项目代码是用来标识商品的代码，赋码权由产品生产企业自己行使。商品条形码用1位校验码来校验商品条形码中左起第1 ~ 12数字代码的正确性。EAN如图6-3所示。

图6-2 UPC

图6-3 EAN

普通的一维码自问世以来，极大提高了数据录入和采集的效率，很快得到了广泛应用，由于其信息容量小，更多的描述商品的信息只能依赖数据库的支持，因此，其应用范围受到了一定的限制。

（2）二维码。20世纪90年代美国Symbol公司正式推出名为PDF417的二维条形码，这是一种层排式二维条码，是目前技术比较成熟、应用较为广泛一种条码技术。二维码信息容量大、可标识文字网址等多种信息，是成本低廉的自动识别技术，已经在我国众多行业取得规模化应用。国家二维码注册管理中心于2017年8月17日成立，为我国二维码用户提供二维码注册管理服务，二维码已经成为商品推广的必然趋势。目前的二维码有code 49码、code 16K码、QR code码、code one码、汉信码等，主要应用于护照、身份证等证件、物流中心、仓储中心的物品盘点等。汉信码如图6-4所示。

图6-4 汉信码

二维码作为商品的唯一识别代码，打通了商品流通的脉络，也为我国商品迈入国际市场提供了可靠的支撑，可以增强企业营销，实现线上和线下的有机结合，引导信息从线上到线下，增强企业的推广度和曝光度；是产品的有效防伪方式，减少了假冒伪劣产品在市场流通的可能性，增强企业公信力。

【同步拓展】

汉信码

我国拥有完全自主知识产权的新型二维条码——汉信码于2005年岁末诞生。汉信码填补了我国在条码标准应用中没有自主知识产权技术的空白。

汉信码基本技术指标及其特点如下。

(1) 信息容量大。汉信码可以用来表示数字、英文字母、汉字、图像、声音、多媒体等一切可以二进制化的信息，并且在信息容量方面远远领先于其他码制。

(2) 具有高度的汉字表示能力和汉字压缩效率。汉信码支持GB 18030中规定的160万个汉字信息字符，并且采用12比特的压缩比率，每个符号可表示12~2174个汉字字符。

(3) 编码范围广。汉信码可以将照片、指纹、掌纹、签字、声音、文字等可数字化的信息进行编码。

(4) 支持加密技术。汉信码是第一种在码制中预留加密接口的条码，它可以与各种加密算法和密码协议进行集成，因此具有极强的保密防伪性能。

(5) 抗污损和畸变能力强。汉信码具有很强的抗污损和畸变能力，可以被附着在常用的平面或桶装物品上，并且可以在缺失两个定位标的情况下进行识读。

(6) 修正错误能力强。汉信码采用世界先进的数学纠错理论，采用太空信息传输中常采用的reed-solomon纠错算法，使得汉信码的纠错能力可以达到30%。

(7) 可供用户选择的纠错能力。汉信码提供四种纠错等级，使得用户可以根据自己的需要在8%、15%、23%和30%各种纠错等级上进行选择，从而具有高度的适应能力。

(8) 容易制作且成本低。利用现有的点阵、激光、喷墨、热敏/热转印、制卡机等打印技术，即可在纸张、卡片、PVC甚至金属表面上印出汉信码。由此所增加的费用仅是油墨的成本，可以真正称得上是一种"零成本"技术。

(9) 条码符号的形状可变。汉信码支持84个版本，可以由用户自主选择，最小码仅有指甲大小。

(3) 多维彩码。信息密度是描述条形码符号的一个重要参数，影响信息密度的主要因素是条、空结构和窄元系的宽度。多维彩码是在条维码和二维码的基础上，将多种颜色（比如红、绿、蓝、黑）通过独特的算法，研发而成的新型识别码，海量变换组合，保证每个商品具有唯一的彩码，解决了二维码不能解决的防伪和安全性问题。多维彩码如图6-5所示。

禄路通

腾讯微博

罗莱家纺

图6-5　多维彩码（原有彩色）

3. 条码技术在物流中的应用

条码技术在物流中有较为广泛的应用，主要体现在以下几个方面。

(1) 库存系统。在库存商品上采用条码技术，尤其是规格包装、集装、托盘货物上，入库时自动扫描并且输入数据到计算机，由计算机处理后形成库存信息，并输出入库区位、货架、货位的指令。

(2) 分货、拣选系统。在配送和仓库出货时，利用条码技术可以自动分货、拣选，实现相关信息化管理。配送中心接收到配送订货要求后，将订货汇总，将每一个品种汇总后，按批发出所在条码的拣货标签，拣货人将标签贴在每件商品上采用自动分拣机分拣，分拣机的扫描器对处于运动状态分拣机上的货物进行扫描，指令商品在确定的分支分流，到达指定的配送货位，完成分货拣选作业。

(3) 销售信息系统。商品上贴上条码后，可以快速、准确地运用计算机精心销售和配送管理，掌握进、销、存的数据。

6.2.2 RFID 技术

射频识别（radio frequency identification，RFID）技术是无线电频率识别的简称，采用无线电信号把数据从附在物品上的标签传送出去，以自动辨识与追踪该物品，这是 20 世纪 80 年代兴起并且逐步走向成熟的一项自动识别技术，被列为 21 世纪最有前途的重要产业和应用技术之一。

1. RFID 技术的优势

(1) 相对于传统条形码技术等，RFID 技术有其自身的优势。射频识别技术不仅可以识别单个的非常具体的物体，还可以同时对多个物体进行识读。

(2) 穿透性强，在被覆盖的情况下，能够穿透纸张、木材和塑料等非金属或非透明的材质。

(3) 最重要的特点是非接触识别，读写器可以远距离读取芯片存储的数据，无须在视线距离内扫描或者扫描接触。

(4) 存储的信息量非常大，并且可以反复读写，进行资料更新。

(5) 在高速移动的情况下，条码的读取受到限制，但是利用 RFID 技术可以实现高速移动读取。

2. RFID 技术系统的组成

一套完整的 RFID 技术系统通常由电子标签（Tag）、读写器 (Reader) 和应用软件系统构成，如图 6-6 所示。

图 6-6 RFID 技术系统

电子标签又称为射频标签或智能标签，是射频识别系统的数据载体，可以存储的信息量非常大。标签既可以附在物体表面，也可嵌入追踪物体内。每个电子标签由天线、专用芯片和电容器组成，每个标签具有全球唯一的电子编码，存储能够识别目标的信息，起到物品识别、跟踪和信息采集等作用。随着大规模集成电路技术的发展，射频识别系统的体积大大缩小，呈现小型化和多样化的特点，根据在不同的应用场合和需求，标签的封装呈现不同的形式，比如常见的卡片标签、吊牌标签、手表标签，纽扣标签等。

读写器又称为阅读器，由天线、射频模块、控制模块和接口组成。天线接收和传输信息，向射频标签发送指令，射频标签接收读写器的指令后做出必要的响应，由此实现射频识别功能。读写器是射频识别系统中非常重要的组成部分。它的基本任务是和电子标签建立通信关系，对标签进行数据访问，完成电子标签信息的读取和写入。读写器分为便携式和固定式两种。便携式读写器适合于手持使用的一类射频电子标签读写设备，从外观上看，便携式一般带有 LCD 显示屏，并且带有键盘面板以便于操作或输入数据。固定式读写器最常见，射频控制器和高频接口封装在一个固定的外壳中。

3. RFID 技术的基本工作原理

RFID 技术的基本工作原理并不复杂。读写器通过发射天线发送特定频率的射频信号，当电子标签进入有效工作区域时产生感应电流，从而获得能量，激活电子标签，发送出存储在芯片中的产品信息；读写器读取信息后并传送到后台应用系统进行相关的处理。应用软件系统识别该标签的身份，最终发出指令信号控制读写器完成相应的读写操作。RFID 技术的工作原理如图 6-7 所示。

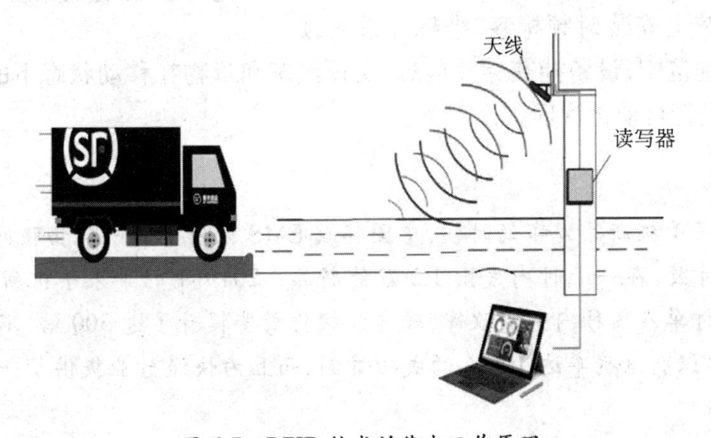

图 6-7　RFID 技术的基本工作原理

4. RFID 产品

RFID 技术在发展中衍生三大类产品，无源 RFID 产品、有源 RFID 产品、半有源 RFID 产品。

(1) 无源 RFID 产品发展最早，也是发展最成熟、市场应用最广的产品，比如，公交卡、二代身份证、食堂餐卡、银行卡等，属于近距离接触识别类。

(2) 有源 RFID 产品具有远距离自动识别的特性，决定了其巨大的应用空间和市场潜质。在远距离自动识别领域有重大应用，如智能停车场、智能交通及物联网等领域。有源

RFID 产品和无源 RFID 产品的不同特性，决定了不同的应用领域、不同的应用模式和各自的优势所在。

(3) 半有源 RFID 产品结合有源 RFID 产品及无源 RFID 产品的优势，近距离激活定位，远距离识别及上传数据。比如将标签附着在一辆正在生产中的汽车，厂方便可以追踪此产品在生产线上的进度。

5. RFID 技术在物流中的应用

以 RFID 技术为基础的射频信息系统，在物流的诸多环节发挥了重要作用。

(1) RFID 技术的使用使得合理的产品库存控制和智能物流成为可能。在仓储管理中运用射频技术，实现货位查询、货位动态分配功能，提供查询和盘点的精度，加快出入仓库的流转速度。

(2) 在托盘上安装射频标签，射频读写器安装在进出仓库的必经通道口，当叉车装载托盘货物通过时，读写器读取标签内的信息，获取进出仓库的托盘及货物信息，进而提高仓库的管理水平，如图 6-8 所示。

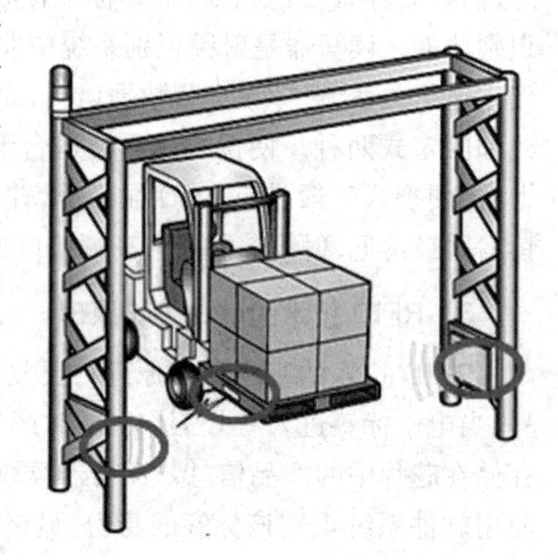

图 6-8 RFID 技术在物流中的应用

(3) 在集装箱上安装标签，运送集装箱的汽车、货船等到达或离开货场时，通过射频识别技术可以对集装箱自动识别，实现动态跟踪管理。

(4) 在汽车上安装射频标签，当标签进入读写器的有效识别范围，设备捕获标签信息，实现汽车和货物在移动状态下的自动识别，从而对识别目标进行自动化管理。

【同步拓展】

2018 年苹果手机新品发布的时候，中国邮政 EMS 采用全新一代物联网 RFID 技术提升全流程配送时效，在一小时内发出 1.2 万件新品；2019 年的苹果手机新品再次发布的时候，1000 件订单在 3 秒内完成收寄，较传统操作效率提升了近 300 倍，不仅创新了业内首个 RFID 面单识别准确率达 100% 的成功案例，而且为快递行业提供了一套成熟的技术解决方案。

6.2.3 GIS 技术

1. GIS 概述

地理信息系统（geographic information system，GIS）以地理空间数据库为基础，在计算机的支持下对空间相关数据进行采集管理操作分析，模拟和显示并采用模型分析方法，实时提供多种空间和动态的地理信息，是一种为地理研究和地理决策服务的计算机技术系统。

2．GIS 技术在物流领域中的应用

现代物流中的 GIS 主要应用在运输路线的选择、仓库位置的选择、仓库的容量设置、装卸策略、运输车辆的调度和投递路线的选择等。目前已经开发出利用 GIS 技术的物流专业分析工具软件，完整的 GIS 物流分析软件集成了车辆路线模型、网络物流模型、分配集合模型和设施定位模型等。

（1）车辆路线模型。用于解决一个起点，多个终点的货物运输中如何降低物流作业费用，并保证服务质量的问题，包括决定使用多少辆车，每辆车的路线等。

（2）网络物流模型。用于解决寻求最有效的分配货物路径问题，也就是物流网点布局问题，比如将货物从 X 个仓库运往 Y 个商店， 每个商店都有固定的需求量，因此需要确定由哪个仓库提货送到哪个商店所耗费的运输代价最小。

（3）分配集合模型。可以根据各个要素的相似点，把同一层上的所有或部分要素分为几个组，用以解决确定服务范围和销售市场范围等问题。

（4）设施定位模型。用于确定一个或多个设置的位置。在物流系统中，仓库和运输线共同组成物流网络，仓库处于网络的节点，节点决定着线路。根据供求的实际需求，结合经济效益的原则，运用此模型可以更容易解决。比如在某个既定的区域内设定多少个仓库、每个仓库的位置、每个仓库的规模以及仓库之间的物流关系等问题。

6.2.4　GPS 技术

1．GPS 概述

全球卫星定位系统（global positioning system，GPS）是利用通信卫星地面控制和信号接收器，对地面或接近地面的目标进行定位和导航的系统，具备全天候全球覆盖高精度的合成，能够实时全天候为全球范围内的各类目标提供持续精准的三维定位，目前已广泛运用于军事和民用等众多领域。

2． GPS 技术在物流领域中的应用

（1）基于 GPS 技术的车辆导航系统。利用 GPS 技术和电子地图可以实时显示出车辆的实际位置，对配送车辆和货物进行有效的跟踪，指挥中心可监测区域内车辆运行状况，对被测车辆进行合理调度，进行远程管理。

（2）基于 GPS 的运输管理系统。利用 GPS 系统可以实现车辆跟踪和交通管理等许多功能，可以随目标移动将目标始终保持在屏幕上，还可实现多窗口、多车辆、多屏幕同时跟踪。

（3）基于 GPS 技术实现货物跟踪管理。货物跟踪是指物流运输企业及时获取有关货物运输状态的信息（比如货物的品种、数量，货主、送货责任车辆和人员等），提高物流运输服务的方法。

6.2.5　物流标准化技术

物流标准化是指在包装、装卸、运输、仓储、流通加工、资源回收及信息管理等环节中，对重复性事物和概念，通过制定、发布和实施各类标准，达到协调统一以获得最佳秩序和

社会效益的目的。物流标准化包含基础编码标准、物流基础尺寸标准、物流建筑基础模数尺寸、集装模数尺寸、物流专业名词标准、物流单据票证标准、标志图示和识别标准、计量单位标准。

1. 我国物流标准化发展现状

(1) 颁布国家标准《物流术语》

《物流术语》(GB/T 18354—2006) 是由我国的物流技术协会、中国物流与采购联合会和中国物品编码中心牵头制定,于 2006 年公布并实施。

(2) 推进物流通用技术的标准化

在物流信息技术方面,公布了国家标准《储运单元条码》《商品条码》《物流单元的编码与符号标记》,以及用于自动数据采集的《128 码》;在物流通用设备方面,制定了《散装水泥输送车卸料管快速接头》《货运汽车箱体规范与安全》等标准。

(3) 重视物流标准化的全局规划

国家标准化管理委员会办公室发布《物流标准化中长期发展规划 (2015—2020 年)》,提出了我国物流标准化的指导思想和指定任务。

2. 我国物流标准化的推进路径

(1) 物的标准化。以托盘标准化为抓手,推动托盘、物流周转箱、货架、车辆车厢、集装箱、产品包装模数等系列标准协同规范和标准统一,大幅度提升物流效率。

(2) 流的标准化。在物的单元标准化基础上,通过把物流单元作为计量单元、信息单元、订货单元,推动带托运输、带托配送;推动物流作业流程、服务流程、商业流程标准化。

(3) 链的标准化。在"物"和"流"的标准化基础上,通过对"物"的单元统一标码标准,解决万"码"奔腾带来的物流信息领域物品编码杂乱无章和信息孤岛等问题,推动供应链上下游的物流、资金流、信息流三流合一与互联互通,在此基础上推动供应链的标准化。

(4) 网的标准化。物流是链接制造业与客户终端的基础网络,在物的标准化、流的标准化、链的标准化基础上,物流标准与物的生产标准、流通标准对接,实现物流业与制造业、商贸流通业信息融合,系统推动智慧物流网的标准化。

6.3 电子商务物流模式

6.3.1 自营物流

自营物流是指电子商务企业借助自身物质条件,包括物流设施、设备和管理机构等,自行组织的物流活动。企业对物流服务的需求最初是以自我提供的方式实现的。自营物流可以直接支配物流资产,控制物流职能,保证供货的准确和及时,有利于提升客户的购买体验、维护企业和顾客之间的长期关系。自营物流优势如图 6-9 所示。

图 6-9　自营物流优势

【头脑风暴】

以“全直营,不加盟”为口号的品骏快递成立于2013年12月9日,隶属于品骏控股有限公司,主营业务包括快递业务、仓配一体化、干线业务、航空业务等,核心产品有快递服务、仓配一体化服务、干线运输、航空货运、物流地产等。一切的数据似乎都显示出品骏快递发展之健康、前途一片大好。

2019年11月25日,电商平台唯品会宣布将终止自营快递品骏的快递业务,并委托顺丰提供配送服务。唯品会割舍品骏,再次引发业内对于电商企业是否要自建物流这一话题的讨论,请思考自营物流具有什么优势和劣势,自营物流适合什么类型的企业?

6.3.2　第三方物流

1. 第三方物流内涵

第三方物流(third-party logistics, 3PL)是指物流渠道中的专业化物流公司以签订合同的方式,为第一方和第二方企业提供“标准化、客制化、模块化、信息化”的全部或部分物流代理服务,管理供应链中诸多环节。第三方物流不是临时性的需求,强调提供物流服务是以发货人和物流代理商之间的正式合同为条件的。这一合同明确规定了服务费用、期限及相互责任等事项。

2. 电子商务环境下第三方物流的特点

物流信息技术的不断发展,由传统的业务外包发展起来的第三方物流越来越得到广泛应用,从各国物流业务的发展状况来说,电子商务环境下的第三方物流具有以下特点。

(1) 信息化。电子商务时代,物流信息化表现为物流信息收集的数据库化、物流信息处理的电子化、物流信息传递的标准化和实时化、物流信息存储的数字化,因此,条码技术、电子数据交换、快速反应及有效客户反应等技术与概念,在我国的物流中得到了普遍应用。

(2) 自动化。自动化的基础是信息化,自动化的核心是机电一体化,自动化的外在表现是无人化。自动化效果可以扩大物流作业能力,提高劳动生产率,减少物流作业的差错率。物流自动化的设施非常多,比如射频自动识别系统、自动分拣系统、自动跟踪系统等。

(3) 网络化。物流领域网络化的基础是信息化,这是电子商务环境下物流活动的主要特征。现代物流需要有完善健全的物流网络体系,网络上点与点之间的物流活动应具有系统性,只有形成网络,才能满足现代化生产与畅通的需要。

(4) 智能化。物流自动化、信息化的一种高层次应用就是智能化,在物流自动化的进程中,为了提高物流现代化水平,物流的智能化已经成为电子商务环境下物流发展的一个新趋势。

(5) 柔性化。柔性化是为了实现"以顾客为中心"的理念而提出的,柔性化的物流是适应生产流通与消费的需求而发展起来的一种新型物流模式,要求物流配送中心根据消费需求"多品种、小批量、多批次、周期短"的特点,灵活组织和实施物流作业。

3. 第三方物流的价值

第三方物流兴起于20世纪80年代后期的美国,在短短的几十年间,第三方物流取得了惊人的发展。

(1) 有助于集中主业,提高核心竞争力。通过引入第三方物流企业,将非核心业务外包出去,而将主要资源集中于核心业务上,有利于企业研究发展核心技术,开发新产品,参与市场竞争。

(2) 有利于降低经营成本。顾客的需求呈现为小批量、多批次的个性化需求,这就对企业提出了较高的要求。引用第三方物流后,企业可以利用其规模经济优势和成本优势,节省与物流有关的人力管理和运营费用,降低成本,增加对市场的把控能力。

(3) 有利于提升企业形象。第三方物流提供商与客户是战略合作伙伴,通过其信息网络使客户的供应链管理完全透明化,随时了解供应链的整体运作情况,而且可以通过第三方物流的配送网络服务,大大缩短交货期,帮助客户改进服务,为客户树立良好的品牌形象,为其在竞争中取胜创造有利条件。

6.3.3 物流联盟

1. 物流联盟的内涵

物流联盟是随着信息技术的发展,在第三方物流的基础上兴起的一种新型物流模式。物流联盟是以物流为合作基础的企业战略联盟,两个或多个企业之间,为了实现自己的物流战略目标,通过各种协议、契约而结成的优势互补、风险共担、利益共享的松散型网络组织。这里的企业多是指电子商务网站或企业或物流企业等。利益是物流联盟产生的根本原因。

2. 物流联盟的价值

(1) 组建物流联盟可以降低成本,减少投资,提高为顾客服务的水平,取得竞争优势,降低风险和不确定性。

(2) 组建物流联盟可以吸收不同企业的优势和长处,在物流设施、运输能力、专业管理等方面互补,取得较好的经济效益。

3．物流联盟的组建方式

(1) 纵向一体化物流联盟。这种联盟方式是基于供应链一体管理的基础形成的，即上游企业和下游企业发挥各自的核心能力，发展良好的合作关系，从原材料采购到产品销售的全过程实施一体化合作，形成物流战略联盟。

(2) 横向一体化物流联盟。该方式是由处于平行位置的几个物流企业结成联盟。这种联盟能使分散物流获得规模经济和集约化运作，降低成本，减少社会重复劳动。其不足之处表现为必须有大量的商业企业加盟，并有大量的商品存在，才可以发挥它的整合作用和集约化的处理优势。

(3) 混合模式的物流联盟。该方式是以一家物流企业为核心，联合一家或几家处于平行位置的物流企业和处于上下游位置的中小物流企业加盟组成。这些物流企业通过签订联盟契约，共同采购，共同配送，构筑物流市场，形成相互信任、共担风险、共享收益的集约化物流伙伴关系。

(4) 管理联盟模式。该方式利用项目为中心，由各个物流企业进行合作，形成一个联盟。这种联盟方式只限于一个具体的项目，使联盟成员之间合作的范围不广泛，优势不太明显。

【同步拓展】

2013年5月28日，菜鸟网络科技有限公司（以下简称菜鸟）正式成立。菜鸟由阿里巴巴集团发起，银泰集团、联合复星集团、富春集团、顺丰集团、“三通一达”及相关金融机构共同参与成立。菜鸟定位科技公司，专注于搭建四通八达的物流网络，利用先进的互联网技术，建立开放、透明、共享的数据应用平台，为电子商务企业、物流公司、仓储企业、供应链服务商等各类企业提供优质服务。菜鸟联盟的产品包括当日达、次日达、橙诺达、定日配送、夜间配送、送货入户、开箱验货、上门取退等，并承诺“说到就到、不到就赔”。目前，菜鸟已经形成一张完整的智慧化数字网络，从电子面单完成包裹数字化、智能供应链提供商家普惠服务、全球供应链“秒级通关”、菜鸟裹裹快递全链路数字化到菜鸟驿站最后100米数字化解决方案，已经成为行业数字化引擎。

6.3.4　众包物流

“众包”一词最早来源于美国，美国人将此定义为：一个公司或机构把由员工执行的事务，以自愿的方式外包给非特定的公众网络的做法。众包物流是指原本由专业配送员或者第三方物流完成的配送任务经由互联网平台形成信息共享，由企业之外的公众群体完成的物流方式。我国最早进行该业务尝试的是2013年3月上线的“人人快递”业务，通过整合社会闲散人力资源，开展最后一公里配送等一系列服务，实现产品点对点直达全城。

1．众包物流的优势

(1) 具有客观的物流成本优势。众包物流平台的配送员，与平台和企业之间不存在雇佣或者所属关系，网络用户可以根据自身情况，自主选择任务接单，动态选择配送目的地；另一方面,众包物流配送员接单之后,交通工具等问题由接单配送员自行解决,由于路径重合和地点契合,可以在一定程度上减少交通工具的使用。

(2) 实现按需投递。基于互联网和大数据时代的发展,数据信息能够及时传递市场供需,迅速定位,众包物流配送员,可以通过在线平台自主选择接单任务,保证配送速度和效率；也可以通过平台与客户形成双向互动,联系双方沟通,进一步确定投递时间和地点,实现精准配送,提高配送时效性和客户满意度。

(3) 实施资源优化配置。除了具有经济上降低物流成本、实现按需投递的优势外,众多物流具有资源优化配置的功能。众包物流通过增加工作机会,调动社会闲散资源,为电商企业提供更加丰富全面的物流配送渠道和解决方案,鼓励社会劳动力自由选择并接受工作任务,增加社会资源利用率,引导社会资源流向更加高效的需求方向,实现资源的优化配置。

2. 众包物流案例分析

目前主要的众包物流平台有达达、人人快递、饿了么（蜂鸟配送)、闪送、51送等。以快递起家的企业,如达达和人人快递,运力线依赖纯粹的社会化物流,保持轻资产运营。各众包物流企业由于比较优势不同实行错位竞争。

新达达是目前国内最大的本地众包物流平台。达达物流公司致力于以移动和众包的方式解决本地配送最后3公里的问题。2016年4月达达物流宣布与京东集团旗下子公司“京东到家”合并成立新公司,以“新达达”命名,其中众包物流平台整合了达达和京东到家原有的物流体系,主要采用众包物流,继续使用“达达”品牌；商超生鲜O2O平台继续沿用“京东到家”。

人人快递是旨在将社会公众发展成为自由快递人,提倡自由快递人根据自己的时间需求,通过平台提前发布行程和线路,随程捎带,解决快递不快、快件爆仓、快递企业成本过高的问题。客户可以根据自己的要求选择适合的快递人。人人快递巧妙利用了闲置的个人交通资源,使同城快递的送达时效进一步提高,实现了寄件人和收件人的双向收益。

6.3.5 即时物流

新零售以及快递末端市场的进一步布局,即时物流的服务品类持续扩充,需求量也逐渐增加,拥有巨大发展空间,即时物流成为新兴物流市场的一块大蛋糕。各路巨头资本纷纷杀入即时物流领域,京东、沃尔玛增持“新达达”,菜鸟战略控股“点我达”,饿了么上海试点“同城跑腿”,美团上线“闪购业务”,顺丰推出“同城急送”,苏宁以“苏宁秒达”强势入局,即时物流市场竞争再度升温。

1. 即时物流的内涵

即时物流是完全按照用户突然提出的物流要求,基于大数据,通过实时全局调度的方式以匹配实时需求与实时运力的配送服务。即时物流是一种灵活性很高的应急物流方式,相对于传统物流,其核心特点在于即时性,即满足用户提出的极速、准时的配送要求。

2. 即时物流的服务范畴

根据其配送时效、配送链条、配送区域和配送需求进行划分，即时物流的服务范畴如图 6-10 所示。

以配送时效划分	以配送链条划分	以配送地域划分	以配送需求划分
多日达 次日达 当日达 两小时达 分钟达	仓—仓 仓—端 端—端	异地 同城	餐饮外卖 商超到家 生鲜冷物 物品递送 大件快运 小件快递

图 6-10　即时物流的服务范畴

3. 即时物流发展模式

即时物流的品类配送范围涵盖餐饮外卖、商超宅配、生鲜鲜花、药品等，其产品的即时属性需要迅速送到消费者手中，未来还会进一步扩展到快递区域。即时物流在发展过程中催生了不同的发展模式，比如并单配送和专人专送两种配送模式。

(1) 并单配送。这种模式是商家向个人消费者做投递服务的“并单直递”模式。配送员同时接多单，按系统规划顺序逐个配送，提高区域订单配送效率，使运力利用最大化。其服务对象主要是外卖和新零售，客单价相对较低，对服务价格更为敏感，代表性企业有新达达、点我达、饿了么、百度骑士等。

(2) 专人专送。这种模式是针对个人用户投递需求的“专程直递”模式。用户下单后，配送员接单后直接送抵用户，保证订单配送时效，提升用户体验，但其价格较高，配员效率较低。其服务的对象偏向中高端，对服务体验更敏感，代表企业有闪送和人人。

【同步拓展】

顺丰同城与顺丰速运联动，承接“双十一”同城配送的服务，进一步探索“本地生活＋同城快递新模式”。这是顺丰首次涉足即时物流领域，推出“同城急送”，承诺同城范围内半小时取件，1 小时送达。值得一提的是，不同于传统即时配送企业采用众包物流的方式，顺丰同城急送由全职配送员提供服务，并且顺丰承诺同城急送在恶劣天气及节假高峰期绝不溢价。

6.4　最后一公里配送

6.4.1　配送概述

根据 2006 年颁布的国家标准《物流术语》，配送是指在经济合理区域范围内，根据客户要求，对物品进行拣选、加工、包装、分割、组配等作业，并按时送达指定地点的物流活动。

电子商务配送是信息化、现代化、社会化的物流配送。物流配送企业采用互联网信息技术和现代化的硬设备、软件系统及先进的管理手段,针对社会需求,按用户的订货要求进行一系列分类编配、整理、分工、配货等理货工作,定时、定点、定量地交给用户,满足其对商品的需求。

物流配送是电子商务商品和服务的最终体现,是实现电子商务的根本保证,也是电子商务企业为客户提供优质服务的保证,物流配送成为电子商务企业的生命线。电子商务对物流配送系统提出了新的要求,同时也给物流配送系统带来了新的变化。物流配送在电子商务时代具有信息化、网络化、产业化、智能化、人性化等新特点。

6.4.2 最后一公里配送概述

客户通过电子商务平台下单后,商家通过自营物流、第三方物流或者物流联盟等外协方式,从干线运输把商品送到客户所在地的物流中心后,就面临着最后一公里的配送问题。

最后一公里配送指客户通过电子商务平台购物后,购买的物品被配送到配送点后,从物流中心或者分拣中心,通过一定的运输工具,将货物送到客户手中,实现门到门的服务,如图 6-11 所示。

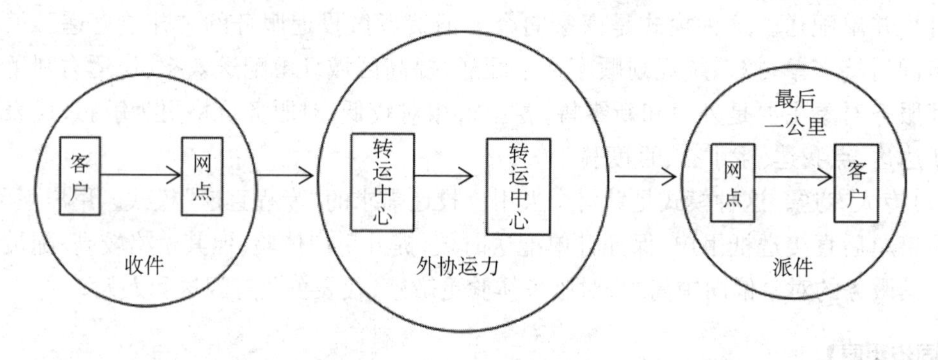

图 6-11 最后一公里配送

最后一公里是新零售模式下的重要节点,店仓一体化、智能柜、快递自提点、微仓/社区仓、众包快递、无人机等可以解决最后一公里难题,实现更快速的配送。配送的“最后一公里”并不是真正的一公里,或许是 5 千米,或许是 100 米,由于属于短距离,俗称为最后一公里。

“最后一公里”配送服务是电子商务交易中唯一一个直接和客户面对面接触的环节,积累了客户端丰富的资源,对于前段市场预测提供有力的支持。“最后一公里”配送服务中积累的数据蕴含着客户端的丰富资源,为前端市场预测提供有力的支撑。可以说,“最后一公里”配送意义重大,不仅关系着客户的满意度,更关系着电子商务企业的成败。

6.4.3 最后一公里的管理与优化

消费者对物流配送的要求,在快速、安全、服务三方面均较以往更加严格。不仅希望能够即时发货、即时收货，提高便利性，同时也更强调配送安全保障、配送人员态度、商品品质是否新鲜。与此同时，传统的到户配送模式由于等待时间长，用户不在家以及二次配送等情况，快递员的配送效率在很大程度上被削弱。

1. 快递自提

当形成自提点后，原有的快递员配送时间被用户自行收快递所取代，进而满足高数量的货物配送。目前针对快递自提点的建立方式，主要包括商家加盟和企业自己设立两种方案。

（1）商家加盟。多数情况下社区便利店等通过加盟的方式成立快递自提点，其代表为菜鸟驿站。菜鸟驿站面向社区和校园，为用户提供包裹代收、代寄等服务，用户可享受免费保管、便利自提、丢失必赔、隐私保护等特色服务。

（2）企业自己设立。企业在人口密集的区域设立自提点，代表为京东自提和顺丰到家。基本都选取在人口密集的区域，自提点的面积为 10 ~ 60 平方米不等。以京东自提为例子，顾客在提交订单时，选择“上门自提”，选择离自己最近的提货地点，订单到达自提点后，系统会以短信形式告知顾客，商品保留 3 日。

2. 智能快递柜

智能快递柜是通过互联网、智能识别等技术，将物品（快件）进行识别、暂存、监控、管理的设备，可以实现 24 小时不间断工作。快递配送员将商品放进智能快递柜并短信通知客户，客户在方便的时间取走商品，避免长时间的等待和二次配送，从而有效提高配送效率。

我国在小区或人口密集地区常看见的自提柜有近邻宝、速递易、丰巢等。快递柜节约了快递员的时间，方便用户随时取件。在日本、德国、美国等已经形成比较完善的智能快递柜模式，对我国的最后一公里配送具有一定的借鉴意义。

【同步拓展】

在日本，政府提供的快递柜主要集中在流动性比较大的公共场所，以公益为主，比如名古屋金山车站的投递柜，供收货人免费使用，收货人在上下班途中即可取到快递；DHL 旗下子公司的自提柜目前已经覆盖德国 90% 的人口，并且成为一些新建小区的配套设施。在美国，电商巨头亚马逊则在 24 小时便利店和药店等附近安置储物柜，解决长期困扰电子商务最后一公里的问题，消费者可以在 3 日内取货。

3. 无人机

无人机配送，即通过利用无线电遥控设备和自备的程序控制装置操纵的无人驾驶的低空飞行器运载包裹，自动送达目的地，提高配送效率，同时减少人力成本。无人机通过网络和无线电通信遥感技术与调度中心和自助快递柜等进行数据传输，实时的向调度中心发送自己的地理坐标和状态信息，接收调度中心发来的指令；在接收到目的坐标以后采用 GPS 自控导航模式飞行，进入目标区域后向目的快递柜发出着陆请求、本机任务报告和本机运行状态报告；在收到着陆请求应答之后，由快递柜指引无人机在快递柜顶端停机平台着陆、装卸快递以及进行快速充电。

2013 年，亚马逊提出 Prime Air 业务，将无人机与电商快递联系到一起，自此无人机物流的概念从亚马逊进入大众视野。国内企业纷纷试水布局无人机业务，其中包括物流类企业顺丰、京东物流、苏宁物流、菜鸟等，研发商企业如智航、迅蚁、大疆等。其优势、应用场景等如表 6-1 所示。

表 6-1　无人机配送优势分析

优势	应用场景	评估	代表企业
低成本	乡村地区、电商配送	成本节省 60% ~ 70%	京东、亚马逊等
高效率	配送和综合物流系统	极速送达	朗星、顺丰等
可达性	偏远地区、特殊场所	弥补地面交通不足	DHL、顺丰和京东等

【同步拓展】

顺丰是国内物流无人机领域的“先行者”。2013 年，顺丰开始无人机快递的尝试，基于三段式空运网（即“大型有人运输机 + 支线大型无人机 + 末端小型无人机”），代替运力资源不可持续的地方，即偏远地区、岛屿等，实现 36 小时通达全国。

2015 年京东无人机项目获得正式立项，确立无人机、无人车和无人仓三大板块，规划建设三级“干线、支线、末端”无人机通航物流体系。目前，京东已自主研发 3 大系列、7 款无人机。除了研发无人机之外，京东也在布局无人机的物流体系和网络。京东已经成功研发无人机飞控技术，这项技术比无人机本身更为重要，是真正实现落地运营的基础，京东可以借助其数量庞大的地面推广员，通过配送站—推广员的方式，采用固定航线的方式进行配送，在安全性和落地难度方面更具实际价值与意义。

菜鸟 E.T. 物流实验室是由菜鸟网络 2015 年年底组建的内部研究机构，旨在开发前沿的未来物流计划，开发产品无人机、末端配送机器人、仓内复杂拣货机器人矩阵等。2018 年 6 月，菜鸟 E.T. 物流实验室联合天猫，将无人机运用到传统的茶叶运输环节。跟以往无人机专注于末端配送不同，菜鸟此次已经介入商家的供应链体系中，节省的时间成本显而易见。

（资料来源：https://www.iyiou.com/p/114039.html）

6.5　电子商务物流的最新应用

6.5.1　云物流

云物流（cloud logistics）运用云计算的强大通信能力、运算能力和匹配能力，集成众多的物流用户需求，形成物流需求信息集成平台。在云数据交换技术的支撑下，物流企业、货主、车主等相关用户可以通过平台，同步掌握物流每一个环节的信息。同时，“云物流”整合零散的物流资源，实现物流效益最大化。

6.5.2　云仓储

面向第三方物流的云仓储（warehouse management system，WMS）是通过入库业务、出库业务、仓库调拨等功能，综合批次管理、物料对应、库存盘点和即时库存管理等功能综合运用的管理系统，有效控制并跟踪仓库业务的物流，实现完善的企业仓储信息管理。同时，电商企业只需要关注自己店铺的运营，其他关于货品的仓储 + 发货，都由云仓储外包服务公司来负责。

6.5.3　无人仓

无人仓指的是货物从入库、上架、拣选、补货，到包装、检验、出库等物流作业流程全部实现无人化操作，是高度自动化、智能化的仓库。京东无人仓的建设标准为"三极""五自"和"一优"原则。"三极"指极高技术水平、极致产品能力、极强协作能力，"五自"指自感知、自适应、自决策、自诊断、自修复，"一优"指成本、效率、体验的最优。无人仓标准的公开，对于推动行业发展及促进行业伙伴共同致力于智慧物流的建设有着极其重要的意义。

6.5.4　绿色物流

绿色物流确定为未来物流行业发展主基调，鼓励电子商务企业与快递物流企业开展供应链绿色再造，推广绿色运输与配送。菜鸟与全球 30 多家合作伙伴加速推进"绿色行动计划"，从仓储、包装、到运输配送各环节展开"绿色"建设，并在末端大力推广快递纸箱回收。中通快递的电子面单使用率超过了 97%，全国 68 套自动分拣线全部使用可循环帆布袋进行集包；圆通上线 RFID 系统，并在全国 4 个启用自动化设备的中心批量使用可循环的 RFID 环保袋；申通通过使用可降解的快递袋、避免过度包装、定期回收再利用等措施，减少包装耗材 10%。

【实训案例】

电商自建（整合）物流的崛起，电商件传统网络型配送模式（收件→转运→转运→派件）向仓配模式（前置仓→派件）的转型已成大势所趋，而背后主要原因是电商平台虽然逐步从 C2C 向 B2C 转型，满足消费者价格需求向产品品质需求转型后，消费者开始对物流体验（无论质量还是时效）都提出了更高的要求，而电商自建（整合）物流的仓配模式可充分满足消费者对物流服务的新需求。在这样的背景下，以自营物流为代表的京东、苏宁等一批电商平台能够迅速崛起，同时倒逼阿里组建菜鸟网络向仓配模式转型。电商自营物流以仓配模式进行配送，提前备货将异地件转化成同城件，省去干线环节提升时效，仓储高自动化分拣保证快速出库的同时也保证了分拣破损率较低。

思考题：请根据上述材料回答仓配模式配送有什么优势。

课后习题

1．名词解释

（1）物流　（2）RFID 技术　（3）众包物流　（4）绿色物流

2．单项选择题

（1）物流的两大支柱是（　）。

A．装卸和搬运　B．信息处理和包装　C．运输和仓储　D．流通加工和包装

（2）（　）技术主要应用在运输路线的选择、仓库位置的选择、运输车辆的调度等。

A．GIS　B．GPS　C．RFID　D．条码技术

（3）（　）适合实力强、规模大的公司或者电商企业。

A．自营物流　B．众包物流　C．第三方物流　D．即时物流

（4）我国物流标准化的推进路径包括物的标准化、流的标准化、（　）和网的标准化。

A．仓的标准化　B．链的标准化　C．运的标准化　D．装的标准化

（5）最后一公里配送指客户通过电子商务平台购物后，购买的物品被配送到配送点后，从物流中心或者分拣中心，通过一定的运输工具，将货物送到客户手中，实现门到门的服务。这里最后一公里指的是（　）。

A．1公里　B．2公里　C．5公里　D．短距离

3．多项选择题

（1）物流标准化是（　）等环节中，对重复性事物和概念通过制定发布和实施各类标准，达到协调统一，以获得最佳秩序和社会效益的目的。

A．包装、装卸　B．运输、仓储　C．流通、加工　D．资源回收及信息管理

（2）物流的价值是企业通过一项物流作业将产品送到顾客手中的过程产生的有价值的活动的集合，其价值包括（　）。

A．场所价值　B．仓储价值　C．时间价值　D．加工价值

（3）RFID 技术具有以下优势（　）。

A．穿透性强　B．可以高速读取

C．非接触识别　D．可以多物体同时识读

（4）（　）等方式的采用，可以有效缓解最后一公里配送的难题。

A．无人机　B．快递自提点　C．无人仓　D．智能快递柜

（5）即时物流在发展过程中催生了不同的发展模式，比如（　）两种配送模式。

A．并单配送　B．专人专送　C．无人配送　D．快递配送

4．简答题。

（1）请简单描述及时物流的服务范畴。

（2）请简单描述第三方物流的价值。

（3）请简单描述物流联盟的组建方式。

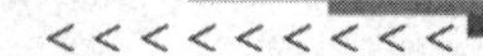

5．实践操作

（1）登录天猫商城和京东商城，了解其物流配送方式，并填写到表6-2中。

表6-2　天猫商城和京东商城的物流配送方式

	配送方式
天猫商城	
京东商城	

（2）登录顺丰速运网站 https://www.sf-express.com/cn/sc/，熟悉网上寄件下单、运单跟踪、计算快件运费、快递收送范围查询等操作。

项目7 电子商务法律法规

知识与技能目标

- 了解《中华人民共和国电子商务法》及相关法律法规。
- 掌握电子商务经营者的权利和义务。
- 掌握电子商务消费者权益保护。
- 了解电子商务知识产权的内容。
- 了解电子商务广告的法律制度。

重点概念

《中华人民共和国电子商务法》、电子商务经营者、电子商务平台经营者、消费者、知识产权、著作权、商标专用权、专利权、广告

【案例导入】

中科联社（北京）网络技术研究院（以下简称中科联社）享有“小金库 xiaojinku”“小金库”“积金汇小金库”的商标权。北京京东世纪贸易有限公司（以下简称京东）和北京京东叁佰陆拾度电子商务有限公司（以下简称京东叁佰陆拾度）在新浪微博、京东商城、京东 APP、京东金融 APP、百度搜索引擎、360 搜索引擎等网络媒体上使用“小金库”及“京东小金库”进行基金产品和实物商品的推销广告、零售宣传。中科联社认为京东和京东叁佰陆拾度上述行为侵犯了其商标权，遂向法院提起诉讼。法院经审理后，最终认定京东叁佰陆拾度及京东使用“京东小金库”与中科联社涉案商标不构成近似，“京东小金库”提供的服务，与中科联社研究院涉案三件商标的核定服务类别均不构成相同或类似。所以被告不构成侵权。原告不服一审判决，后提起起诉，二审法院驳回上诉，维持原判。

《最高人民法院关于审理商标民事纠纷案件适用法律若干问题的解释》第九条规定：商标法第五十二条第（一）项规定的商标相同，是指被控侵权的商标与原告的注册商标相比较，二者在视觉上基本无差别。

商标法第五十二条第（一）项规定的商标近似，是指被控侵权的商标与原告的注册商标相比较，其文字的字形、读音、含义或者图形的构图及颜色，或者其他各要素组合后的整体结构相似，或者其立体形状、颜色组合近似，易使相关公众对商品的来源产生误认或者认为其来源与原告注册商标的商品有特定的联系。

《最高人民法院关于审理商标民事纠纷案件适用法律若干问题的解释》第十一条规定：商标法第五十二条第（一）项规定的类似商品，是指在功能、用途、生产部门、销售渠道、消费对象等方面相同，或者相关公众一般认为其存在特定联系、容易造成混淆的商品。

类似服务是指在服务的目的、内容、方式、对象等方面相同，或者相关公众一般认为存在特定联系、容易造成混淆的服务。

商品与服务类似是指商品和服务之间存在特定联系，容易使相关公众混淆。

本案的两个焦点，一是被告使用的商标是否与中科联社享有权利的涉案商标构成近似，根据《最高人民法院关于审理商标民事纠纷案件适用法律若干问题的解释》，本案中被告使用的"京东小金库"与原告享有权利的涉案商标相比，在读音、字形、整体视觉效果上均存在明显差异。此外，由于"小金库"本身属于有固定含义的词汇，显著性较弱，涉案商标中的"京东""积金汇"，或者文字、拼音与图形的组合，才是具有识别服务来源功能的主要部分。因此，双方涉案商标不会产生混淆，不近似。

二是被告提供的服务是否与被告核定的服务类型构成相同或类似。原告涉案商标核准的服务类别第35类的服务项目应属于为他人的销售提供辅助服务的行为，而非以自己的名义销售。根据被告所提供的"京东小金库"服务性质可以分析其与第36类金融服务相类似，提供的服务是以自己的名义销售鹏华基金和嘉实基金的相关产品。因此，被告与原告涉案三件商标的核定服务类别均不构成相同或类似。

（资料来源：http://www.100ec.cn/detail-6434750.html）

思考题：请结合上述案例，理解什么是电子商务知识产权，电子商务平台经营者的相关法律规定，电子商务商标权以及侵权行为的认定等。

7.1　电子商务法律与法规概述

我国于2019年1月1日正式实施《电子商务法》，明确了电子商务经营主体在经营活动中应当遵守的义务以及应当承担的责任，同时对电子商务合同的订立、履行以及电子商务争议解决做出了规定。此外，我国相关部门还配套出台了一系列的行政法规和规范性文件。因此，无论在行政监管层面政策的不断创新，还是对电子商务开展过程中主体之间法律关系的调整，中国的法律政策体系都将对电子商务的发展发挥更大的促进作用。

7.1.1　国外电子商务法律法规发展历程

电子商务是随着互联网信息技术的发展而产生的，因此早期的电子商务立法主要是围绕着电子数据交换规则进行的。

1993年10月，联合国国际贸易法委员会电子交换工作组第26届会议全面审议了《电子数据交换及贸易数据通信手段有关法律方面的统一规则草案》，形成了国际电子数据交换的法律基础。接着，国际组织通过立法为电子商务和信息技术的稳步有序发展奠定了基础。

1996年6月，联合国国际贸易法委员会通过的《电子商务示范法》成为各国制定本国电子商务法规的"示范文本"。

1997年，欧盟提出《关于电子商务的欧洲建议》，1998年发表了《欧盟电子签字法律框架指南》和《欧盟关于处理个人数据及其自由流动中保护个人的指令》（或称《欧洲隐私保护指令》），1999年又发布了《数字签字统一规则草案》，明确规定了在某一成员国签订的电子商务合同,其效力在其他任何一个成员国都应被承认等重要问题。

1997 年,世界贸易组织（WTO）先后达成了 3 个协议,即《全球基础电信协议》《信息技术协议》《开放全球金融服务市场协议》,为电子商务和信息技术的稳步有序发展奠定了基础。

1999 年 9 月 17 日,联合国国际贸易法委员会电子商务工作组于 2001 年 3 月 23 日正式公布了《电子签字示范法》。

2000 年,欧盟将电子商务立法作为它启动欧洲经济发展的重要环节,计划完成电子商务的立法,包括对版权的规定、远程金融服务的规定、电子银行的规定、电子商务的规定等。此外,在布鲁塞尔—罗马条约中还讨论了合同法、网上争端解决办法等立法程序。

【职业素养小课堂】

遵纪守法,诚实守信

网络店铺“华 × 汽配专营店”主营汽车零配件,为提高网店的商业信誉和人气排名,专营店负责人在某平台上发布需刷单商品的链接,由平台买手领取刷单任务。该店铺共虚构交易订单 800 余单,虚构交易金额 7 万余元,并为此支付佣金 5 千余元。随后,市场监管局责令华 × 汽配专营店停止违法行为,处罚款 2000 元。

法律依据:华 × 汽配专营店上述行为违反了《中华人民共和国电子商务法》第十七条,构成了利用虚构交易、编造用户评价等方式进行虚假或者使人误解的商业宣传,欺骗、误导消费者的违法行为。

遵纪守法指要遵守职业纪律和与职业活动相关的法律、法规,恪守商业道德。诚实守信是要讲信用、讲信誉,信守承诺。遵纪守法是中华民族的传统美德,是中国人普遍关注和信仰的传统理念。诚实守信是每位公民应有的职业品质和素养。刷单是违法行为,违反法律法规,失信于消费者,必然会遭到法律的严惩和市场的抛弃。电子商务迅猛发展,已成为国民经济的组成部分和重要经济增长点,电子商务从业者要自觉增强守法经营意识和自律意识,坚守社会责任,维护消费者的合法利益,确保网络市场良好秩序。目前,已经推出政务服务便民热线客服电话 12312、价格监督举报热线电话 12358、文化市场综合执法热线电话 12318 等举报投诉渠道,重点是打击电子商务失信信息,共同促进诚信社会建设。

7.1.2 《中华人民共和国电子商务法》的立法背景

《电子商务法》是我国电子商务领域的第一部综合性、基础性法律。该法的颁布,对于充分发挥立法的引领和推动作用,保障电子商务各方主体的合法权益,规范电子商务行为,促进电子商务持续健康发展,具有重要意义。

1. 制定《电子商务法》的立法过程

我国电子商务迅速发展,在转方式、调结构、稳增长、促就业、惠民生等方面发挥了重要作用。“十二五”期间,电子商务年均增长速度超过 30%。2018 年全国电子商务交易额达 31.63 万亿元,2019 年全国电子商务交易额为 34.81 万亿元,比上年增长 6.7%。《电子商务“十三五”发展规划》显示,未来电子商务行业成交规模的增速将有所放缓,到

2024年,我国电子商务的成交规模将超过55万亿元。

尽管电子商务的发展突飞猛进,但由于在我国总体起步较晚,仍面临着发展不平衡、不充分问题,地区差异、城乡差异明显,法律政策环境和市场治理模式有待完善。近年来,国家出台一系列政策、法规,但总体而言,相关规定比较分散,有的层级较低,难以充分满足促进电子商务发展需要和规范电子商务市场秩序的需要。近年来,不少部门、地方政府、专家学者都建议加快制定电子商务法,电子商务企业也期待国家通过立法鼓励和促进电子商务的发展,广大消费者希望通过立法加强消费者权益保护,许多全国人大代表都提出制定电子商务法的议案和建议。

2013年9月,中央批准十二届全国人大常委会立法规划,电子商务法列为立法项目,由全国人大财政经济委员会负责牵头起草;2013年12月,全国人大财政经济委员会牵头组织成立由国务院十二个部门参加的电子商务法起草组。经过近三年的调研、论证,形成电子商务法草案;2016年4月,电子商务法起草领导小组会议讨论并原则同意草案。此后,将草案发到各省区市人大财经委,广泛听取当地有关部门、企业、专家,特别是全国人大代表、地方人大代表的意见,根据各地意见对草案进行了修改完善;2016年7月,全国人大财政经济委员会召开第49次全体会议,审议并原则通过草案,之后又根据委员意见进行了修改。

2016年12月,《中华人民共和国电子商务法(草案)》提请十二届全国人大常委会第二十五次会议审议。草案分总则、电子商务经营主体、电子商务交易与服务、电子商务交易保障、跨境电子商务、监督管理、法律责任和附则,共八章九十四条。

2017年10月,十二届全国人大常委会第三十次会议对草案进行了第二次审议;2018年6月,十三届全国人大常委会第三次会议对草案进行了第三次审议;2018年8月31日,十三届全国人大常委会第五次会议审议通过了《电子商务法》。

《电子商务法》立法引起社会广泛关注,从起草组第一次会议到草案审议通过历时近五年,经全国人大常委会四次审议,三次向社会公开征求意见,各方积极参与、充分讨论,全国人大常委会在立法过程中坚持民主立法、科学立法依法立法,认真回应社会关切,慎重决策,最终通过的法律凝聚了最广泛的社会共识,可谓来之不易。

2. 电子商务法立法思路

(1) 保障并支持电子商务创新发展。《电子商务法》充分认识到电子商务在经济社会发展中的地位和作用,坚持"创新是引领发展的第一动力"的要求,充分发挥立法的引领和推动作用,保障并支持电子商务的创新发展。

(2) 规范经营与促进发展并重。《电子商务法》遵循规范经营与促进发展并重的思路,针对电子商务活动的特点和实践中反映的突出问题,聚焦于规范电子商务经营者特别是平台经营者,对其义务与责任做出规定,以更好地保证交易安全,保护用户和消费者权益,维护市场秩序。

(3) 处理好与有关民事法律和行政管理法律的关系。《电子商务法》主要针对电子商务实践中的突出问题和特有领域确立了新的规范,对现行法律已有明确规定的,不再作重复规定,该法明确了与相关法律的衔接,体现了法律体系的完整性、统一性和协调性。

7.1.3 《电子商务法》及其他相关法律规定

《电子商务法》是我国电商领域的基本法,它广泛调整我国境内通过互联网等信息网络销售商品或提供服务的经营活动。《电子商务法》第二条第三款、第十八条第二项、第二十三条、第二十五条、第二十六条、第四十七条、第五十八条第三项、第六十二条、第七十四条、第七十五条、第七十九条、第八十条第二项、第八十一条第二项、第八十五条等都规定了和其他法律的适用关系,情形比较复杂。一般而言,法律适用的原则是特别法优于普通法、新法优于旧法、上位法优于下位法,但是与《电子商务法》衔接的法律涉及多个领域,不能简单地按照特别法优于普通法的规定或新法优于旧法的规定处理。

《电子商务法》与其他法律的适用关系分为三种情形。

1. 线上线下统一适用的法律制度

《电子商务法》没有规定具体内容,只是规定依照有关法律,或适用某部法律。此种情形适用其他法律。

2. 其他法律没有规定而《电子商务法》有规定的情形

此类情形通常是针对电子商务领域的特定情形进行的规定,相对于其他法律而言,是补充性规定。此时适用《电子商务法》的规定。

3.《电子商务法》和其他法律都有规定的情形

(1)《电子商务法》规定优先于其他法律对某类行为调整的,其他法律为普通法,《电子商务法》为特别法。例如,《电子商务法》关于电子商务合同的规定相对于《中华人民共和国合同法》、《电子商务法》中平台知识产权保护义务的规定相对于《中华人民共和国侵权责任法》中网络服务提供者责任的规定等。

(2)特定行业领域对电子商务问题的法律规定优先于《电子商务法》中的规定。《电子商务法》是电子商务经营活动的基本法,相对于某个特定领域或行业的法律涉及电子商务经营者责任规定的,《电子商务法》的规定是普通法,该行业法中电子商务经营者责任的规定为特别法。例如,对于电子商务平台经营者未尽到资质审核义务的责任,《电子商务法》第三十八条第二款的规定是一般法,而《食品安全法》第一百三十一条对平台责任的规定是特别法。

(3)《电子商务法》和其他法律按以上原则无法区分普通法、特别法的,按新法优于旧法处理。

(4)在不同法律互为补充的前提下,如不同法律存在文字上的界限不清或交叉问题,应当按照各自的立法目的和体系解释,确定其适用顺序。

电子商务法以对电子商务经营者尤其是电子商务平台经营者的规制为核心,并由其来联结政府、平台内经营者、消费者、物流经营者、生产经营者等各主体,其他相关法律法规共同建立了电子商务世界的规则体系。

【同步拓展】

我国目前主要的电子商务相关法律法规如下。

(1) 法律

《中华人民共和国电子商务法》

《中华人民共和国合同法》

《中华人民共和国侵权责任法》

《中华人民共和国电子签名法》

《中华人民共和国刑法》

《中华人民共和国网络安全法》

(2) 主要行政法规

《计算机软件保护条例》

《计算机信息系统安全保护条例》

《互联网信息服务管理办法》

《信息网络传播权保护条例》

(3) 部门规章、地方性法规、其他规范性文件

《网上证券委托暂行管理办法》,由中国证券监督管理委员会于2000年3月颁布实施。

《网上银行业务管理暂行办法》,由中国人民银行于2001年7月颁布实施。

《第三方电子商务交易平台服务规范》,由中华人民共和国商务部于2011年颁布实施。

《支付机构预付卡业务管理办法》,由中国人民银行于2012年制定颁布实施。

《网络发票管理办法》,由国家税务总局于2018年6月15日颁布实施。

《网络交易管理办法》,由中国国家工商行政管理总局于2014年3月颁布实施。

《网络商品和服务集中促销活动管理暂行规定》,由中华人民共和国国家工商行政管理总局局务会议审议通过,自2015年10月1日起施行。

《互联网广告管理暂行办法》,由国家工商行政管理总局局务会议审议通过,自2016年9月1日起施行。

《广东省电子交易条例》,自2003年2月1日起施行。

《关于在网络经济活动中保护消费者合法权益的通知》,由北京市工商行政管理局发布。

《关于规范网站销售信息发布行为的通告》,由北京市工商行政管理局发布。

《关于对网络广告经营资格进行规范的通告》,由北京市工商行政管理局发布。

《关于对利用电子邮件发送商业信息的行为进行规范的通告》,由北京市工商行政管理局发布。

《经营性网站备案登记管理暂行办法》,由北京市工商行政管理局发布。

(4) 电子商务行业规范

《网络交易平台服务规范》,由中国电子商务协会组织网络交易平台服务商于2005年共同制定,它是首个电子商务领域的行业规范,确立了网络交易平台提供商的责任和权限,对网络交易服务进行了全面的规范。

《抵制恶意软件自律公约》,由中国互联网协会组织会员单位于2006年签署。协会采用自律的形式,组织对恶意软件的讨论并加以定义,以避免网民的各种权益受到侵害。

7.1.4 《电子商务法》的调整对象

《电子商务法》第二条规定："中华人民共和国境内的电子商务活动,适用本法。本法所称电子商务,是指通过互联网等信息网络销售商品或者提供服务的经营活动。法律、行政法规对销售商品或者提供服务有规定的,适用其规定。金融类产品和服务,利用信息网络提供新闻信息、音视频节目、出版以及文化产品等内容方面的服务,不适用本法。"

1. 行为性质

《电子商务法》调整的是销售商品或提供服务的经营活动,而不是调整非经营活动。经营活动即在商法中所说的商事活动,其要素有二:一是以营利为目的;二是具有营业性,即持续经营性,而不是偶尔的交易活动。

除了法律规定排除的以外,所有的商品销售或经营活动都可以成为《电子商务法》的调整范围,既包括商品或服务本身的交易活动,也包括为商品或服务交易提供平台服务、支付服务、物流服务、推广服务等经营活动。

2. 技术手段

《电子商务法》调整的是通过互联网等信息网络进行的经营活动。一方面,主要调整通过互联网进行的经营活动。我国《电子商务法》要解决的是在以互联网为典型的现代信息网络环境下产生的特定问题,而这些问题在传真、电报等传统技术手段中基本不存在。因此,通过电报、传真等传统技术进行的交易,依照其他法律调整,原则上不属于《电子商务法》的调整范围。另一方面,基于技术发展的考虑,并不限于互联网,还包括其他信息技术网络,体现开放性的特点,为未来技术发展留出空间。

3. 空间范围

除了双方都在我国境内的电子商务活动适用《电子商务法》外,按照全国人大宪法和法律委员会关于《电子商务法(草案)》审议结果报告的意见,我国境内的电子商务经营者为消费者从境外采购商品等电子商务活动,按照我国涉外民事法律关系适用法的规定,也可以适用本法关于消费者保护的相关规定。同时,从事跨境电子商务活动还应当遵守我国进出口监管的法律、行政法规。

因此,对于"境内"一词,不能局限于双方都在境内的理解。消费者通过境内电子商务平台等经营者从境内购买商品的,除了适用进出口商品监管规定外,境内平台经营者的责任,一般也适用《电子商务法》的规定。境内消费者与境外经营者的纠纷,按照我国涉外民事法律关系适用法的规定,也可适用《电子商务法》的相关规定。

4. 排除适用的行业范围

一是金融类产品和服务。这是因为金融产品和服务与其他商品和服务相比具有很强的特殊性。国家对于金融产品和服务具有专门的并且比较严格的监督管理制度,不宜适用《电子商务法》调整。例如,网络股票交易、互联网保险、网贷等。但是,《电子商务法》规定了电子支付问题,因此金融服务中的电子支付属于《电子商务法》的调整范围。

二是利用信息网络提供新闻信息、音视频节目、出版以及文化产品等内容方面的服务。新闻、影视作品等信息类的管理和合法性审查有专门的制度及监管体制，与商务活动的市场监管并不完全相同，因此，对于此类信息内容合法性判断、相关主体的责任以及监管、处罚等方面的问题不适用《电子商务法》。

需要注意的是，《电子商务法》第五十一条第二款明确规定了标的为采用在线传输方式交付的情形，因此通过信息网络产生的音视频节目、出版以及文化产品等电子商务合同争议以及相应的消费者保护等问题，仍适用《电子商务法》的规定。例如，消费者支付费用观看网络影视节目产生的法律关系，可适用《电子商务法》调整。

7.2　电子商务经营者

为了保障电子商务各方主体的合法权益，规范电子商务行为，维护市场秩序，促进电子商务持续健康发展，《电子商务法》在制定过程中，对电子商务经营活动及电子商务经营者做出各项规定，电子商务经营者应当在法律规定范围内从事电子商务经营活动。

7.2.1　电子商务经营者的内涵

电子商务经营者，是指通过互联网等信息网络从事销售商品或者提供服务的经营活动的自然人、法人和非法人组织。

(1) 自然人是指依自然规律出生而取得民事主体资格的人。

(2) 法人是指具有民事权利能力和民事行为能力，依法独立享有民事权利和承担民事义务的组织。《中华人民共和国民法通则》将法人分为企业法人、机关法人、事业单位法人、社会团体法人四类，后三类又统称为非企业法人。《中华人民共和国民法总则》将法人分为营利法人、非营利法人、特别法人三类。

(3) 非法人组织是指不具有法人资格，但是能够依法以自己的名义从事民事活动的组织，包括个人独资企业、合伙企业、不具有法人资格的专业服务机构等。

7.2.2　电子商务经营者的分类

电子商务经营者分为三类：电子商务平台经营者，平台内经营者以及通过自建网站，其他网络服务销售商品或者提供服务的电子商务经营者。

(1) 电子商务平台经营者是指在电子商务中为交易双方或者多方提供网络经营场所、交易撮合、信息发布等服务，供交易双方或者多方独立开展交易活动的法人或者非法人组织。现实中通常被称为“电商平台”，如淘宝、京东、拼多多等。

(2) 平台内经营者是指通过电子商务平台销售商品或者提供服务的电子商务经营者，可以是自然人、法人和非法人组织。

(3) 其他电子商务经营者是指通过自建网站、其他网络服务销售商品或者提供服务的电子商务经营者。

7.2.3 电子商务经营者的一般法律规定

1．主体登记义务

电子商务经营者应当依法办理市场主体登记,但是以下情形除外。

(1) 个人销售自产农副产品、家庭手工业产品。

(2) 个人利用自己的技能从事依法无须取得许可的便民劳务活动和零星小额交易活动。

(3) 法律、行政法规不需要进行登记的。

2．依法纳税义务

电子商务经营主体者应当依法履行纳税义务,并依法享受税收优惠。依照电子商务法规定不需要办理市场主体登记的电子商务经营者在首次纳税义务发生后,应当依照税收征收管理法律、行政法规的规定申请办理税务登记,并如实申报纳税。

3．依法经营义务

依法经营义务主要包括以下义务。

(1) 依法取得行政许可义务,电子商务经营者从事经营活动,依法需要取得相关行政许可的,应当依法取得行政许可。

(2) 依法公示营业信息义务,电子商务经营者应当在其首页显著位置持续公示营业执照信息,与其经营业务有关的行政许可信息,属于不需要办理市场主体登记情形等信息,或者上述信息的链接标识。

(3) 依法出具发票义务,电子商务经营者销售商品或者提供服务应当依法出具纸质发票或者电子发票等购货凭证或者服务单据。

(4) 业务终止告知义务,电子商务经营者自行终止从事电子商务的,应当提前30日在首页显著位置持续公示有关信息。

(5) 真实披露信息义务,电子商务经营者应当全面、真实、准确、及时地披露商品或者服务信息,保障消费者的知情权和选择权。电子商务经营者不得以虚构交易、编造用户评价等方式进行虚假或者引人误解的商业宣传,欺骗、误导消费者。

(6) 不可滥用市场支配地位,电子商务经营者因其技术优势、用户数量、对相关行业的控制能力以及其他经营者对该电子商务经营者在交易上的依赖程度等因素而具有市场支配地位的,不得滥用市场支配地位,排除、限制竞争。

(7) 合法经营跨境电商义务,电子商务经营者从事跨境电子商务,应当遵守进出口监督管理的法律、行政法规和国家有关规定。

4．信息保护义务

信息保护义务主要包括以下义务。

(1) 搜索与广告义务。电子商务经营者根据消费者的兴趣爱好、消费习惯等特征向其提供商品或者服务的搜索结果的,应当同时向该消费者提供不针对其个人特征的选项,尊重和平等保护消费者合法权益。电子商务经营者向消费者发送广告的,应当遵守《中华人民共和国广告法》的有关规定。

(2) 依法收集、使用个人信息义务。电子商务经营者收集、使用其用户的个人信息，应当遵守法律、行政法规有关个人信息保护的规定。

(3) 保障用户信息变更义务。电子商务经营者应当明示用户信息查询、更正、删除以及用户注销的方式、程序，不得对用户信息查询、更正、删除以及用户注销设置不合理条件。电子商务经营者收到用户信息查询或者更正、删除申请的，应当在核实身份后及时提供查询或者更正、删除用户信息。用户注销的，电子商务经营者应当立即删除该用户的信息；依照法律、行政法规的规定或者双方约定保存的，依照其规定。

(4) 数据信息提供与保护义务，有关主管部门依照法律、行政法规的规定要求电子商务经营者提供有关电子商务数据信息的，电子商务经营者应当提供。有关主管部门应当采取必要措施保护电子商务经营者提供的数据信息的安全，并对其中的个人信息、隐私和商业秘密严格保密，不得泄露、出售或者非法向他人提供。

5. 保护消费者权益义务

保护消费者权益义务主要包括以下义务。

(1) 提供商品、服务合法。电子商务经营者销售的商品或者提供的服务应当符合保障人身、财产安全的要求和环境保护要求，不得销售或者提供法律、行政法规禁止交易的商品或者服务。

(2) 不得随意搭售。电子商务经营者搭售商品或者服务，应当以显著方式提请消费者注意，不得将搭售商品或者服务作为默认同意的选项。

(3) 依约交付。电子商务经营者应当按照承诺或者与消费者约定的方式、时限向消费者交付商品或者服务，并承担商品运输中的风险和责任。但是，消费者另行选择快递物流服务提供者的除外。

(4) 退还押金义务，电子商务经营者按照约定向消费者收取押金的，应当明示押金退还的方式、程序，不得对押金退还设置不合理条件。消费者申请退还押金，符合押金退还条件的，电子商务经营者应当及时退还。

7.2.4 电子商务平台经营者的法律规定

1. 对经营者的信息审查登记义务

电子商务平台经营者应当要求申请进入平台销售商品或者提供服务的经营者提交其身份、地址、联系方式、行政许可等真实信息，进行核验、登记，建立登记档案，并定期核验更新。

2. 对经营者行政许可监督义务

电子商务平台经营者发现平台内的商品或者服务信息存在未依法取得相关行政许可的，或法律法规禁止交易的商品或者服务，应当依法采取必要的处置措施，并向有关主管部门报告。

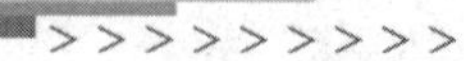

3．网络安全保障义务

电子商务平台经营者应当采取技术措施和其他必要措施保证其网络安全、稳定运行，防范网络违法犯罪活动，有效应对网络安全事件，保障电子商务交易安全。

4．信息保存义务

电子商务平台经营者应当记录、保存平台上发布的商品和服务信息、交易信息，并确保信息的完整性、保密性、可用性。商品和服务信息、交易信息保存时间自交易完成之日起不少于三年。

5．制定平台服务协议和交易规则义务

电子商务平台经营者应当遵循公开、公平、公正的原则，制定平台服务协议和交易规则，明确进入和退出平台、商品和服务质量保障、消费者权益保护、个人信息保护等方面的权利和义务。同时，应当在其首页显著位置持续公示平台服务协议和交易规则信息或者上述信息的链接标识，并保证经营者和消费者能够便利、完整地阅览和下载。电子商务平台经营者修改平台服务协议和交易规则，应当在其首页显著位置公开征求意见，采取合理措施确保有关各方能够及时充分表达意见。电子商务平台经营者不得利用服务协议、交易规则以及技术等手段，对平台内经营者在平台内的交易、交易价格以及与其他经营者的交易等进行不合理限制或者附加不合理条件，或者向平台内经营者收取不合理费用。电子商务平台经营者依据平台服务协议和交易规则对平台内经营者违反法律法规的行为实施警示、暂停或者终止服务等措施的，应当及时公示。

6．建立健全信用评价制度义务

电子商务平台经营者应当建立健全信用评价制度，公示信用评价规则，为消费者提供对平台内销售的商品或者提供的服务进行评价的途径。电子商务平台经营者不得删除消费者对其平台内销售的商品或者提供的服务的评价。

7．知识产权保护义务

电子商务平台经营者应当建立知识产权保护规则，与知识产权权利人加强合作，依法保护知识产权。知识产权权利人认为其知识产权受到侵害的，有权通知电子商务平台经营者采取删除、屏蔽、断开链接、终止交易和服务等必要措施。电子商务平台经营者接到通知后，应当及时采取必要措施，并将该通知转送平台内经营者；未及时采取必要措施的，对损害的扩大部分与平台内经营者承担连带责任。因通知错误造成平台内经营者损害的，依法承担民事责任。恶意发出错误通知，造成平台内经营者损失的，加倍承担赔偿责任。平台内经营者接到转送的通知后，可以向电子商务平台经营者提交不存在侵权行为的声明。电子商务平台经营者接到声明后，应当将该声明转送发出通知的知识产权权利人，并告知其可以向有关主管部门投诉或者向人民法院起诉。电子商务平台经营者知道或者应当知道平台内经营者侵犯知识产权的，应当采取删除、屏蔽、断开链接、终止交易和服务等必要措施；未采取必要措施的，与侵权人承担连带责任。

7.3 电子商务消费者法律制度

7.3.1 《中华人民共和国消费者权益保护法》概述

《中华人民共和国消费者权益保护法》(以下简称《消保法》)是维护全体公民消费权益的法律规范的总称,是为了保护消费者的合法权益,维护社会经济秩序稳定,促进社会主义市场经济健康发展而制定的一部法律。

1993年10月31日八届全国人大常委会第4次会议通过,自1994年1月1日起施行。2009年8月27日第十一届全国人民代表大会常务委员会第十次会议《关于修改部分法律的规定》进行第一次修正。2013年10月25日十二届全国人大常委会第5次会议《关于修改的决定》第2次修正。2014年3月15日,由全国人大修订的新版《消保法》正式实施。

《消保法》从1994年实施以来到2013年修正案的通过,跨越20年之久。2013年修订的《消保法》是多方面、全方位、多维度的大修,其中包括完善消费者权益保护制度,强化经营者义务,规范网络购物等新的消费方式,建立消费公益诉讼制度等方面的内容。

7.3.2 消费者的概念

消费者是指为生活消费需要购买、使用商品或者接受服务的主体。在我国地方性法规中,大多数省份对消费者主体资格没有进行正面界定,只有四川省做出了主体只能为“自然人”的规定;另有几省做出了“个人与单位”的界定,即包括自然人、法人与非法人组织。国外方面,德国民法典中将消费者定义为:“既非以其营利活动为目的,也非以其独立的职业活动为目的而缔结法律行为的任何自然人。”欧盟、英国、日本等也都采用了自然人这一限定。而我国、韩国则在立法中以“消费者”代替出现“人”这一概念,模糊化处理,但在司法实务中法人及其他组织仍能够成为消费者。

消费者权益保护法的适用对象分为三类:第一类是指消费者为生活消费需要购买、使用商品或者接受服务的;第二类是指农民购买直接用于农业生产的生产资料;第三类指经营者为消费者提供其生产、销售的商品或者提供服务。

【头脑风暴】

山东曹县青年韩某,在明知青岛一家超市销售的进口红葡萄酒包装不符合国家标准的情况下,分两次从超市购买了共计2万余元的红葡萄酒,并全程同步摄像。之后,韩某凭购物凭据及录像视频,向法院提起诉讼,提出10倍贷款的索赔。因诉讼请求未获一审法院支持,韩某上诉至青岛市中级人民法院。最终,青岛市中级人民法院终审判决销售红酒的超市向韩某支付贷款价值10倍的赔偿金。目前审判实务中,职业打假人大多数被认定为消费者,但不合理的消费索赔行为不受保护。

7.3.3 《电子商务法》赋予消费者的权利

《电子商务法》并未设专章明确消费者权利,而是通过规定电子商务经营者责任和义务的方式实现对电子商务消费者合法权益的保护。

《电子商务法》涉及的消费者权利主要包括安全权、知情权、自主选择权、公平交易权、便利权、收货验货权、评价权、信息保护权、求偿权。这些权利借鉴了《消保法》的相关规定，但不是《消保法》有关内容的简单重复，而是针对电子商务消费者的特殊性做出的规定。

1．安全权

《电子商务法》把人身、财产权放在首位，第十三条规定了电子商务经营者销售的商品或者提供的服务应当符合保障人身、财产安全的要求。第三十八条明确了电子商务平台经营者履行对平台内经营者侵害人身、财产为核心内容的消费者合法权益行为采取必要措施的义务。不仅如此，第八十三条还规定了电子商务平台经营者违反第三十八条规定，不履行保护消费者合法权益相关义务的法律责任，保障了消费者的人身、财产不受侵害。

2．知情权

《电子商务法》第十五条、第十六条、第十七条、第三十三条、第三十四条、第三十七条、第三十九条、第四十条，分别对经营者身份信息、资质信息公示、经营者自行终止电子商务经营的信息公示、商品和服务信息的披露、服务协议和交易规则公示、自营业务区分标记、信用评价规则公示、以多种方式向消费者显示搜索结果等方面作了规定，保障了消费者享有知晓交易方及其所购买商品和服务具体情况的权利。

3．自主选择权

《电子商务法》第十八条明确了电子商务经营者不得通过定向搜索，侵害消费者的选择权，第十九条规定了电子商务经营者禁止搭售商品或者服务，以此保障了消费者享有自主选择所需商品或服务的权利。

4．公平交易权

《电子商务法》第十七条、第二十二条、第三十五条、第四十九条分别规定了电子商务经营者不得进行虚假或者引人误解的商业宣传，不得滥用市场支配地位，不得进行不合理限制，不得附加不合理条件，不得收取不合理费用，明确了合同成立和格式条款的效力，以保障消费者享有公平交易的权利。

5．便利权

《电子商务法》第二十一条、第二十四条分别规定了电子商务经营者在押金退还、用户信息查询、更正删除等方面提供交易便利的义务，保障了消费者享有便利权。

6．收货验货权

《电子商务法》第二十条明确了电子商务经营者交付义务及其风险责任的承担，第五十二条规定了电子商务经营者应当提供收货验货义务，以保障消费者享有收货验货权。

7．评价权

《电子商务法》第三十九条规定了电子商务经营者应当提供消费者信用评价义务，保障了消费者享有对电子商务平台内销售的商品或者提供的服务进行评价的权利。

8. 个人信息受保护权

《电子商务法》第二十三条、第二十四条款规定电子商务经营者应当履行个人信息保护义务,保障了电子商务消费者享有个人信息依法得到保护的权利。

9. 依法求偿权

《电子商务法》第三十八条、第四十五条、第五十四条分别规定了电子商务经营者在因平台过错造成消费者权益受到侵害、知识产权侵权,因电子支付过错造成用户损失应当承担法律责任。第五十八条规定了电子商务平台经营者建立商品、服务质量担保机制和先行赔偿责任,以此来保障消费者因购买、使用商品和接受服务受到损害时依法享有获得赔偿的权利。

7.3.4 《电子商务法》视域下消费者权益保护制度

电子商务交易活动中,买方与卖方并非传统面对面进行交易,消费者在购买前仅能通过商品评价、商家信用、销量等作为判断依据进行消费,这就使得有些商家利用电子商务交易的局限,进行恶意刷单、刷信用、刷评价,严重误导消费者。

另外,因为电子商务的经营者不可能与每一个消费者分别签订合同,所以格式合同在电子商务领域普遍采用,这也导致电子商务经营者经常利用格式条款变相加重、限制甚至排除消费者权利,减轻自身责任。

我国电子商务活动中常见的侵害消费者权益的现象如图 7-1 所示。

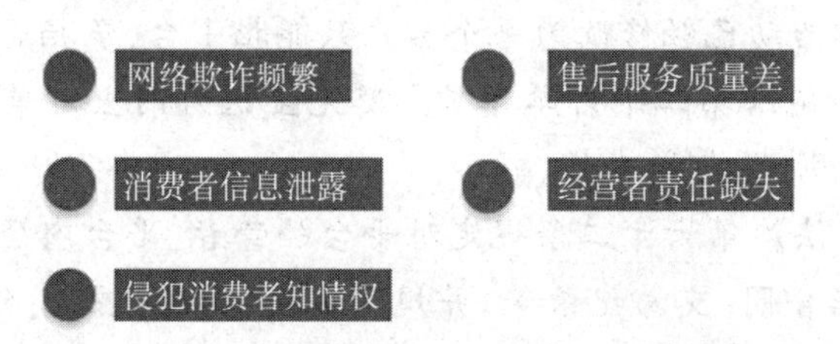

图 7-1 电子商务活动中常见的侵害消费者权益现象

《电子商务法》中消费者权益保护的变化如图 7-2 所示。

图 7-2 《电子商务法》中消费者权益保护的变化

为了更好地保障电子商务环境下消费者的合法权益,应做好以下几点。

(1) 电子商务平台经营者要做好监督管理工作,督促平台内经营者做好身份信息的核实,许可信息公示,所售商品及服务信息的披露,不断完善信用评级制度。

(2) 应加强对消费者权益保护的宣传教育,使消费者有意识地保护自己的合法权益。

(3) 市场监管部门应定期开展普法工作,适时回应消费者关切问题,引导消费者理性消费,改善消费环境,同时应对侵害消费者权益的违法行为严惩不贷。

【同步拓展】

案例一

实践中,一些电商低价促销,在消费者付款成功后又随意取消订单的情况屡见不鲜。"砍单"的理由主要有商品缺货、操作失误、系统出错、产品质量、订单异常等。有网站利用格式条款规定,消费者成功下单并付款后,并不代表双方已建立合同关系,只有商家确认发货后,才算合同成立。有的网站甚至规定,在任何情况下,由于商品缺货给消费者带来任何损失不负任何责任。

解读:针对消费者遇到的电商随意砍单问题,《电子商务法》有以下明确规定。

(1) 电子商务经营者发布信息符合要约条件的,用户选择商品或者服务并提交订单成功,合同成立。

(2) 平台经营者、平台内电商不得以格式条款等方式为自己的毁约行为制造借口。

(3) 格式条款等含有消费者支付价款后合同不成立的,其内容无效。立法明确做出相关规定,有利于督促经营者诚实守信,切实履行合同义务,减少消费者的维权困扰。

案例二

莫先生发现某网上购物平台有抢拍 iPhone 促销活动,此时活动规则并未限制购买数量,于是通过活动拍下 iPhone8 手机 2 部。但是之后平台只为第一个订单发了货。莫先生询问原因,平台回复称活动已经修改为每个客户只能拍 1 台,多拍无效;并且实际以修改过的活动规则为准,拒绝给第二个订单发货。莫先生认为网上订单与合同应有同等法律效力,平台应按照原规则、原订单发货。

解读:《电子商务法》第六十二条规定对平台经营者、平台内经营者都提出了提供相关证据的义务,如原始合同、交易记录等,并规定丢失、伪造、篡改、销毁、隐匿或者拒绝提供前述资料,由电子商务经营者承担不利法律后果。这一规定有助于改变消费者的弱势地位,便于有关司法机关等查明事实,强化对消费者的保护。

(资料来源:海洋团队公众号文章《电子商务法》之消费者权益保护)

7.4 电子商务知识产权法律制度

【头脑风暴】

如图 7-3 所示,请思考并回答自己是否接触或听说过类似知识产权侵权行为,市场为什么会存在大量的知识产权侵权行为,作为电子商务经营者应该如何保护自身知识产权,以及怎么做一个合法合规的电子商务从业者?

图 7-3　电子商务活动中存在的知识产权侵权行为

7.4.1　知识产权概述

知识产权是指权利人对其智力创造成果所依法享有的专有权利，一般分为著作权、专利权、商标权，专利权和商标权又被合并成为工业产权。

享有知识产权的主体为民事主体，包括自然人、法人、其他组织。知识产权的客体包括：作品，发明、实用新型、外观设计，商标，地理标志，商业秘密，集成电路布图设计，植物新品种，法律规定的其他客体。

知识产权的特征包括无形性、专有性、地域性、时间性。

(1) 无形性：指作为知识产权客体的知识产品具有无形性，即无论是智力创造成果还是工商业的标记都是"无形"的。

(2) 专有性：指知识产权具有垄断性、独占性和排他性的特点，没有法律规定或知识产权人的许可，任何人不得擅自使用他人享有知识产权的智力成果，否则构成侵权。

(3) 地域性：指知识产权只在授予或确认其权利的国家和地区发生法律效力，受到法律保护。

(4) 时间性：指知识产权只在法律规定的期限内受到法律的保护，一旦超过法律规定的有效期限，该权利就依法丧失，相关的知识产品就进入公共领域，成为全社会的共同财富。

目前，中国已建立起较为完备的电子商务领域知识产权保护法律法规体系，相关法律主要包括《中华人民共和国著作权法》《中华人民共和国商标法》《中华人民共和国专利法》《中华人民共和国侵权责任法》《中华人民共和国电子商务法》《中华人民共和国反不正当竞争法》等，行政法规层面主要包括《中华人民共和国著作权法实施条例》《中华人民共和国商标法实施条例》《中华人民共和国专利法实施细则》《信息网络传播保护条例》《计算机软件保护条例》等。

7.4.2　著作权保护

著作权是指著作权人对文学、艺术和科学作品依法享有的专有权利。

1．著作权的特征

著作权作为民事权利,具有以下特征。

(1) 自动性。著作权是基于作品的创作完成而自动取得的,一般不必履行任何形式的登记或注册手续。

(2) 广泛性。根据《中华人民共和国著作权法》(以下简称《著作权法》) 的规定,著作权的权利主体可以是自然人、法人、其他组织或国家。同时,著作权的权利主体也不受行为能力和国籍的限制,未成年人和外国人、无国籍人均可以成为著作权的主体。

(3) 多样性。著作权保护的作品具有多样性。具体包括文字作品,口述作品,音乐、戏剧、曲艺、舞蹈、杂技艺术作品,美术、建筑作品,摄影作品,电影作品和类似摄制电影的方法创作的作品,工程设计图、产品设计图、地图、示意图等图形作品和模型作品,计算机软件等。《著作权法》明确不具有著作权的客体包括法律法规,国家机关的决议、决定、命令和其他具有立法、行政、司法性质的文件及其官方正式译文,时事新闻,历法、通用数表、通用表格和公式。

(4) 复杂性

著作权内容极其丰富。主要包括以下方面。

① 4 项著作人身权。

- 发表权：决定作品是否公之于众的权利。
- 署名权：表明作者身份,即在作品上署名的权利。
- 修改权：修改或者授权他人修改作品的权利。
- 保护作品完整权：保护作品不受歪曲、篡改的权利。

② 12 项著作财产权。

- 复制权：以印刷、复印、拓印、录音、录像、翻录、翻拍等方式将作品制作一份或者多份的权利。
- 发行权：以出售或者赠与方式向公众提供作品的原件或者复制件的权利。
- 出租权：有偿许可他人临时使用电影作品和以类似摄制电影的方法创作的作品、计算机软件的权利,计算机软件不是出租的主要标的的除外。
- 展览权：公开陈列美术作品、摄影作品的原件或者复制件的权利。
- 表演权：公开表演作品,以及用各种手段公开播送表演作品的权利。
- 放映权：通过放映机、幻灯机等技术设备公开再现美术、摄影、电影和以类似摄制电影的方法创作作品等方面的权利。
- 广播权：以无线方式公开广播或者传播作品,以有线传播或者转播的方式向公众传播广播的作品,以及通过扩音器或者其他传送符号、声音、图像的类似工具向公众传播广播的作品的权利。
- 信息网络传播权：以有线或者无线方式向公众提供作品,使公众可以在其个人选定的时间和地点获得作品的权利。
- 摄制权：以摄制电影或者以类似摄制电影的方法将作品固定在载体上的权利。
- 改编权：改变作品,创作出具有独创性的新作品的权利。

- 翻译权：将作品从一种语言文字转换成另一种语言文字的权利。
- 汇编权：将作品或者作品的片段通过选择或者编排,汇集成新作品的权利；应当由著作权人享有的其他权利。同时,由于著作权客体的多样性,不同的著作权的内容又不尽相同。

(5) 相对排他性。著作权并不排斥他人对自己独立创作完成的相同或相似的作品也取得著作权。

2. 著作权的保护期

依照《著作权法》的规定,著作权的权利是有保护期的,不同的著作权的保护期也不同,具体如下。

(1) 署名权、修改权、保护作品完整权的保护期不受限制。

(2) 公民的作品,其发表权、复制权、发行权、出租权、展览权、表演权、放映权、广播权、信息网络传播权、摄制权、改编权、翻译权、汇编权、应当由著作权人享有的其他权利的保护期为作者终生及其死亡后五十年,截止于作者死亡后第五十年的12月31日；如果是合作作品,截止于最后死亡的作者死亡后第五十年的12月31日。

(3) 法人或者其他组织的作品、著作权（署名权除外）由法人或者其他组织享有的职务作品,其发表权、复制权、发行权、出租权、展览权、表演权、放映权、广播权、信息网络传播权、摄制权、改编权、翻译权、汇编权、应当由著作权人享有的其他权利的保护期为五十年,截止于作品首次发表后第五十年的12月31日。但作品自创作完成后五十年内未发表的,不受《著作权法》保护。

(4) 电影作品和以类似摄制电影的方法创作的作品、摄影作品,其发表权、复制权、发行权、出租权、展览权、表演权、放映权、广播权、信息网络传播权、摄制权、改编权、翻译权、汇编权、应当由著作权人享有的其他权利的保护期为五十年,截止于作品首次发表后第五十年的12月31日。但作品自创作完成后五十年内未发表的,不受《著作权法》保护。

【同步拓展】

“火柴棍小人”动漫形象著作权侵权纠纷案

原告：朱志强

被告：（美国）耐克公司（简称耐克公司）

耐克（苏州）体育用品有限公司

北京元太世纪广告有限公司

北京新浪信息技术有限公司

基本案情：原告朱志强是网络动画《小小特警》等作品的作者,其作品的形象均为“火柴棍小人”,如图7-4所示。被告耐克公司等为举办某宣传活动及推广其新产品,在其网站、地铁站台、电视台上发布包含“黑棍小人”形象的广告。原被告的作品均为以圆球表示头部、以线条表示躯干和四肢的方法而创作的人物形象。

法理分析：法院经审理认为,用“圆形表示人的头部,以直线表示其他部位”方法创作的小人形象已经进入公有领域,任何人均可以此为基础进行创作。原被告的作品有相同之处，但相同部分主要存在于已进入公有领域、不应得到著作权法保护的部分，其差异部分恰恰体现了各自创作者的独立创作，因此，不能认定被告形象使用了原告作品。据此，驳回原告的诉讼请求。

图 7-4 火柴棍小人

7.4.3 商标专用权保护

商标专用权又称商标权，是指商标所有人对其商标所享有的独占的、排他的权利。商标是用以区别商品和服务不同来源的商业性标志，由文字、图形、字母、数字、三维标志、颜色组合、声音或者上述要素的组合构成。在我国由于商标专用权的取得实行注册原则，因此，商标权实际上是因商标所有人申请、经国家商标局确认的专有权利，即因商标注册而产生的专有权。当然，商标专用权还可以通过注册商标的转让、继承等方式取得。

1．商标的分类

商标的分类包括商品商标、服务商标和集体商标、证明商标。

（1）集体商标是指以团体、协会或者其他组织名义注册，供该组织成员在商事活动中使用，以表明使用者在该组织中的成员资格的标志。

（2）证明商标是指由对某种商品或者服务具有监督能力的组织所控制，而由该组织以外的单位或者个人使用于其商品或者服务，用以证明该商品或者服务的原产地、原料、制造方法、质量或者其他特定品质的标志。

2．商标注册禁用名称

依据《中华人民共和国商标法》（以下简称《商标法》）规定，下列标志不得作为商标使用。

（1）同中华人民共和国的国家名称、国旗、国徽、国歌、军旗、军徽、军歌、勋章等相同或者近似的，以及同中央国家机关的名称、标志、所在地特定地点的名称或者标志性建筑物的名称、图形相同的。

（2）同外国的国家名称、国旗、国徽、军旗等相同或者近似的。但经该国政府同意的除外。

（3）同政府间国际组织的名称、旗帜、徽记等相同或者近似的。但经该组织同意或者不易误导公众的除外。

（4）与表明实施控制、予以保证的官方标志、检验印记相同或者近似的。但经授权的除外。

（5）同"红十字""红新月"的名称、标志相同或者近似的。

（6）带有民族歧视性的。

（7）带有欺骗性，容易使公众对商品的质量等特点或者产地产生误认的。

（8）有害于社会主义道德风尚或者有其他不良影响的。

（9）县级以上行政区划的地名或者公众知晓的外国地名不得作为商标。但是，地名具有其他含义或者作为集体商标、证明商标组成部分的除外；已经注册的使用地名的商标继续有效。

3. 商标注册禁用标志

自然人、法人或者其他组织在生产经营活动中，对其商品或者服务需要取得商标专用权的，应当向商标局申请商标注册。但是下列标志不得作为商标注册。

（1）仅有本商品的通用名称、图形、型号的。

（2）仅直接表示商品的质量、主要原料、功能、用途、重量、数量及其他特点的。

（3）其他缺乏显著特征的。

对于不以使用为目的的恶意商标注册，商标局可以驳回商标注册申请。已经注册申请的，利害关系人可以请求商标评审委员会宣告该注册商标无效。

4. 商标注册人的权利

商标注册人的权利主要是指对注册商标所享有的专用权。《商标法》规定：经商标局核准注册的商标为注册商标，商标注册人对该注册商标享有商标专用权，受法律保护。商标专用权主要包括以下方面。

（1）使用权。商标注册人有权在其注册商标核准使用的商品和服务上使用该商标，在相关的商业活动中使用该商标。

（2）独占权。商标注册人对其注册商标享有排他性的独占权利，其他任何人不得在相同或类似商品或服务上擅自使用与注册商标相同或近似的商标。

（3）许可使用权。商标注册人有权依照法律规定，通过签订商标使用许可合同的形式，许可他人使用其注册商标。

（4）禁止权。对他人在相同或者类似的商品或者服务上擅自使用与其注册商标相同或者近似的商标的行为，商标注册人有权予以制止。

（5）处分权。包括转让权、投资权、设立抵押权。转让权指商标所有人可以将商标权有偿或无偿转让给第三人；投资权指商标注册人有权根据法律规定，依照法定程序将其注册商标作为无形资产进行投资；设立抵押权指商标注册人有权在经营活动中以其注册商标设立抵押。

(6) 继承权。商标作为无形财产,可以依照财产继承顺序由其合法继承人继承。

5. 注册商标的有效期

注册商标的有效期为10年,自核准注册之日起计算。注册商标有效期满,需要继续使用的,商标注册人应当在期满前12月内按照规定办理续展手续;在此期间未能办理的,可以给予6个月的宽展期。每次续展注册的有效期为10年,自该商标上一届有效期满次日起计算。期满未办理续展手续的,注销其注册商标。

7.4.4 专利权保护

专利是指受专利法律规范保护的发明创造,它是指一项发明创造向国家审批机关提出专利申请,经依法审查合格后向专利申请人授予的在规定的时间内对该项发明创造享有的专有权利。专利权是一种专有权,这种权利具有独占的排他性。非专利权人要想使用他人的专利技术,必须依法征得专利权人的同意或许可。

1. 发明创造包括的内容

(1) 发明是指对产品、方法或者其改进所提出的新的技术方案。

(2) 实用新型是指对产品的形状、构造或者其结合所提出的适于实用的新的技术方案。

(3) 外观设计是指对产品的形状、图案或者其结合以及色彩与形状、图案的结合所做出的富有美感并适于工业应用的新设计。

2. 专利权的特征

(1) 独占性也称排他性,是指在一定时间和区域内,任何单位或个人未经专利权人许可都不得实施其专利,即不得为生产经营目的的制造、使用、许诺销售、销售、进口其专利产品,或者使用其专利方法以及制造、使用、许诺销售、销售、进口其专利产品。

(2) 区域性是指专利权是一种有区域范围限制的权利,它只有在法律管辖区域内有效。

(3) 时间性是指专利只有在法律规定的期限内才有效。专利权的有效保护期限结束以后,专利权人所享有的专利权便自动丧失,一般不能续展。发明便随着保护期限的结束而成为社会共有的财富,其他人便可以自由地使用该发明来创造产品。

3. 授予专利权的发明和实用新型应当具备的特性

(1) 新颖性。指该发明或者实用新型不属于现有技术,也没有任何单位或者个人就同样的发明或者实用新型在申请日以前向国务院专利行政部门提出过申请,并记载在申请日以后公布的专利申请文件或者公告的专利文件中。

(2) 创造性。是指与现有技术相比,该发明具有突出的实质性特点和显著的进步,该实用新型具有实质性特点和进步。

(3) 实用性。指该发明或者实用新型能够制造或者使用,并且能够产生积极效果。

授予专利权的外观设计应当不属于现有设计，也没有任何单位或者个人就同样的外观设计在申请日以前向国务院专利行政部门提出过申请，并记载在申请日以后公告的专利文件中；与现有设计或者现有设计特征的组合相比，应当具有明显区别，不得与他人在申请日以前已经取得的合法权利相冲突。

【同步拓展】

不授予专利权的客体

不授予专利权的客体包括：

(1) 科学发现；

(2) 智力活动的规则和方法；

(3) 疾病的诊断和治疗方法；

(4) 动物和植物品种，但是生产方法可以授予专利权；

(5) 用原子核变换方法获得的物质；

(6) 对平面印刷品的图案、色彩或者二者的结合做出的主要起标识作用的设计。

4．专利权的内容

依照《中华人民共和国专利法》第十一条的规定，专利权的内容包括制造权、使用权、许诺销售权、销售权、进口权。

(1) 制造权。以生产经营为目的而制造是一种受到专利权控制的独立行为。只要专利产品是未经许可为生产经营目的而制造的，即使该产品没有被销售，制造行为也构成直接侵权。

(2) 使用权。专利权人有为生产经营目的使用专利产品的专有权利，未经许可以生产经营为目的而使用专利产品构成专利侵权。

(3) 许诺销售权。许诺销售是指以做广告、在商店橱窗中陈列或者在展销会上展出等方式做出销售商品的意思表示。即使没有实际进行销售行为，而仅是为了销售专利产品进行广告宣传或产品展示，仍然构成对专利权的侵犯。

(4) 销售权。专利权人有为经营目的而销售专利产品的专有权利，未经许可而以经营为目的销售专利产品构成专利侵权。

(5) 进口权。专利权人享有为生产经营目的进口专利产品的专有权利，未经许可而以生产经营为目的进口专利产品构成专利侵权。

发明专利权的期限为二十年，实用新型专利权和外观设计专利权的期限为十年，均自申请日起计算。专利权人应当自被授予专利权的当年开始缴纳年费。没有按照规定缴纳年费或专利权人以书面声明放弃其专利权的，专利权在期限届满前终止。

【案例解析】

2017年11月15日，高通公司向福建省福州市中级人民法院提起诉讼称，苹果公司、苹果电子产品商贸（北京）有限公司、苹果贸易（上海）有限公司（以下统称苹果公司）侵犯其专利权，专利名称为“计算装置中的活动的卡隐喻”（专利号：ZL2016310491586.1），主要内容涉及采用卡片式切换操作手机的APP程序，可以同时开启和运转多个APP，突破手机屏幕大小的限制。请求法院判令苹果公司停止进口、销售iPhone 7、iPhone 7 Plus等多款产品。此后苹果提出了专利无效宣告请求，2018年5月份，高通的两项专利被维持有效。

2018年12月10日，福州市中级人民法院授予高通诉中禁令，认为苹果侵犯了高通的两项软件专利，要求苹果公司在中国的四家子公司立即停止销售多款iPhone产品，包括iPhone 6S、iPhone 6S Plus、iPhone 7、iPhone 7 Plus、iPhone 8、iPhone 8 Plus和iPhone X。

解读：

(1)《中华人民共和国民事诉讼法》第一百条规定："人民法院对于可能因当事人一方的行为或者其他原因，使判决难以执行或者造成当事人其他损害的案件，根据对方当事人的申请，可以裁定对其财产进行保全、责令其做出一定行为或者禁止其做出一定行为；当事人没有提出申请的，人民法院在必要时也可以裁定采取保全措施。"这是做出禁令的法律依据。

(2) 福州中院认为苹果公司销售、许诺销售侵害高通公司专利的产品，并在苹果公司网站中提供侵权产品的宣传广告、许诺销售、购买链接等信息。

7.5 电子商务广告法律制度

7.5.1 《电子商务法》与互联网广告的关系

商业广告属于商品销售或者服务提供的组成部分，因此电子商务广告也应当归属于广义上的电子商务。虽然电子商务广告并不是一个规范的法律概念，但是电子商务广告应当是以电子商务经营者为广告主或广告发布者的互联网广告。

《电子商务法》第十八条规定，电子商务经营者向消费者发送广告的，应当遵守《中华人民共和国广告法》(以下简称《广告法》)的有关规定。根据这一规定，电子商务广告虽然属于广义上的电子商务，但是该广告活动不属于《电子商务法》调整，而由《广告法》调整却没有明确规定的，电子商务广告应当由《互联网广告管理暂行办法》调整。

《互联网广告管理暂行办法》第三条列举了5种互联网广告情形：

(1) 推销商品或者服务的含有链接的文字、图片或者视频等形式的广告；

(2) 推销商品或者服务的电子邮件广告；

(3) 推销商品或者服务的付费搜索广告；

(4) 推销商品或者服务的商业性展示中的广告；

(5) 其他通过互联网媒介推销商品或者服务的商业广告。

推销商品或者服务的商业性展示中的广告是最典型的电子商务广告，但是电子商务经营者并不限于平台内经营者，还包括电子商务平台经营者，通过自建网站、其他网络服务销售商品或者提供服务的电子商务经营者，这些电子商务经营者都可能利用互联网信息网络发布电子商务广告，因此《互联网广告管理暂行办法》第三条所列举的五种互联网广告情形都有可能成为电子商务广告的表现形式。

7.5.2 《电子商务法》对互联网广告信息认定的影响

认定互联网广告信息是互联网广告监管中的一个难题,互联网广告认定的困难实际上是个“广告信息”的可识别性问题。《广告法》第十四条规定:“广告应当具有可识别性,能够使消费者辨明其为广告。”“通过大众传播媒介发布的广告应当显著标明‘广告’,与其他非广告信息相区别,不得使消费者产生误解。”互联网已经成为影响力最大的大众传播媒介,由于互联网信息具有数量大、变化快、影响范围广等特点,所以可识别性对于互联网广告而言更为重要。为此,《互联网广告管理暂行办法》第七条明确规定:“互联网广告应当具有可识别性,显著标明‘广告’,使消费者能够辨明其为广告。付费搜索广告应当与自然搜索结果明显区分。”如图 7-5 所示。但是在实践中,很多互联网广告活动的主体因故意或因疏忽而不给互联网广告信息标明“广告”,由此加剧了执法中广告信息认定的困难。《电子商务法》第四十条规定:“电子商务平台经营者应当根据商品或者服务的价格、销量、信用等以多种方式向消费者显示商品或者服务的搜索结果;对于竞价排名的商品或者服务,应当显著标明‘广告’。”第八十一条规定:“电子商务平台经营者违反本法第四十条规定,对竞价排名的商品或者服务未显著标明‘广告’的,依照《广告法》的规定处罚。”这样的规定毫无疑问将有助于执法中互联网广告信息的认定。

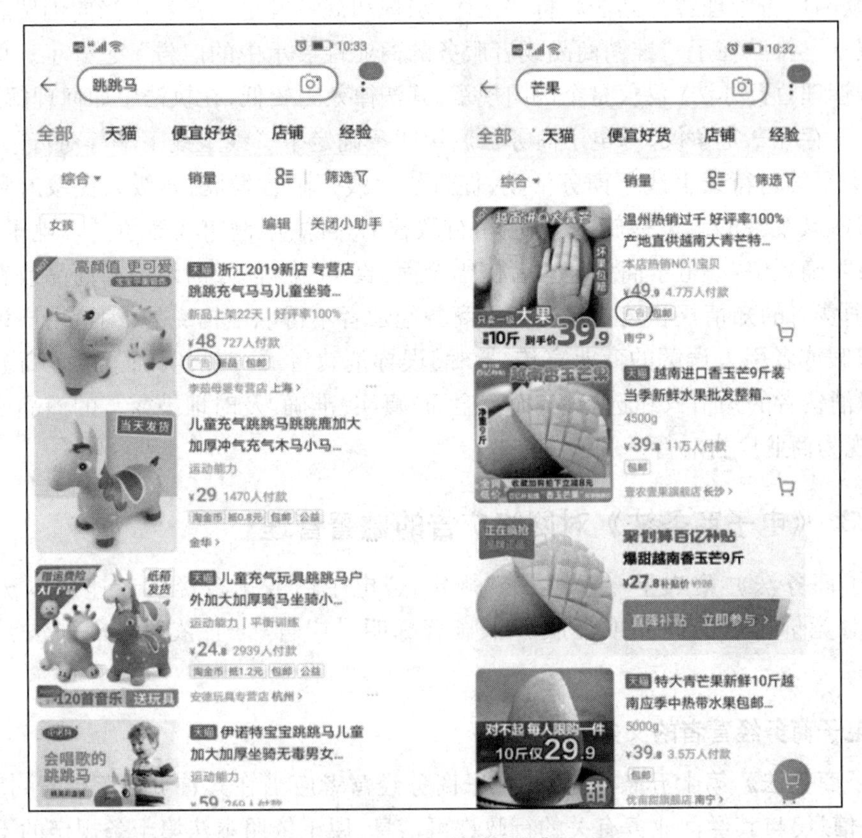

图 7-5 电子商务中“广告”标注

电商广告与传统媒体广告最大的区别在于,传统媒体广告通常与广告所推销的商品销售经营场所相分离,而电商广告恰恰是这二者紧密结合在一起。线下实体店的营业员常做的推介、说明、示范等活动,在电子商务平台上只能通过平台网页展示。电商网页中的商品照片或视频展示就如同线下实体店的商品陈列、试用示范,电商网页中有关商品性能、功能、产地、用途、质量、成分、价格、生产者、有效期限、允诺等或者对服务的内容、提供者、形式、质量、价格、允诺等方面的客观叙述,乃至商品性能、功能和商品的评价等数据,就成为消费者选择商品时必需的信息。按照线上线下一致的原则,线下不属于广告的信息,到了电商平台上也不应作为广告信息对待。电商平台上的用户评价是由用户(或消费者)做出的购买、使用、消费的经历、体验、体会等信息的集合,更是消费者做出消费选择决定时必需的参考信息,此类信息更非广告信息。至于电商网页上的合同订立步骤、注意事项、下载方法等合同订立、履行、支付等信息,电子商务争议解决约定信息等,本来并非介绍推销商品服务的信息,自然不属于电商广告信息。对这一条款的理解,有助于进一步区分界定电商平台上的广告信息与非广告信息。

电子商务的交易与传统交易的最大区别在于,电子商务交易是依托互联网媒介进行的。电商广告与传统广告的最大区别在于,电商广告的时空往往是与电子商务交易的时空合一的,电子商务的网络空间首先是电子商务的经营场所,其次才是电子商务广告信息发布媒介。这一点在认定电商推销商品或者服务的商业性展示中的广告信息时尤其重要。《互联网广告管理暂行办法》将“法律、法规和规章规定经营者应当向消费者提供的信息的展示”排除在了“推销商品或者服务的商业性展示中的广告”之外了。但是《互联网广告管理暂行办法》仅仅是个部门规章,其法律效力较低,在执法中如何理解这一“排除性规定”存在一定争议。《电子商务法》第四条确定了“线上线下平等对待”的原则,即:“国家平等对待线上线下商务活动,促进线上线下融合发展,各级人民政府和有关部门不得采取歧视性的政策措施,不得滥用行政权力排除、限制市场竞争。”《电子商务法》第十七条明确规定:“电子商务经营者应当全面、真实、准确、及时地披露商品或者服务信息,保障消费者的知情权和选择权。电子商务经营者不得以虚构交易、编造用户评价等方式进行虚假或者引人误解的商业宣传,欺骗、误导消费者。”首次明确了电子商务经营者为了保障消费者的知情权和选择权,而“全面、真实、准确、及时地披露”的商品或者服务信息,不视为商业广告对待。

7.5.3 《电子商务法》对网络广告的监督管理

《电子商务法》第八十一条第二款规定:“电子商务平台经营者违反本法第四十条规定,对竞价排名的商品或者服务未显著标明‘广告’的,依照《广告法》的规定处罚。”

1. 电子商务经营者的义务

《电子商务法》第十五条规定:“电子商务经营者应当在其首页显著位置,持续公示营业执照信息、与其经营业务有关的行政许可信息、属于依照本法第十条规定的不需要办理市场主体登记情形等信息,或者上述信息的链接标识。”该条款解决了互联网广告监管执法领域长期存在的如何确定经营者真实身份这一难题。

2. 电子商务平台经营者的监管责任

《电子商务法》第二章主要规定有：平台经营者对申请进入平台销售商品或者提供服务的经营者的身份、地址、联系方式、行政许可等信息要进行核验、登记，建立登记档案，并定期核验更新。平台经营者应当按照规定向市场监督管理部门报送平台内经营者的身份信息。平台经营者发现平台内的商品或者服务信息存在违反《电子商务法》第十二条、第十三条规定情形的，应当依法采取必要的处置措施，并向有关主管部门报告。平台经营者应当制定平台服务协议和交易规则，依据平台服务协议和交易规则对平台内经营者违反法律、法规的行为实施警示、暂停或者终止服务等措施。平台经营者应当建立健全信用评价制度，公示信用评价规则，使消费者有对平台内销售的商品或者提供的服务进行评价的途径。平台经营者知道或者应当知道平台内经营者销售的商品或者提供的服务不符合保障人身、财产安全的要求，或者有其他侵害消费者合法权益行为，未采取必要措施的，依法与该平台内经营者承担连带责任。

《市场监管总局关于做好电子商务经营者登记工作的意见》(国市监注〔2018〕236号)更明确规定："电子商务经营者申请登记为个体工商户的，允许其将网络经营场所作为经营场所进行登记。"可见，电子商务平台首先是网络经营场所，其次才是网络广告信息发布媒介。

3. 行政机关的监管责任

《电子商务法》第五十九条规定："电子商务经营者应当建立便捷、有效的投诉、举报机制，公开投诉、举报方式等信息，及时受理并处理投诉、举报。"负责广告监管的市场监管机关应借此机会，监督电子商务经营者依法建立、健全投诉举报受理机制，及时妥善处理其受理的投诉举报，将部分涉及广告的投诉举报有效分流，实现社会共治，提升行政资源使用效率。

上述电子商务经营者和平台经营者义务与责任的确立，有利于净化网络广告环境，也有利于阻隔、过滤、处置平台内违法广告信息的推送、发布，从而大幅减少违法电商广告信息的出现。此外，负责广告监管的市场监管机关应当借助电子商务平台经营者的治理力量，共同做好电商广告监管工作。

【实训案例】

近年来，伴随着《广告法》的修订，市场监督管理部门对互联网电商平台的广告监管处罚力度加大。而电商平台在互联网广告发布中又扮演着多种角色。比如自营模式下，电商平台直接向消费者销售商品，由平台运营主体为消费者开具发票，那么在这种情况下，电商平台对广告的发布应承担怎样的责任呢？电商平台为商家发布推广广告时应注意哪些方面？

课后习题

1. 名词解释

(1) 电子商务经营者 (2) 消费者 (3) 商标专用权 (4) 专利权

2. 单项选择题

(1)《电子商务法》施行时间是（ ）。

A. 2018年8月31日 B. 2019年1月1日

C. 2018年12月31日 D. 2019年3月15日

(2) 注册商标的有效期为（ ）年。

A. 十 B. 二十 C. 三十 D. 五十

(3)《广告法》所称广告是指（ ）。

A. 所有广告 B. 商业广告 C. 政府广告 D. 公益广告

(4) 未经许可以生产经营目的使用专利产品构成（ ）侵权。

A. 专利 B. 版权 C. 著作 D. 商标

(5) 电子商务经营者是指通过互联网等信息网络从事销售商品或者提供服务的经营活动的自然人、法人和（ ）。

A. 产权人 B. 非自然人 C. 权利人 D. 非法人组织

3. 多项选择题

(1)《电子商务法》广泛调整我国境内通过互联网等信息网络经营的（ ）活动。

A. 销售商品

B. 提供服务

C. 销售商品或提供服务

D. 销售商品、提供服务或金融业务

(2) 电子商务经营者主要包括（ ）。

A. 电子商务平台经营者

B. 自建网站经营者销售商品或者提供服务的经营者

C. 电子商务平台内经营者

D. 其他网络服务销售商品或者提供服务的经营者

(3) 以下属于著作权的权利内容的是（ ）。

A. 修改权 B. 广播权 C. 表演权 D. 出租权

(4)《电子商务法》赋予消费者的权利包括（ ）。

A. 安全权 B. 知情权 C. 自主选择权 D. 公平交易权

(5) 商标专用权，又称商标权，是指商标所有人对其商标所享有的（ ）权利。

A. 独占的 B. 排他的 C. 共同的 D. 集体的

4．简答题

(1) 我国电子商务法中消费者权益保护主要包括哪些内容?

(2) 知识产权的特征主要包括哪些内容?

5．实践操作

(1) 登录天猫商城和京东商城,了解其各个链接显示的协议、标识、声明。

(2) 搜索了解我国电子商务领域的法律法规、行政规章。

项目8　网上开店与创业

知识与技能目标

- 掌握网上开店流程。
- 熟悉寻找优质货源。
- 熟练产品发布过程。
- 掌握网上推广与促销活动。

8.1　网 上 开 店

开设淘宝个人集市店铺，需要完成注册淘宝账户、绑定支付宝账户、支付宝实名认证、店铺认证四个步骤。

【同步拓展】

淘宝个人集市店铺

淘宝商城（俗称淘宝 B 店）属于官方认证的商家，而淘宝个人集市店铺就是原来全免费的淘宝网站。

集市店铺的个人卖家比较多，它没有淘宝商城那样繁杂的认证过程，出售的商品也不像淘宝商城那样专业统一，但是集市店铺商品种类众多，是淘宝主要的消费门户。淘宝集市店铺的流量来源于淘宝搜索、类目搜索等。

8.1.1　注册淘宝账户

（1）未登录情况下，如图 8-1 所示，在淘宝网首页左上角单击“免费注册”链接。

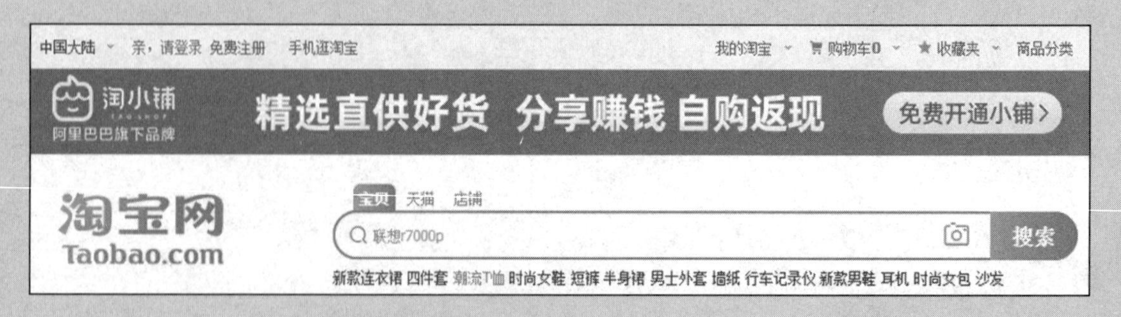

图 8-1　免费注册

（2）阅读用户注册协议，单击“同意协议”按钮，如图 8-2 所示。

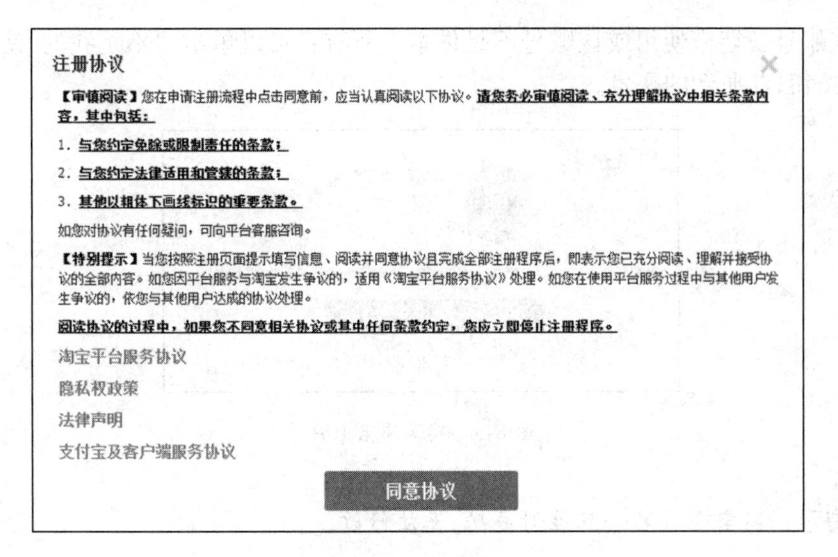

图 8-2　注册协议

（3）如图 8-3 所示，正确输入手机号码。

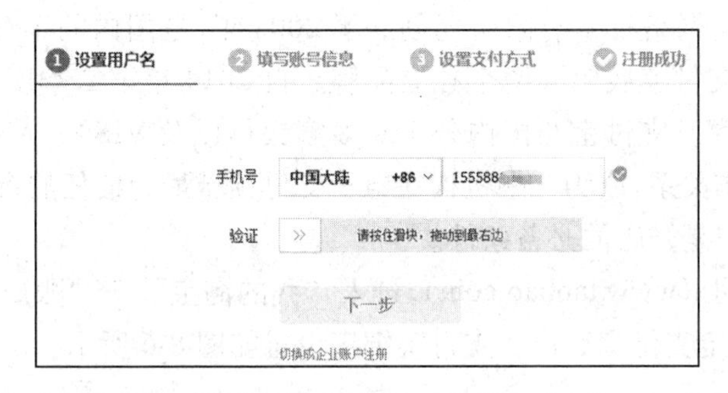

图 8-3　输入个人手机号码

（4）按照如图 8-4 所示，输入手机号接收验证码。

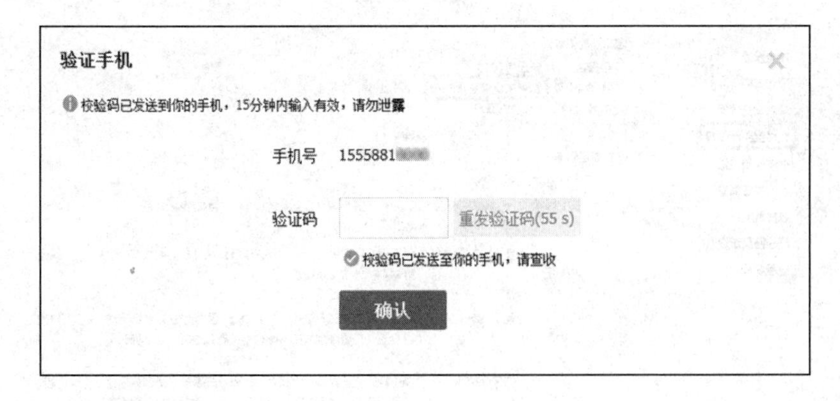

图 8-4　接收验证码

（5）手机验证码通过后，出现两种情况，如图 8-5 所示。

① 提示账号是你本人：希望直接使用该账号，可以直接单击“该账户是我的，立即登录”按钮，登录该账号。

② 该账号长期未使用或该账号不是你本人所有：可以单击“不是我的,使用邮箱继续注册”按钮,注册新的账号。

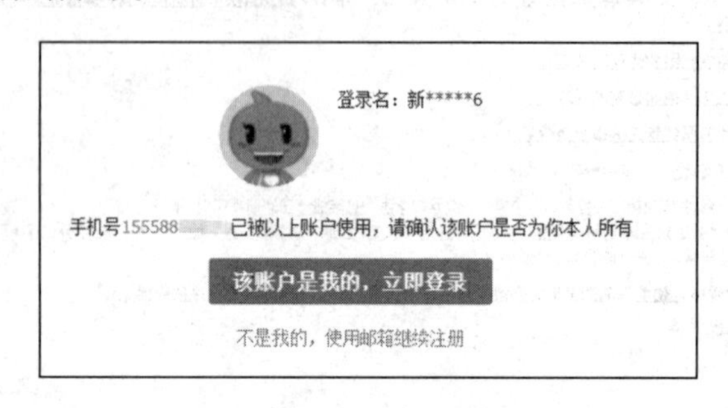

图 8-5 确认淘宝账户

提示：淘宝会员名一旦注册成功,无法修改。

8.1.2 绑定支付宝账户

支付宝（中国）网络技术有限公司创立于 2004 年,是国内的第三方支付平台,旗下有“支付宝”与“支付宝钱包”两个独立品牌。自 2014 年第二季度开始成为当前全球最大的移动支付厂商。支付宝与国内外 180 多家银行以及 VISA、MasterCard 国际组织等机构建立战略合作关系,成为金融机构在电子支付领域最为信任的合作伙伴。

绑定支付宝账户是开店的必备条件。

(1) 登录淘宝网（www.taobao.com),进入“我的淘宝”→“账户设置”→“支付宝绑定设置”界面,绑定支付宝账户。支付宝绑定设置如图 8-6 所示。

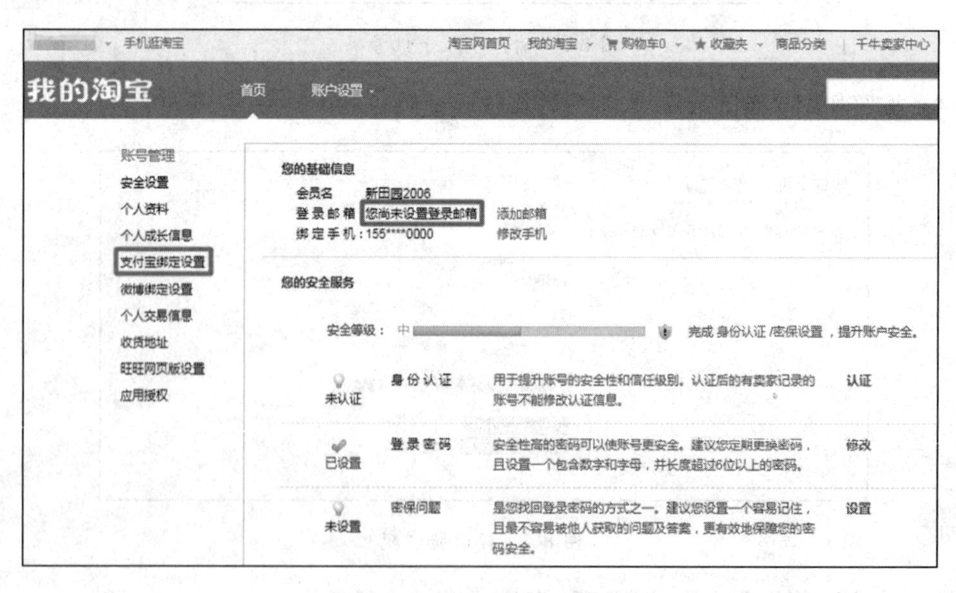

图 8-6 支付宝绑定设置

(2) 单击“支付宝绑定设置”选项,进入我的支付宝页面,如图 8-7 所示,按提示要求完成相关设置。

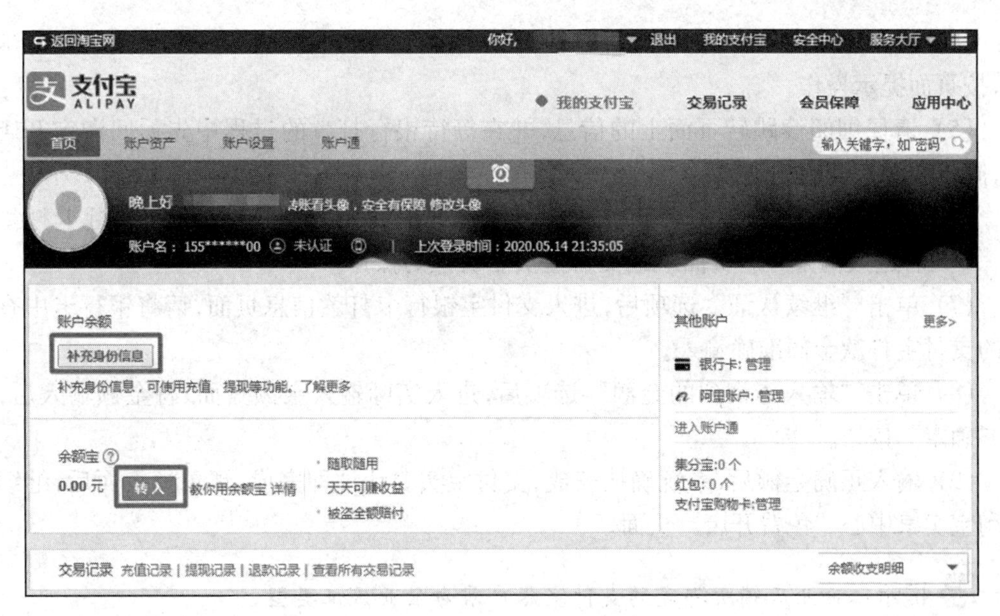

图 8-7　我的支付宝页面

提示：一个淘宝账号只能绑定一个 支付宝账号。

8.1.3　支付宝实名认证

(1) 从淘宝网首页进入“卖家中心”→“店铺管理”页面,单击“我要开店”链接,如图 8-8 所示。未进行过支付宝实名认证的,请进行支付宝认证的操作。

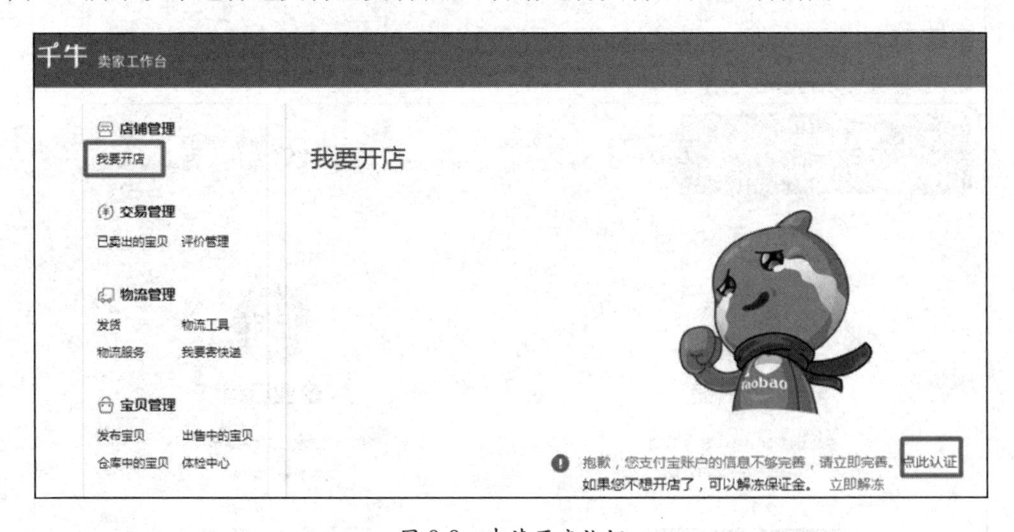

图 8-8　申请开店认证

(2) 在支付宝实名认证的条件项中单击“继续认证”选项后,会进入“支付宝实名认证”页面。

(3) 单击“立即认证”选项,按照页面提示单击“下一步”按钮。

(4) 接下来填写与支付宝账户注册时所用身份证号码开户并可正常使用的银行卡信息,按页面提示操作。

(5) 请仔细阅读跳转页面上的信息,并在等待银行打款的过程中先返回淘宝开店页面,同步做淘宝开店认证。

(6) 进行中的支付宝实名认证如需继续完成的,请在支付宝向你的银行卡打款的1 ~ 2 天后进入淘宝开店页面继续支付宝实名认证的操作。

(7) 单击"继续认证"选项后,进入支付宝银行卡打款信息页面,请将银行卡中查询到的支付宝打款金额准确输入。

(8) 单击"输入查询到的金额"选项后,进入实际输入金额页面,将金额输入后,单击"确定"按钮。

(9) 输入正确金额后,系统确认完成,支付宝实名认证即完成,请关掉页面后,继续返回淘宝卖家中心"免费开店"页面。

提示: 企业店铺所绑定的支付宝账户需为企业认证类型。

8.1.4 店铺认证

淘宝开店认证分为计算机认证、手机淘宝客户端认证两种方式,系统根据网络环境做出指定推荐,目前无法更改认证方式。限于篇幅,下文仅介绍计算机认证。

(1) 当你完成支付宝实名认证操作之后,重新登录千牛卖家工作台,单击"我要开店"选项,进入创建个人店铺页面,如图 8-9 所示。

图 8-9 创建个人店铺

(2) 单击"创建个人店铺"按钮,进入"开店须知"页面,如图 8-10 和图 8-11 所示。

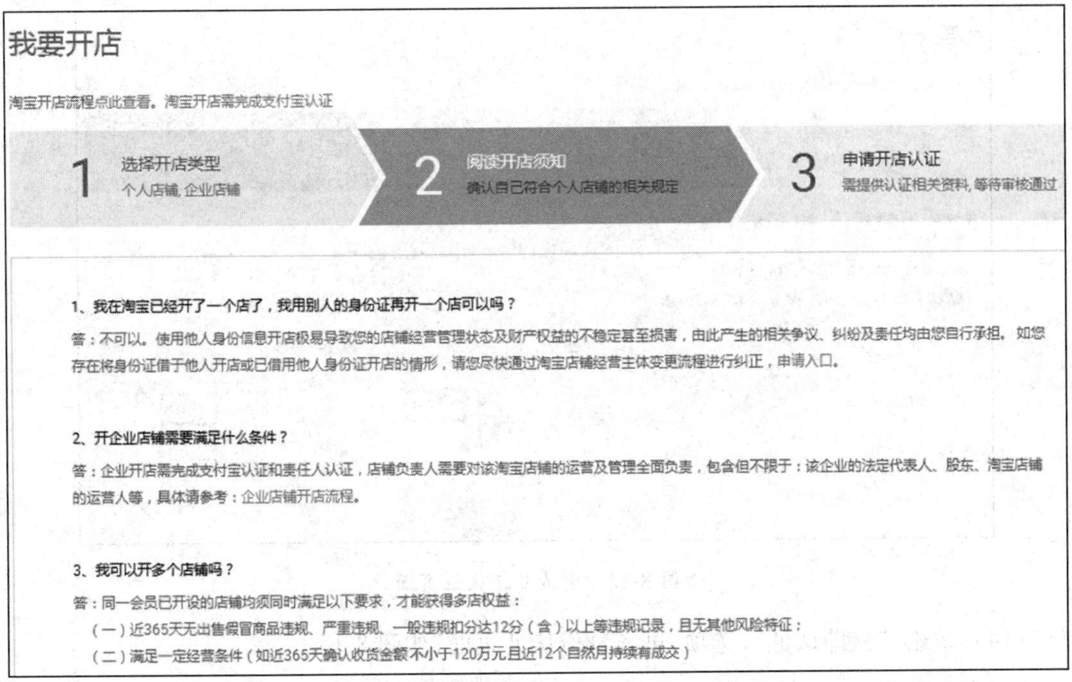

我要开店

淘宝开店流程点此查看。淘宝开店需完成支付宝认证

1 选择开店类型 个人店铺, 企业店铺
2 阅读开店须知 确认自己符合个人店铺的相关规定
3 申请开店认证 需提供认证相关资料, 等待审核通过

1、我在淘宝已经开了一个店了，我用别人的身份证再开一个店可以吗？

答：不可以。使用他人身份信息开店极易导致您的店铺经营管理状态及财产权益的不稳定甚至损害，由此产生的相关争议、纠纷及责任均由您自行承担。如您存在将身份证借于他人开店或已借用他人身份证开店的情形，请您尽快通过淘宝店铺经营主体变更流程进行纠正，申请入口。

2、开企业店铺需要满足什么条件？

答：企业开店需完成支付宝认证和责任人认证，店铺负责人需要对该淘宝店铺的运营及管理全面负责，包含但不限于：该企业的法定代表人、股东、淘宝店铺的运营人等，具体请参考：企业店铺开店流程。

3、我可以开多个店铺吗？

答：同一会员已开设的店铺均须同时满足以下要求，才能获得多店权益：

（一）近365天无出售假冒商品违规、严重违规、一般违规扣分达12分（含）以上等违规记录，且无其他风险特征；

（二）满足一定经营条件（如近365天确认收货金额不小于120万元且近12个自然月持续有成交）

图 8-10　开店须知页面（1）

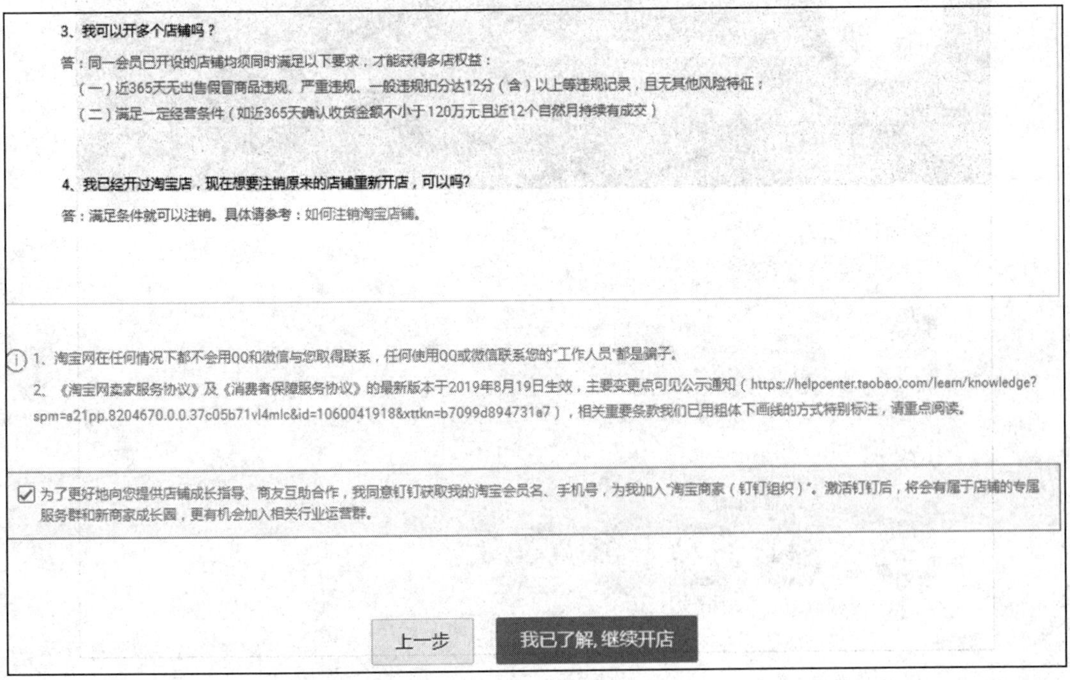

3、我可以开多个店铺吗？

答：同一会员已开设的店铺均须同时满足以下要求，才能获得多店权益：

（一）近365天无出售假冒商品违规、严重违规、一般违规扣分达12分（含）以上等违规记录，且无其他风险特征；

（二）满足一定经营条件（如近365天确认收货金额不小于120万元且近12个自然月持续有成交）

4、我已经开过淘宝店，现在想要注销原来的店铺重新开店，可以吗?

答：满足条件就可以注销。具体请参考：如何注销淘宝店铺。

1、淘宝网在任何情况下都不会用QQ和微信与您取得联系，任何使用QQ或微信联系您的"工作人员"都是骗子。

2、《淘宝网卖家服务协议》及《消费者保障服务协议》的最新版本于2019年8月19日生效，主要变更点可见公示通知（https://helpcenter.taobao.com/learn/knowledge?spm=a21pp.8204670.0.0.37c05b71vl4mlc&id=1060041918&xttkn=b7099d894731a7），相关重要条款我们已用粗体下画线的方式特别标注，请重点阅读。

☑ 为了更好地向您提供店铺成长指导、商友互助合作，我同意钉钉获取我的淘宝会员名、手机号，为我加入"淘宝商家（钉钉组织）"。激活钉钉后，将会有属于店铺的专属服务群和新商家成长园，更有机会加入相关行业运营群。

上一步　我已了解, 继续开店

图 8-11　开店须知页面（2）

(3) 认真阅读完开店须知，单击“我已了解，继续开店”按钮，进入申请开店认证页面，如图 8-12 所示。

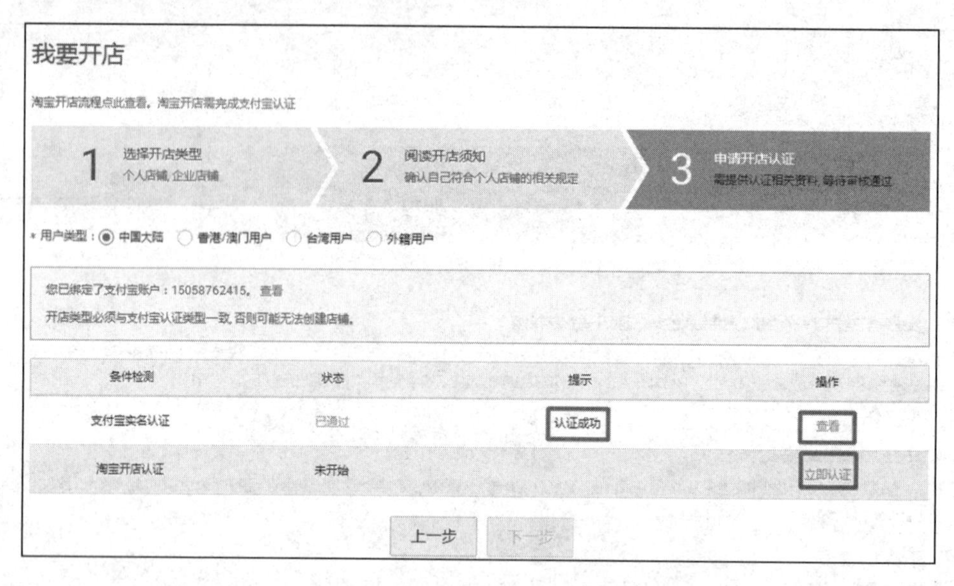

图 8-12 申请开店认证页面

(4) 单击“立即认证”选项,进入身份认证页面,如图 8-13 所示。

图 8-13 身份认证页面

(5) 单击“立即认证”按钮,进入淘宝身份认证资料页面,如图 8-14 所示。请通过手机淘宝客户端“扫一扫”功能扫描二维码;若未下载“手机淘宝”客户端,请单击二维码图中的“下载淘宝客户端”进行下载,下载及安装完后使用“手机淘宝”客户端中的扫码功能进行认证。

图 8-14　淘宝身份认证资料页面

【经验之谈】

请务必如实填写并认真检查身份证信息、真实联系地址（经营地址）、有效联系手机，以免因信息不符或虚假信息等原因导致认证无法通过。资料审核时间为48小时，请您耐心等待，无须催促。

8.2　寻找优质货源

店铺开通以后，接下来就是要寻找货源。网上开店之所以有利润空间，成本较低是重要因素。拥有了物美价廉的货源，便是制胜的法宝。找到了物美价廉的货源，网上商店就有了成功的基础。

8.2.1　批发市场

批发市场产品多样、地域分布广泛，能够小额批发，更加适合以零售为主的小店。批发市场的商品价格一般比较便宜，这也是平常经营者最常选择的货源地。从批发市场进货有如下特点。

（1）进货自由度大、不受时间和数量限制。

（2）品种多，便于挑选。

(3) 价格低,利润空间大。

以服装为例,服装在业内以风格为特点形成几个派系,大型批发市场集中在几个不同城市,南派以东莞虎门为中心,汉派以武汉汉正街为中心,杭派以杭州四季青为中心,海派以上海七浦路为中心,京派以北京动物园为中心(现已搬迁),全国最大的服装批发市场在广州。图8-15所示为杭州四季青批发市场。杭州四季青服装市场位于杭州城东清泰立交桥东境杭海路,是全国著名的大型服装专业批发市场。市场以批发为主,产品辐射全国,在服装信息和销售方面有明显优势。杭州四季青服装市场已经成为很多进货商们的主要进货渠道。但是,新手或者第一次到杭州四季青批发市场批发的服装商贩们却有很多问题需要了解,比如,杭州四季青服装市场的价格以及款式等,只有对杭州四季青服装市场有进一步了解,才能拿到快速出货的优势货源。

图8-15 杭州四季青批发市场

【经验之谈】

批发市场进货经验

我们总结了一些经验供大家分享。

(1) 进批发市场要着装休闲,轻装上阵。

(2) 要问一些专业问题,不要被看出是“菜鸟”,防止欺生。

(3) 第一次进货不要太多,防止压货。

(4) 新货、爆款少拿。多拿主色调和常规尺码,平台销售量没有起来之前,不要各种颜色的全拿,不要所有尺码的全拿。

(5) 多看多问,仔细了解货源。

(6) 浅色的货物注意色差,应仔细检查。

(7) 对自己看中的货物,一定要留老板的联系方式。

(8) 告诉老板自己开网店,需要长期合作,希望给出最低价格。

(9) 批发市场进货一定要保管好货物,防止被人错拿。

(10) 杭州四季青批发市场很大,货的品种也很丰富,相同的货往往能在不同的摊位找到,价格相差很远,所以要货比三家。

(11) 与老板聊天,在交流中了解他们的性格,投其所好,与之交朋友,从而得到最低进货价格和退换货的好处。

8.2.2 B2B 电子商务批发网站

大型批发市场集中在不同城市,很多卖家没有条件千里迢迢去这几个批发市场。B2B 电子商务批发网站作为网络贸易批发的平台,充分显示了其优越性,为小卖家提供了很大的选择空间,比如阿里巴巴淘货源网站 1688、义乌购、慧聪网、湖州织里童装网、生意网、优品网等。图 8-16 所示为阿里巴巴淘货源网站。1688 网站成立于 1999 年,是阿里集团旗下子公司,以批发和采购业务为核心,覆盖原材料、工业品、服装服饰、家居百货、小商品等 16 个行业大类,提供原料采购、生产加工、现货批发等一系列的供应服务,其主要产品包括淘货源、火拼、厂货通、跨境专供,进口货源、工业品牌、淘工厂、档口尖货、实力优品、大企业采购等。

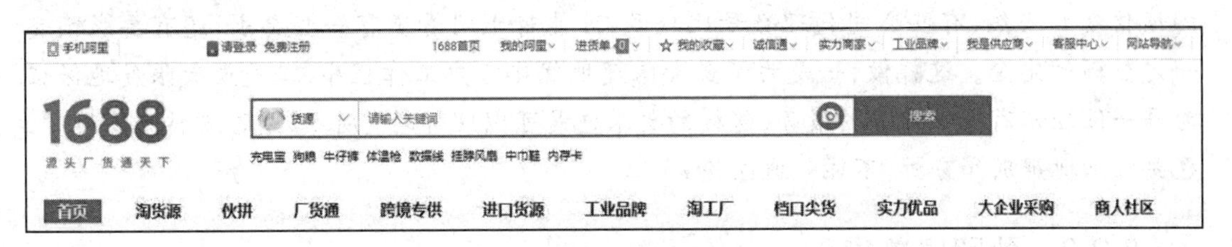

图 8-16 阿里巴巴淘货源网站

B2B 电子商务网站批发具有以下优势。

(1) 成本优势。网上批发可以省去交通费、搬运费、住宿费等。

(2) 时间空间优势。网上进货可以慢慢挑选,不受时间空间限制。

(3) 批发数量限制优势。网上批发最低订单量可以 1 件起批,一定程度上增加了平台卖家选择的余地。

(4) 价格优势等。网上商品批发具有价格透明、款式更新快等特点,可以减少库存成本、资金压力。

【经验之谈】

B2B 电子商务批发网站进货经验

网上批发进货都是线上进行,线上的商品存在一定的虚拟性,所以在选择商家时一定要小心谨慎,多沟通、多交流,选择比较可靠的商家进行交易。

(1) 判断网站是否属于注册的公司,注册过的公司商品质量有所保证。

(2) 仔细观察网站的营业资格。一般骗子网站都没有营业执照。另外,提供的资料模糊不清或来历不清,一定要认证查证,正规网站一定会提供营业执照原件。

(3) 观察网站页面是否精美。正规网站页面都比较美观大方。如果网站比较简陋,图片比较粗糙,让人看起来不舒服,这样的网站一般不太可靠。

(4) 观察网站商品的更新速度,它将直接影响到网络的销售速度。网站上新品能力强、速度快,说明相应公司商品的开发能力越强,受市场欢迎的力度越大。

(5) 观察网站的图片是否真人拍摄。目前互联网上的素材非常丰富,有些网站的图片是合成的,有的产品质量过度宣传,导致出现了很多问题,也造成了购买者很多不必要的损失。

(6) 观察网站的发货速度。通常情况下,买家希望即买即发货。有些网站的发货速度非常慢,下了订单48小时也发不了,严重影响了客户的购物体验,也会影响买家对卖家的信任,造成客户资源的丢失。所以在选择商家时,一定要仔细观察商家的发货速度。同时,也要协商好退换货的流程和费用。有些网站以次充好或者在产品发生质量问题时以各种理由敷衍、搪塞并拒绝退换货。

(7) 了解网站的合作情况。在决定是否代理该家产品之前,一定要多了解他们的网站,注意观察他们是否与其他网站合作、推广等活动。另外,必须了解清楚代理是否收费,费用是否合理。骗子的网站一般不会与别人合作,正规公司都会主动寻求合作。

(8) 观察网站是否支持上门看货。如果不能支持上门看货,就要考虑一下这个商家的诚信度。当然,有些公司代理数量比较多,可能对上门看货有一些要求,还有要求预交一定数额的定金。这样做,一是为了最大限度地优化客户工作程序,二是最大限度地保证为每一位经销商提供正常的服务,这样的要求也是可以理解的。所以,是否支持上门看货,也要仔细地辨别和分析,不能一概而论。

8.2.3 外贸尾单货

外贸尾单货是正式外贸订单的多余货品。通常而言,外商在国内下订单的时候会按照5% ~ 10%的比例多生产,这样做的目的是当产品出次品的时候,多余的产品可以替换,这些多出来的产品就是外贸尾单货。尾单货价格低廉,一般是市场价格的2 ~ 3折,产品质量有保证,所以外贸尾单货是不错的进货渠道。

外贸尾单货虽然有物美价廉的优点,但是也有缺点,例如颜色和尺码不齐等。

【经验之谈】

外贸尾单货进货经验

我们总结了一些外贸尾单货的进货经验分享给大家。

(1) 看商标。一般外贸尾单的商标都是最后才贴上去的,有的甚至没有,这样并不代表商品不好,或者质量有问题,而这一点恰恰说明了是真货。

(2) 看质量。外贸尾单都是货真价实的,与正品一样,需要有一定的经验才能辨别。

(3) 看价格。大多数的外贸企业一般都不会做内销,他们需要回笼资金,急需处理剩余的库存,给出的价格一般都比较便宜。

(4) 看包装。外贸尾单考虑到出口时节约物流成本,一般都用简易、轻便的外包装。如果包装精美、所有配件都齐全,商品就值得怀疑了。

(5) 看尺码。外贸订单都是针对外国人的喜好、特点和尺寸专门定制的,颜色和尺码不一定齐全,在采购的时候一定要特别注意。

(6) 看瑕疵。有些外贸尾单可能有小瑕疵,在销售的时候,要备注和说明,提醒买家。

8.2.4 厂家直接进货

一件商品从生产厂家到消费者手中,需要经过许多的环节,其基本流程是:原料供应商→生产厂家→全国批发商→地方批发商→终端批发商→零售商→消费者。

如果是进口商品,还要经过进口商、批发商、零售商等环节,涉及运输、报关、商检、银行和财务结算。经过如此多环节、多层次的流通组织和多次重复运输过程,自然就会产生额外的费用。这些费用都被分摊到每一件商品上,所以,对于一件出厂的价格为20元的商品,消费者往往需要200元才能买到。

如果可以直接从厂家进货,而且有稳定的货源,无疑可以拿到理想的价格,而且厂家货源充足,信誉度高,如果能够长期合作,一般都能够争取到产品调换和退货还款。如果你是小卖家,厂家可能不屑与你合作,所以,要有足够的诚心和耐心,才能和厂家达成合作意向。

8.3 产 品 发 布

8.3.1 店铺基础设置

(1) 登录淘宝账号

打开浏览器,地址栏中输入 http://www.taobao.com,单击“亲,请登录”选项,如图8-17所示。

图8-17 登录淘宝界面

(2) 进入千牛卖家中心

登录成功后,单击“千牛卖家中心”选项,如图8-18所示。

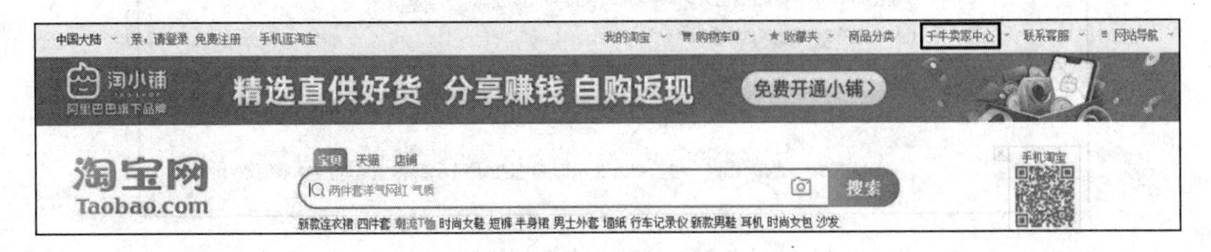

图8-18 登录千牛卖家中心

(3) 进入店铺基本设置

登录千牛卖家工作台后,选择“店铺管理”中的“店铺基本设置”模块,如图 8-19 所示。

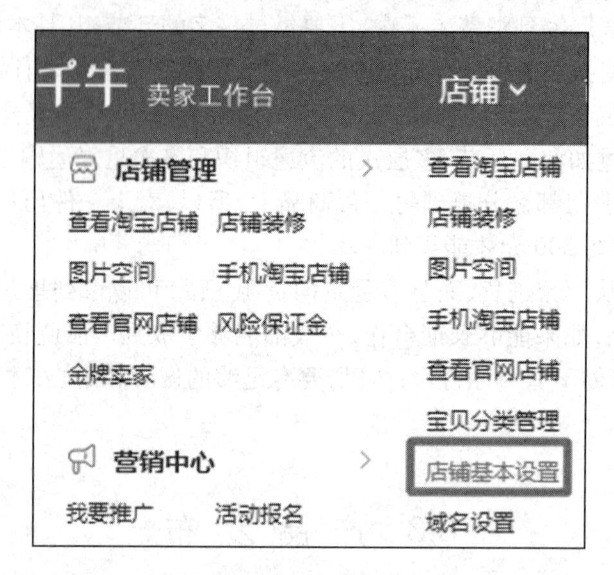

图 8-19 店铺基本设置入口

(4) 完善店铺基本设置

按照要求完成店铺基本设置,填写店铺名称、店铺标志、店铺简介、经营地址、主要货源、店铺介绍等,如图 8-20 和图 8-21 所示。完成以上设置后,选中“我声明,此页面所填写内容均真实有效……”复选框,然后单击“保存”按钮。若设置出现错误,按照红色文字提示进行修改,直到成功为止。

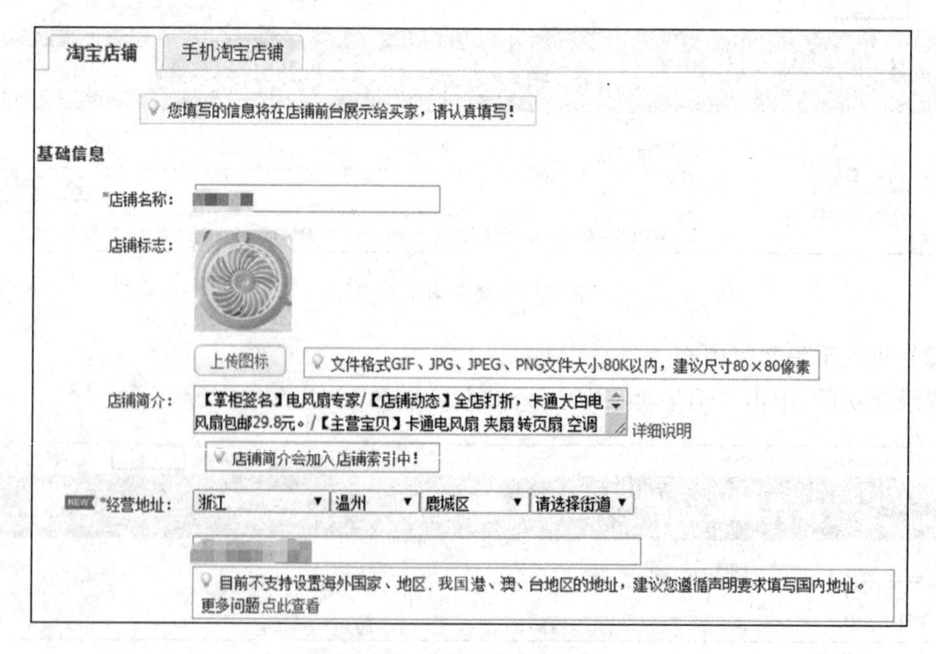

图 8-20 店铺基本设置 (1)

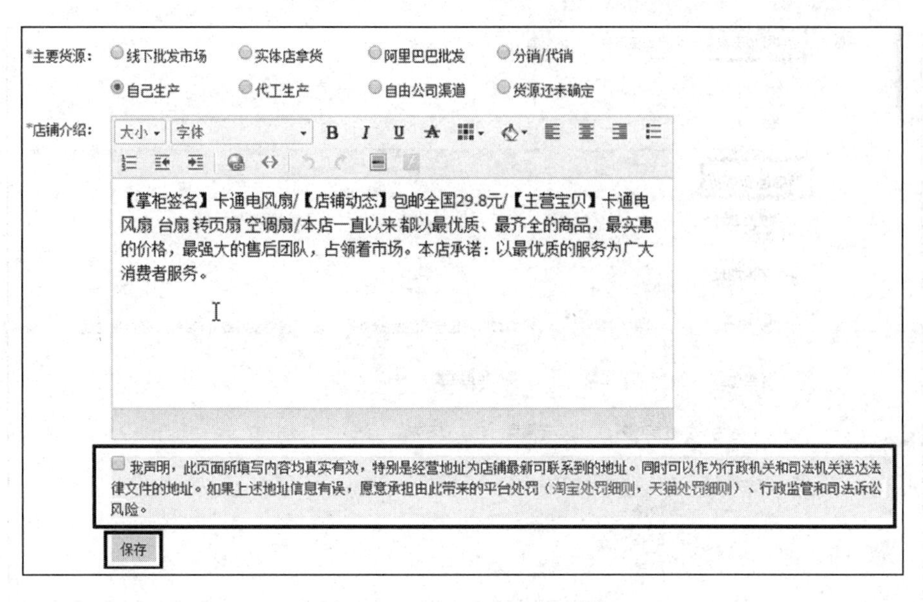

图 8-21　店铺基本设置（2）

操作店铺基本设置时,填写注意以下几点。

①“店铺名称”中不要出现旗舰店、专营店、专卖店或已被注册的品牌词。

②“店铺标志”中图片大小为 80kB 以内,建议尺寸为 80×80 像素。

③“店铺简介”可以参考图中详细说明。

④“经营地址”中如实填写经营者详细地址或仓库发货地址。

⑤“主要货源”中可以据实填写。

⑥“店铺介绍”中可以参考图中内容。

8.3.2　物流工具设置

(1) 结合阿里巴巴“淘货源”中与供货商家沟通获得的物流相关信息,设置千牛卖家工作台中“物流管理”模块中的“物流工具”,如图 8-22 所示。

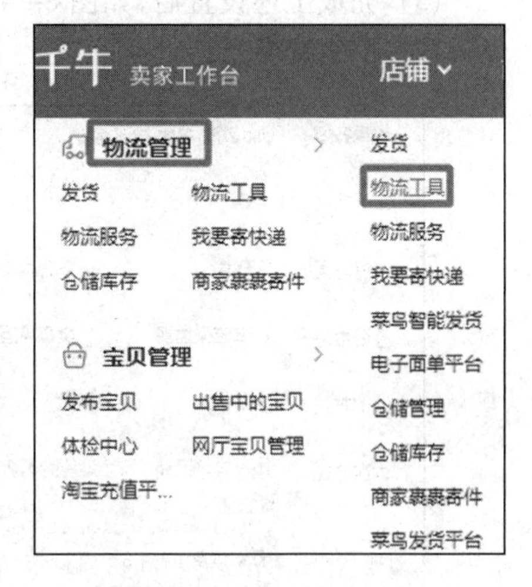

图 8-22　选择“物流工具”

(2) 进入“物流工具”设置页面后,选择“运费模板设置”选项卡中的“新增运费模板”,如图 8-23 所示,按照要求完成运费模板的设置。

①“模板名称”中设置“USB 风扇→宁波→慈溪→韵达”。

②“宝贝地址”中据实填写发货地址（从供应商处获取)。

③“发货时间”中据实填写,与供应商协商发货时间。

④“是否包邮”中一般选择自定义运费。

⑤“计价方式”中根据商品性质据实填写,一般选择“按重量”选项的情况居多。

⑥“运送方式”中选择“快递”复选框,根据供应商提供的模板据实填写。一般分为三种情况：默认 0 元包邮；偏远地区收取部分费用；海外邮费最高设置 999 元。

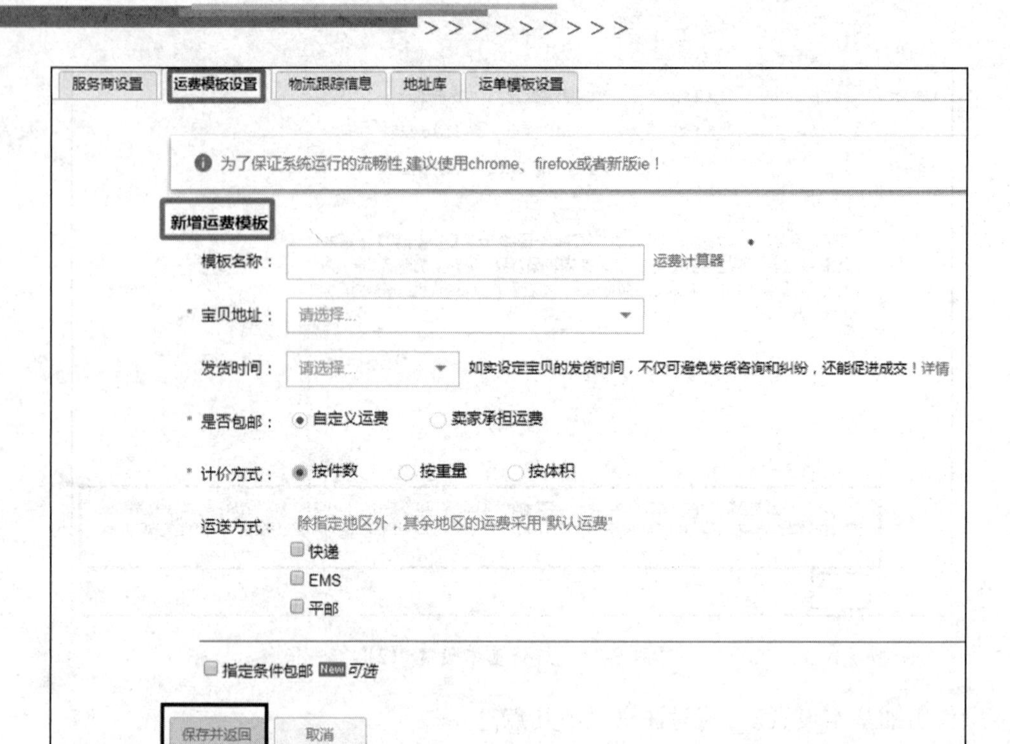

图 8-23 运费模板的设置

(3)完成上述设置后,如图 8-24 所示,进行保存并返回。如果有多个供应商供货,可以设置多个运费模板。

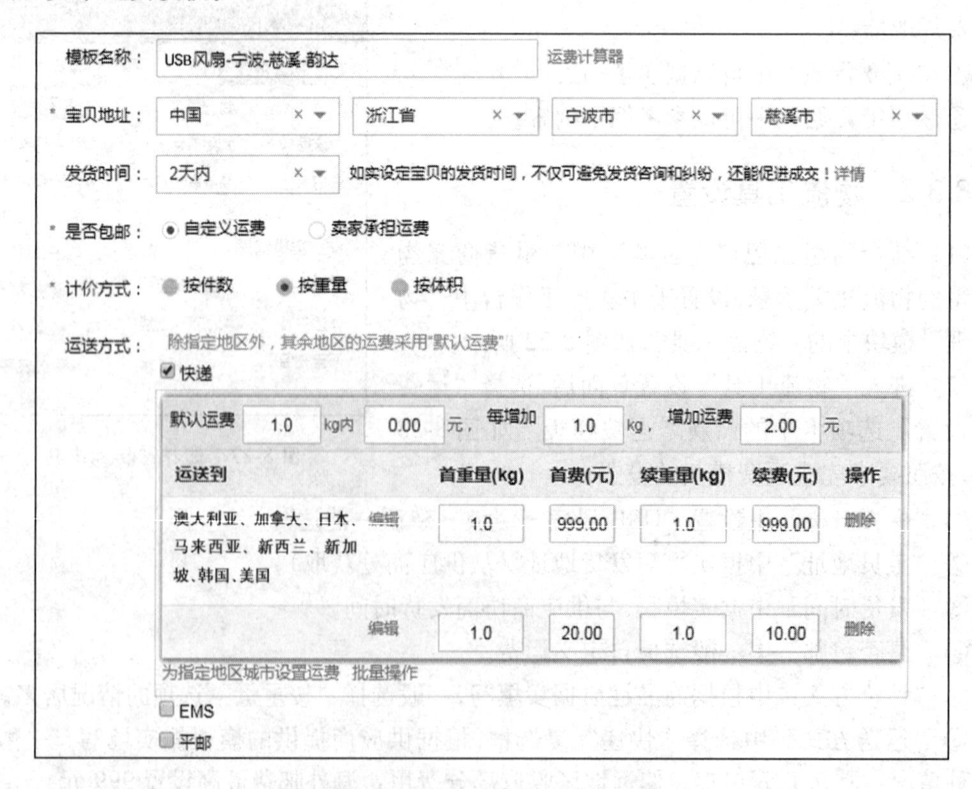

图 8-24 USB 风扇物流模块设置

8.3.3　发布宝贝

通过线上或线下渠道资源的整合，我们可以容易地从供应商那里获取商品的相关信息及整个数据包，然后使用 1688 平台自带的“一件铺货”功能，将商品铺到自己的淘宝集市店铺。

（1）登录阿里巴巴的“淘货源”模块，如图 8-25 所示。

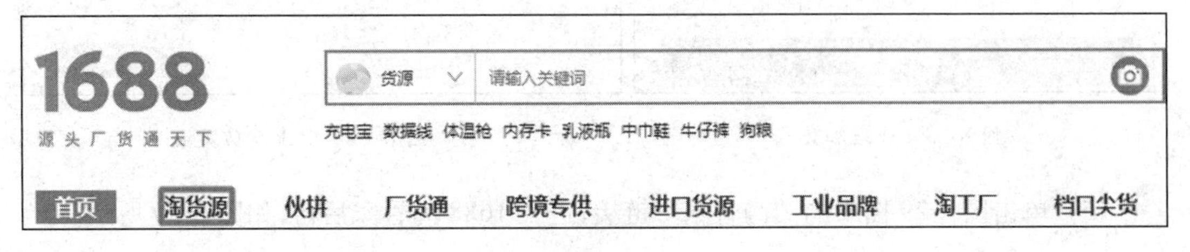

图 8-25　淘货源页面

（2）按图 8-26 所示，在搜索栏输入所售产品的关键词，例如“风扇”，勾选“24 小时发货”“热销爆款”等复选框，单击“销量”选项，然后单击“搜索”按钮。

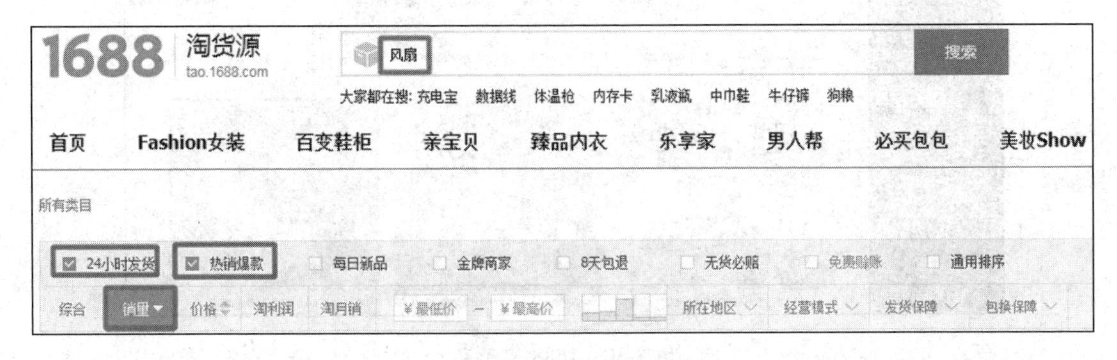

图 8-26　淘货源搜索页面

（3）选择某个商家，进入商家店铺，如图 8-27 所示。

图 8-27　商家店铺

（4）单击图 8-27 所示的“代理加盟”选项，进入图 8-28 所示的“我要代发”页面。查看“诚信通”“发货速度”“发货违约率”“7 天店铺上新”“超级会员代发动销率”等参数，并认真阅读“查看代理须知”，最后单击“我要代发”按钮，弹出申请成功页面，如图 8-29 所示。

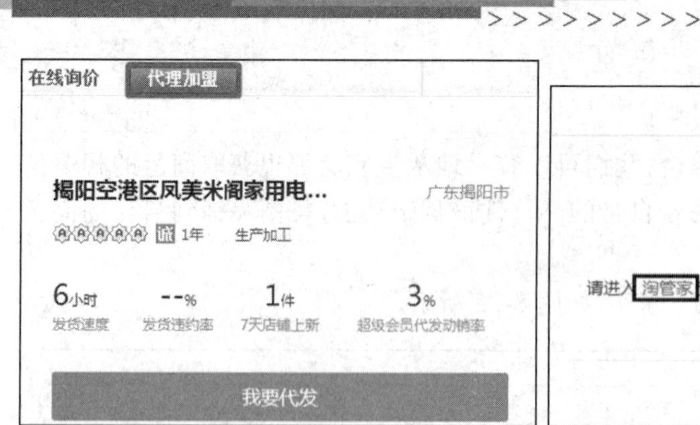

图 8-28 代理加盟

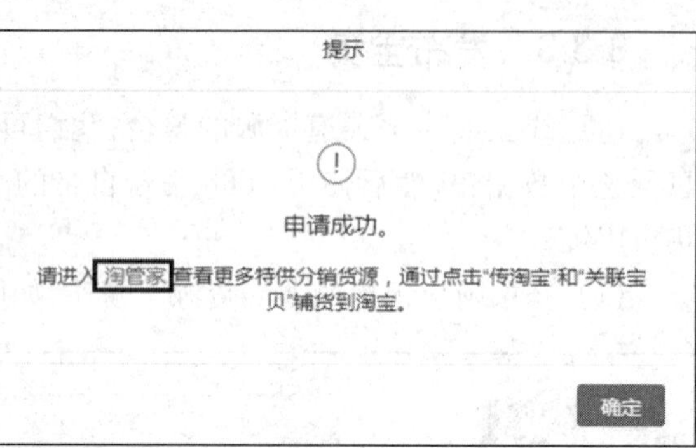

图 8-29 申请成功页面

（5）单击图 8-29 图中的“淘管家”链接，进入 1688 淘管家后台，如图 8-30 所示。

图 8-30 1688 淘管家

（6）单击图 8-30 中的“大风力超静音”图片，进入该宝贝详情页，如图 8-31 所示。

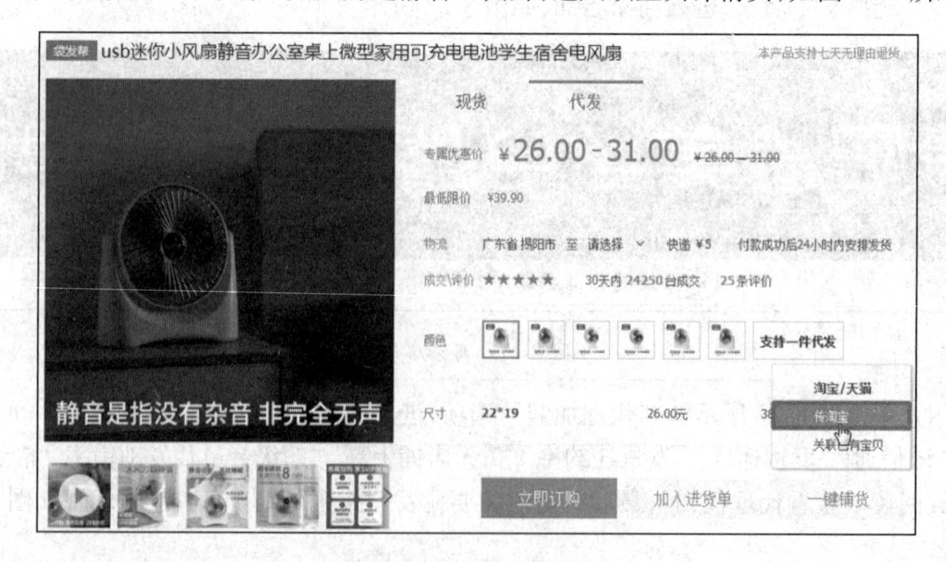

图 8-31 宝贝详情页

(7) 单击图8-31所示的“传淘宝”,进入官方传淘宝确认页面,如图8-32所示。

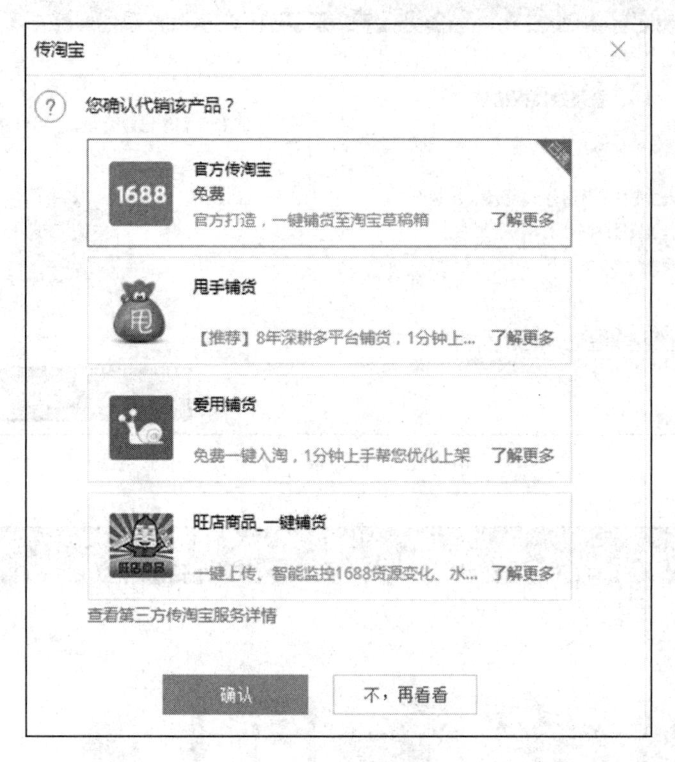

图8-32　官方传淘宝确认页面

(8) 单击图8-32中的“确认”按钮后,商品信息成功发布到淘宝草稿箱,如图8-33所示。

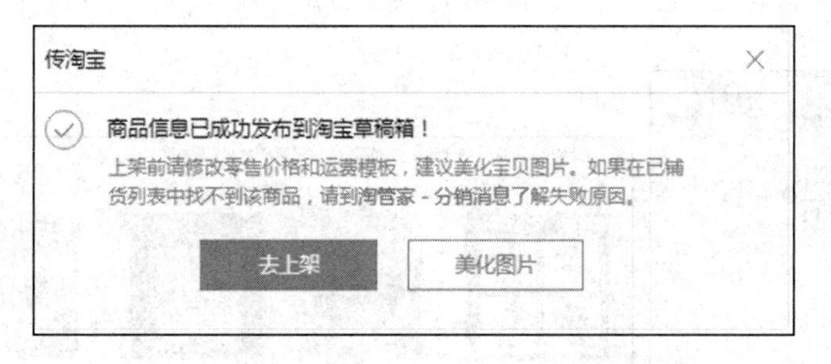

图8-33　商品信息已成功发布到淘宝草稿箱页面

(9) 单击图8-33所示的“美化图片”,进入授权并登录页面,如图8-34所示。

(10) 单击图8-34所示的“授权并登录”按钮,进入淘货源服务“美化图片”页面,如图8-35所示。

(11) 单击图8-35中的主图左下角的“铅笔”图标,进入该图片修改页面,如图8-36所示。根据需要,调整图片的亮度、对比度、饱和度、清晰度、曝光、阴影,修改完成,可以单击“批量应用到所有图片”按钮,最后单击“保存”按钮。

(12) 按照同样的方法修改商品详情图中的图片,如图8-37所示。完成后单击右上角的“更新详情图”按钮。

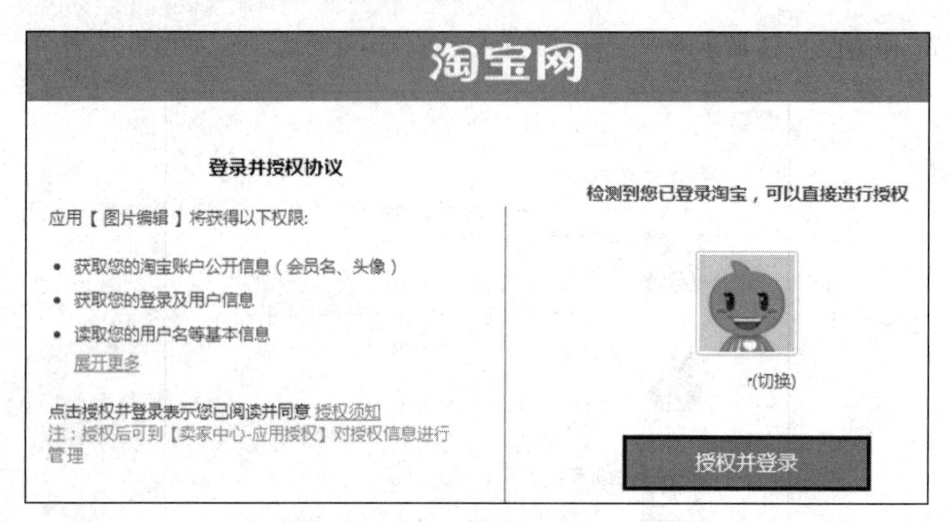

图 8-34 授权并登录页面

图 8-35 美化图片

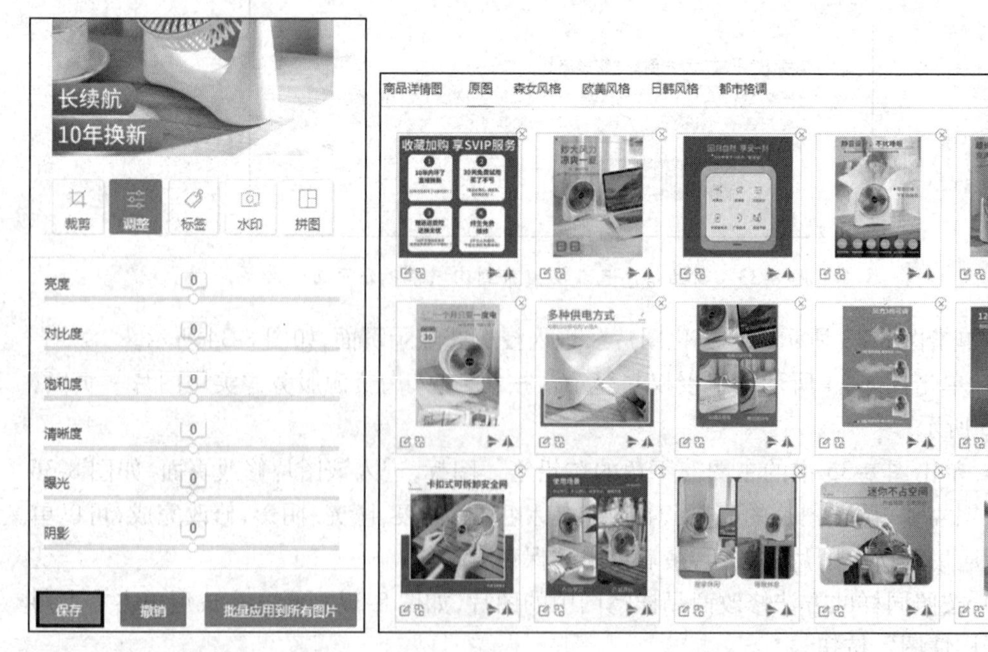

图 8-36 图片修改页面

图 8-37 商品详情图

（13）单击图 8-38 中的“标题优化”选项，进入标题优化页面。根据优化建议，选择合适的搜索关键词、属性词和促销词。修改完成后，单击“更新”按钮。

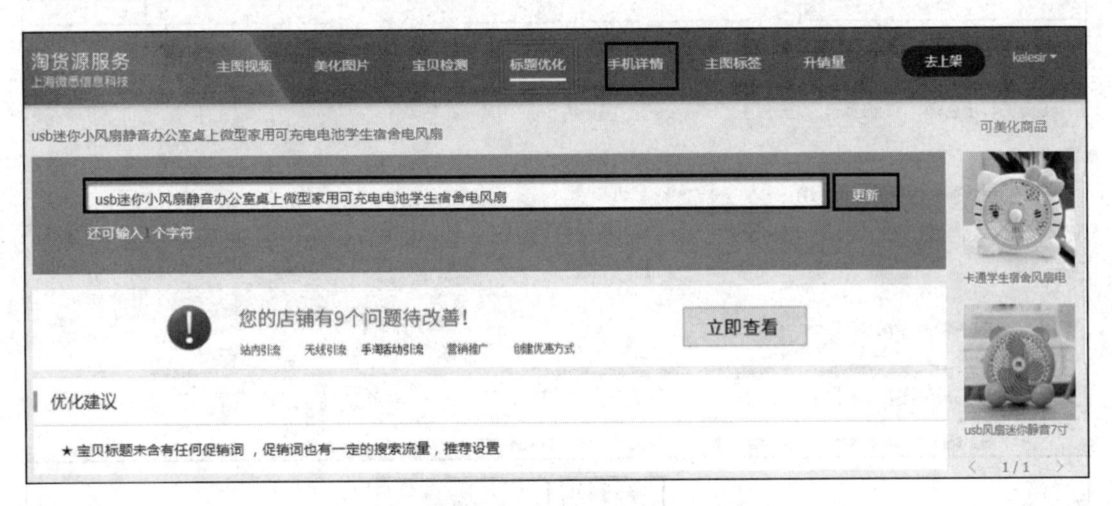

图 8-38　标题优化页面

（14）用同样的方法，单击图 8-38 所示中的“手机详情”选项进行修改，弹出发布商品验证页面，如图 8-39 所示。

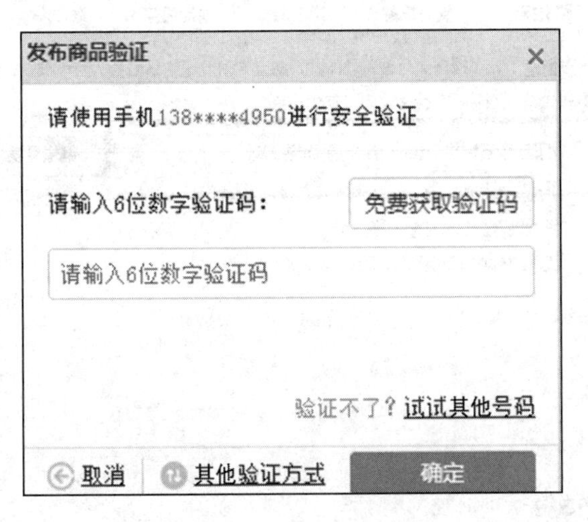

图 8-39　发布商品验证

（15）输入正确的数字验证码，进入淘宝网商品发布页面，如图 8-40 和图 8-41 所示。根据需要，完成“切换类目”“店铺中的分类”“运费模板”“售后服务”和“上架时间”模块的设置。为了避免填写错误、断电等意外，可以单击“保存草稿”按钮。所有设置完成后，单击“提交宝贝信息”按钮。

（16）单击图 8-41 所示中的“提交宝贝信息”按钮，出现错误信息提示。根据提示，填写型号为“USB 风扇”。然后再次单击“提交宝贝信息”按钮。如果出现闪退或提交不成功等意外情况，可以重新进入千牛卖家工作台。选择“仓库中的宝贝”选项，如图 8-42 所示，进入仓库中的宝贝，如图 8-43 所示。选择“编辑商品”选项，即可重新编辑未发布成功的产品，直到上架成功为止。

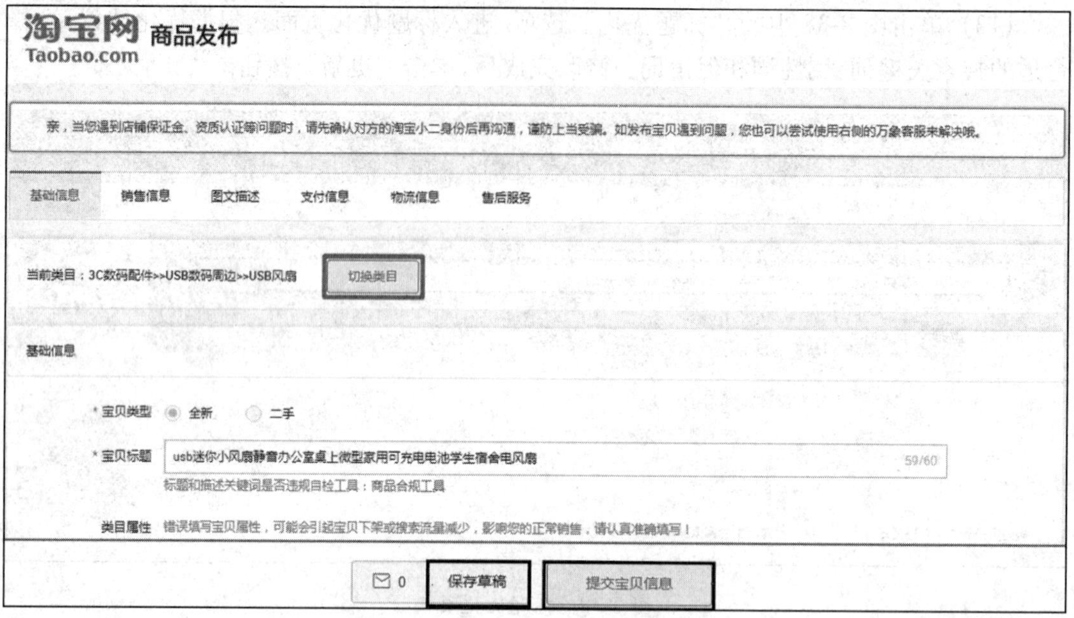

淘宝网 商品发布
Taobao.com

亲，当您遇到店铺保证金、资质认证等问题时，请先确认对方的淘宝小二身份后再沟通，谨防上当受骗。如发布宝贝遇到问题，您也可以尝试使用右侧的万象客服来解决哦。

基础信息 销售信息 图文描述 支付信息 物流信息 售后服务

当前类目：3C数码配件>>USB数码周边>>USB风扇 切换类目

基础信息

* 宝贝类型 全新 二手

* 宝贝标题 usb迷你小风扇静音办公室桌上微型家用可充电电池学生宿舍电风扇 59/60

标题和描述关键词是否违规自检工具：商品合规工具

类目属性 错误填写宝贝属性，可能会引起宝贝下架或搜索流量减少，影响您的正常销售，请认真准确填写！

0 保存草稿 提交宝贝信息

图 8-40 商品发布页面（1）

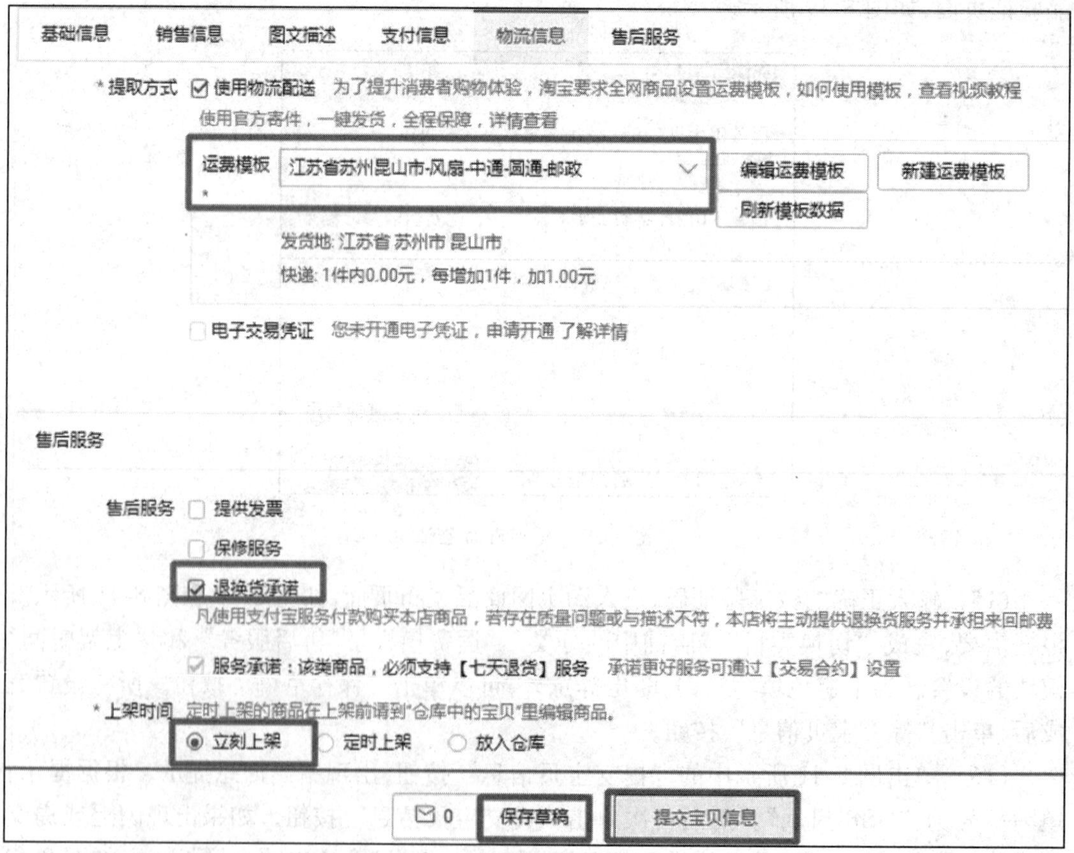

基础信息 销售信息 图文描述 支付信息 物流信息 售后服务

* 提取方式 使用物流配送 为了提升消费者购物体验，淘宝要求全网商品设置运费模板，如何使用模板，查看视频教程

使用官方寄件，一键发货，全程保障，详情查看

运费模板* 江苏省苏州昆山市-风扇-中通-圆通-邮政 编辑运费模板 新建运费模板 刷新模板数据

发货地: 江苏省 苏州市 昆山市

快递: 1件内0.00元，每增加1件，加1.00元

电子交易凭证 您未开通电子凭证，申请开通 了解详情

售后服务

售后服务 提供发票

保修服务

退换货承诺

凡使用支付宝服务付款购买本店商品，若存在质量问题或与描述不符，本店将主动提供退换货服务并承担来回邮费

服务承诺：该类商品，必须支持【七天退货】服务 承诺更好服务可通过【交易合约】设置

* 上架时间 定时上架的商品在上架前请到“仓库中的宝贝”里编辑商品。

立刻上架 定时上架 放入仓库

0 保存草稿 提交宝贝信息

图 8-41 商品发布页面（2）

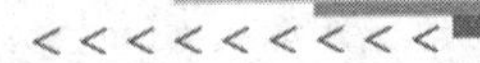

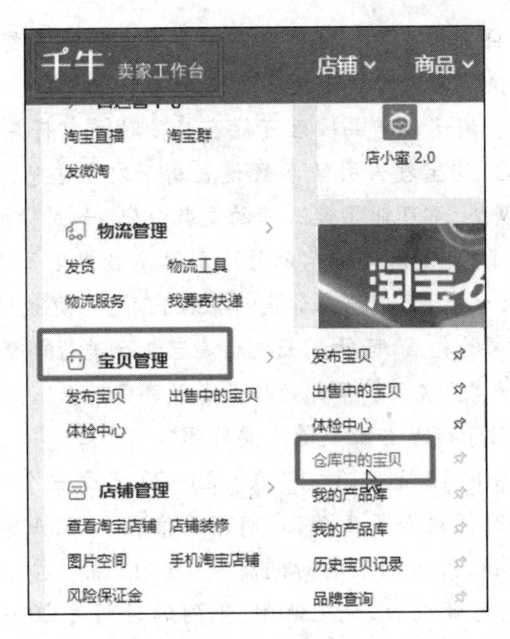

图 8-42　千牛卖家工作台宝贝管理模块

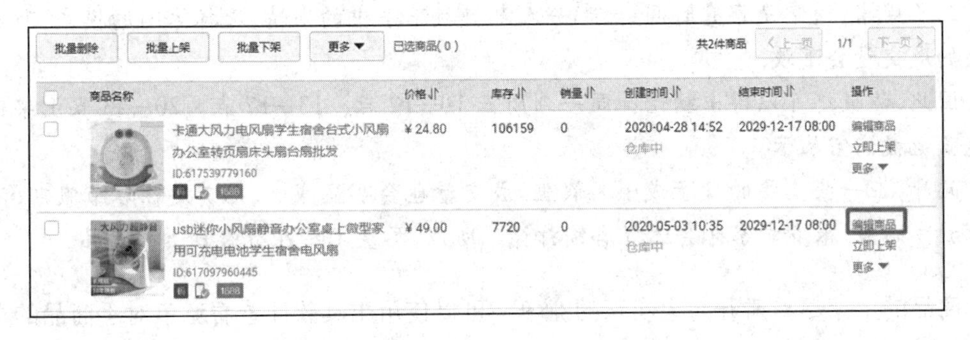

图 8-43　仓库中的宝贝

完成以上步骤，就可以在店铺中销售。如有另外的产品需要发布，也可参照以上的步骤。

8.3.4　上架时间设置

产品上架分为立即上架、定时上架和进入仓库 3 种。

(1) 选择立即上架，卖家在发布产品的时候就可以马上在“出售中的宝贝”中查看到，半小时后在淘宝中可以搜索到。

(2) 选择定时上架，卖家可以选择具体的时间，甚至能精确到一分一秒上架。卖家可以根据自己进货的数量采用分天分时上架的重要方法。

(3) 选择进入仓库，则只能由卖家自己查看到，单击上架之后才能显示在买家面前。

【同步拓展】

上 架 时 间

在淘宝的搜索规则中，有一个规律是商品距离七天下架时间越短则越被靠前展示，所以产品的上架时间就显得尤为重要。任何商品都会在发布 7 天之后的同一时间下架。这一规则就意味着商品在快下架的时候会被更多地展现。

然而规则是变化的。淘宝的产品经理可能在某段时间内将某些类别的参数修改为最新上架的产品优先展示。淘宝搜索引擎参数设置属于内部信息,很少有人知道准确的公式。其参数进行细微的调整,都可能导致流量的重新分配。如果你的产品没有被提示降权,而流量和成交量都下降了,可能就是淘宝的搜索引擎参数发生了变化。同样,如果你平时的生意不好,突然有一天成交量增加,而你没有做任何推广,也说明参数被调整了。但是,如果影响到了大多数卖家的利益,可能几天之后淘宝又会进行调整。

无论淘宝如何调整参数,这么多年都始终没有放弃 7 天上下架时间来安排展示效果。所以产品的上下架时间对于流量分配起着重要作用。

根据大数据分析，10—12 点、13—17 点、20—23 点这三个时间段为买家访问淘宝的高峰期。至于这三个时间段是否正确,我们可以推理一下,正常情况下,早上去上班需要处理一些工作上的事情,然后闲暇的时间就是 10—12 点；接下来吃中午饭,下午上班的时间是 13—17 点；吃完晚饭后,晚上休闲、上网的时间是 20—23 点,最后上床睡觉。不难看出,这三个时间段正好是逛淘宝的高峰时间段。

到了周末,通常是家庭时间,大部分人都会放下手中的事情,选择休闲的模式,所以这两天的成交量会下跌。

因此,你最终可以得出结论：周一到周五 10—12 点、13—17 点、20—23 点上架商品会更多地被淘宝展示。

此外,在一些重要的日子或小长假里,成交量也会明显减少,尤其是在春节假期,不仅买家放弃购买,很多卖家也会选择店铺打烊。所以,尽量不要在节假日上架商品。

商品的上架尽量避开与大卖家的竞争。可以使用工具软件查看竞争对手商品的上架时间,自己在设置的时候尽量错开上架。打开浏览器,地址栏输入 www.taodaxiang.com ,进入淘大象平台,如图 8-44 所示。单击“查下架”选项,输入竞争对手的旺旺号,单击“查询”按钮,即可得到需要的数据。

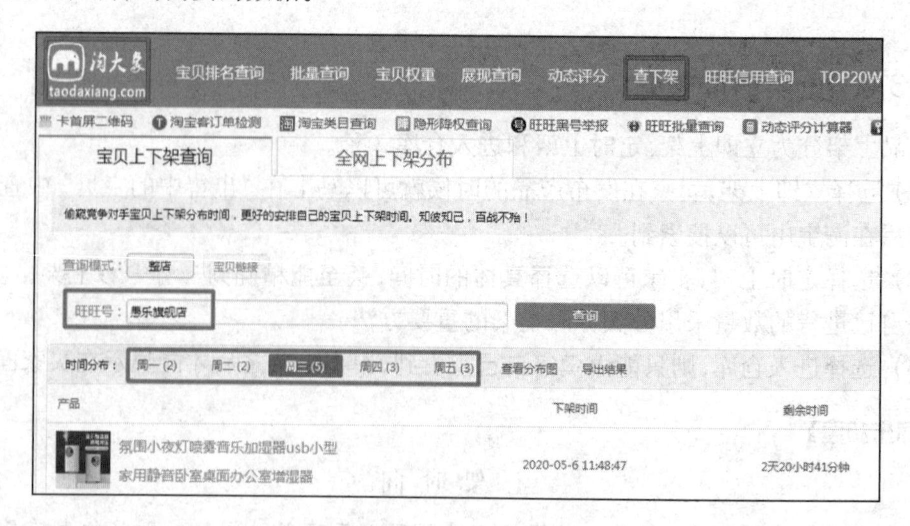

图 8-44　淘大象平台

8.4 推广与促销

8.4.1 淘宝直通车

1. 直通车简介

直通车是按单击付费的营销推广工具,在买家搜索结果页通过关键词展现相匹配宝贝的推广方式,实现宝贝的精准推广。它类似于 GOOGLE、ADWORDS、百度竞价广告,商家通过直通车后台设置关键字、创意文案、设置排名出价,用户通过搜索相关关键字,查看搜索广告结果;商家按照客户点击付费(CPC)的一种广告模式。

2. 直通车优势

(1)智能化投放。无论是标准推广中核心功能的智能化工具,还是整体的智能推广托管,都可以通过强大的技术能力提升推广效率。

(2)精准搜索营销。当买家搜索的关键词和你设置的关键词相匹配的时候,让你的商品展现在有需求的买家面前,获得精准流量。

(3)费用有效控制。单个关键词的 PC 及无线出价可以单独设置,还可以在计划上设置日期限额,帮助你控制每日投放预算。

3. 直通车适用性

(1)适用对象:适用于淘宝集市店“3 星”及以上的卖家或天猫卖家。因为它是一种付费流量方式,所以更适合急于引流、有一定广告预算的卖家。

(2)适用范围:除了正常的引流外,它也成为目前多数商家宝贝上新测款、宝贝上架后打造爆款的有力工具。

4. 直通车推广展现位置

(1)PC 端搜索结果页带“掌柜热卖”标识,无线端带 HOT 标识的即为直通车的展现位置。

(2)PC 端展现:关键词搜索结果页左侧 1 ~ 3 个、右侧 16 个、底部 5 个带有“掌柜热卖”标识的推广位置。

(3)移动端展现:手淘搜索结果页每隔 5 个或 10 个宝贝有一个带 HOT 标识的展示位。1+5+1+10+1+10+1+……期中的“1”就表示直通车的展示位置。

5. 直通车的展现逻辑及扣费原理

(1)展现逻辑:直通车是根据关键词质量分和出价获取的综合得分,并根据综合得分确定宝贝的排名。综合得分 = 出价 × 质量得分。

(2)扣费原理:直通车按点击扣费,扣费金额不高于你的最终出价。单次点击扣费 =(下一名出价 × 下一名质量得分)/ 质量得分 + 0.01 元

(3)质量分:质量分是衡量关键词、推广宝贝和淘宝用户搜索意向三者之间相关性的综合指标,得分为 1 ~ 10 分,影响质量分的因素包括创意质量、相关性及买家体验三

方面。

6．直通车操作流程

(1) 进入千牛卖家工作台，如图 8-45 所示，选择营销中心的“我要推广”选项。

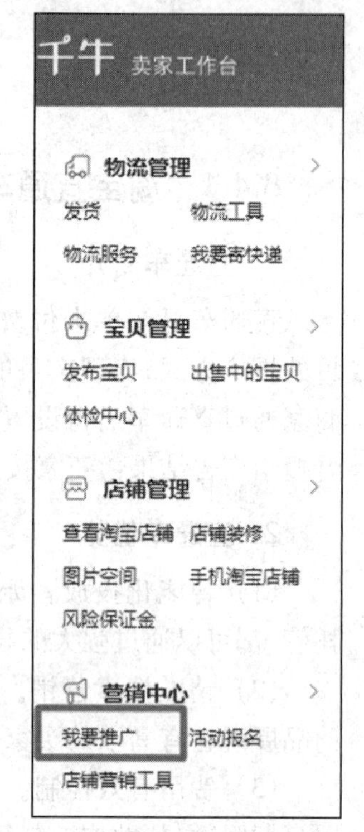

图 8-45 千牛卖家工作台

(2) 进入订购保障官方指南页面，如图 8-46 所示。选择“淘宝/天猫直通车”选项，进入淘宝直通车产品介绍页面，如图 8-47 所示。

(3) 单击“进入直通车”按钮，进入淘宝直通车操作台，如图 8-48 所示。

(4) 进入后台“账户”模块，自定义充值，如图 8-49 所示。充值金额要求最低 200 元，也可以选择 500 元、1000 元、2000 元或 5000 元。选择“立即充值”，通过支付宝支付可以完成充值任务。如果需要退款，单击进入左侧“财务记录”界面，如图 8-50 所示，申请退款。选择退款原因，阅读注意事项，最后单击“提交”按钮既可，一般 5 ~ 10 个工作日完成退款。淘宝/天猫直通车退款申请如图 8-51 所示。

(5) 进入“推广”模块，如图 8-52 所示，单击“新建推广计划”按钮，进入推广方式选择模块，如图 8-53 所示。推广方式包括“智能推广”和“标准推广”。如果有操作经验，建议选择“标准推广”；如果第一次设置，则建议选择“智能推广”。

图 8-46 订购保障官方指南页面

图 8-47　淘宝直通车产品介绍页面

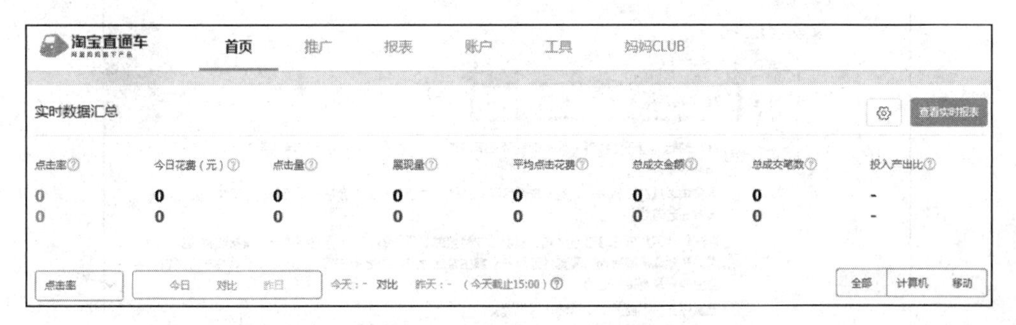

图 8-48　淘宝直通车操作台

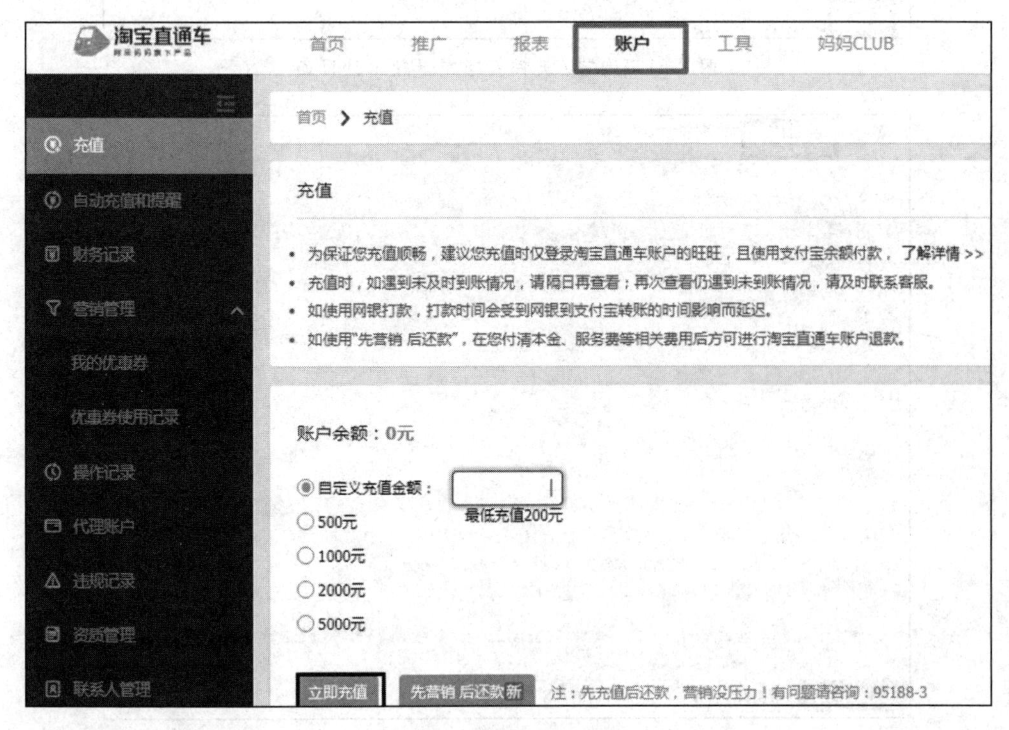

图 8-49　自定义充值

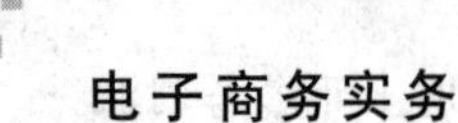

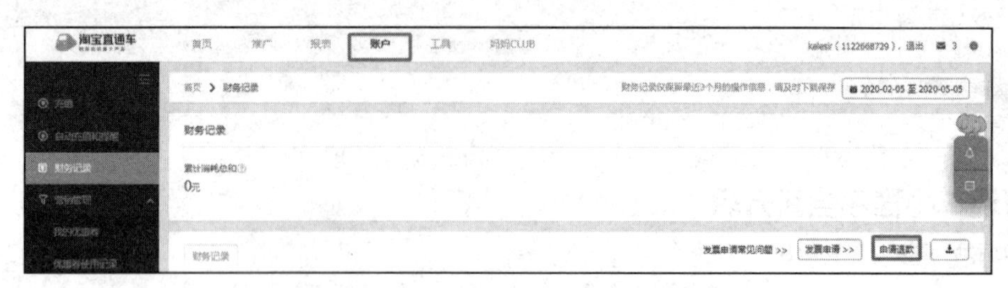

图 8-50 财务记录

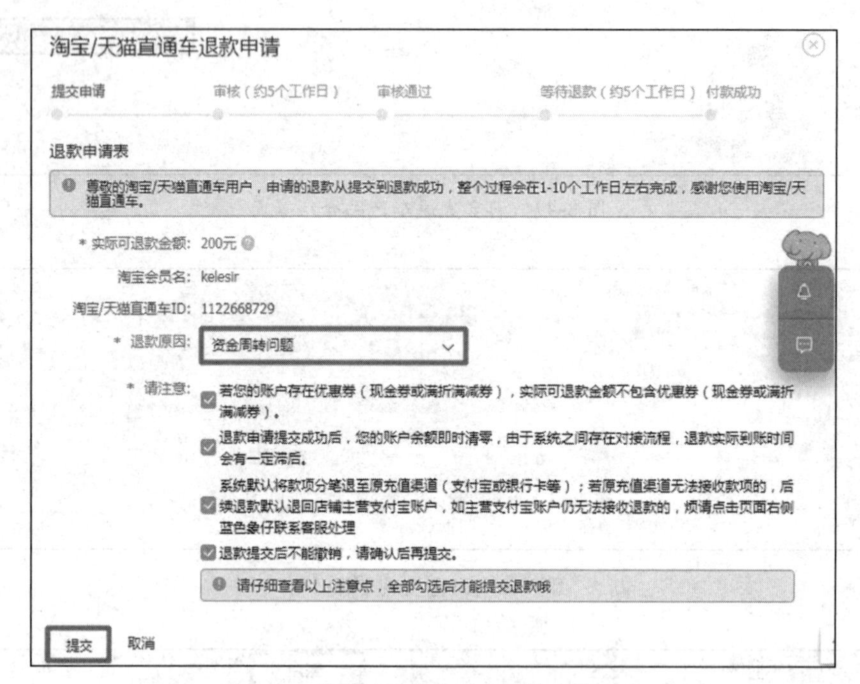

图 8-51 淘宝 / 天猫直通车退款申请页面

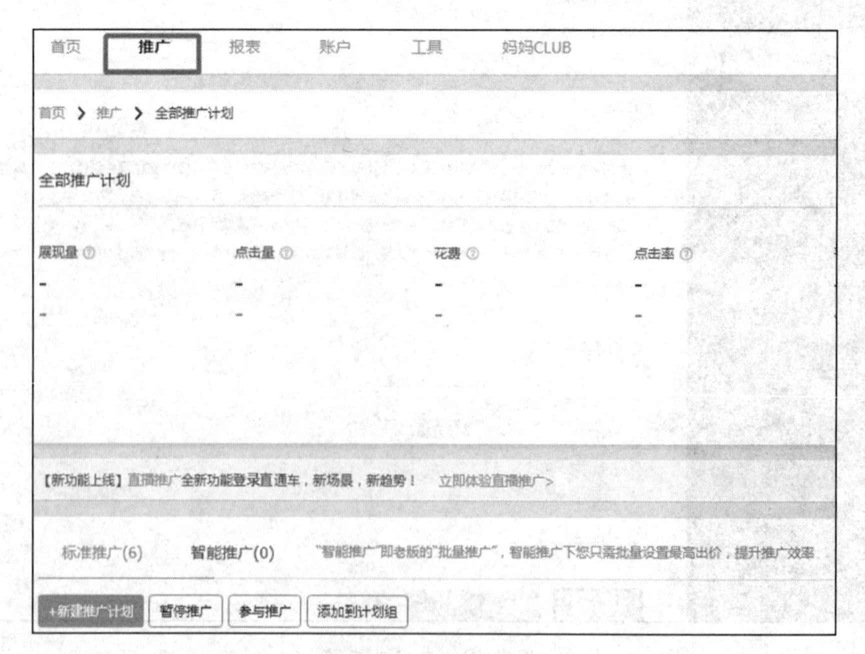

图 8-52 推广模块

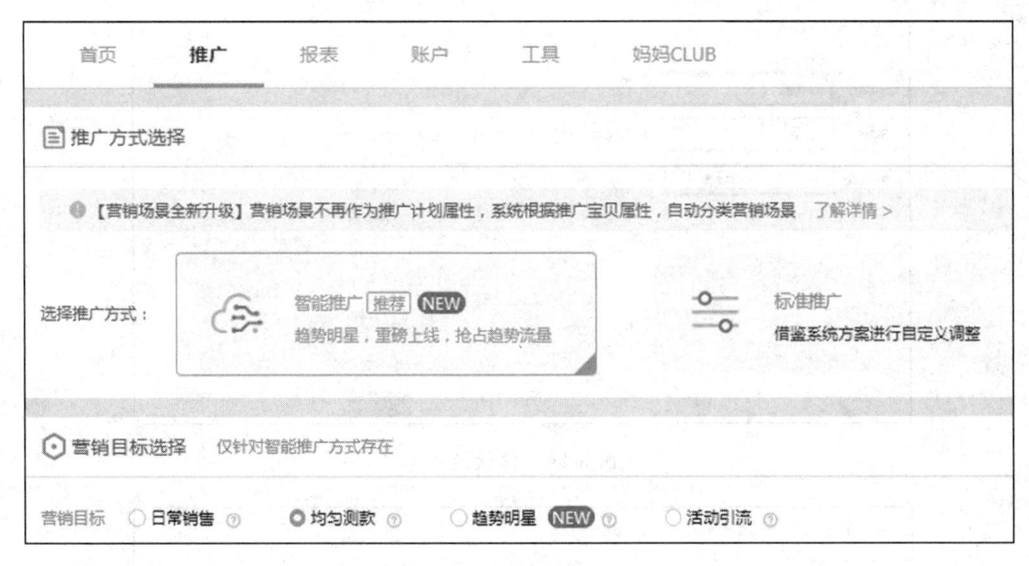

图 8-53 推广方式选择

(6) 设置图 8-53 中的“营销目标选择”相关选项。该功能只有选择了智能推广后才出现。

① 日常销售：以提升货品销售为主要目标，选取高精准性和高转化性关键词及人群，辅助对应的出价，提升转化效果。

② 均匀测款：测款策略帮你快速均衡流量引入测款宝贝，快速掌握测款数据。

③ 趋势明星：趋势主题提供消费者热搜的洼地流量，可持续追踪趋势热点，提前抢占趋势。

④ 活动引流：以活动前快速获得较大流量为目标，选取类目及高流量词及对活动的相关兴趣人群，帮你为活动爆发期流量蓄水。选择该功能时，应该结合店铺的定位及销售目标。

【经验之谈】

进行内容产品测试时，注意选择“均匀测款”；报活动时，选择“活动引流”；设置趋势主题时，选择“趋势明星”；正常销售时，选择“日常销售”。

(7) 投放设置如图 8-54 所示。按照营销计划，据实填写计划名称、日限额、投放平台 / 地域 / 时间。设置“日限额”时，建议合理设置每日花费预算，避免过早下线而错过优质流量。

(8) 根据店铺制订的销售目标，据实设置“投放平台 / 地域 / 时间”。具体可以参考图 8-55 ~图 8-57。在设置每一项任务后，一定要及时保存设置的内容。

(9) 进行单元设置，如图 8-58 所示。单击“添加宝贝”按钮，进入宝贝选择界面，如图 8-59 所示。单击宝贝搜索选项，显示出店铺的全部产品。据实选择出直通车进行推广的产品，完成后单击“确定”按钮。设置完成后，如图 8-60 所示。如果宝贝选择错误，可以单击右侧“删除”按钮将其删除。

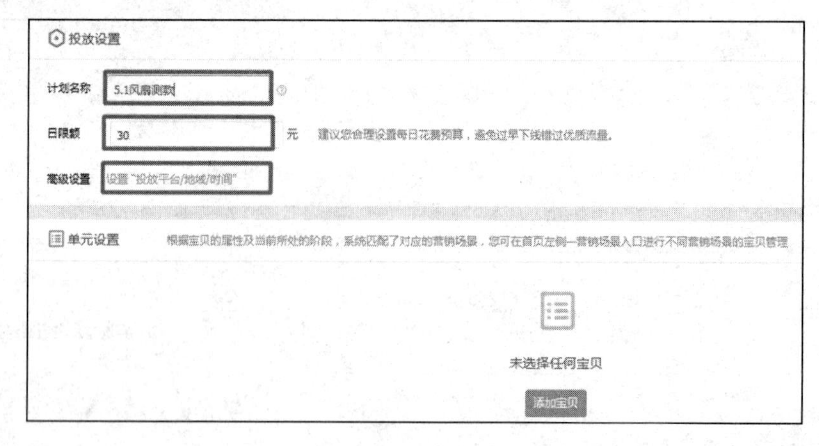

图 8-54 投放设置

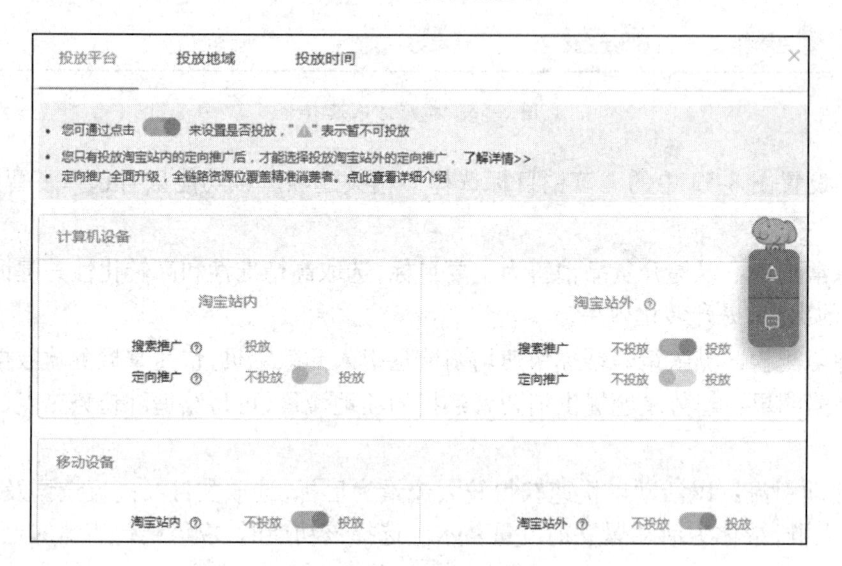

图 8-55 投放平台设置

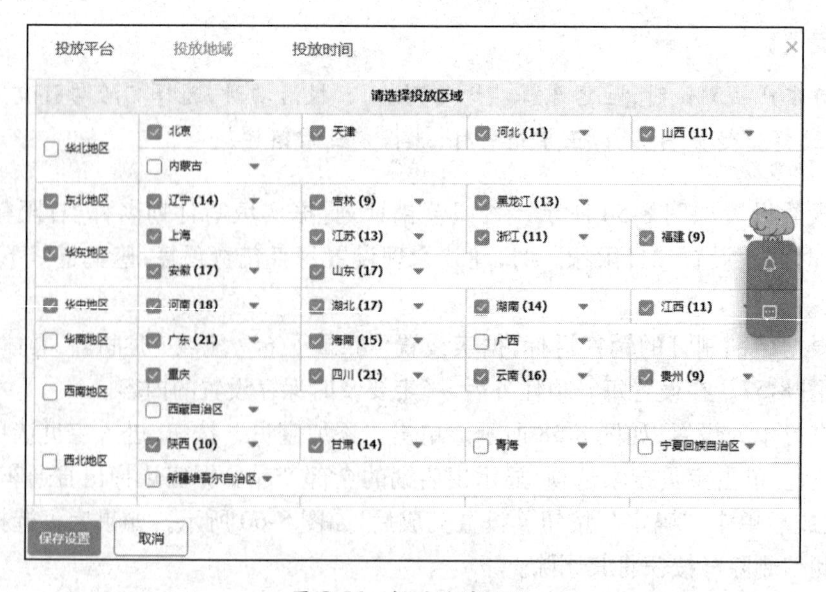

图 8-56 投放地域设置

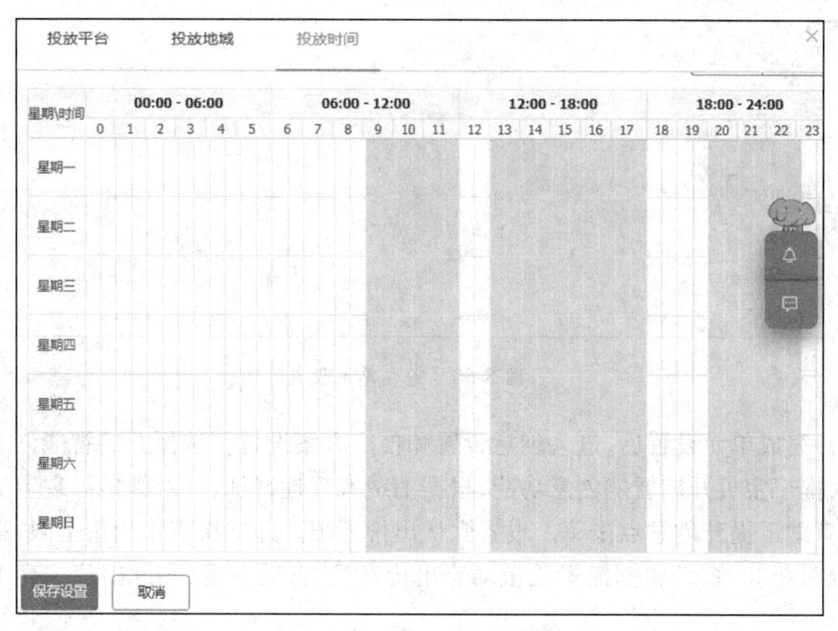

图 8-57　投放时间设置

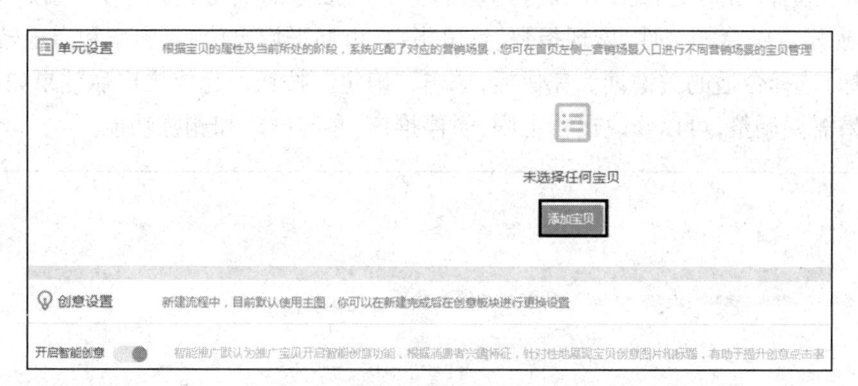

图 8-58　单元设置

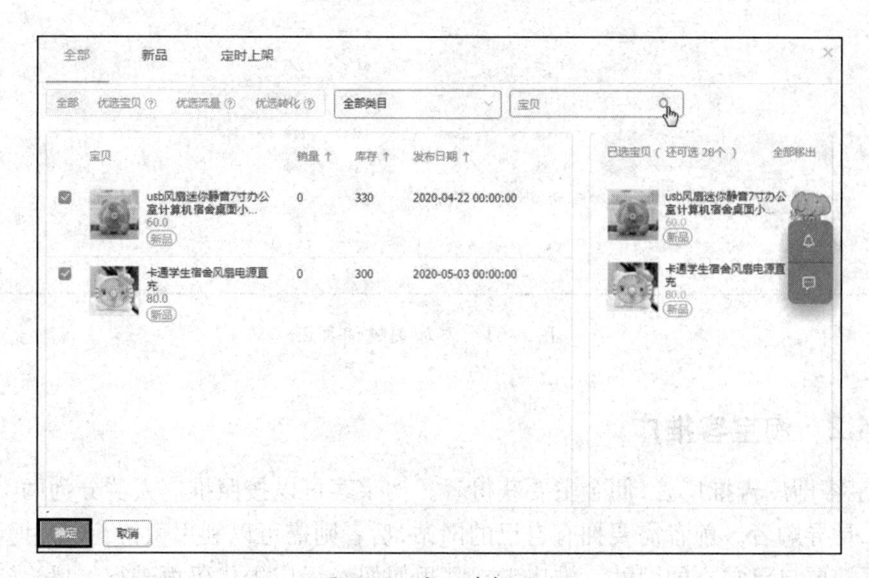

图 8-59　宝贝选择页面

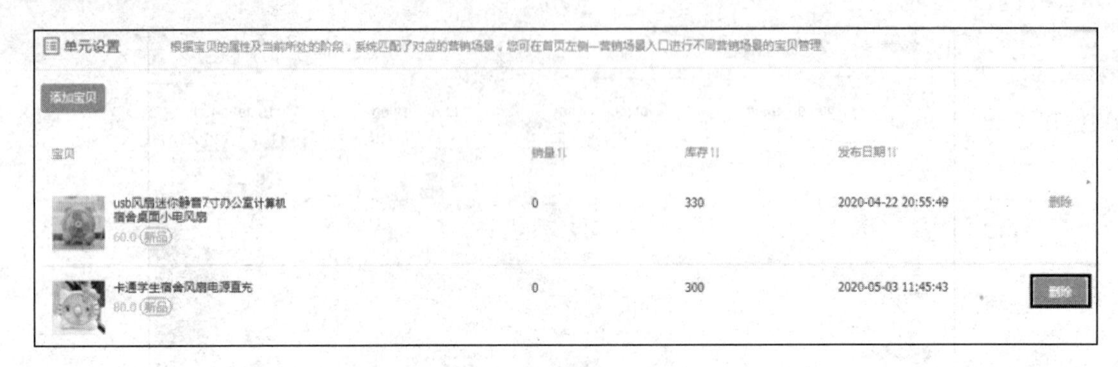

图 8-60　完成单元设置

(10) 完成单元设置后，进入创意设置和推广方案设置。选择开启智能创意。智能推广默认为推广宝贝开启智能创意功能，根据消费者兴趣特征，针对性地展现宝贝创意图片和标题，有助于提升创意点击率。设置默认出价上限。即单次点击出价上限，最终上限还会考虑分时折扣，系统根据流量质量动态出价，过滤低质流量，实际出价不高于最终出价上限。

(11) 选择“添加自选词”后，可以选择系统推荐的关键词，也可以添加关键词，如图 8-61 所示。综合相关性、展现指数、竞争指数、市场平均出价、点击率和点击转化率多个参数指标，选择合适的关键词。完成后，单击“确定”按钮。完成推广后效果如图 8-62 所示。如果需要调整，可以修改出价上限、暂停推广、参与推广和删除功能。

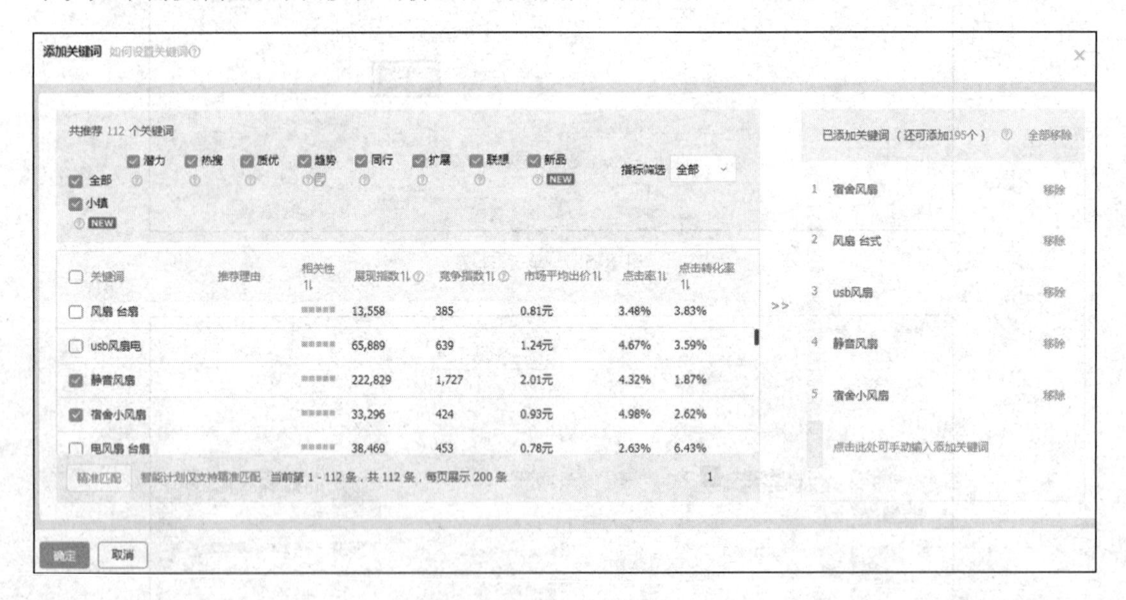

图 8-61　添加关键词页面

8.4.2　淘宝客推广

淘宝客即广告推广者，佣金主要获得者。淘宝客可以按照推广人群分为两类，一是网站主，二是导购者。前者需要拥有自己的网站，后者则需可以利用微博、QQ、博客等进行推广，不需要自己独立的网站。推广者在阿里妈妈获得广告代码再进行传播，当有人通过其代码成功购买商品时,即可获得淘宝卖家支付的佣金。阿里妈妈收取的技术服务费是从淘宝客的佣金中扣除的,淘宝所产生的佣金收入还会被阿里妈妈扣税。

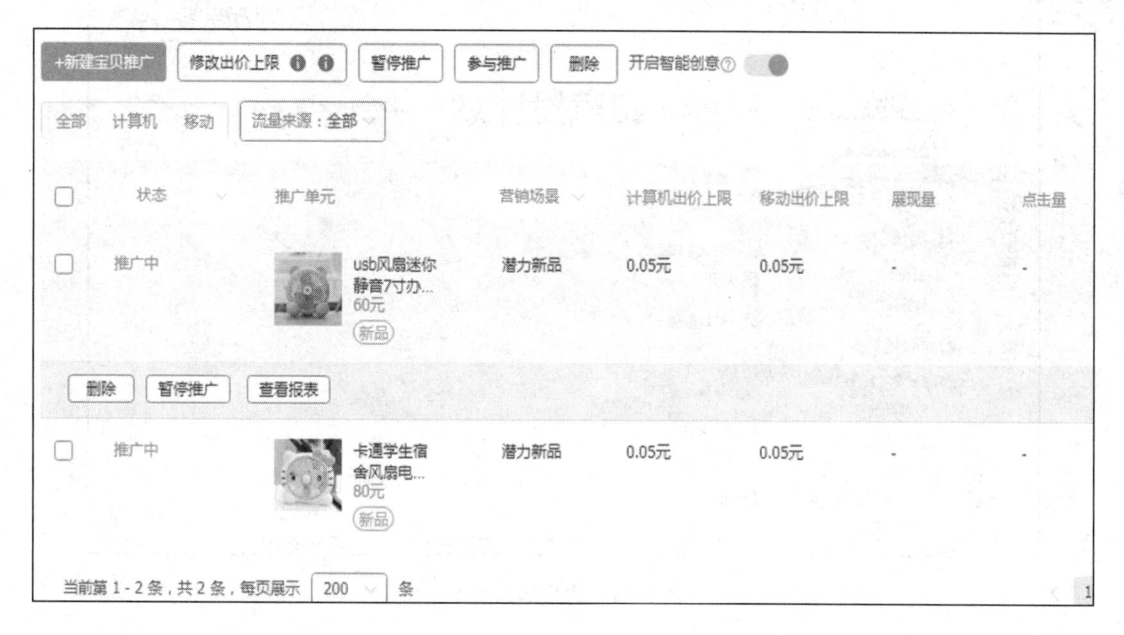

图 8-62　完成推广后的效果

(1) 选择千牛卖家工作台,单击“淘宝客 开始拓展”图标,如图 8-63 所示。

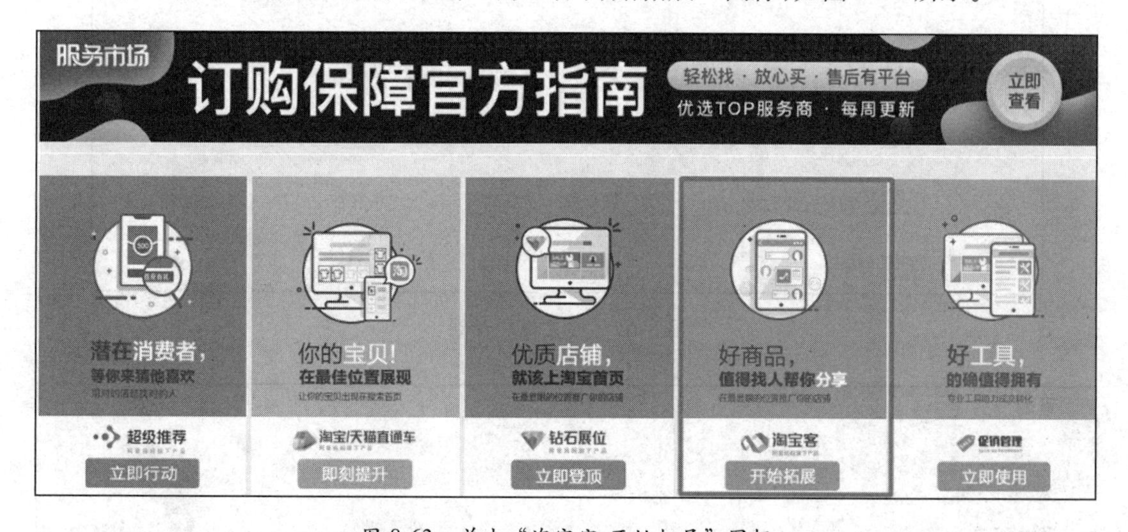

图 8-63　单击“淘宝客 开始拓展”图标

(2) 输入正确的账号,确认登录。登录时可以选择淘宝会员账号,也可以用阿里妈妈会员账号。登录成功后,进入淘宝客工作台,如图 8-64 所示。

(3) 进入 CPS 计划管理页面,设置推广计划,如图 8-65 所示。

① 通用计划。该功能不能设置单个商品,只能设置类目佣金,如图 8-66 所示。系统会自动显示店铺经营商品所属类目,可以通过“编辑佣金比例”选项设置佣金比例。

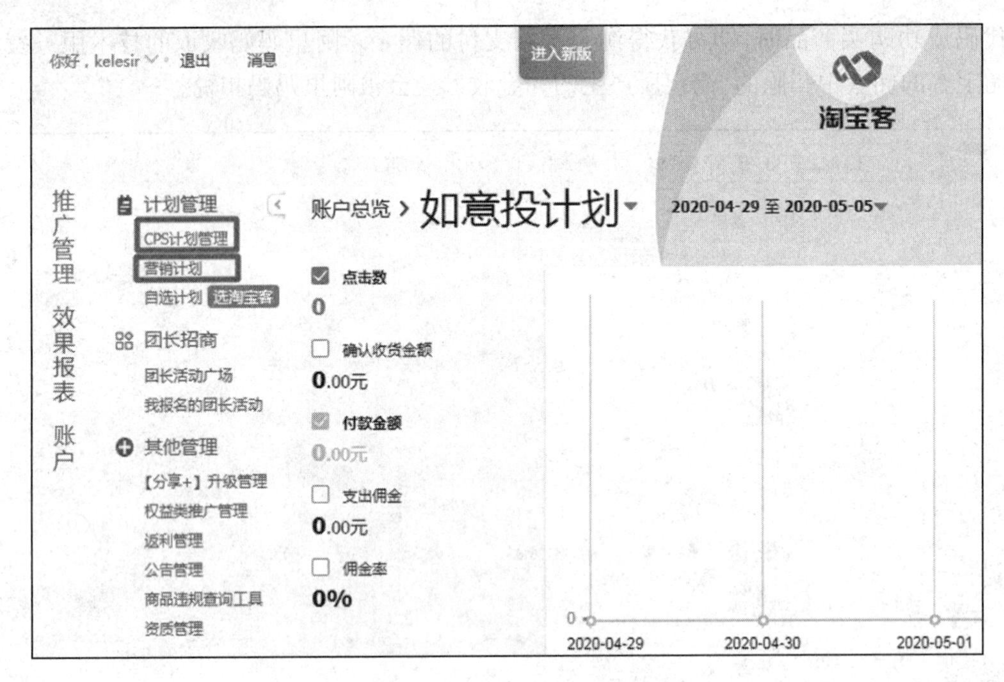

图 8-64 淘宝客工作台

推广计划 佣金计算规则解读>>

状态	计划名称	产品类型	支出佣金	确认收货金额	佣金率
	通用 通用计划	淘宝客	0.00	0.00	0.00%
	如意投 如意投计划	如意投	0.00	0.00	0.00%
	定向 定向计划	淘宝客	0.00	0.00	0.00%

图 8-65 设置推广计划

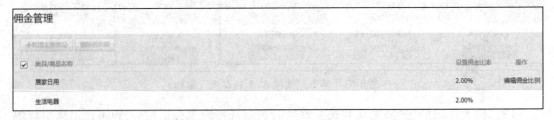

图 8-66 设置通用计划

② 如意投计划。该功能既可以设置类目佣金，也可以设置单个商品佣金。如图 8-67 所示，可以通过“新增主推商品”选项设置单个商品佣金，通过“编辑佣金比例”选项调整佣金比例，也可以删除推广。如意投推广是阿里妈妈平台在淘宝站外引流的一种方式，所有佣金归阿里妈妈平台所有。

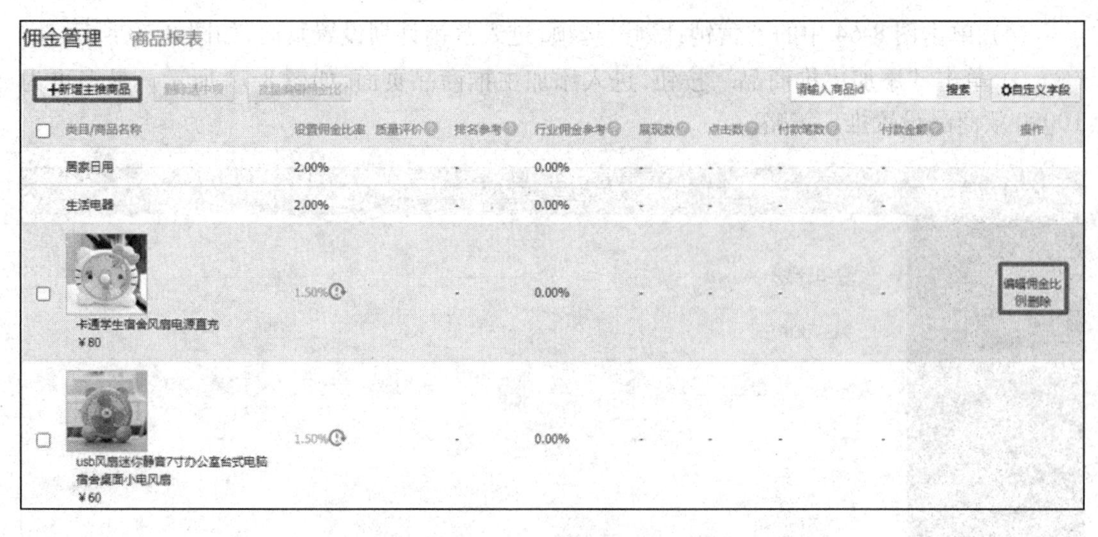

图 8-67　设置如意投计划

③ 定向计划。该功能是主动招募淘宝客的一种方式，如图 8-68 所示。单击“新建定向计划”选项，进入新建定向计划，如图 8-69 所示。按销售计划填写计划名称、计划类型（默认不公开）、审核方式（只能选择全部手动审核）、起止日期、类目佣金和计划描述。定向公开单品推广需要到营销计划中单独设置。

推广计划　佣金计算规则解读>>

温馨提示：为了更好的用户体验，平台每天会对已过期、已停止超过45天的定向计划进行自动清理。

+新建定向计划　删除选中项

状态　计划名称　产品类型　支出佣金　确认收货金额　佣金率　点击数　付款笔数

图 8-68　设置定向计划

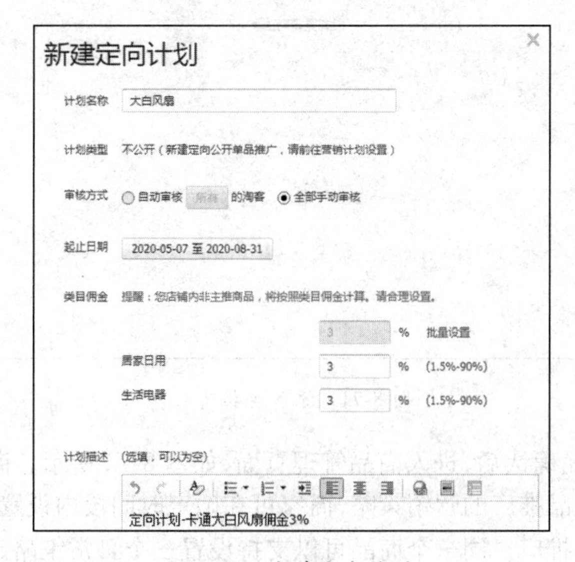

图 8-69　新建定向计划

(4) 单击图 8-64 中的“营销计划”选项,进入营销计划设置页面,如图 8-70 所示。

① 单击“添加主推商品”按钮,进入添加主推商品页面,如图 8-71 所示。最多可为 10000 款商品设置推广策略。

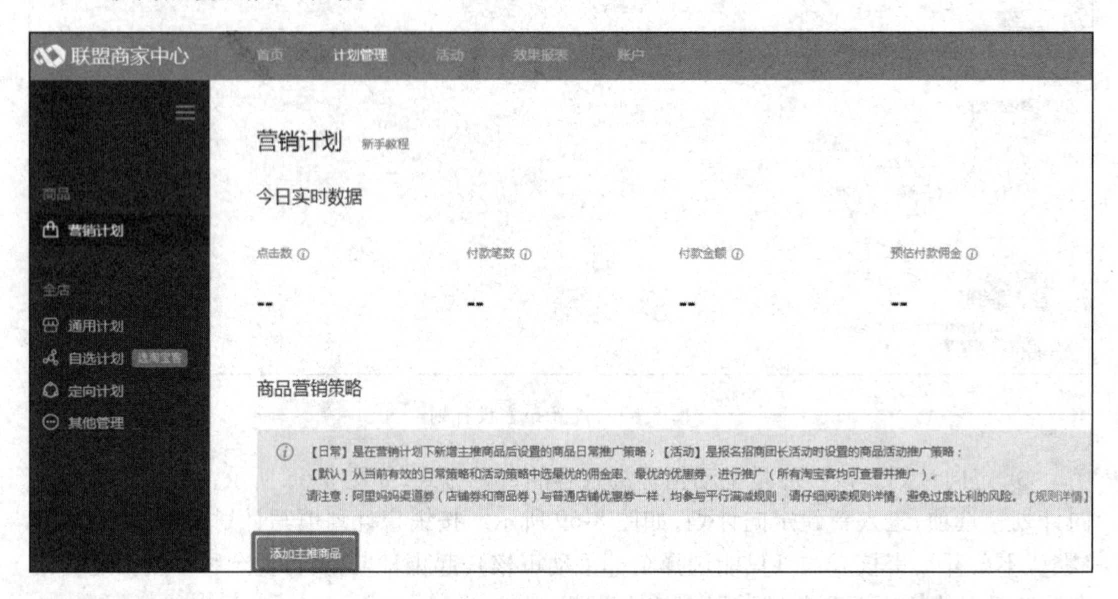

图 8-70 设置营销计划

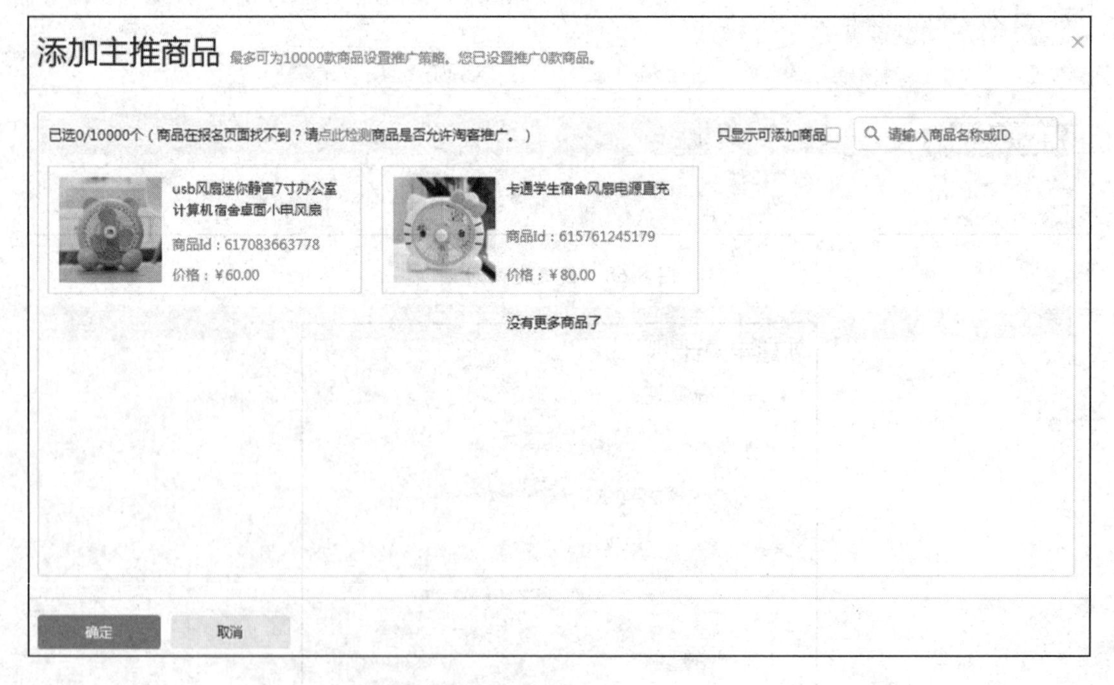

图 8-71 添加主推商品

② 添加主推商品确认后,进入商品管理页面,如图 8-72 所示。商品管理是商家通过阿里妈妈平台设置单品推广的营销策略,商家可在确定时间段内设置佣金利益点,平台会分发给流量媒体进行推广。同一个商品可以支持设置三个日常策略。完成后单击“保存

设置”按钮，进入商品营销策略页面，如图 8-73 所示。

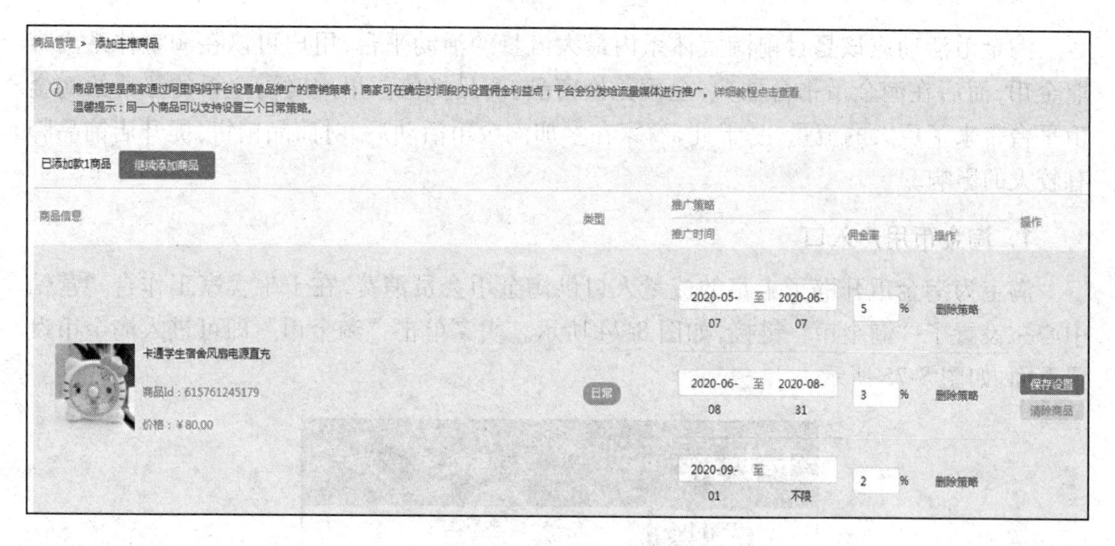

图 8-72　商品管理页面

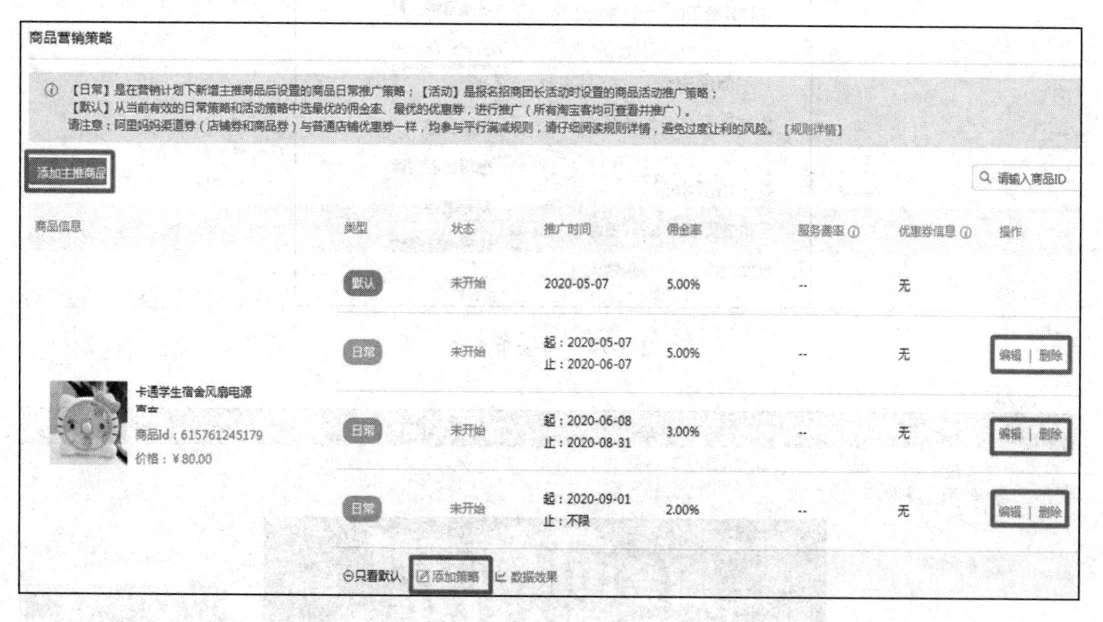

图 8-73　商品营销策略页面

③ 商品营销策略包括日常、活动和默认三种类型。

- 日常：是在营销计划下新增主推商品后设置的商品日常推广策略。
- 活动：是报名招商团长活动时设置的商品活动推广策略。
- 默认：从当前有效的日常策略和活动策略中选最优的佣金率、最优的优惠券进行推广（所有淘宝客均可查看并推广）。设置完成后，可以观察一周或更长时间的推广效果。

如果不理想，可以重新调整策略，修改推广时间和佣金率，也可以添加或删除主推商品，直到效果满意为止。

8.4.3 淘金币活动

淘金币活动应该是目前淘宝体系内最大流量的活动平台，用户可以在淘宝体系内赚取金币，而后在淘金币平台抽奖、全额兑换商品、商品抵值。用户对淘金币的热情给淘金币平台带来了巨大的流量，基于此，商家在参加淘金币活动后，对商品销售、提升店铺品牌有较大的影响。

1. 淘金币用户入口

淘宝为淘金币开辟了丰富的流量入口供淘金币会员消费，在千牛卖家工作台“营销中心”设置了“淘金币”链接，如图 8-74 所示。卖家单击“淘金币”即可进入淘金币设置页面，如图 8-75 所示。

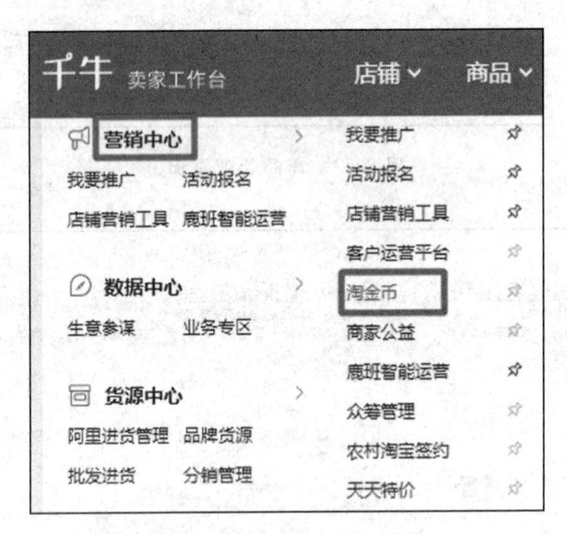

图 8-74　淘金币入口

图 8-75　淘金币设置页面

2. 设置金币工具

(1) 充值

单击图 8-75 中“设置金币工具”按钮，进入淘金币卖家服务中心，如图 8-76 所示。如果当前余额不足，可以选择“充值”功能。

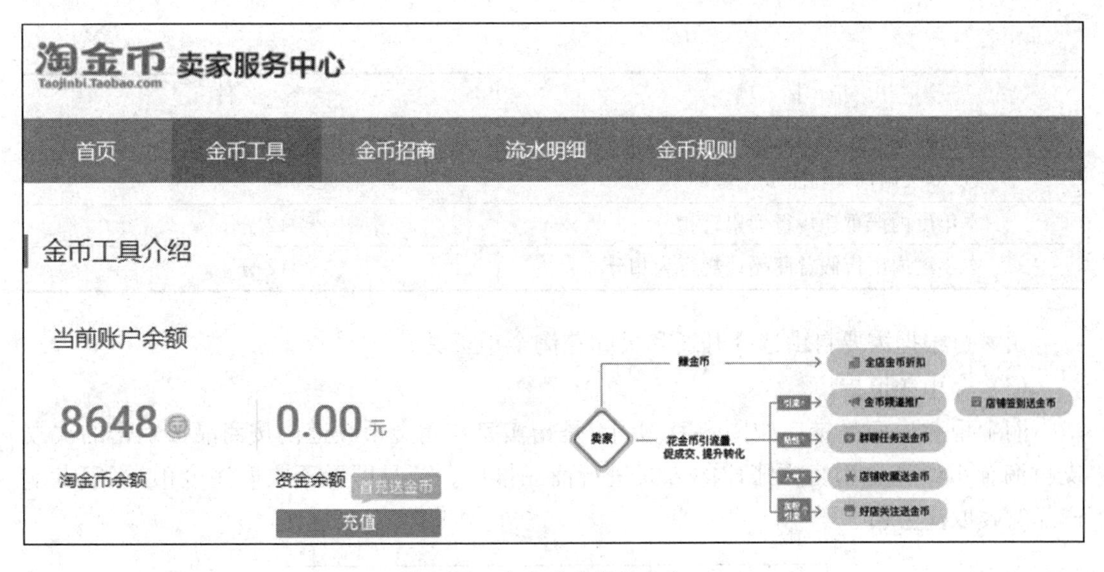

图 8-76 淘金币卖家服务中心

(2) 赚淘金币工具

① 卖家开通工具后,买家可以用“100 淘金币 : 1 元”的比例使用淘金币抵用商品金额。买家抵用的淘金币的 70% 划入卖家淘金币账户,30% 回收到淘金币官方账户。此功能只有在卖家开通“淘金币抵扣赚淘金币”工具后才会立即生效。

② 卖家开通“淘金币抵扣赚淘金币”工具时,全店金币抵扣如图 8-77 所示。可按 3%、5% 或 10% 的比例设置全店商品的淘金币抵扣比例。卖家可对不同的商品设置不同的抵扣比例,最多可设置 10 个高于全店抵扣比例的商品和。卖家可以设置不参加抵扣活动的商品。

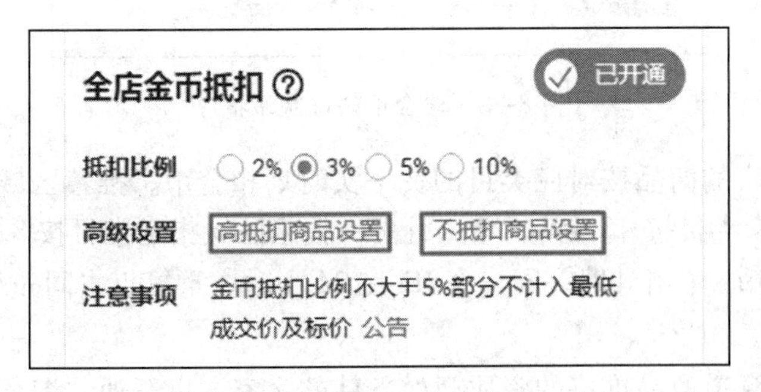

图 8-77 设置全店金币抵扣

③ 卖家开通“淘金币抵扣赚淘金币”工具后,可使用淘金币抵扣的商品将展示在手机淘宝搜索列表页的“淘金币抵钱”筛选项内。

卖家须符合如表 8-1 所示的条件,方可开通“淘金币抵扣赚淘金币”工具。

表 8-1 淘金币设置条件

指 标 项	条 件
卖家类型	淘宝网卖家
店铺信用等级	≥4 星

续表

指　标　项	条　　件
开店时长	≥ 90 天
近 90 天店铺支付宝成交金额	> 0
本年度内严重违规行为累计扣分	< 12 分
本年度内出售假冒商品违规行为扣分	< 12 分

卖家可根据需要自由选择开通和关闭花淘金币工具。

(3) 金币频道推广

淘金币频道商品推广如图 8-78 所示，是指卖家在淘金币频道内按商品被点击的次数支付淘金币给淘金币官方账户的方式进行商品推广。商品展示不收取淘金币，买家点击商品时收取淘金币。

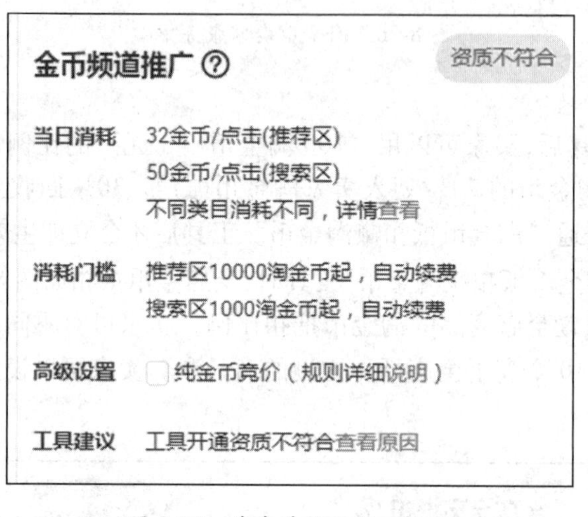

图 8-78　淘金币频道商品推广

① 卖家被推广的商品按对应类目的费率实时划扣金币。推荐区域指定类目按 72 金币 / 单击计费，其余类目按 45 金币 / 单击计费；搜索区域指定类目按 82 金币 / 单击计费，其余类目按 70 金币 / 单击计费。同一个 ID 在 24 小时内重复点击同一个商品不重复收取淘金币。

② 符合金币频道商品推广的资质门槛条件的卖家方可开通“淘金币频道商品推广”工具。当卖家淘金币账户内的淘金币总量少于 1 万个时，系统会暂停“淘金币频道商品推广”，当卖家淘金币账户内的淘金币总量达到 1 万个及以上时，系统重新启动“淘金币频道商品推广”。

③ 卖家开通“淘金币频道商品推广”工具的商品将由系统根据消费者的喜好以及消费者的购买偏好对消费者进行展示的方式在淘金币频道进行展示，开通“淘金币频道商品推广”工具并不表示商品一定会在淘金币频道展示。

④ 卖家须同时符合表 8-2 所示的“淘金币基础招商标准（1）”的店铺报名基础要求及以下条件，方可开通“金币频道商品推广”工具。

<<<<<<<<<<

表 8-2　淘金币基础招商标准（1）

指　标　项	条　　件
卖家类型	淘宝网卖家
店铺信用等级	≥ 3 钻
开店时长	≥ 90 天
近 30 天店铺支付宝成交笔数	≥ 10 笔
本年度内一般违规行为累计扣分	＜ 12 分
本年度内严重违规行为扣分	＜ 12 分
本年度内出售假冒商品违规行为扣分	≤ 0 分
DSR 三项评分（物流服务、描述相符、服务态度）	≥ 4．4 分

⑤ 使用“淘金币频道商品推广”工具推广的商品，须同时符合表 8-3 所示的“淘金币基础招商标准（2）”的商品报名基础要求及条件。

表 8-3　淘金币基础招商标准（2）

指　标　项	条　　件
商品设置的淘金币抵扣比例	≥ 2%
商品近 30 天购买人数（同一 ID）	≥ 5 人
商品主图要求	主图清晰且无水印，将优先展示
商品所在类目要求	商品属于“淘金币频道商品推广”准入类目
DSR 三项评分（物流服务、描述相符、服务态度）	根据行业不同，应符合对应行业 DSR 的要求

【经验之谈】

卖家开通“淘金币频道商品推广”工具的商品将由系统根据消费者的喜好以及消费者的购买偏好对消费者进行展示的方式在淘金币频道进行展示，开通“淘金币频道商品推广”工具并不表示商品一定会在淘金币频道展示。

（1）主图清晰无水印优先展示，图片规范详见 https://www.taobao.com/markets/taojinbi/mjbmtpgf?spm=a217e.8688155.0.0.odrCyJ。

（2）淘金币频道商品推广准入类目详见 https://coin.bbs.taobao.com/detail.html?postId=7906284。

（3）不同行业的 DSR 要求详见 https://coin.bbs.taobao.com/detail.html?postId=9352739。

（4）店铺签到送淘金币

① 店铺签到送淘金币（见图 8-79）：指卖家给予浏览店铺并签到的买家或者浏览店铺并有过购买记录的买家一定数量的淘金币奖励，以促进买家持续进店浏览，提升店铺用户黏性，提高二次购买率。开通“店铺签到送淘金币”工具的店铺会被展示在“淘金币频道——今日任务”子频道内。

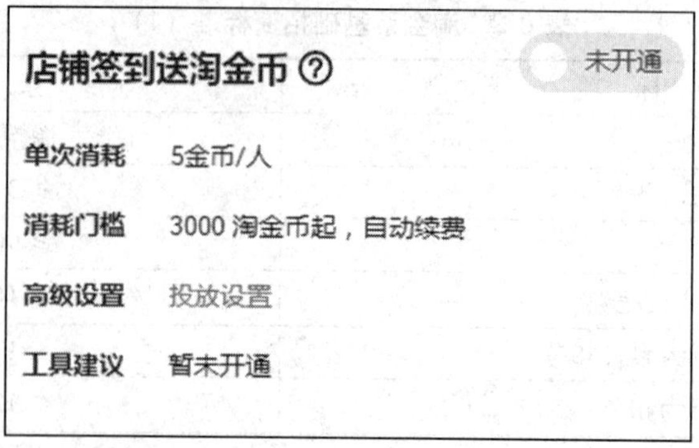

店铺签到送淘金币 ⑦ 未开通

单次消耗 5金币/人

消耗门槛 3000 淘金币起，自动续费

高级设置 投放设置

工具建议 暂未开通

图 8-79 店铺签到送淘金币

② 卖家须符合表 8-4 所示的条件，方可开通“店铺签到送淘金币”工具。

表 8-4 淘金币基础招商标准（3）

指 标 项	条 件
卖家类型	淘宝网卖家
店铺信用等级	≥ 4 星
开店时长	≥ 90 天
近 90 天店铺支付宝成交金额	> 0
本年度内严重违规行为累计扣分	< 12 分
本年度内出售假冒商品违规行为扣分	< 12 分

【经验之谈】

卖家开通“店铺签到送淘金币”工具后，同一 ID 在同一店铺内每天可因“店铺签到送淘金币”活动领取一次淘金币，每次奖励 5 个淘金币。

卖家淘金币账户内的淘金币总量不低于 1 万个时，方可开通“店铺签到送淘金币”工具。当卖家淘金币账户内的淘金币总量少于 1000 个时，系统会暂停“店铺签到送淘金币”。当卖家淘金币账户内的淘金币总量达到 1000 个及以上时，系统重新启动“店铺签到送淘金币”功能。

（5）关注 / 收藏店铺送淘金币

① 关注 / 收藏店铺送淘金币，是指卖家对关注 / 收藏店铺的买家给予一定数量的淘金币奖励，以提升店铺关注人气，如图 8-80 和图 8-81 所示。

② 卖家须符合表 8-4 所示的条件，方可开通“关注 / 收藏店铺送淘金币”工具。

③ 卖家开通“关注 / 收藏店铺送淘金币”工具时，可按 5 个、10 个或 30 个设置买家关注 / 收藏店铺后赠送的淘金币数量。卖家淘金币账户内的淘金币总量不低于 1 万个时，方可开通“关注 / 收藏店铺送淘金币”工具。当卖家淘金币账户内的淘金币总量少于 1000 个时，系统会暂停“关注 / 收藏店铺送淘金币”。当卖家淘金币账户内的淘金币总量达到 1000 个及以上时，系统重新启动“关注 / 收藏店铺送淘金币”。

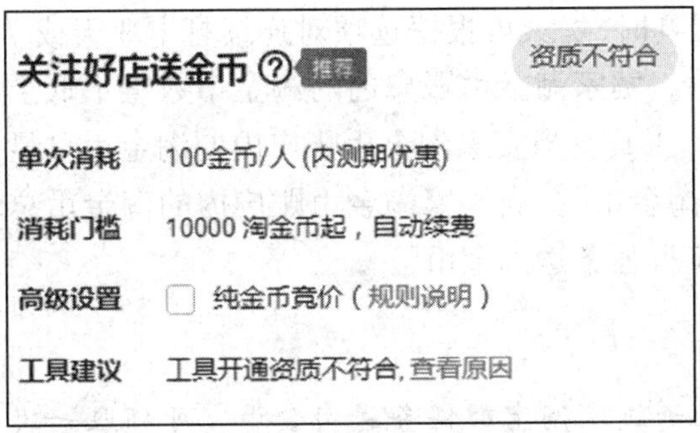

关注好店送金币 ⑦ 推荐　资质不符合

单次消耗　100金币/人 (内测期优惠)

消耗门槛　10000 淘金币起，自动续费

高级设置　纯金币竞价（规则说明）

工具建议　工具开通资质不符合，查看原因

图 8-80　关注好店送金币

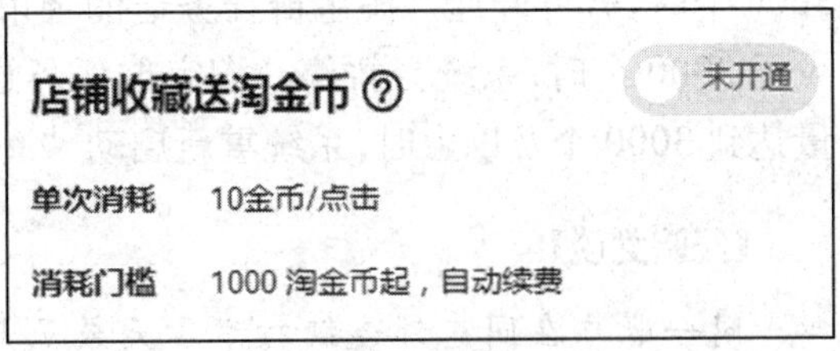

店铺收藏送淘金币 ⑦　未开通

单次消耗　10金币/点击

消耗门槛　1000 淘金币起，自动续费

图 8-81　店铺收藏送淘金币

【经验之谈】

同 ID 在一个自然月内关注 / 收藏店铺只能获得一次淘金币，一个自然月内取消再关注 / 收藏店铺不会重复赠送淘金币。

(6) 淘宝群任务送淘金币

① 淘宝群任务送淘金币，是指已开通淘金币打卡的卖家可设置针对连续打卡的消费者给予额外的淘金币奖励，如图 8-82 所示。

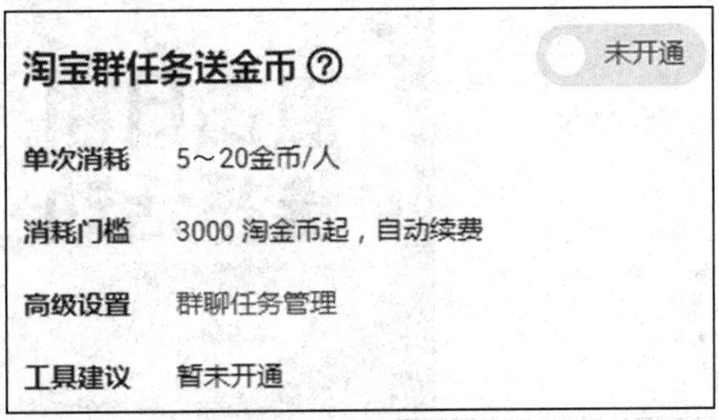

淘宝群任务送金币 ⑦　未开通

单次消耗　5～20金币/人

消耗门槛　3000 淘金币起，自动续费

高级设置　群聊任务管理

工具建议　暂未开通

图 8-82　淘宝群任务送淘金币

【同步拓展】

淘金币打卡，是由淘宝官方提供金币，发放给每日进群打卡的消费者。

② 卖家须符合表 8-5 所示的条件，方可开通“淘宝群任务送淘金币”工具。

表 8-5　淘金币基础招商标准（4）

指　标　项	条　　件
卖家类型	要求您是 L1 ～ L4 等级的商家
开店时长	≥ 90 天
近 90 天店铺支付宝成交金额	＞ 0
本年度内严重违规累计扣分	＜ 12 分
本年度内出售假冒商品违规行为扣分	＜ 12 分
要求开通淘金币全店抵扣	要求开通淘金币全店抵扣

③ 卖家开通“淘宝群任务送淘金币”工具时，卖家可根据选项对连续打卡3天或7天的用户，设置额外奖励10个或20个淘金币。卖家淘金币账户内的淘金币数量不低于3000个时，方可开通“淘宝群任务送淘金币”工具。当卖家淘金币账户内的淘金币总量少于3000个时，系统会暂停“淘宝群任务送淘金币”。当卖家淘金币账户内的淘金币总量达到3000个及以上时，系统重新启动“淘宝群任务送淘金币”。

【经验之谈】

同一账户在同店铺连续打卡3天或7天，通过“淘宝群任务送淘金币”可领取一次淘金币，每次可根据卖家设置的金币数量获取10个或20个淘金币。

3. 设置报名活动

单击图8-83淘金币设置页面中的“金币招商”选项，进入商家报名界面，如图8-84所示。

图 8-83　金币招商

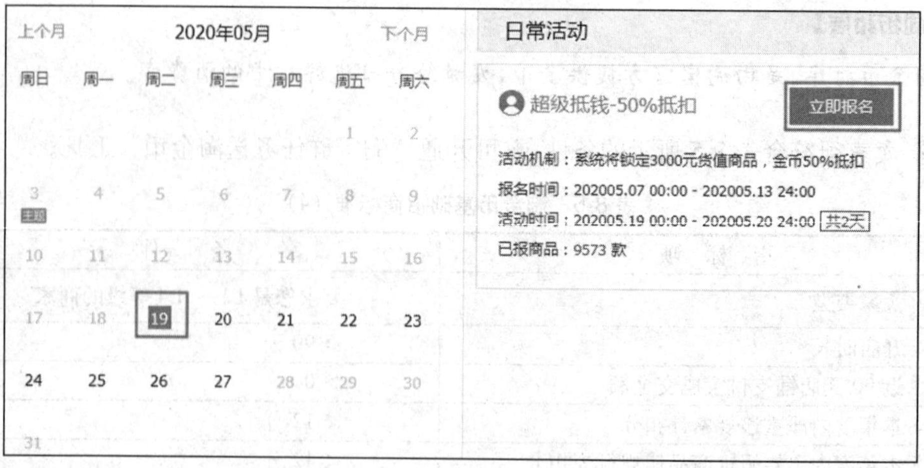

上个月　2020年05月　下个月

日常活动

超级抵钱-50%抵扣　立即报名

活动机制：系统将锁定3000元货值商品，金币50%抵扣

报名时间：202005.07 00:00 - 202005.13 24:00

活动时间：202005.19 00:00 - 202005.20 24:00 共2天

已报商品：9573 款

图 8-84　日常活动立即报名

(1) 选择所需要报名的日期,单击“立即报名”按钮,如图 8-85 所示,进行活动申报。

(2) 查看活动信息及活动公告,如图 8-85 所示。阅读并知悉后,单击“选择此活动”按钮。

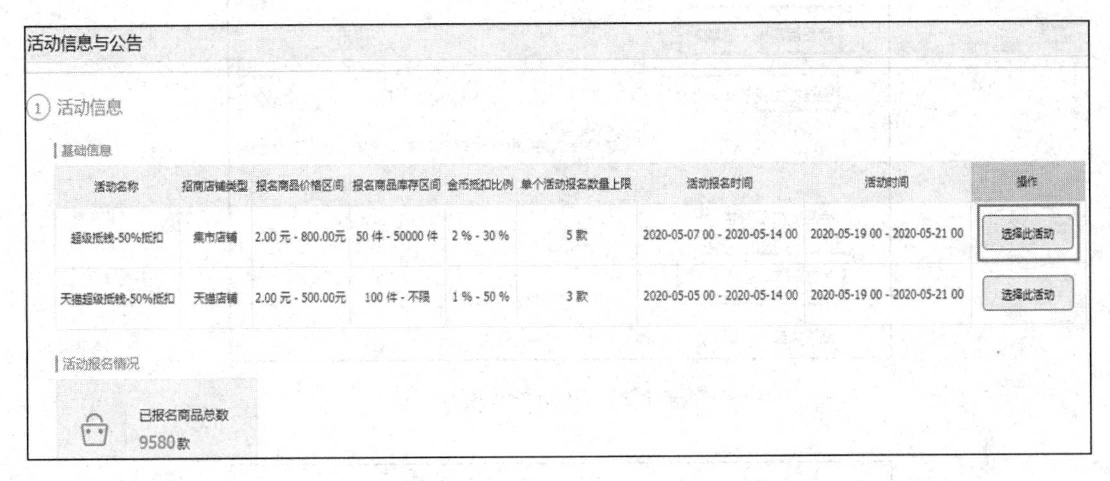

活动名称	招商店铺类型	报名商品价格区间	报名商品库存区间	金币抵扣比例	单个活动报名数量上限	活动报名时间	活动时间	操作
超级抵钱-50%抵扣	集市店铺	2.00 元 - 800.00元	50 件 - 50000 件	2 % - 30 %	5 款	2020-05-07 00 - 2020-05-14 00	2020-05-19 00 - 2020-05-21 00	选择此活动
天猫超级抵钱-50%抵扣	天猫店铺	2.00 元 - 500.00元	100 件 - 不限	1 % - 50 %	3 款	2020-05-05 00 - 2020-05-14 00	2020-05-19 00 - 2020-05-21 00	选择此活动

图 8-85　活动信息与公告

(3) 进入商品报名界面,完成填写商品信息、活动价与库存和填写商家联系信息,如图 8-86 ~图 8-88 所示。完成以上设置并检查无误后,可“提交报名”。如果系统提示店铺近 30 天销售额或数量未达标,则意味着卖家还不具备此次活动报名的资格。

商品报名
① 填写商品信息
商品链接(必填)
商品名称(必填)
活动商品图(必填)
上传照片
800×800像素,JPG.JPEG格式,大小不超过1MB,图片不能有文字,在淘金币相应频道展示
PSD模版
商品白底图(必填)
上传照片
必须白底图,800×800像素,JPG.JPEG格式,大小不超过1MB,图片不能有文字,在淘金币相应频道展示
PSD模版

图 8-86　填写商品信息

(4) 提交报名成功后,可以返回淘金币设置页面,单击“商品管理”选项,进入商品管理页面,如图 8-89 所示,可以查看淘金币活动审核状态。如果审核未通过,根据系统提示重新设置,直到审核通过为止。

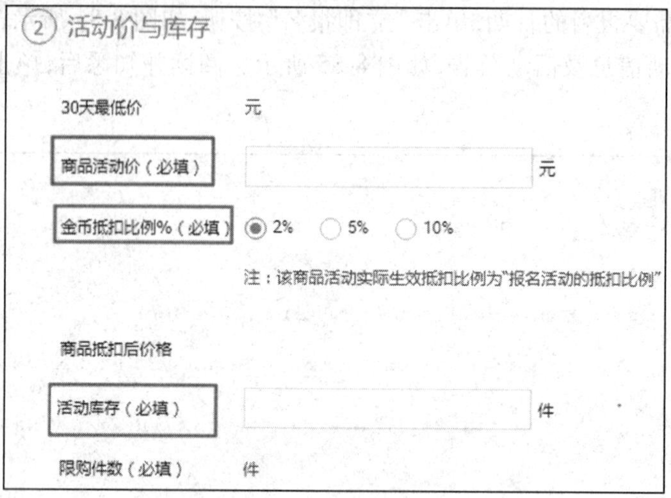

② 活动价与库存

30天最低价 元

商品活动价（必填） 元

金币抵扣比例%（必填） 2% 5% 10%

注：该商品活动实际生效抵扣比例为"报名活动的抵扣比例"

商品抵扣后价格

活动库存（必填） 件

限购件数（必填） 件

图 8-87 活动价与库存

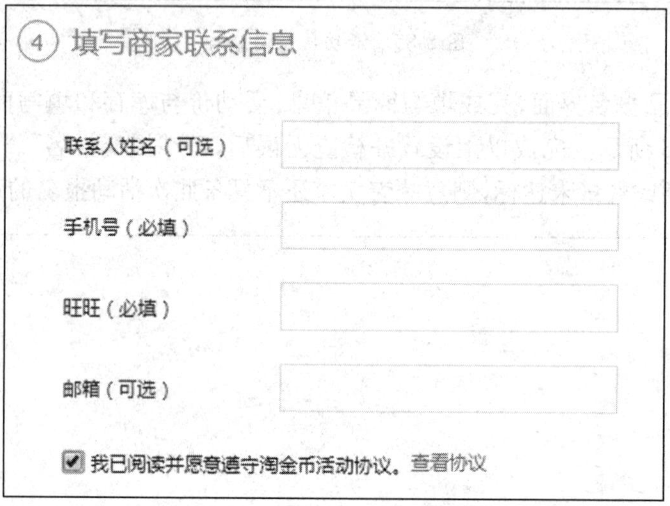

④ 填写商家联系信息

联系人姓名（可选）

手机号（必填）

旺旺（必填）

邮箱（可选）

我已阅读并愿意遵守淘金币活动协议。查看协议

图 8-88 填写商家联系信息

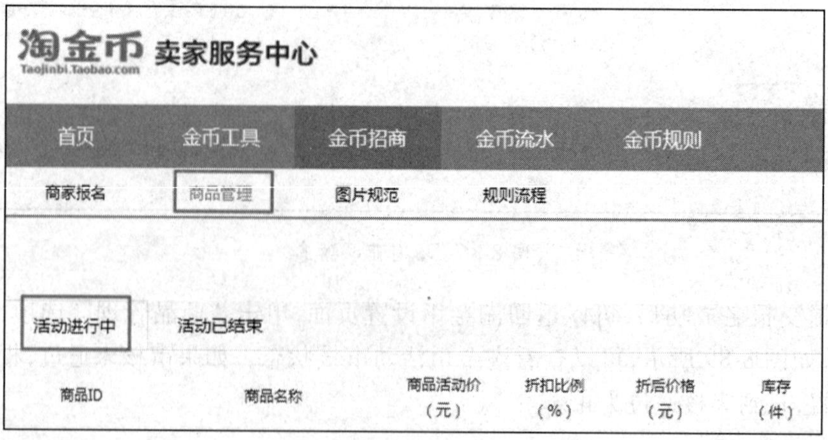

淘金币 Taojinbi.Taobao.com 卖家服务中心

首页 金币工具 金币招商 金币流水 金币规则

商家报名 商品管理 图片规范 规则流程

活动进行中 活动已结束

商品ID	商品名称	商品活动价（元）	折扣比例（%）	折后价格（元）	库存（件）

图 8-89 商品管理

8.4.4 旺店宝促销

对于淘宝商家而言,无论是各种引流手段还是淘宝官方或者站外的活动,这些都为商家、商品引入了客观的买家流量,如果在此基础上商家能结合店内活动和促销,就可以全方位提升客户购买欲、转化率、销量、客单价和客户回头率。大多数店内活动都是借助促销手段来实现的,因此对于商家而言,店内活动是商家活动与促销工具的综合应用。近年来随着淘宝体系的发展,促销工具也越来越多样化。从促销的效果来看,这些工具的应用可以促进消费者及时消费、提升消费者客单价、提升消费者重复购买率。

旺店宝是阿里巴巴旗下商家服务市场提供的一款促销工具。它是一款基于淘宝TOP开放平台开发淘宝卖家量身打造的“全能型店铺管理平台”,自上市以来,受到众多商家的喜爱。

1. 下载旺店宝

登录千牛卖家工作台,选择“我订购的应用”右侧的“管理我的订购”,如图8-90所示,进入服务市场,如图8-91所示。在搜索框中输入“旺店宝”,单击“搜索”按钮。在搜索结果中单击“汕头市旺店宝”,如图8-92所示,进入旺店宝立即购买页面,如图8-93所示。选择“普通会员_暴涨流量”和“15天(免费试用)”选项,单击“立即购买”按钮。然后选择“同意并付款”选项,旺店宝软件订购完成。

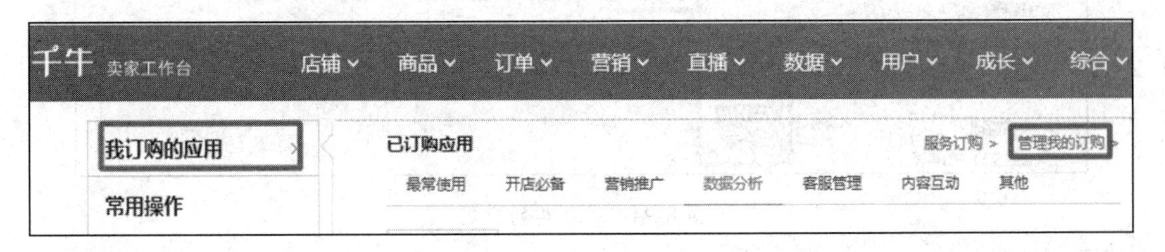

图8-90 管理我的订购

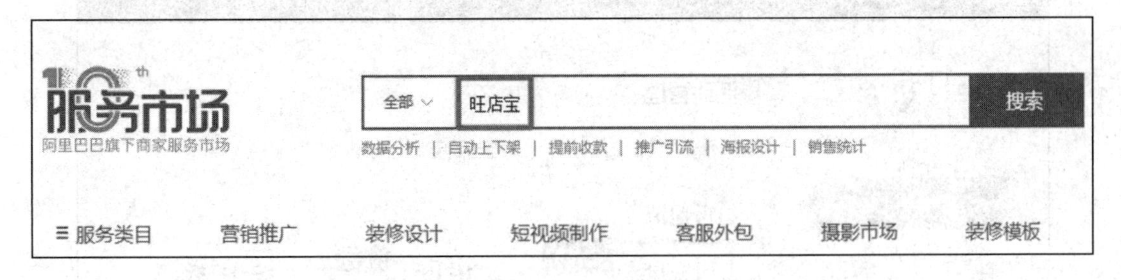

图8-91 服务市场

2. 设置个性打折

打开千牛卖家工作台,单击“我订购的应用”中的“旺店宝”软件,如图8-94所示。选择“个性打折”,如图8-95所示。进入“创建活动”页面,如图8-96所示。按照提前准备好的活动计划,选择促销标签,设置活动时间、活动备注及短信提醒。完成后,单击“下一步”按钮,进入“选择宝贝”页面,如图8-97所示。完成宝贝选择后,单击“下一步”按钮。

进入宝贝打折设置页面，如图 8-98 所示，根据活动需要据实填写。如果需要调整折扣，可以单击“管理宝贝”选项，即可重新设置，如图 8-99 所示。个性打折设置完成后的效果如图 8-100 所示。

图 8-92 汕头市旺店宝

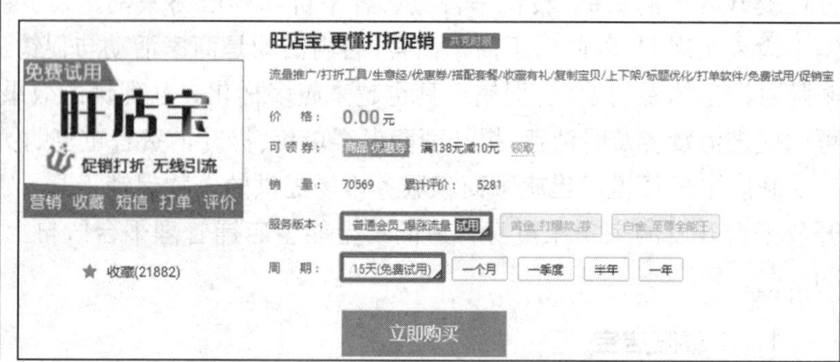

图 8-93 旺店宝立即购买页面

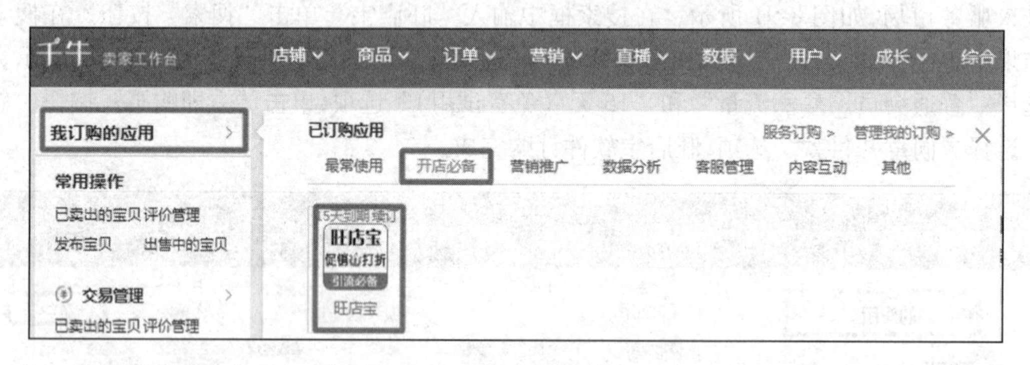

图 8-94 我订购的应用

图 8-95 个性打折

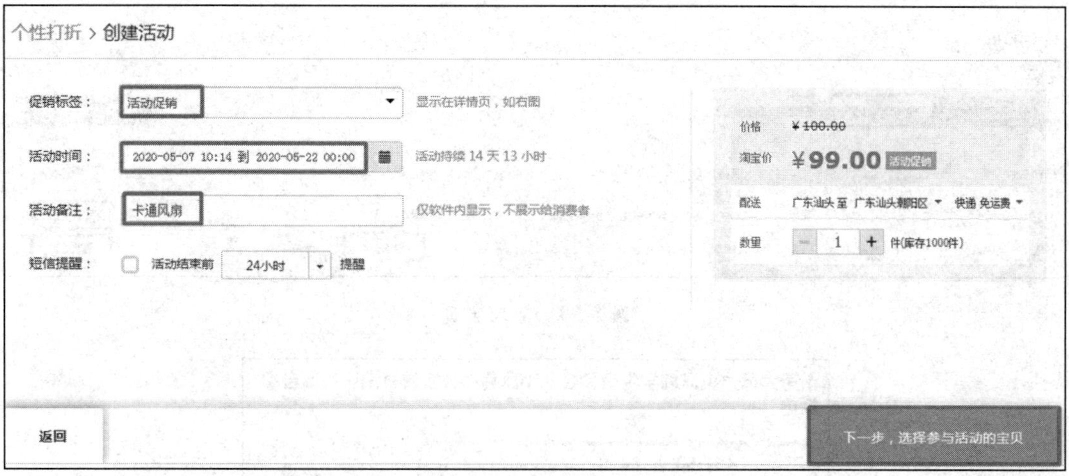

个性打折 > 创建活动

促销标签：活动促销　显示在详情页，如右图

活动时间：2020-05-07 10:14 到 2020-05-22 00:00　活动持续 14 天 13 小时

活动备注：卡通风扇　仅软件内显示，不展示给消费者

短信提醒：活动结束前 24小时 提醒

价格 ¥100.00

淘宝价 ¥99.00 活动促销

配送 广东汕头 至 广东汕头潮阳区 快递 免运费

数量 1 件(库存1000件)

返回　下一步，选择参与活动的宝贝

图 8-96　创建活动

图 8-97　选择宝贝

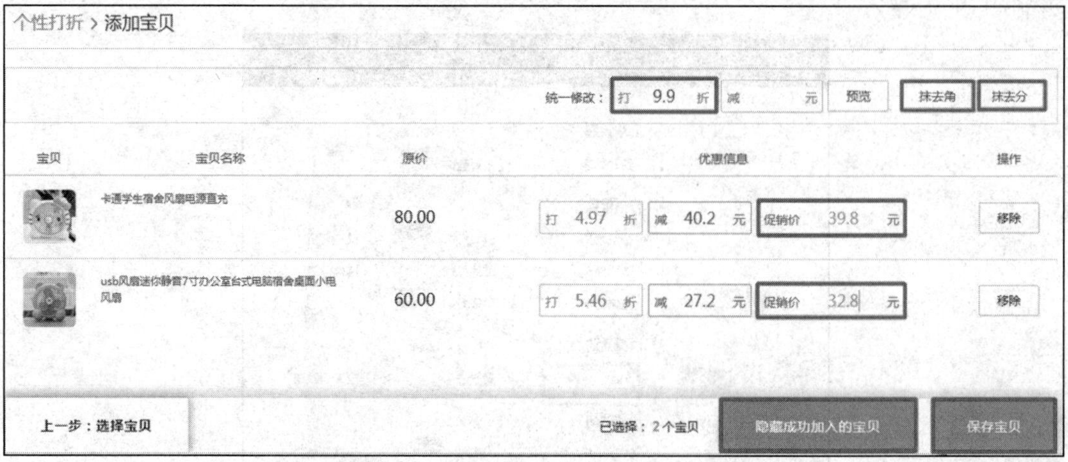

个性打折 > 添加宝贝

统一修改：打 9.9 折　减 元　预览　抹去角　抹去分

宝贝	宝贝名称	原价	优惠信息	操作
	卡通学生宿舍风扇电源直充	80.00	打 4.97 折　减 40.2 元　促销价 39.8 元	移除
	usb风扇迷你静音7寸办公室台式电脑宿舍桌面小电风扇	60.00	打 5.46 折　减 27.2 元　促销价 32.8 元	移除

上一步：选择宝贝　已选择：2个宝贝　隐藏成功加入的宝贝　保存宝贝

图 8-98　宝贝打折设置

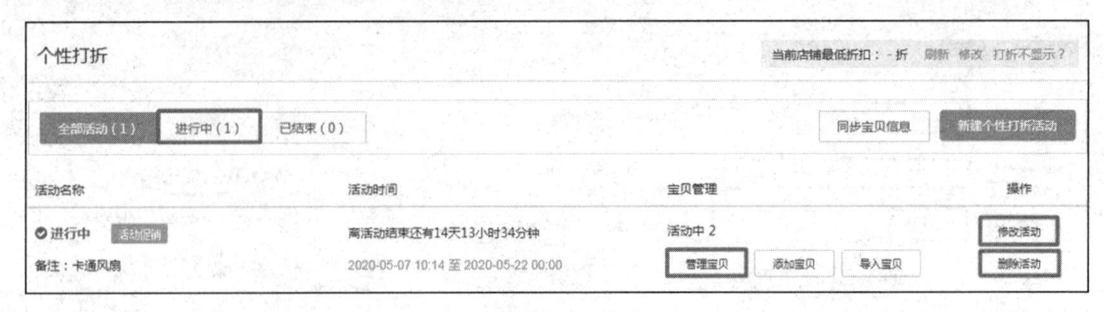

图 8-99 管理宝贝

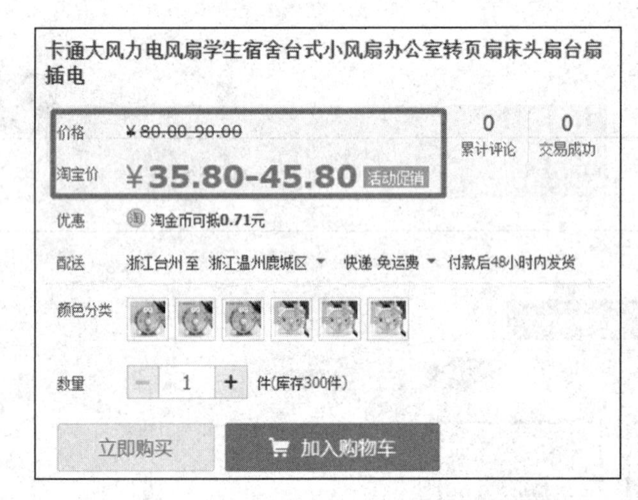

图 8-100 个性打折设置完成后的效果

3. 设置单品满就送

选择“促销模块”中的“单品满就送”选项，如图 8-101 所示。进入“单品满就送”设置页面，如图 8-102 所示。选择产品，单击“设置满就送活动”选项，进入活动创建页面，如图 8-103 所示。设置好活动名称、用户备注、活动时间、优惠内容和促销展示，单击“创建活动”按钮，进入“单品满就送”设置完成的页面，如图 8-104 所示。可以查看活动详情，还可以修改或删除已经设置好的活动。产品详情页“满就送”促销信息展示如图 8-105 所示。

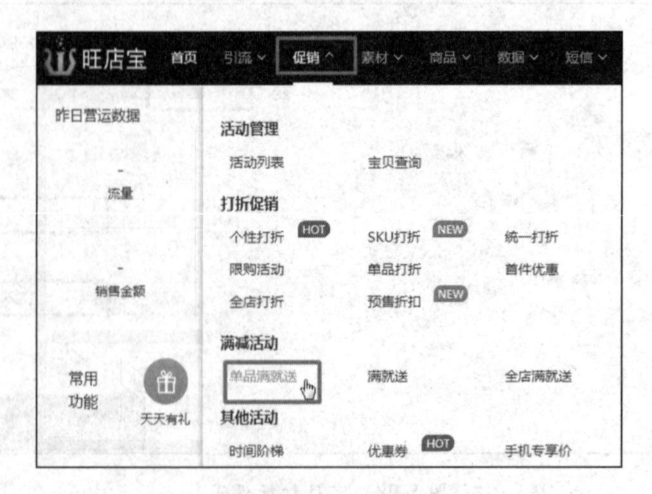

图 8-101 单品满就送

图 8-102　“单品满就送”设置页面

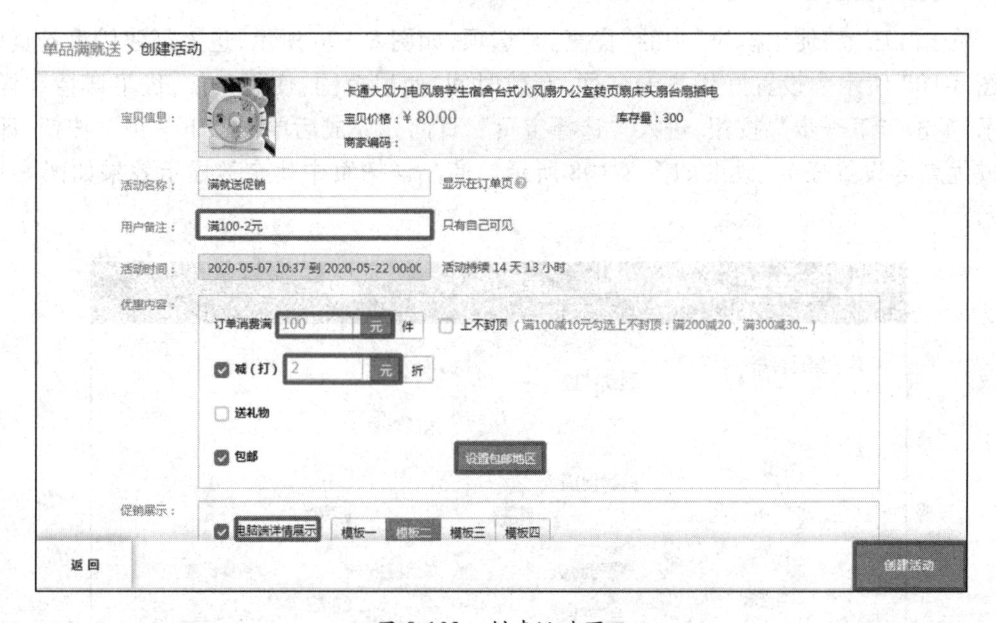

图 8-103　创建活动页面

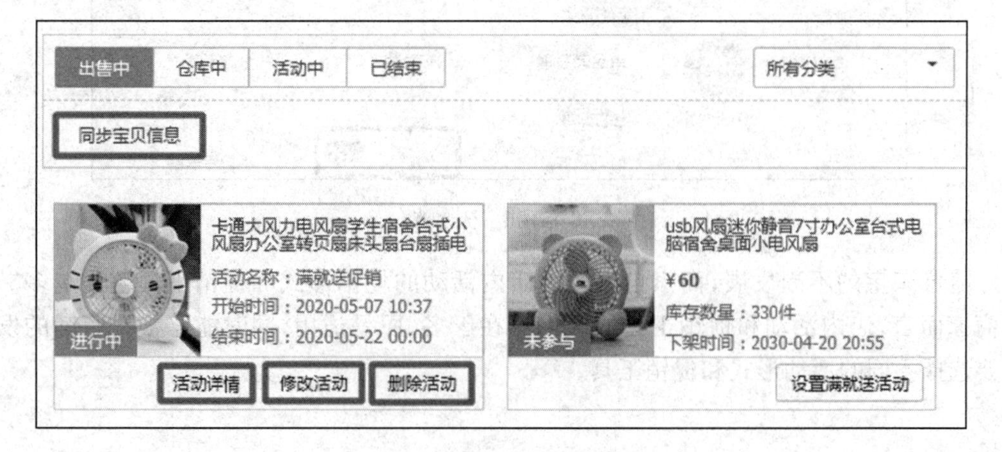

图 8-104　设置完成的页面

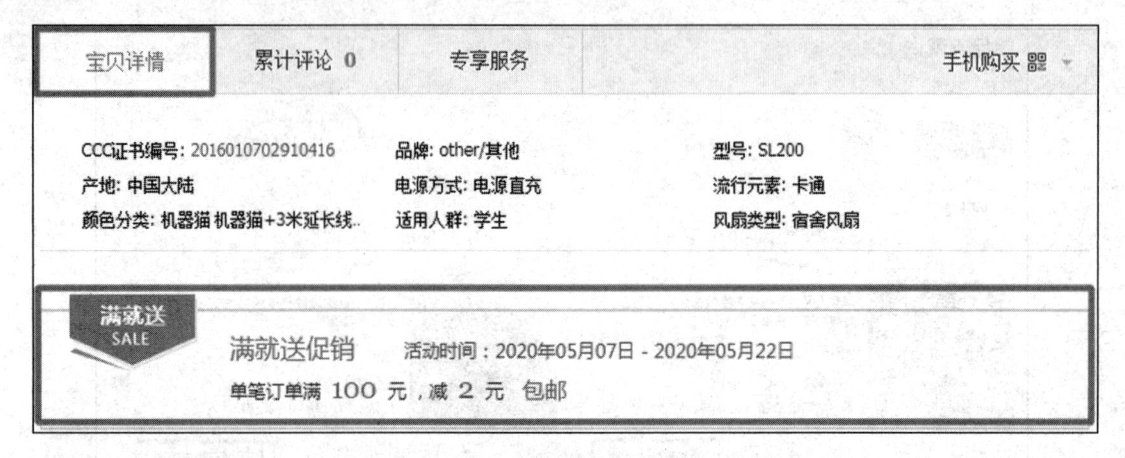

图 8-105 产品详情页“满就送”促销信息展示

4. 设置优惠券

单击旺店宝“促销模块”中的“优惠券”选项，如图 8-106 所示，进入创建优惠券页面，如图 8-107 所示。设置好优惠券名称、有效时间、使用范围、使用条件、优惠详情和详情展示，单击“下一步”按钮，进入“选择宝贝”页面。完成后单击“下一步”按钮，即可完成优惠券设置任务，效果如图 8-108 所示。商品详情页中代金券显示效果如图 8-109 所示。

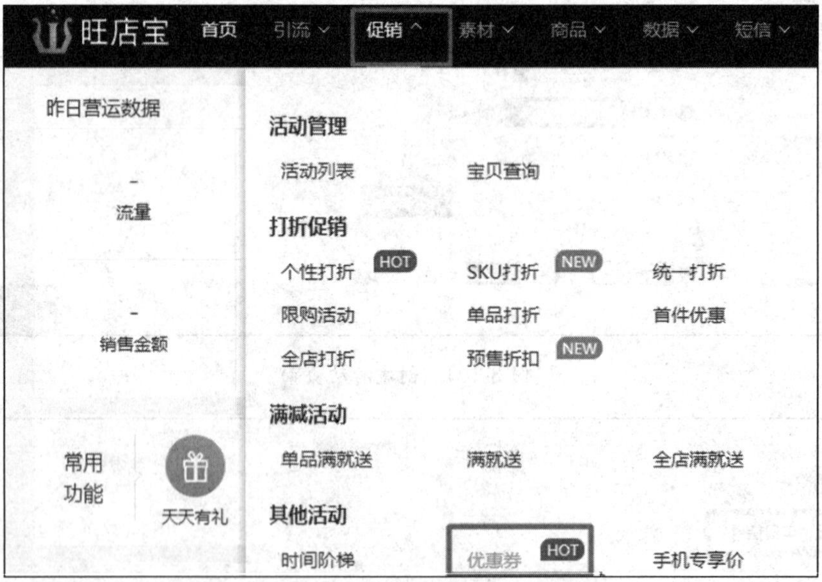

图 8-106 优惠券

随着淘宝的不断发展，商家自行开展店内活动的促销形式和促销工具越来越多。对于商家而言，店内活动和促销工具的应用不在于多，而是适用，同时能够根据店铺的发展需要选择不同的活动形式和促销工具。

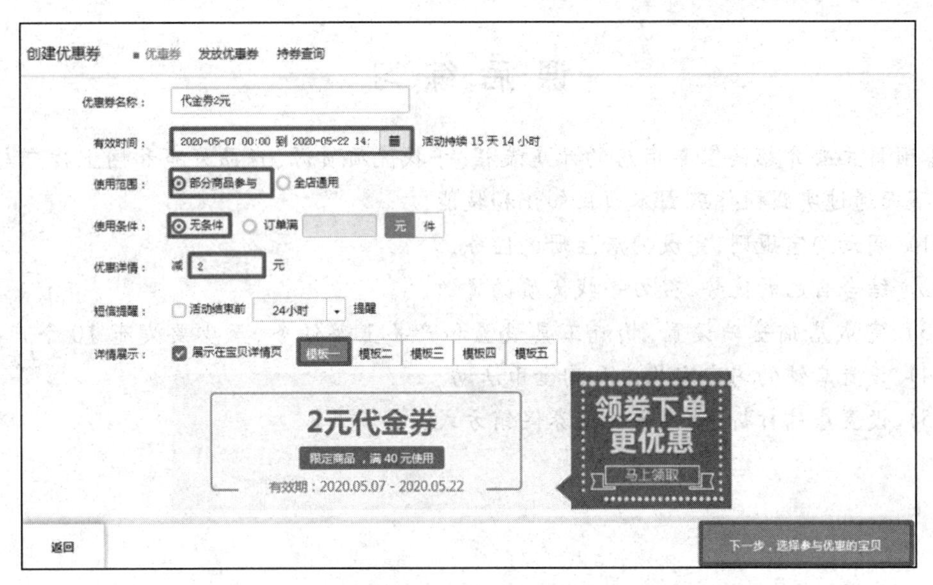

图 8-107　创建优惠券

图 8-108　选择宝贝

图 8-109　详情页中代金券效果

课后练习

本项目主要介绍淘宝集市店的开店流程、寻找优质货源、产品发布和网上推广与促销活动,下面通过实践操作巩固本项目知识和技能。

(1) 阅读淘宝规则,完成网店注册的任务。

(2) 结合自己的优势,努力寻找优质的货源。

(3) 完成店铺基础设置、物流工具设置和产品上架任务,至少要发布10个产品。

(4) 设置店铺的淘宝客推广和淘金币活动。

(5) 设置店铺打折、满减和优惠券促销方式。

项目9　网站的发布

知识与技能目标

- 掌握域名的申请。
- 掌握网站空间的申请。
- 掌握域名解析。
- 掌握域名和空间的绑定。
- 掌握网站的备案。
- 掌握网站的上传。
- 掌握数据库的上传。
- 掌握服务器端网站调试。

9.1　申 请 域 名

想通过一个域名来提供电子商务网站业务服务,可以通过阿里云域名服务注册域名:在阿里云域名注册平台上注册一个属于自己的域名。注册域名后,还需完成实名认证、备案、解析流程,最终域名可被访问并对外提供服务。

首先,通过支付宝、钉钉、手机号等注册阿里云,输入想要注册的域名并添加和进行结算,如图9-1所示。

图9-1　申请域名

【同步拓展】

按照互联网名称与数字地址分配机构（ICANN）政策要求，域名持有人的E-mail邮箱必须真实准确，必须完成邮箱真实性验证的模板才能正常使用，其信息模板必须实名认证。

9.2 申请网站空间

网站空间的质量直接决定了网站访问的速度和稳定性，所以在申请网站空间的时候，一定要选择一个速度快并且性能稳定的服务提供商。

下面以申请万网的网站空间为例，详细介绍申请网站空间的过程。

（1）打开万网主页 https://wanwang.aliyun.com/，可以看到主机服务一栏，单击“主机服务”按钮，如图 9-2 所示。

（2）打开虚拟主机申请页面，在这个页面中可以看到多种类型的网站空间，每个网站空间的配置都不一样，所以购买的价格也不一样，配置越高的空间价格越高。

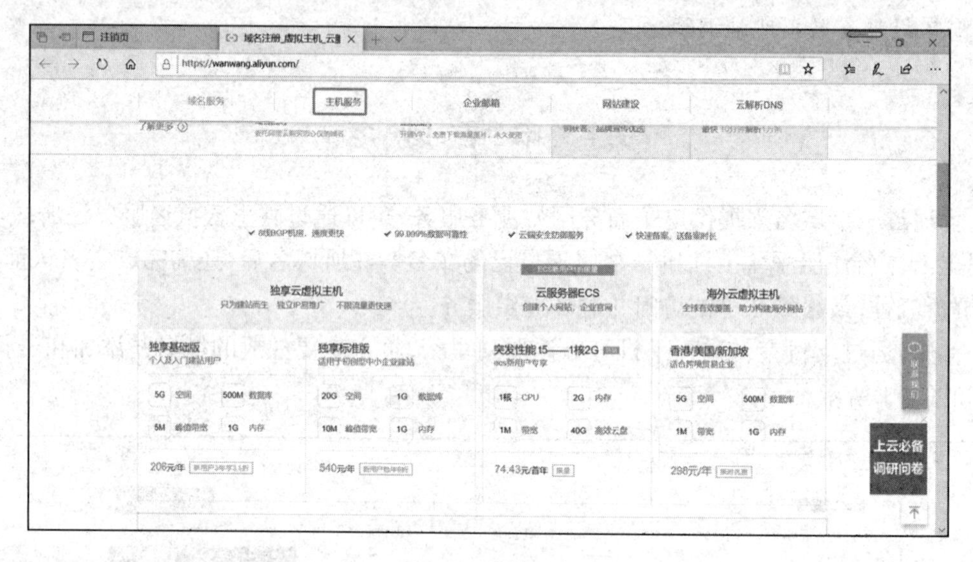

图 9-2 主机服务

（3）下面以云虚拟主机版的网站空间为例进行说明。单击“立即购买”按钮，如图 9-3 所示。

【同步拓展】

购买云虚拟主机时，根据网站的开发语言选择合适的操作系统，网站开发语言为 ASP、.NET、HTML 时，数据库为 Access、SQL Server，选择 Windows 系统；网站开发语言为 PHP、HTML、WAP 时，数据库为 MySQL、SQLite，选择 Linux 系统。

应注意云虚拟主机和云服务器的区别：①云虚拟主机是指在网络服务器上分出一定的磁盘空间，用户可以租用此部分空间放置站点及应用组件，提供必要的数据存放和传输功能，也称为“网站空间”；云服务器是一种简单高效、安全可靠、处理能力可弹性伸缩的计算服务，管理方式比物理服务器更简单。②云虚拟主机无法自己配置环境，云虚拟主机

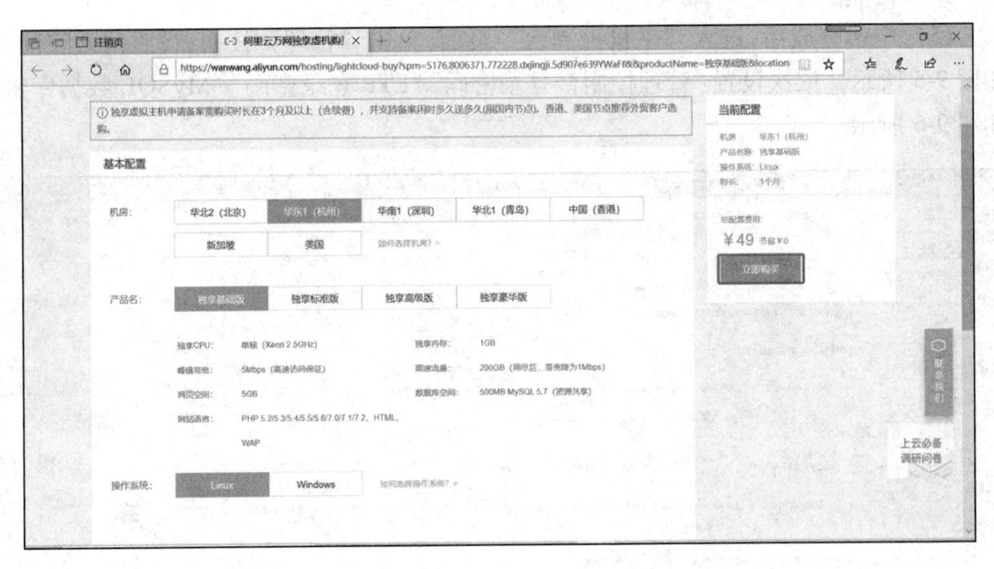

图 9-3 单击“立即购买”按钮

环境均由服务商配置好，以套餐形式提供，云虚拟主机可在控制面板里直接进行操作；云服务器需要自己配置环境，主要包含计算、存储、网络三大核心要素。③权限设置：从操作权限上来看，云服务器的权限会更丰富一些，而且云服务器相当于多台服务器连接，具有独立 IP 和带宽，需要自行安装操作系统配置运行环境。

因云虚拟主机一般只有 FTP 权限，无法安装 Tomcat，而且 JSP 有一些特殊性，如 JSP 将网页逻辑与网页设计的显示分离，支持可重用的基于组件的设计，使基于 Web 的应用程序的开发变得迅速和容易，但这些特性也使 JSP 更加复杂和具有个性化，这对于云虚拟主机这种标准化产品来说是很难实现的，所以几乎所有的虚拟主机都不支持 JSP。

(4) 打开支付页面，完成剩余的支付流程，如图 9-4 所示。至此完成了网站空间的申请操作。

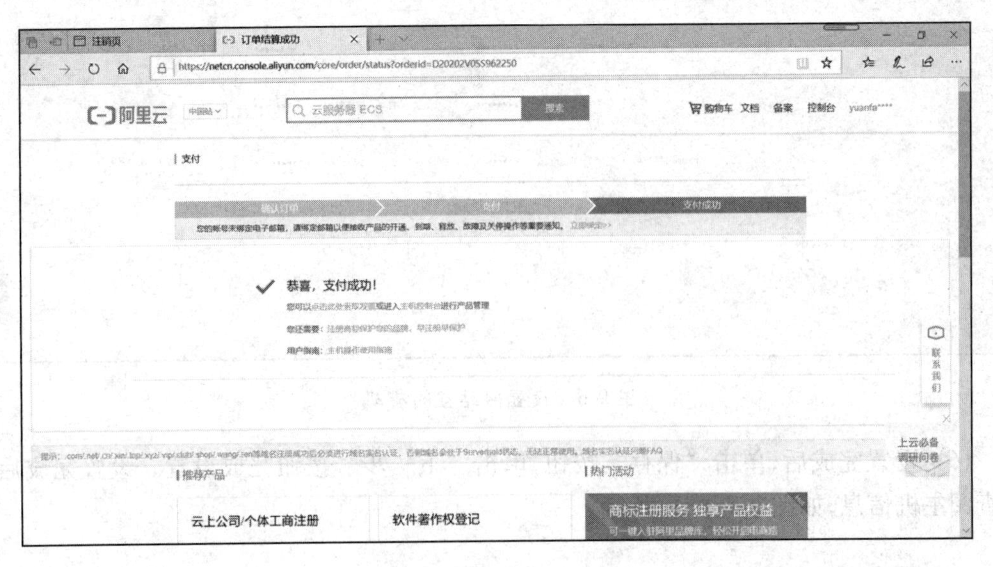

图 9-4 主机服务购买成功

（5）申请完成后，进入“主机控制台”页面，单击“管理”按钮，设置网站空间密码，如图 9-5 所示。依次设置“管理控制台登录密码”“FTP 登录密码”“MySQL 数据库密码”，如图 9-6 所示。

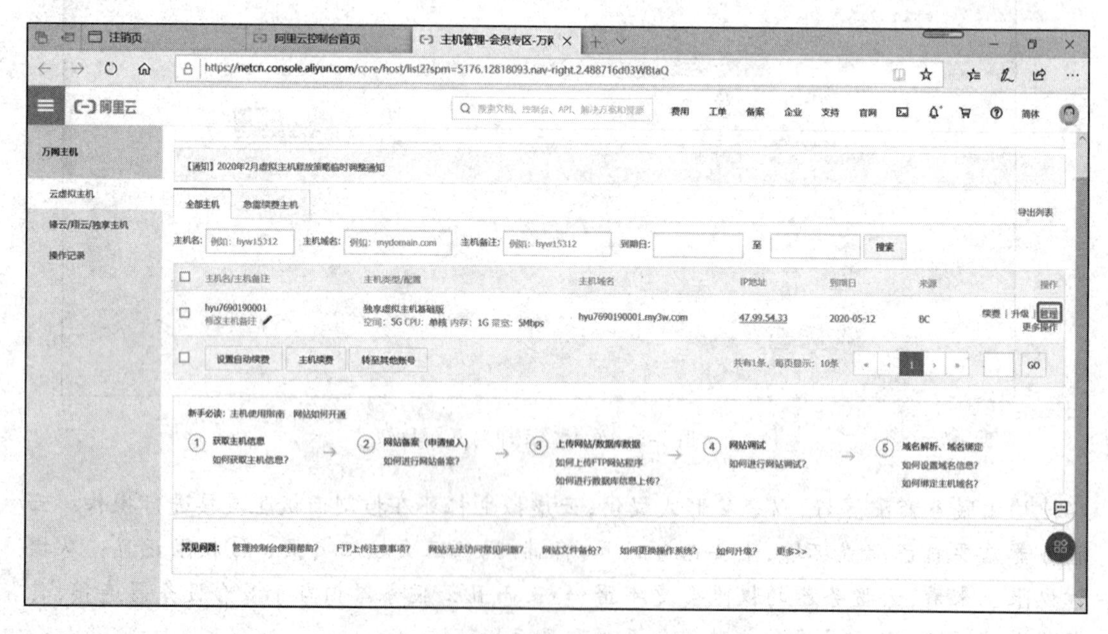

图 9-5　万网云虚拟主机控制台页面

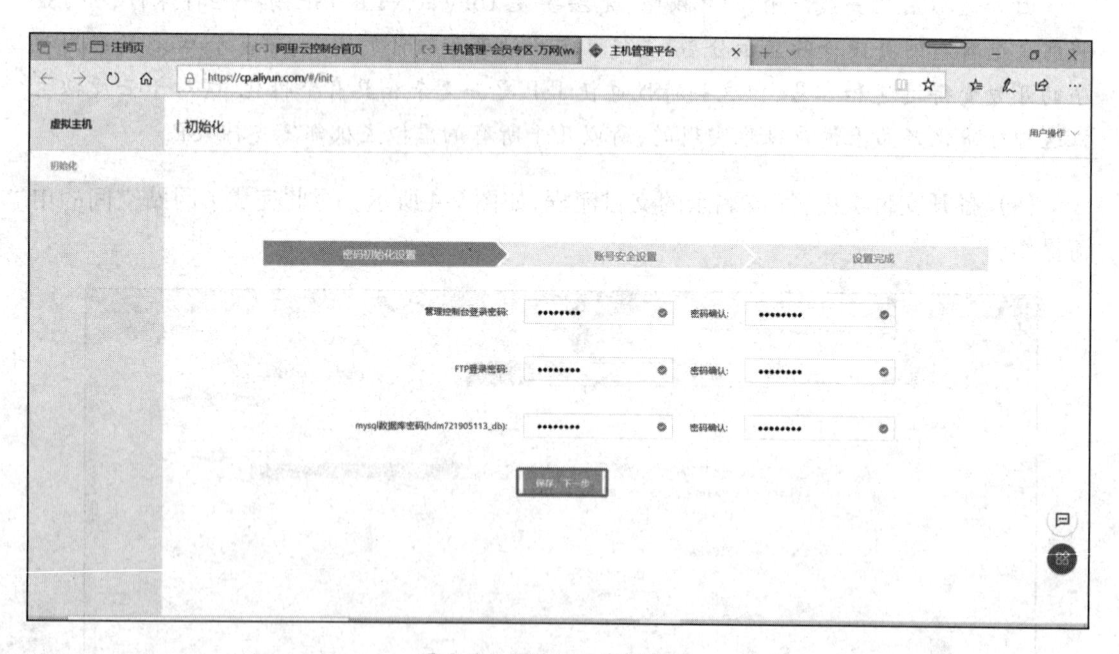

图 9-6　设置网站空间密码

（6）设置完成后，单击“保存”按钮，单击“下一步”按钮完成设置。设置完成后即可查阅主机信息，如图 9-7 所示。

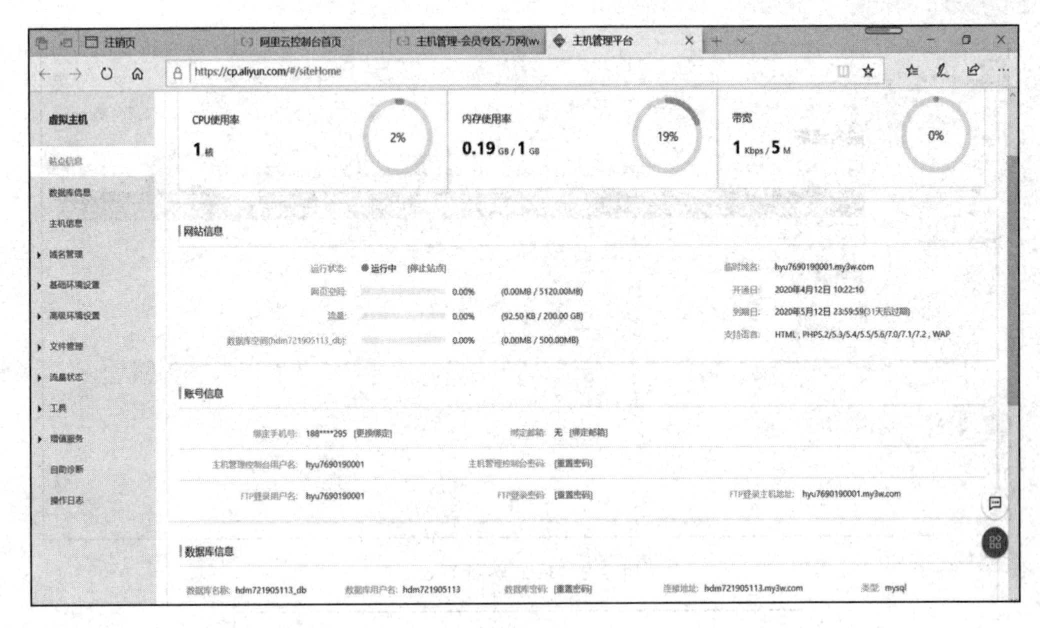

图 9-7　查阅虚拟云主机信息

9.3　域名解析与域名空间绑定

9.3.1　域名解析

云虚拟主机默认提供 IP 地址作为解析目标地址，因此到 DNS 服务商处设置 A 记录并将记录值设置为 IP 地址即可，主机的 IP 地址可以通过选择“主机管理平台”→“域名管理”→“域名绑定”查询到。

登录云解析 DNS 管理控制台，进入域名解析页面，如图 9-8 所示。全部域名标签下单击域名，进入解析设置页面。然后单击“添加记录”按钮，在“添加记录”对话框中添加各项参数的说明，如图 9-9 所示。“记录类型”选择 A，“主机记录”一般是指子域名的前缀（比如需创建的子域名为 www.dns-example.com，则主机记录设为 www；如要实现 dns-example.com，则主机记录设置为 @）。

“解析线路”选择“默认”(这是必选项，如未设置会导致部分用户无法访问)。“记录值”为 IP 地址，填写 IPv4 地址。TTL 为缓存时间，数值越小，修改记录各地生效时间越快，默认为 10 分钟。

9.3.2　域名空间绑定

(1) 申请了域名和网站空间之后，还需要在空间提供商的管理平台上进行域名和网站空间的绑定操作，这样在互联网上访问域名时才能访问到网站空间的内容。找到万网主机管理平台上的“域名管理”→“域名绑定”链接，如图 9-10 所示。

(2) 打开如图 9-11 所示的对话框，设置绑定的域名，单击“确认”按钮。

(3) 如图 9-12 所示，可以看到所选域名与当前主机已绑定到一起。

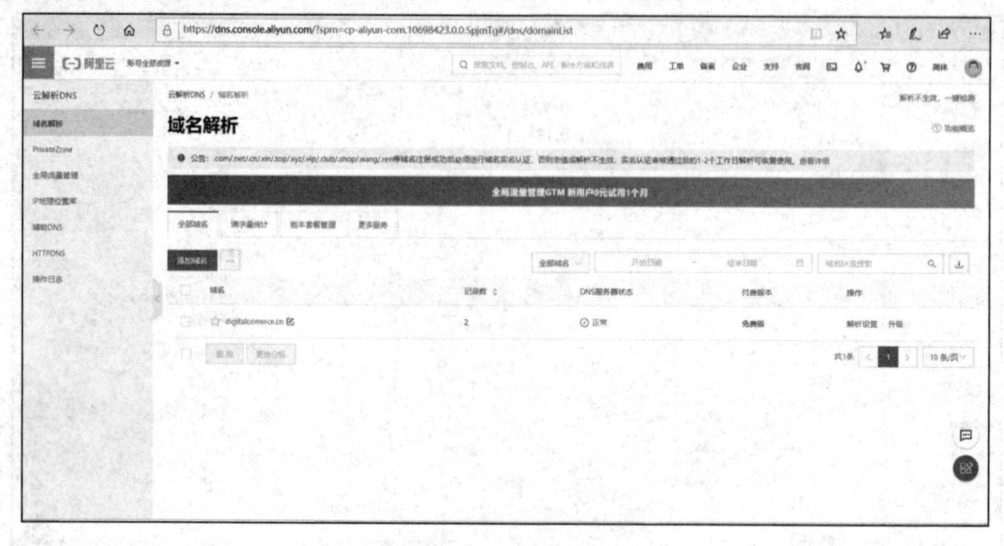

图 9-8 域名解析页面

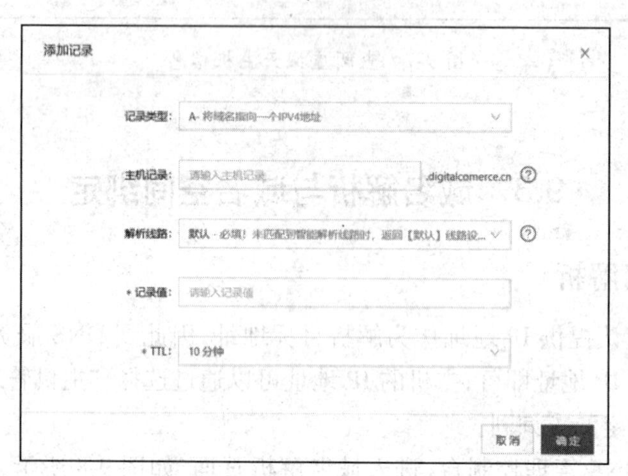

图 9-9 “添加记录”对话框

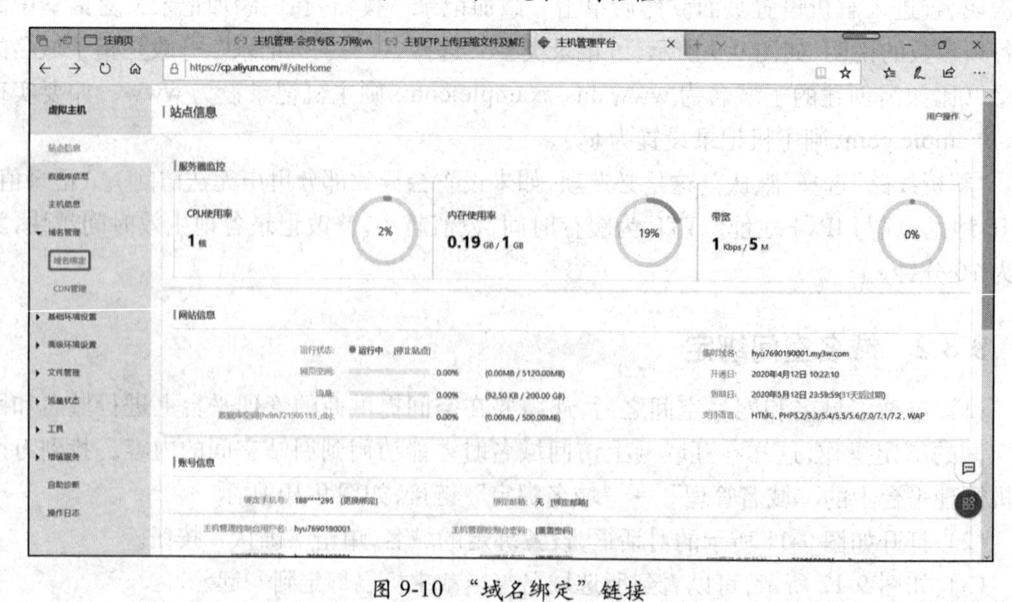

图 9-10 “域名绑定”链接

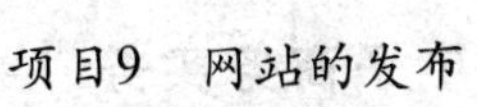

图 9-11 “绑定域名”对话框

图 9-12 成功绑定域名

9.4 站点上传

上传就是将网页、文字、图片、视频等信息从个人计算机（或者本地计算机）通过 Web 或者 FTP 传送至远程的服务器上，让网络上的人都能看到。

站点上传是指将站点下的网站上传至网络空间的过程，可以使用 Dreamweaver 或 FTP 上传工具（如 8UFtp、Filezilla 等）完成站点上传工作。

FTP 是一个文件传输协议，一般由服务器、客户端组成。它支持多种格式的文件，计算机中有的格式基本都支持。下面以 8UFtp 为例介绍如何使用上传工具上传站点。

（1）启动 8UFtp 上传工具，界面如图 9-13 所示。

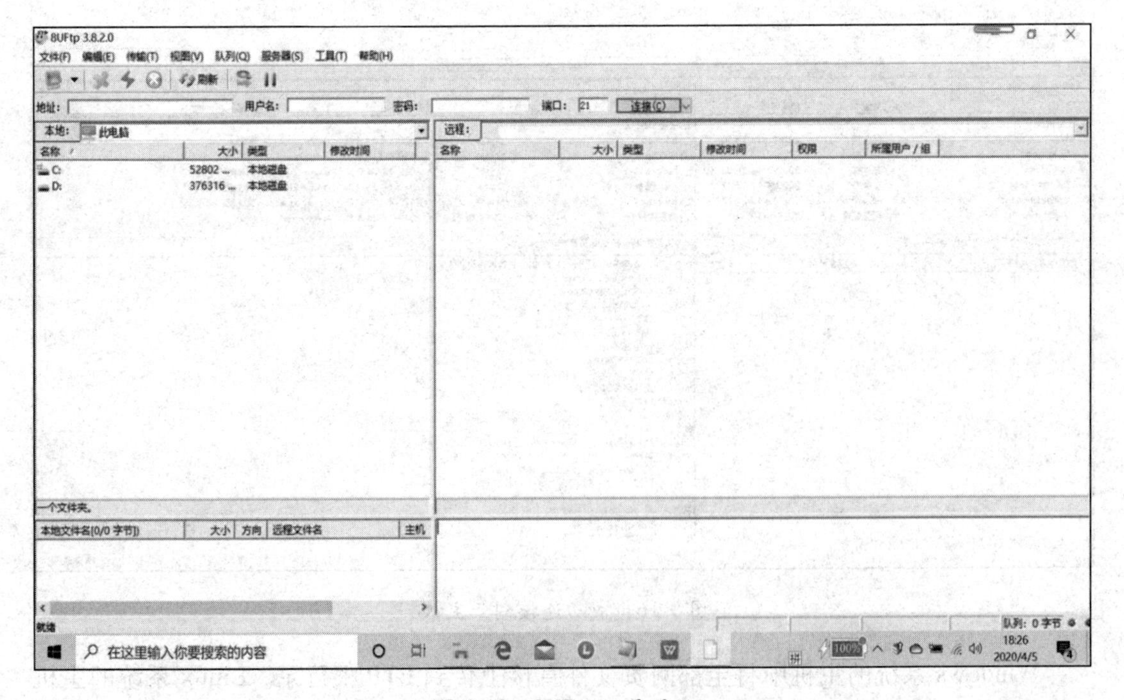

图 9-13 8UFtp 工具界面

（2）选择“文件”→“站点管理器”命令，打开“站点管理器”对话框，如图9-14所示。

（3）单击“新站点”按钮，创建一个名为The Host的站点，并输入主机名、用户名和密码等信息，如图9-15所示。注意保护好FTP账户和密码，因为只要拥有FTP账户和密码，就可以对服务器上的资源进行更改。

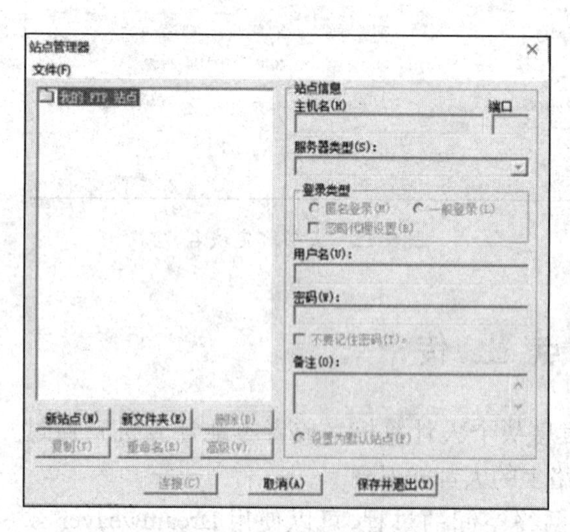

图9-14 “站点管理器”对话框

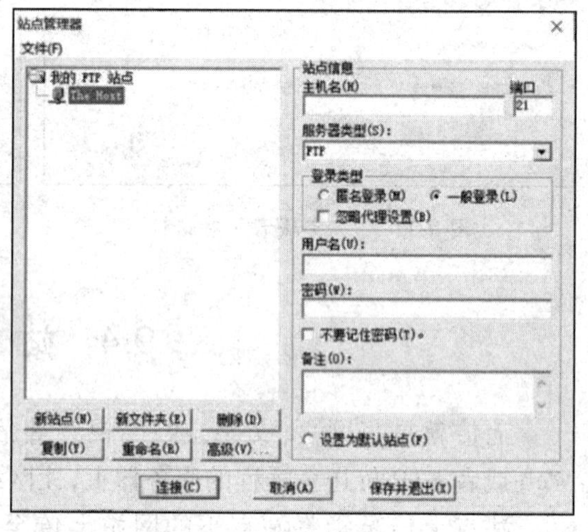

图9-15 输入站点信息

（4）单击“连接”按钮，将连接到服务器并返回主界面，如图9-16所示，主界面左边显示的是本地文件，右边显示的是服务器上的文件。

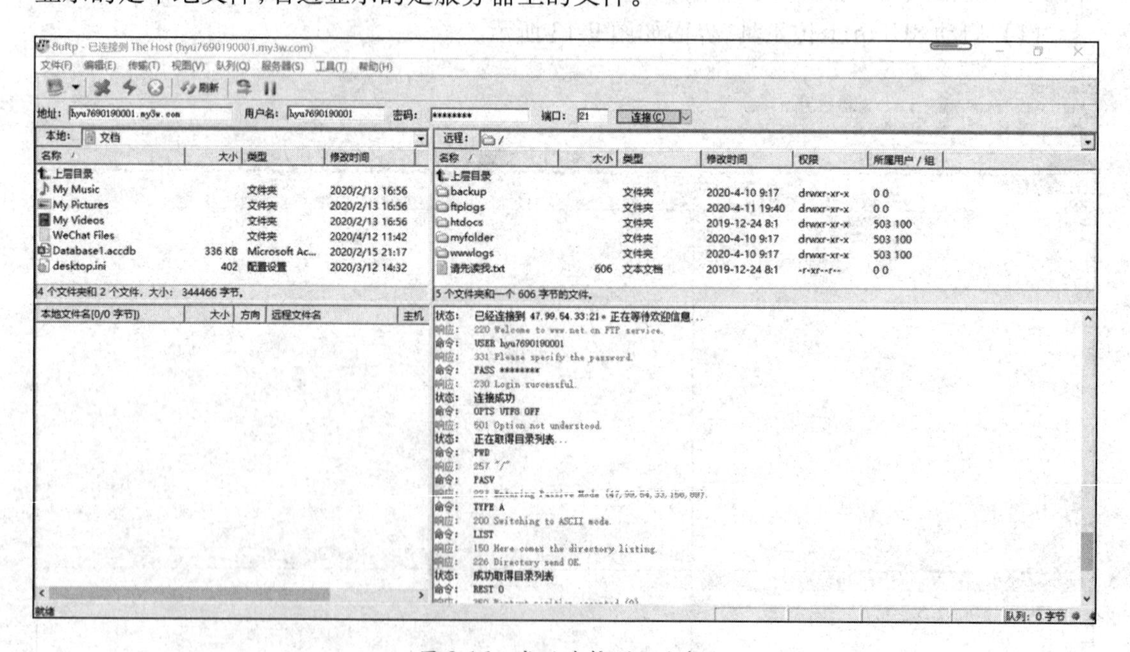

图9-16 成功连接到云主机

Windows系统的主机中将全部网页文件直接上传到FTP根目录。Linux系统的主机中则将全部网页文件直接上传到/htdocs目录下。注意，“/”为FTP的根目录，为避免错误删除该路径下的内容，所以禁止写入，只可读取；“//htdocs”为网站的根目录，请将网站文件（.PHP、.HTM、.HTML、.CSS、.JS 等）上传至此文件夹。

由于 Linux 主机的文件名区别大小写，文件命名需要注意规范，建议使用小写字母、数字或者下画线，不要使用汉字。

将主界面左边的文件拖动到右边，即可完成文件上传。选中左边的文件，打开右键菜单，选中“上传”命令，也可以完成文件的上传。如果上传文件多，会显示目前排队等待上传的文件，这些文件会有先后次序，在上传文件界面左下角的区域会显示目前排队等待上传的文件，而右下角则显示当前文件上传的状态。

注意：上传前，要先将本地网站文件打包。Linux 支持 zip 和 tar 格式，Windows 只支持 rar 格式。大文件压缩会导致页面超时，建议分批压缩。一旦页面超时，不必重复压缩，稍后登录 FTP 进行检查即可。打包完毕后，将压缩文件通过 FTP 上传至虚拟主机，上传成功后（见图 9-17），再解压缩到服务器的指定目录。

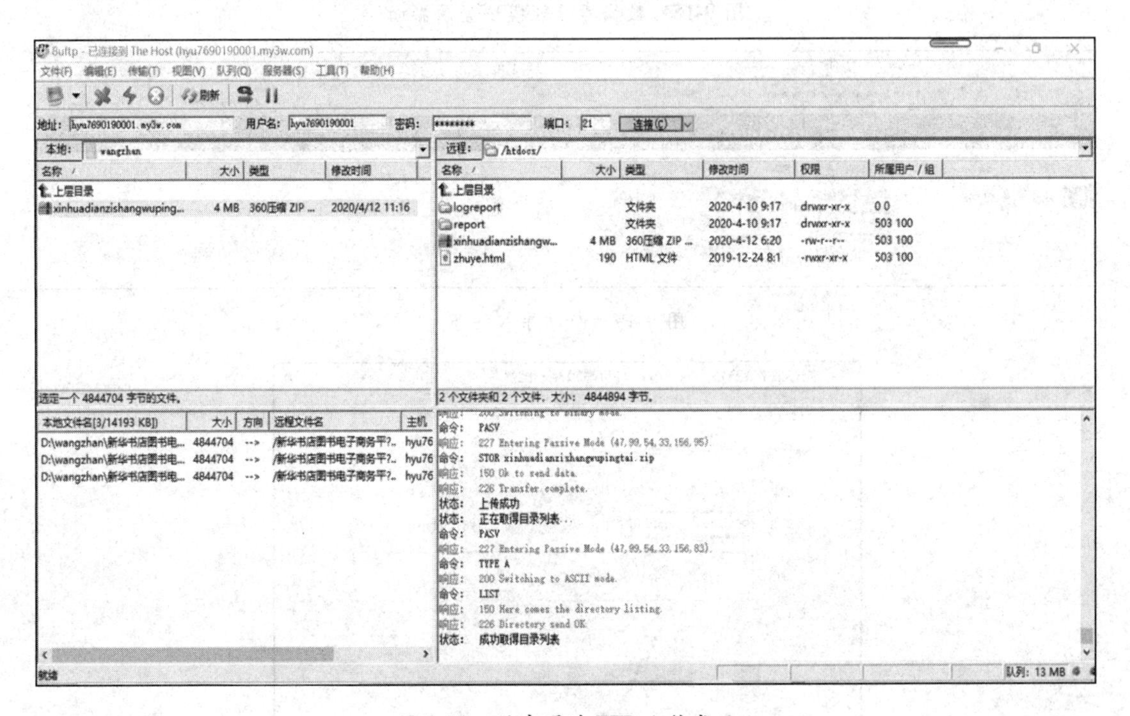

图 9-17 站点通过 FTP 上传成功

（5）站点上传成功后再导入数据库，输入用户名、数据库名、密码，登录到数据库管理模块，如图 9-18 所示。

（6）单击“导入”选项卡下的“新增任务”按钮，如图 9-19 所示。

（7）选择要上传的数据库文件，单击“开始”按钮，如图 9-20 所示，完成数据库的上传，如图 9-21 所示。

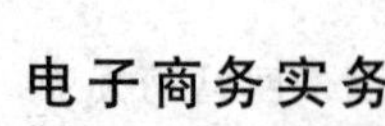

图 9-18 数据库管理模块登录界面

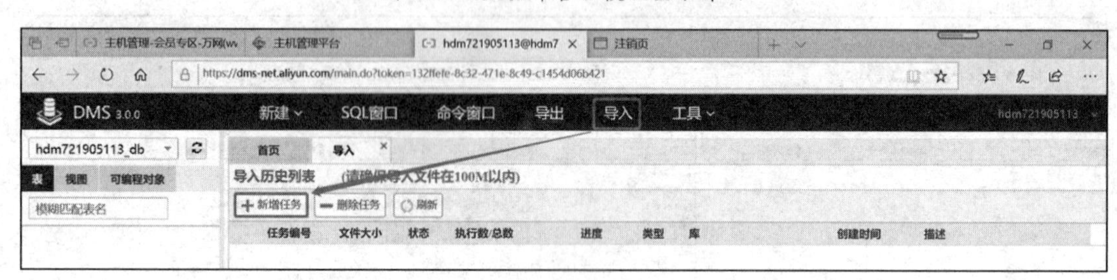

图 9-19 新增导入任务

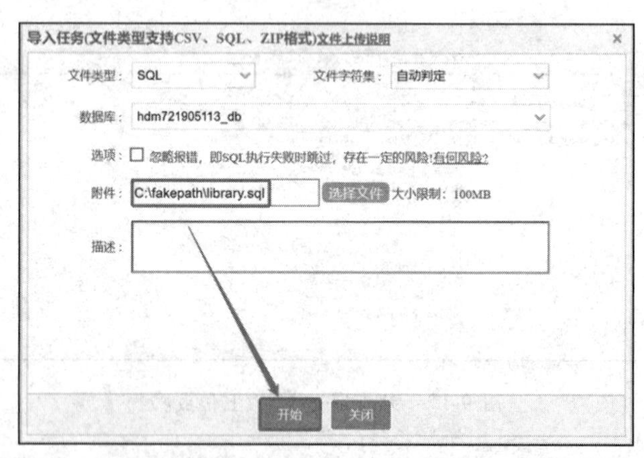

图 9-20 开始导入数据库文件

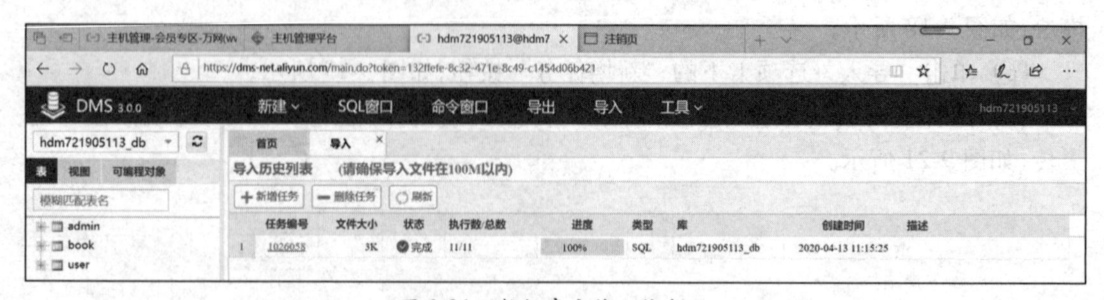

图 9-21 数据库文件上传成功

9.5 网 站 备 案

网站备案包含ICP备案和公安联网备案。网站托管在国内的服务器上,则需根据所在省市的管理局规则进行备案申请。当使用阿里云国内的服务器时,可以在PC端或移动端的阿里云ICP代备案系统中提交ICP备案申请,审核通过便可开通网站访问服务。在阿里云ICP代备案管理系统提交备案申请时,需验证阿里云备案服务器。网站备案总的流程图如图9-22所示。

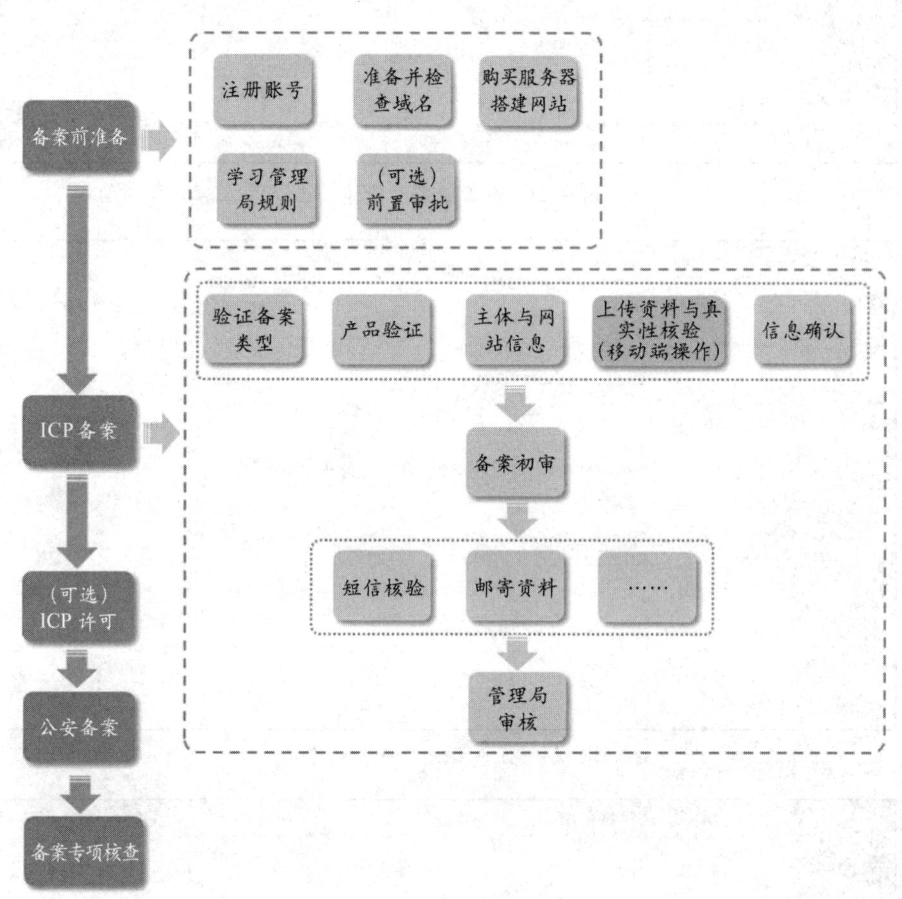

图9-22　网站备案流程图

9.5.1 ICP备案

(1) 首先申请备案服务号。在阿里云万网主机管理平台上选择“备案”→“备案服务号申请”选项,进入备案服务号申请页面,如图9-23所示。

选择“云虚拟主机”,可以看到与主机名相对应的实例ID。单击“申请”按钮,完成备案服务号的申请,如图9-24所示。

(2) 备案服务号管理。单击“备案服务号管理”选项,即可看到已经申请成功的备案服务号,如图9-25所示。

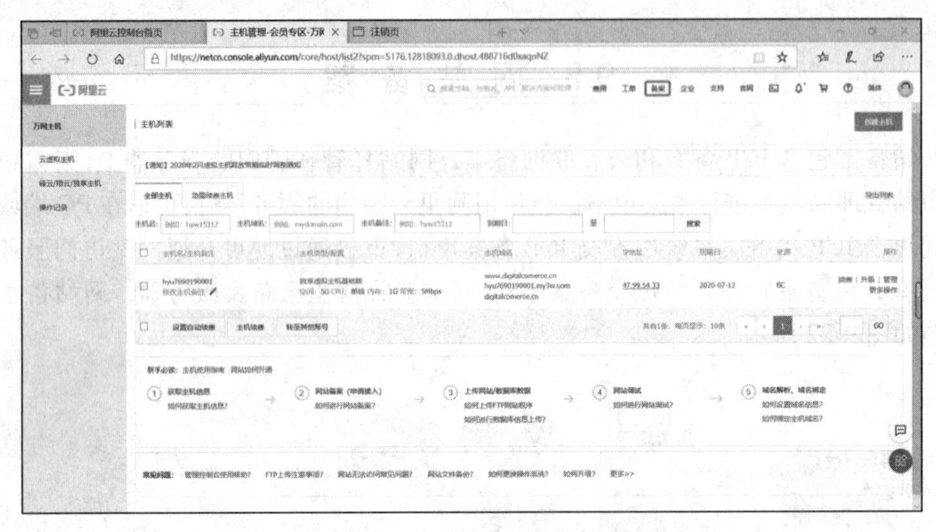

图 9-23　备案服务号申请页面

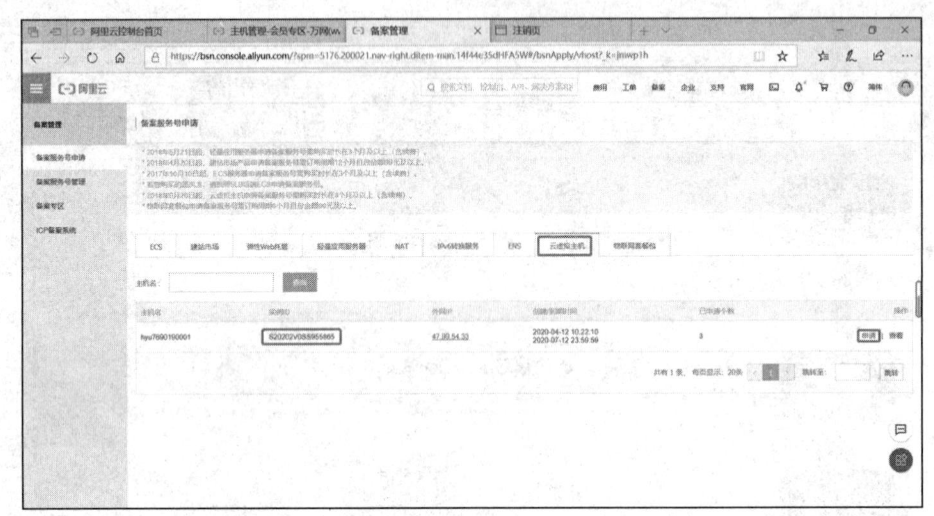

图 9-24　完成备案服务号的申请

图 9-25　网站备案服务号的管理

（3）在阿里云万网中单击“云虚拟主机”选项，选择“更多操作”命令，如图 9-26 所示，再选择“备案”。

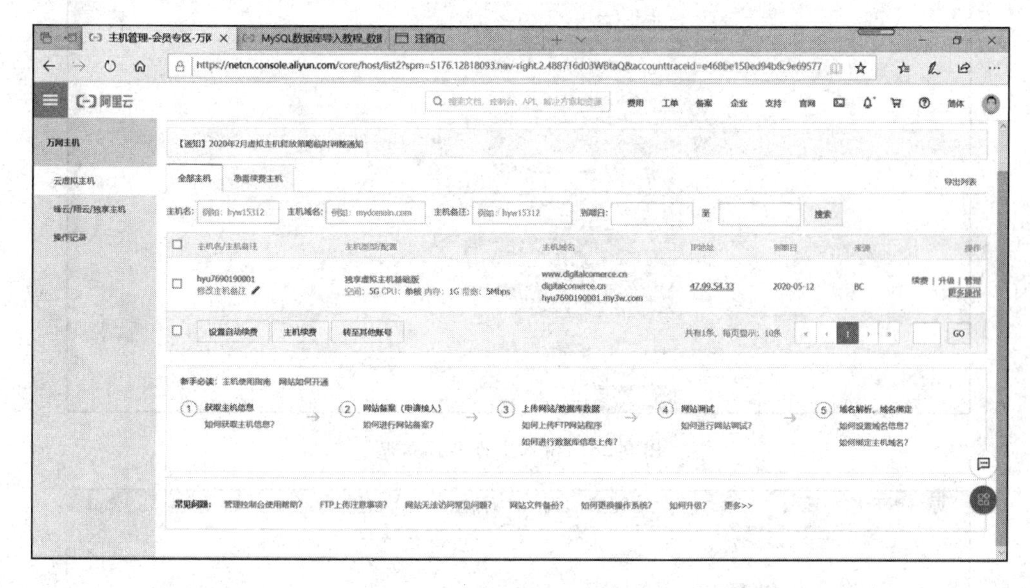

图 9-26 申请备案

（4）单击“开始备案”按钮，如图 9-27 所示。再输入主办单位信息，如图 9-28 所示。

图 9-27 开始备案

单击“验证备案类型”按钮，选择对应的实例 ID，单击“验证”按钮，如图 9-29 所示。

输入主办单位负责人信息，单击“下一步，填写网站信息”按钮，如图 9-30 所示。

输入网站基本信息，如图 9-31 所示。再在下一步上传备案资料，如图 9-32 所示。

（5）完成全部审核资料的上传，并核对信息，再提交信息，等待初审。初审完成后，阿里云备案审核专员会将备案申请转交至对应管理局（处）做最终的管理局审核。管理局审核通过后表明 ICP 备案即已完成，即可开通网站。

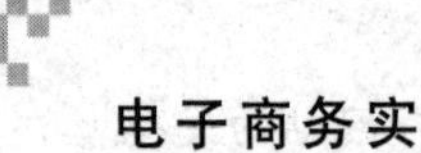

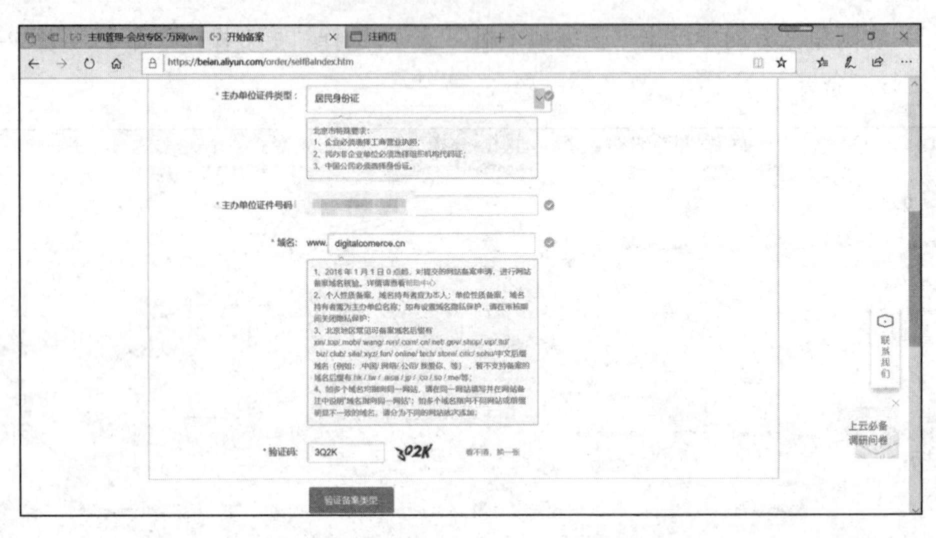

图 9-28 输入主办单位信息

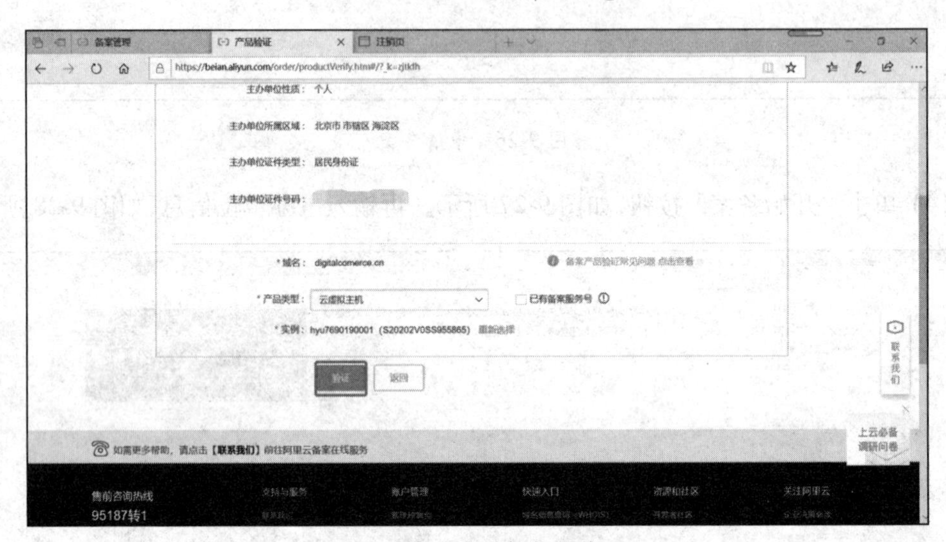

图 9-29 验证备案类型

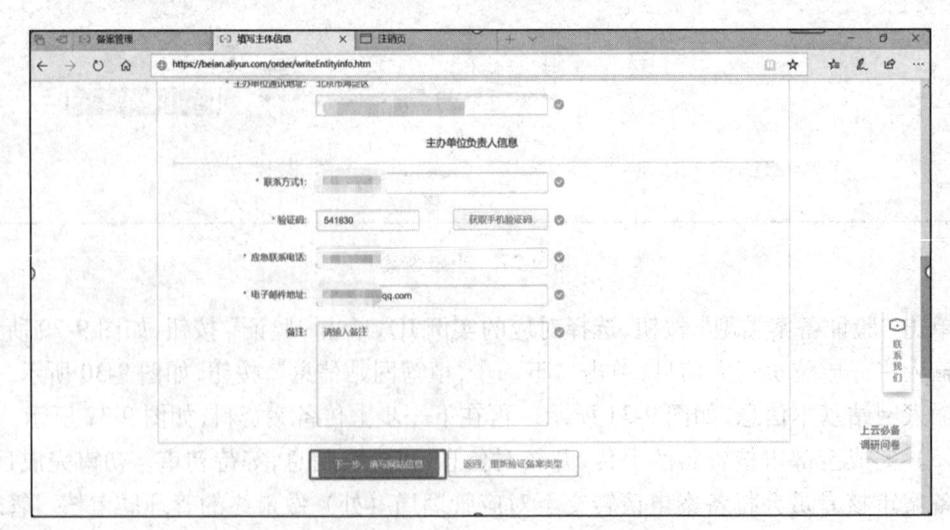

图 9-30 输入主办单位负责人信息

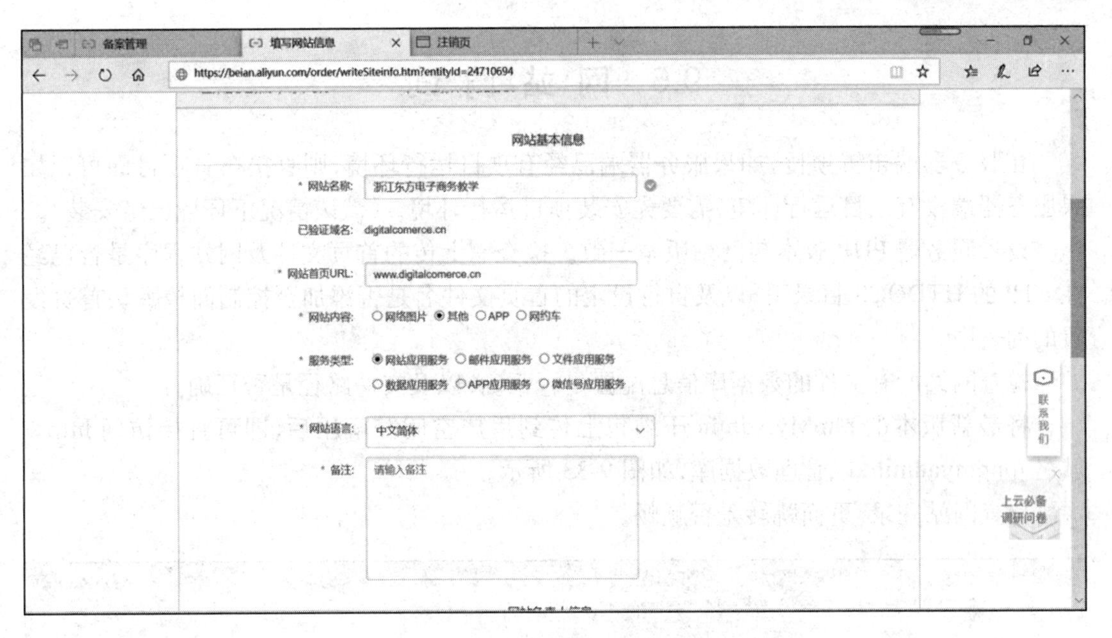

图 9-31 输入网站基本信息

图 9-32 上传备案资料

(6) 如果要发布的网站属于经营性网站（通过互联网向上网用户有偿提供信息或者网页制作等服务活动），则需在ICP备案后申请经营性ICP许可证。

9.5.2 公安联网备案

网站开通后，请在网页底部中间位置放置ICP备案号并链接至“全国互联网安全管理服务平台”（http://www.beian.gov.cn/portal/index），并在网站开通30日内登录“全国互联网安全管理服务平台”提交公安联网服务申请。

9.6 网站调试

在服务器端布置项目,如果服务器端已经有项目运行环境,则直接布置项目即可;如果服务器端没有项目运行环境,需要先安装项目运行环境。(默认情况下环境已经安装)。

设置服务器 PHP 版本与网站版本一致。检查需上传的首页文件及网站程序是否已经在 FTP 的 HTDOCS 目录下,以及自行设定的首页文件名是否添加至控制面板默认首页设置的列表中。

检查网站所有文件的数据库信息配置是否正确,以及文件路径是否正确。

将最新版本的 phpMyAdmin 压缩包上传到用户空间并解压后,即可直接访问 http://域名 /phpmyadmin,以管理数据库,如图 9-33 所示。

检查网站登录、页面跳转是否顺畅。

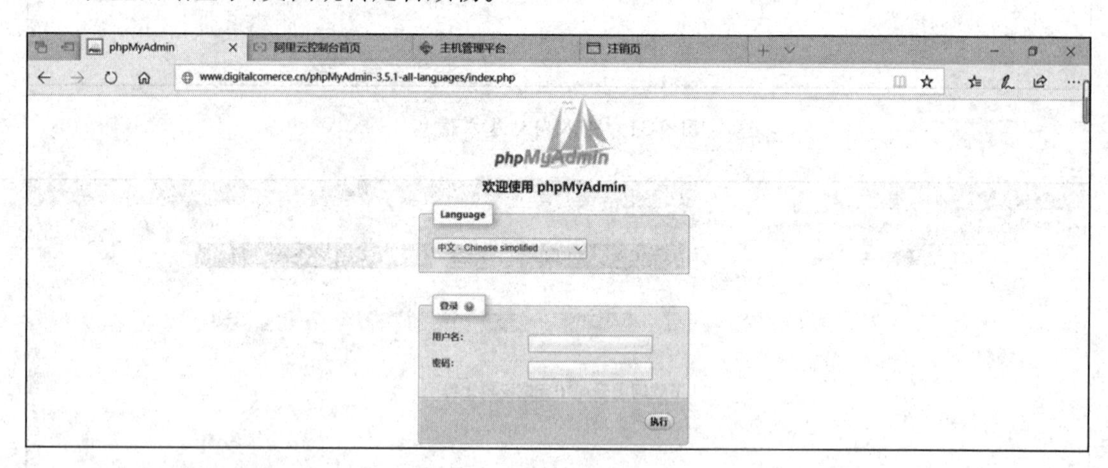

图 9-33　登录 phpMyAdmin

调试完毕,在浏览器中输入网站地址,即可浏览网站。

课后习题

本项目主要介绍如何进行网站的发布。下面通过实践操作巩固本项目的知识和技能。

(1) 登录阿里云申请一个域名。

(2) 登录万网(https://wanwang.aliyun.com/)并申请网站空间。

(3) 登录万网"虚拟主机管理平台",绑定域名空间。

(4) 启动 8UFtp 上传工具,完成站点上传。

(5) 在服务器端调试好网站,并浏览已经发布的网站。

项目10　网络市场调研问卷

本项目实训目标

- 掌握网络调研问卷的设计。
- 掌握网络调研问卷的发放。
- 掌握网络调研问卷的回收。
- 掌握网络市场调研问卷的统计和分析。

10.1　调研问卷的基本机构

调研问卷又称问卷、调查表，是以问题的形式系统地记载调查内容的一种方式和手段。调研问卷一般包括5个方面的内容：封面信、标题、导语、正文（调查内容）和结束语，如图10-1所示。

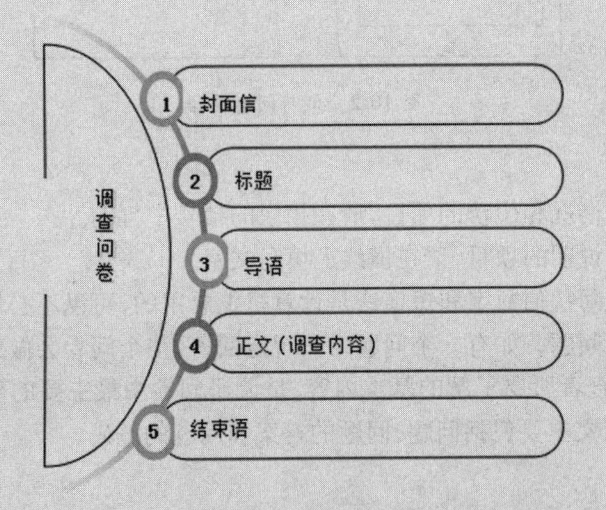

图 10-1　调研问卷结构

(1) 封面信是调查者向被调查者写的一封简短信，简单介绍组织调查的机构、调查的内容和范围、调查的目的，调查对象的选取方式、个人资料的保密原则、问卷的填答方法等。

【同步拓展】

亲爱的天猫用户：

亲，这是一份“消费者物流体验”的反馈问卷，需要您3～10分钟。

您的反馈是帮助我们改进的“密钥”，您的声音是我们的动力！非常感谢您的参与！

这份问卷填答时间截至2020年5月31日晚上12:00之前。

本次调研旨在了解您购买进口类商品的购物体验,您的反馈将帮助我们更好地服务于您。我们将每月从认真填答完问卷的用户中随机抽取50名,赠送10元天猫现金红包!

(2) 标题概括说明调查研究主题,让被调查者对所要回答的问题有个大致的了解,增强被调查者的填答意愿,比如《大学生手机流量消费状况调查》《天猫超市用户满意度调研》《天猫国际官方直营店用户满意度调研》等。调研问卷的标题不能简单以《调研问卷》形式出现。

(3) 导语也称填表说明,指导被调查者填答调研问卷。导语分为卷头指导语和卷中指导语,如图10-2所示。

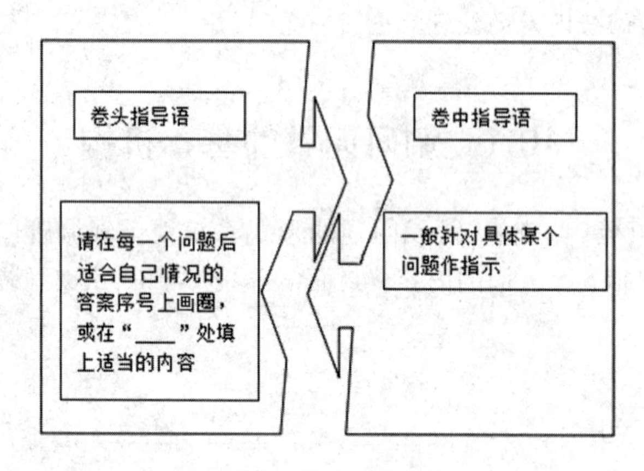

图10-2 调研问卷导语

更多导语如下。

① 凡符合您的情况和想法的项目,请在相应的括号中打钩。

② 凡需要具体说明的项目,请在横线上填写文字。

③ 每页右边的阿拉伯数字和短横线是计算机汇总用的,可以不必填写。

④ 请回答所有问题。如有一个问题未按规定回答,整个问卷会做废卷处理。

(4) 正文是调查者所要了解的基本内容,是调研问卷中最主要的部分,也是调研问卷设计的关键部分,正文主要包括问题、问题的答案和问题的编码。

【同步拓展】

问题的编码

调研问卷结束后需要对每个问题的答案进行整理、汇总和分析。为了充分利用问卷中的调查数据,提高问卷的录入效率及分析效果,需要对问卷中的数据进行科学的编码。编码是对一个问题的不同答案给出一个计算机能够识别的数字代码的过程,在同一道题目中每个编码仅代表一个观点,然后将其以数字形式输入计算机,将不能直接统计计算的文字转变成可直接计算的数字,将大量文字信息压缩成一份数据报告,使信息更加清晰和直观,以便对数据分组后进行分析。

(5) 结束语又称为致谢语,一般放在问卷的最后面,简短地对被调查者的合作表示感谢，比如“谢谢您对本次调研问卷的支持”“访问结束，谢谢合作”等。

10.2　设计调研问卷

10.2.1　调研问卷的设计原则

设计调研问卷需要遵循以下原则。

（1）客观性原则。客观性原则是指在调查过程中，一切从客观存在的实际情况出发，调研目标确定后要避免事先对调查结果产生的一定假设或预测形成先入为主的看法。

（2）目的性原则。调研问卷必须根据需要解决的问题和调研问卷的目标来设计问卷。

（3）科学性原则。要求从调查设计、资料采集、数据处理到统计分析的整个过程必须严格遵循科学规律。

10.2.2　调研问卷的问题类型

一份调研问卷多以开放式问题、封闭式问题和混合式问题的形式出现，如图10-3所示。

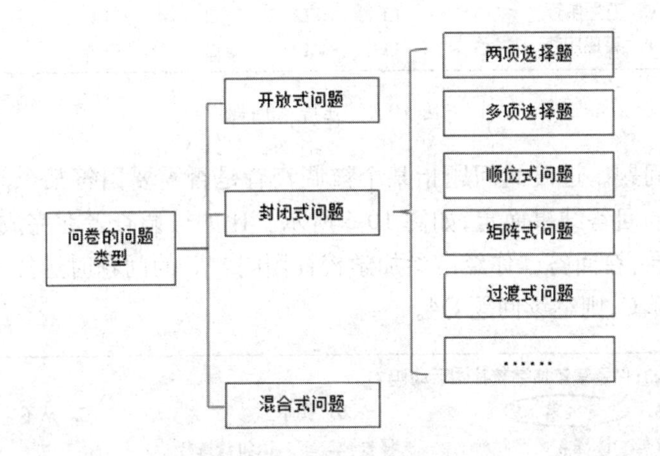

图10-3　调研问卷的问题类型

1．开放式问题

开放式问题可由被调查者自行构思、自由发挥，不事先给被调查者选项，是有效收集被调查者信息的方式。其缺点是被调查者不愿意配合，收集问题困难，数据不方便统计。

2．封闭式问题

封闭式问题是在提问的同时提供若干答案，由回答者根据自己的实际情况选择问题答案，所获得的信息比较集中，便于编码和统计分析，不利于填答者充分表达意见。为避免答案限制用户思维，通常在答案中加上“其他”选项，并允许用户填写自己的答案，这样既能满足被调查者答题的方便性，又不限制被调查者的思维。

封闭式问题包括以下形式。

（1）两项选择题。两项选择题是多项选择题的一个特例，一般只有两个选项，为“是”与“否”“有”与“没有”等。两项选择题的特点是简单明了。其缺点是所获信息量太小，容易导致极端的回答，有时候难以了解被调查者群体中客观存在的不同答案层次。

（2）多项选择题。多项选择题是从多个备选答案中选择一个或多个答案，这是调研问卷中常用的一种问题类型。多项选择题的优点是便于回答，便于编码和统计；其缺点是问题提供答案的排列次序可能会引起误解。对于部分调查者而言，选择第二个答案的可能性往往高于选择其他答案的可能性；如果答案均为数字，没有明确意见的人往往会选择中间的数字，而不是偏向两端的数字。

（3）顺位式问题。顺位式问题又称序列式问题，是在多项选择的基础上，要求被调查者对询问的问题按自己认为的重要程度和喜好程度选择答案。

（4）矩阵式问题。这是将若干个同类问题及几组答案集中在一起并排列成一个矩阵，供被调查者选择，如图 10-4 所示。

您对天猫超市提供的下列服务感受如何？（请在每一行适当的方框内打钩）

	很满意	满意	基本满意	不满意	很不满意
A. 快递服务	□	□	□	□	□
B. 包装服务	□	□	□	□	□
C. 卫生服务	□	□	□	□	□
D. 客服服务	□	□	□	□	□

图 10-4 矩阵式问题

（5）过渡式问题。过渡式问题指某个被调查者是否需要回答某个问题，常要根据他对前面某个问题的回答结果而定，如图 10-5 所示。比如被调查者在完成一份有关学校社团活动的调研问卷，在回答“你经常参加学校社团吗？”的问题时选择了 A，则直接跳到问题 Q12；若选择 C，则继续问题 Q4。

Q3:你经常参加学校社团活动吗？

A. 经常　　B. 偶尔　　C. 从不

（若Q3选择 A，请跳到Q12；选择其他答案，请继续选择Q4）

Q4：你较少参加社团活动的最重要的原因是：

A. 没时间　B. 不感兴趣　C. 活动不吸引人　D. 其他（请注明）

……

Q12：你认为你所在的社团目前收取的费用水平是否合理：

A. 合理　B. 不合理　C. 不知道

图 10-5 过渡式问题

3. 混合式问题

混合式问题又称为半封闭式问题，是在采用封闭式问题的同时再附上开放式问题。调研问卷大都采用混合式问题的方式。

10.2.3 调研问卷的问题表述

1. 调研问卷问题表述的原则

调研问卷必须得到被调查者的配合，有效的问题表述能够帮助被调查者顺利作答，减少被调查者的疲劳程度和厌烦情绪，提高问卷的回收率和作答质量。

(1) 具体性原则。即问题的内容要具体，不提抽象、笼统的问题。

(2) 单一性原则。即问题的内容要单一，不把两个或两个以上的问题合在一起提问。

(3) 通俗性原则。即表述问题的语言要通俗，不使用被调查者感到陌生的语言，特别是不要使用过于专业化的术语。

(4) 准确性原则。即表述问题的语言要准确，不使用模棱两可、含混不清或容易产生歧义的语言或概念。

(5) 简明性原则。即表述问题的语言应该尽可能简单明确，不冗长、不啰嗦。

(6) 客观性原则。即表述问题的态度要客观，没有诱导性或倾向性语言。

(7) 非否定性原则。即避免使用否定句形式表述问题。

【头脑风暴】

问题的表述

以下为某同学为天猫超市设计的调研问卷，请问其问题表述是否符合调研问卷问题表述的原则，并说明原因。

(1) 您为何选择天猫超市而不选择京东？

(2) 您不选择京东购物的原因是什么？

(3) 您认为天猫超市和京东哪个购物方便？

(4) 每次购物您喜欢偏贵的还是较便宜的？

(5) 您多长时间进行一次网上购物？

(6) 您是否经常购买洗发液？

(7) 您家每人平均每年的食品支出大概是多少？

(8) 你家每月购物的支出大概是多少？

2. 调研问卷问题表述的方法

为了获取被调查者的真实答案，在问题表述时，一些特殊问题可以采取“迂回”方法：

(1) 释疑法。即在问题前面写一段消除疑虑的功能性文字。

(2) 假定法。即用一个假言判断作为问题的前提，然后再询问被调查者的看法。

(3) 转移法。即让别人回答问题，然后再请被调查者对别人的回答做出评价。

(4) 模糊法。即对某些敏感问题设计出一些比较模糊的答案，以便被调查者做出真实的回答。

【经验之谈】

个人收入的调查

个人收入是一个比较敏感的问题，许多人不愿做出具体回答。可以采用模糊法询问被调查者的真实想法。

您本人全年的收入是：

A．3000 元以下　　B．3001~5000 元　　C．5001~10000 元

D．10001~100000 元　　E．100000 元以上

10.2.4 调研问卷的问题顺序

调研问卷在处理问题顺序的时候，需要重视问题的逻辑关系。有些问题具有时间上的逻辑关系，可以考虑按照时间顺序先问当前的问题，再问过去的情况；问卷中出现相同性质或者类似的问题，应该尽量安排在一起，使被调查者在答卷时，思路不至于频繁被不同性质的问题所打断。

1．先简单问题，后复杂问题

简单问题是一些事实性的容易理解并回答的问题，被调查者可以很快作答；复杂的问题需要被调查者进行一定的思考后才能回答。采取先容易、后复杂的顺序，以被调查者乐于回答的问题作为铺垫切入，可以降低拒访率，并为回答后续复杂问题做好准备。

2．先行为问题，后态度问题

行为问题指的是一些事实性的具体行为，比如消费的品牌、数量、价格等；态度问题是指看法与评价。采取先行为后态度的顺序，一是先易后难，先回答比较具体的事实性行为，再回答抽象的态度；二是从逻辑上，看法和评价是建立在行为的基础上，有行为作为前提，态度的问题更易回答，采用先行为后态度的顺序能够得到更加可靠的答案。

3．先一般性问题，后敏感性问题

安排问题顺序时，可将虽涉及对方情况又不属于机密或敏感性的问题，置于问卷的前面部分，创造一种宽松、融洽的调查气氛，以便进行深入调查。而对那些较为敏感的问题，一般放在靠后位置，这些问题包括以下两方面。

（1）关于被调查者本人的问题，比如年龄、婚姻状况、经济状况等。

（2）涉及被调查者公司内部问题，比如公司的营业额、利润水平、具体进货价格等。

4．先总括性问题，后特定性问题

总括性问题指对某个事物总体特征的提问，比如“线上购物时，哪些因素让你最后决定下单”。特定性问题是对某个要素或者某个方面的提问，比如“线上购物时，物流时效应处于一个什么样的重要程度”。

5．先封闭式问题，后开放式问题

封闭性问题较易回答，一般置于问卷前面部分；开放式问题需要被调查者思考后组

织语言书写答案，一般置于问卷的中间或者后面。

10.3　发放调研问卷

10.3.1　调研问卷发放的途径

在线问卷发放主要有以下 4 个途径。

(1) 将问卷放置在自建网站上，等待访问者访问时填写问卷。

(2) 通过邮件方式将问卷发放给被调查者，被调查者完成后再通过邮件方式将问卷返回。

(3) 在相应的讨论组中发布问卷信息。

(4) 将问卷发放在专业在线问卷调查网站。常见的专业在线问卷调查网站包括问卷星、乐调查、第一调查网、51 调查网等。

10.3.2　创建调研问卷

1．注册并登录问卷星

以下以专业在线问卷调查网站“问卷星”为例，讲解如何发放调研问卷。首先注册成为问卷星用户，如图 10-6 所示。已有账号登录有两种途径，一是直接登录；二是采用第三方方式登录，比如 QQ、个人微信和企业微信，如图 10-7 所示。

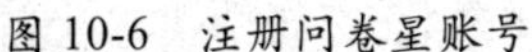
图 10-6　注册问卷星账号

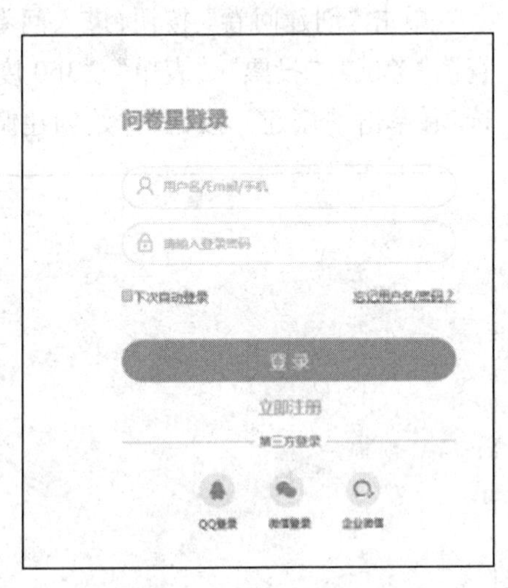

图 10-7　登录问卷星

2．创建调研问卷

登录后进入创建问卷页面，如图 10-8 所示。

问卷星提供人工录入问卷和样本服务，方便用户的不同调研需求。在已经准备好文档的前提下，用户可以使用“人工录入问卷”服务，只需半个工作日即可完成问卷的录入，已购买企业版问卷服务的用户可以免费使用这个服务。

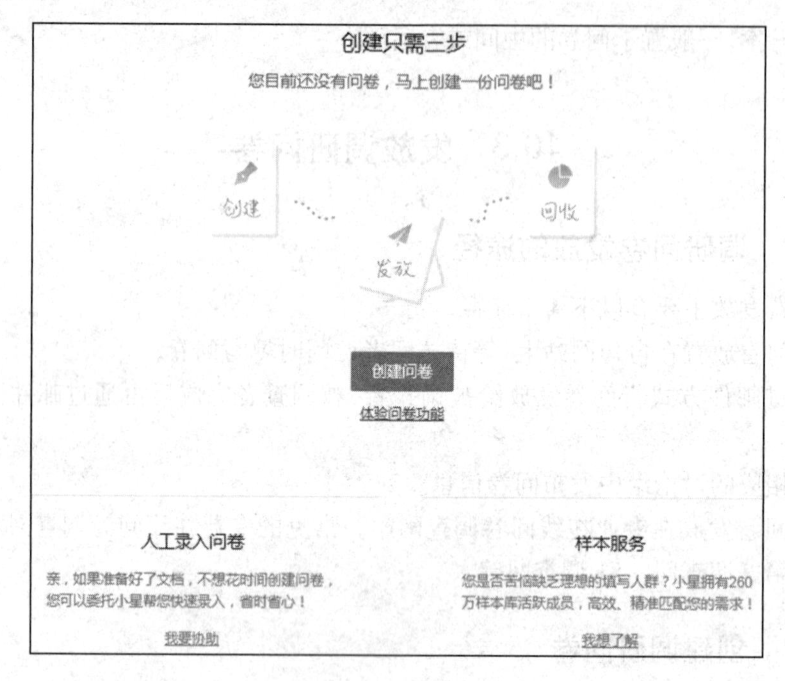

图 10-8　创建问卷

问卷星平台随机邀请平台的访问人员加入样本库，包括不同区域和不同年龄的公务员、学生、IT 员工、网购用户等，目前样本库具有 260 万活跃成员。使用“样本服务”可以将问卷精准发放到目标人群，并且可以交付相应数据。

单击“创建问卷”按钮，进入问卷类型选择页面。问卷星提供多种问卷类型，包括“调查”“考试”“投票”“表单”“360 度评估”和“测评”等，如图 10-9 所示。选择“调查”选项，单击“创建”按钮，开始创建调研问卷。

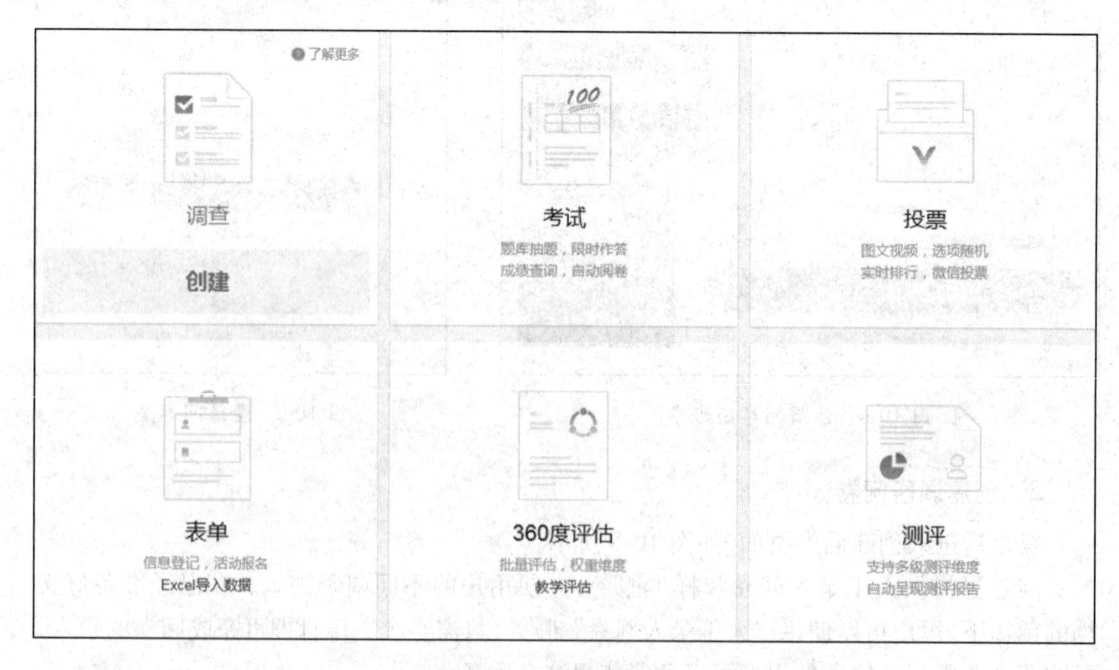

图 10-9　创建调研问卷

如图 10-10 所示，输入调研问卷的标题，单击“立即创建”按钮。注意，标题要简要概括地说明调查研究的主题，让被调查者对所要回答的问题有大致的了解，增强被调查者的填答意愿，不能简单以《调研问卷》命名。

图 10-10　创建调研问卷

问卷星为用户提供 3 种创建方式。

(1) 从模板创建问卷。问卷星为用户提供多种调研问卷模板，比如“大学生”“市场调查”“产品调查”“社会调查”“学生和学校调查”“行业调查”“NPS（净推荐值）调查”等，用户可以根据自己的需要选择模板，如图 10-11 所示。

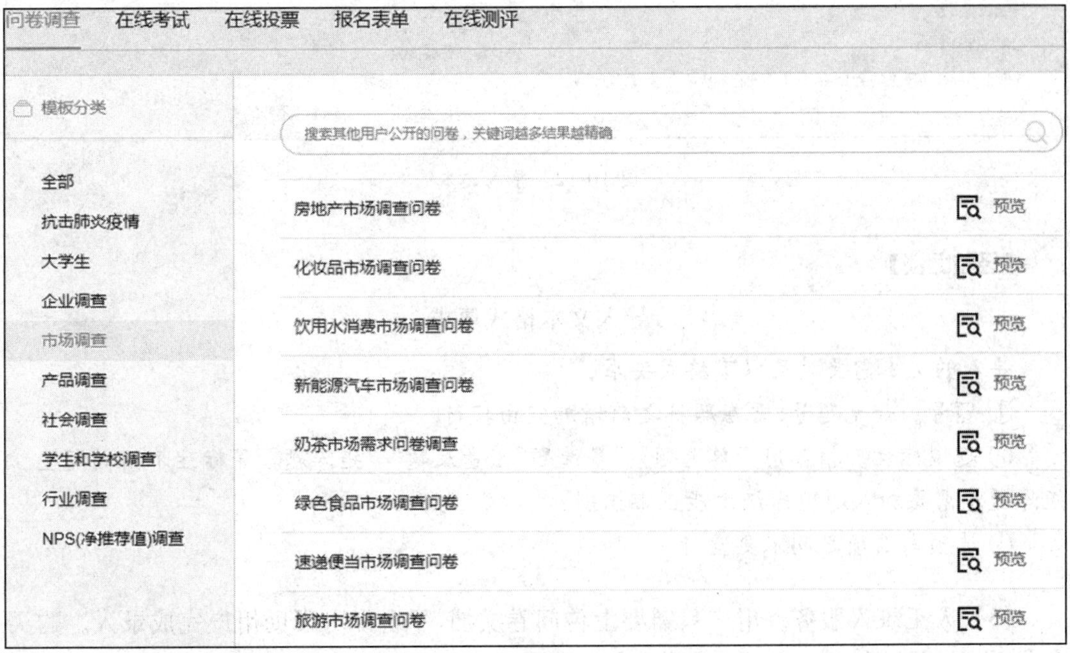

图 10-11　用模板创建调研问卷

（2）文本导入。用户已经准备好了调研问卷文档，可以单击图 10-10 中的“文本导入”按钮，进入文本导入页面，如图 10-12 所示。可以直接复制文本并粘贴在页面左边区域，页面右边区域即会产生相应的调研问卷文本，单击右下方的“完成”按钮，即完成调研问卷的文本导入。

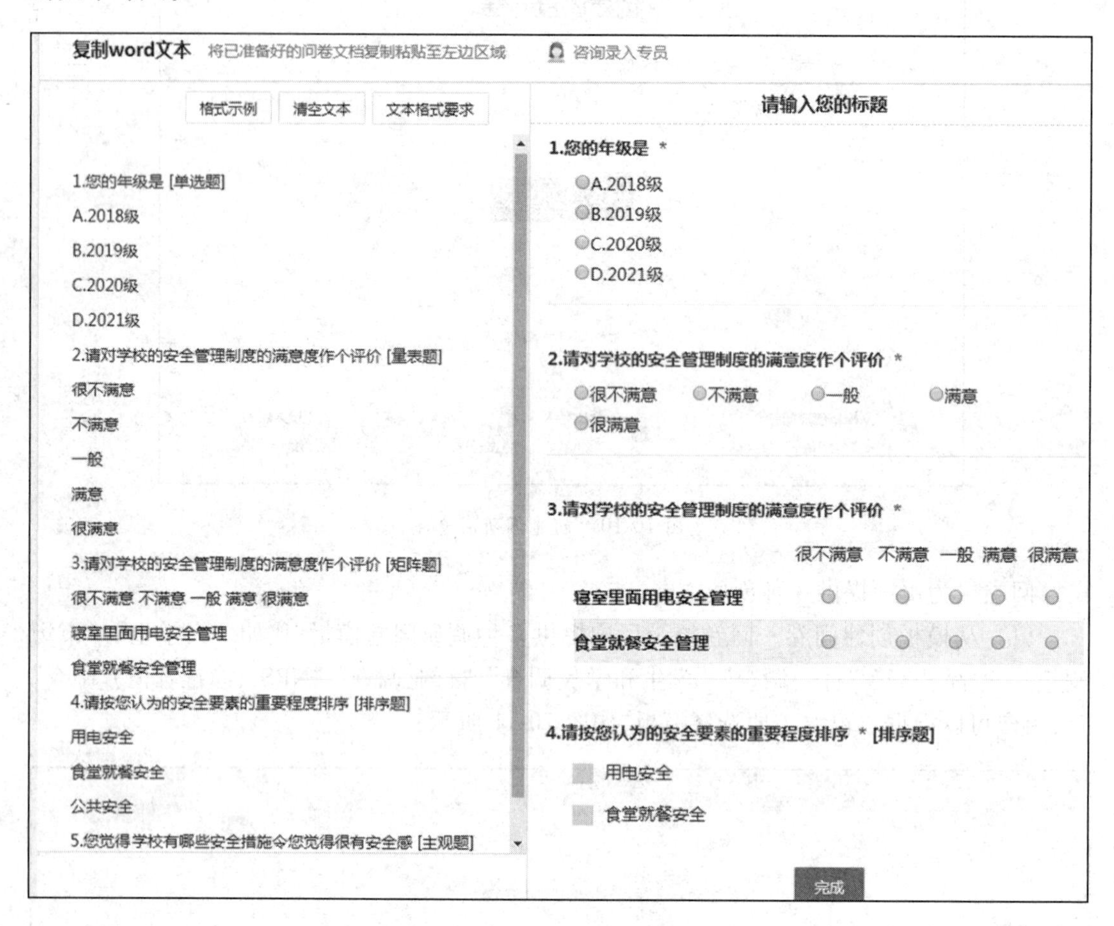

图 10-12 导入文本

【经验之谈】

导入文本格式要求

导入的文本需要满足以下格式要求。

① 题号。如无题号，需在题目之前增加空白换行。

② 题型标注。推荐用“单选题”“多选题”“量表题”“矩阵题”等标注不同的题型。矩阵题等需要加入题型标记才能正常识别。

③ 选项与选项之间不要空行。

（3）人工录入服务。用户只需要上传问卷文档，平台即可帮助用户完成录入。购买企业版问卷星服务可以享受免费录入问卷服务。

3．人工录入调研问卷

（1）录入调研问卷。调研问卷创建后进入人工调研问卷录入页面，如图10-13所示。问卷星提供“选择题”“填空题”“矩阵题”“评分题”及“高级题型”供用户选择。用户根据需要选择各种题型并依次录入后，单击页面下方的“完成编辑”按钮。

图10-13　录入调研问卷

（2）预览调研问卷。完成调研问卷编辑后，用户可以单击图10-13右上方的“预览”按钮查看调研问卷。问卷星提供“手机预览”和“电脑预览”两种途径，如图10-14所示。

用户勾选图10-14页面上方的“测试作答”，进入模拟作答状态。调研问卷发放前需要多次检查，并模拟作答，发现问题并修改，以获取更佳的调研结果。

10.3.3　发放调研问卷

用户单击图10-13页面上方的“完成编辑”按钮，进入问卷发放页面，如图10-15所示。问卷星为用户提供“编辑问卷”“问卷设置”“问卷外观”“红包＆奖品”“质量控制”等服务，以呈现更好的调研问卷，鼓励用户作答并获取更好的调研结果。

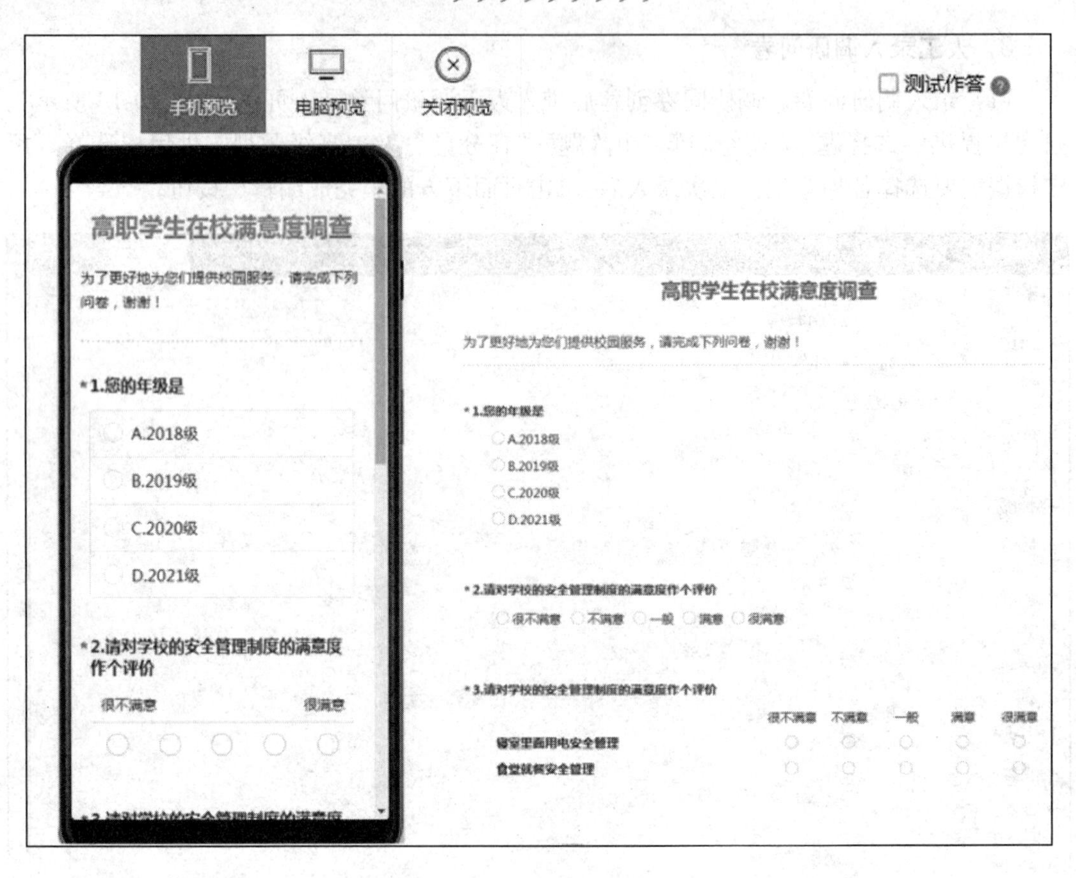

图 10-14 调研问卷预览

图 10-15 发放调研问卷

各项检查无误后，单击图 10-15 页面的“发布此问卷”按钮，即可进入问卷发布页面，如图 10-16 所示，用户既可以通过微信、QQ、微博等方式发放调研问卷，也可以通过复制链接的方式将问卷发送给相关调查者。

图 10-16 发布调研问卷

10.3.4 分析调研问卷

用户可以查看调研问卷的统计与分析，最简单的分析方式是以表格的形式展示。问卷星还提供饼状图、柱状图、圆环图等分析方式以及高级分析，包括 SPSS 分析等，如图 10-17 所示。单击页面上方的“查看下载答卷”按钮，能够将调研问卷的结果保存到 Word 文档中。也可以对调研问卷的答案来源进行分析，对调研问卷的完成率进行分析。

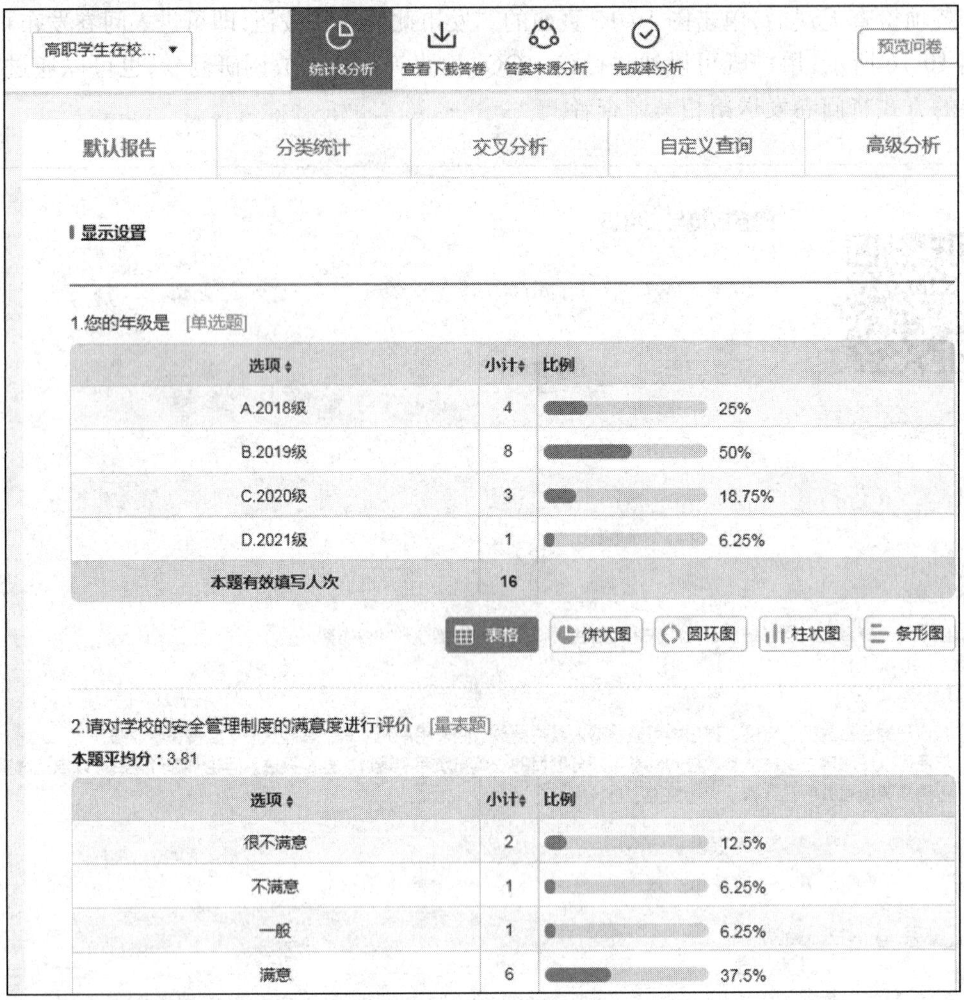

高职学生在校… ▼ 统计&分析 查看下载答卷 答案来源分析 完成率分析 预览问卷

默认报告 分类统计 交叉分析 自定义查询 高级分析

显示设置

1.您的年级是 [单选题]

选项	小计	比例
A.2018级	4	25%
B.2019级	8	50%
C.2020级	3	18.75%
D.2021级	1	6.25%
本题有效填写人次	16	

表格 饼状图 圆环图 柱状图 条形图

2.请对学校的安全管理制度的满意度进行评价 [量表题]

本题平均分：3.81

选项	小计	比例
很不满意	2	12.5%
不满意	1	6.25%
一般	1	6.25%
满意	6	37.5%

图 10-17 分析调研问卷

课后习题

本项目主要介绍了通过问卷星设计、发放和分析调研问卷。下面通过实践操作巩固本项目的知识和技能。

(1) 登录问卷星,注册问卷星账号。

(2) 为自己的账户设置一条个性化签名。

(3) 根据“双 11”活动中客户经常咨询的问题（比如快递、修改订单、优惠券使用等）设置 3 ～ 5 条快捷回复。

(4) 查看客户信息,并对客户进行分组。

项目11　千牛工作台的操作与使用

知识与技能目标

- 认识千牛工作台和千牛接待中心。
- 掌握千牛工作台的下载和安装方法。
- 掌握个性签名的设置方法。
- 掌握自动回复和快捷回复的设置方法。
- 掌握客户排序操作的设置方法。

11.1　认识千牛工作台

11.1.1　千牛工作台

千牛工作台（以下简称千牛）是在卖家版旺旺的基础上升级而来，是阿里巴巴为卖家量身定制的免费一站式全链路工作台，是网上用的商务沟通软件，可以帮助卖家轻松找客户，发布、管理商业信息，对店铺流量实时监控，及时把握商机。作为一名网店客服人员，必须熟练使用千牛。

千牛功能十分强大，对店铺的经营管理是通过插件实现的，比如处理订单、管理商品、分析数据等。千牛的插件分为基础类、数据类、营销类等20余种的插件，覆盖不同商业经营场景：商品管理、订单管理、客服接待、营销管理、数据监测、货源挑选、金融贷款、物流仓储、企业采购、服务外包和商业资讯。

- 基础类：快速发布商品、供品管理、订单管理、诚信通。
- 数据类：生意参谋、精准营销。
- 营销类：网销宝、阿里推客、服务市场、店铺红包、营销+、淘工厂、高德亮标。
- 客服工具：自动回复、团队知识库、任务中心。
- 服务：商学院、生意经、成长中心、服务中心。

11.1.2　千牛接待中心

“接待中心”是千牛的核心内容，是客服与客户沟通交流的平台，如图11-1所示。该界面由联系人列表区、客户交流区和信息显示区组成。

（1）联系人列表区。该区域主要由“消息”“最近”“好友”“群”4个按钮组成，方便客服人员找到联系人。单击“消息”按钮，显示当前接待的客户；单击“最近联系”按钮，显示最近联系人，可以选用不同颜色对联系人进行标记；单击“我的好友”按钮，分组显示好友，比如朋友、亲人、淘宝好友、同事、同学、未分组好友和陌生人等；单击“群”

按钮,显示我管理的群和我已经加入的群。

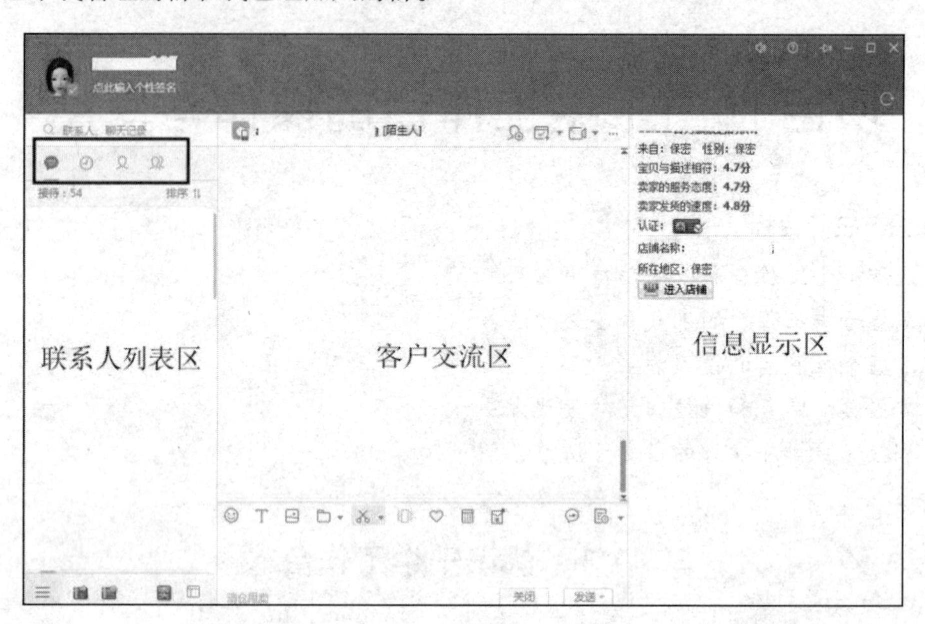

图 11-1 千牛接待中心

(2) 客户交流区。该区域是买卖双方进行交流沟通的区域,可以发送文件或者视频聊天等。在客户交流区底部有一排按钮,分别是表情、设置字体、发送图片、屏幕截图、振屏提示、提醒客服评价、计算器、发红包、快捷短语、查看消息记录等。

(3) 信息显示区。该区域主要显示“客户信息”“快捷短语”“消息记录”3 部分内容。默认情况下,该区域只显示客户信息,单击“快捷短语”按钮,在信息显示区显示设置的快捷短语内容。

11.2 下载和登录千牛工作台

千牛是天猫等平台卖家和买家沟通的必备工具。作为一名网店客服,必须熟练使用千牛。千牛工作台有计算机版、手机版(MAC 版即将推出),除了界面和使用场景略有差异外,其功能基本一致。

图 11-2 计算机版和手机版千牛工作台

下载千牛有两种途径。

(1) 打开百度搜索引擎,搜索“千牛”并下载安装。

（2）打开淘宝网，单击“千牛卖家中心”，如图 11-3 所示，输入已经申请的淘宝账号和密码，进入卖家后台，选择“千牛卖家中心”→“下载千牛”选项，如图 11-4 所示。

我的淘宝　购物车33　收藏夹　商品分类　千牛卖家中心　联系客服　网站导航

图 11-3　淘宝网千牛卖家中心

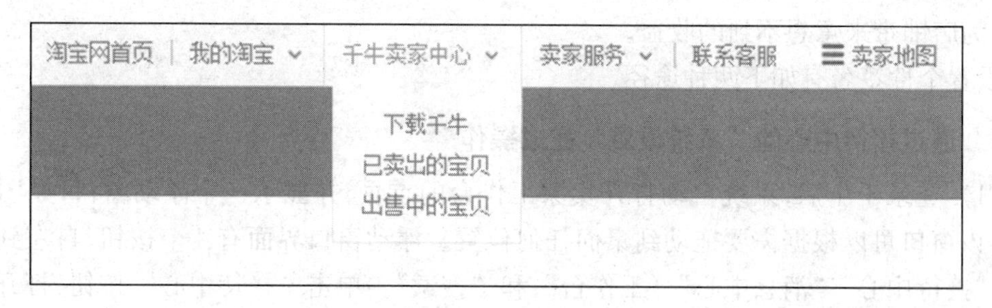

图 11-4　在淘宝网中下载千牛

下载完成后，打开目标文件夹，双击成功下载的安装程序，自动打开“千牛 - 卖家工作台安装向导”对话框，单击“快速安装”按钮，软件开始自动安装。安装完成后，桌面上会出现“千牛工作台”快捷方式，如图 11-5 所示。双击千牛图标后，出现千牛的登录界面，如图 11-6 所示，输入淘宝账号和密码，即可运行千牛工作台。

图 11-5　千牛快捷方式

图 11-6　千牛登录界面

11.3 千牛工作台的操作

11.3.1 设置个性签名

个性签名首先是卖家个性的体现。一个好的签名可以用来宣传自己、推广店铺、促成成交,为店铺带来意想不到的收益。

设置个性签名有如下两种途径。

1. 通过接待中心的“系统设置”完成操作

(1) 登录千牛后,系统自动打开卖家工作台的首页,并显示一个浮动窗口,如图 11-7 所示,该窗口可以根据需要拖动到桌面任何位置。浮动窗口界面有 4 个按钮,自左到右分别是“接待中心”“消息中心”“工作台”和“搜索”。单击“接待中心”按钮,打开“接待中心”。

图 11-7 千牛浮动窗口

(2) 在“接待中心”界面的左下角单击≡按钮,在下拉框中选择“系统设置”选项,如图 11-8 所示。

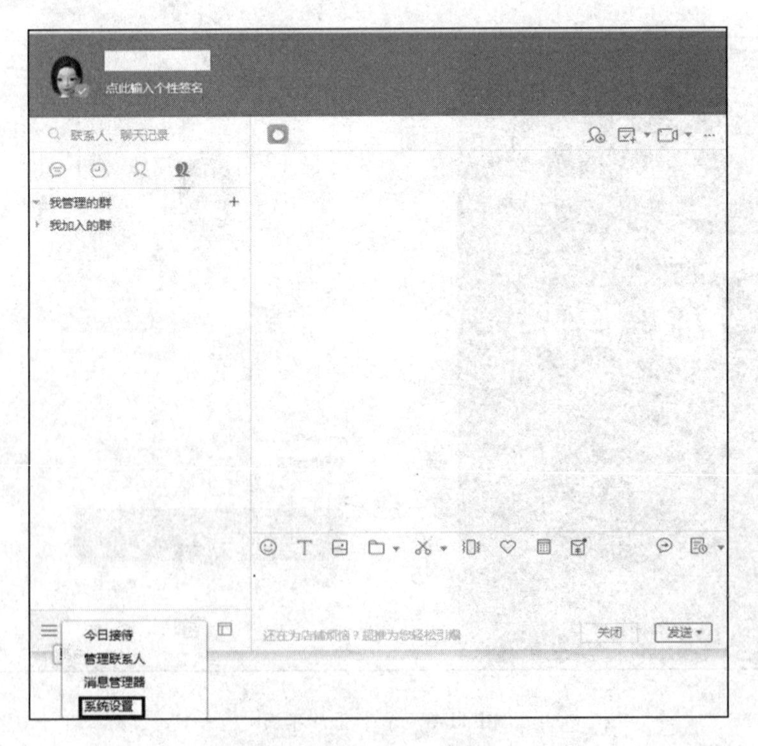

图 11-8 千牛系统的设置

(3) 打开“系统设置”页面后，单击左侧列表的“个性签名”选项，在展开的列表中单击“个性签名”按钮，打开设置个性签名的页面，然后单击底部的“新增”按钮，在编辑框中输入个性内容并单击“保存”按钮，完成操作，如图11-9所示。

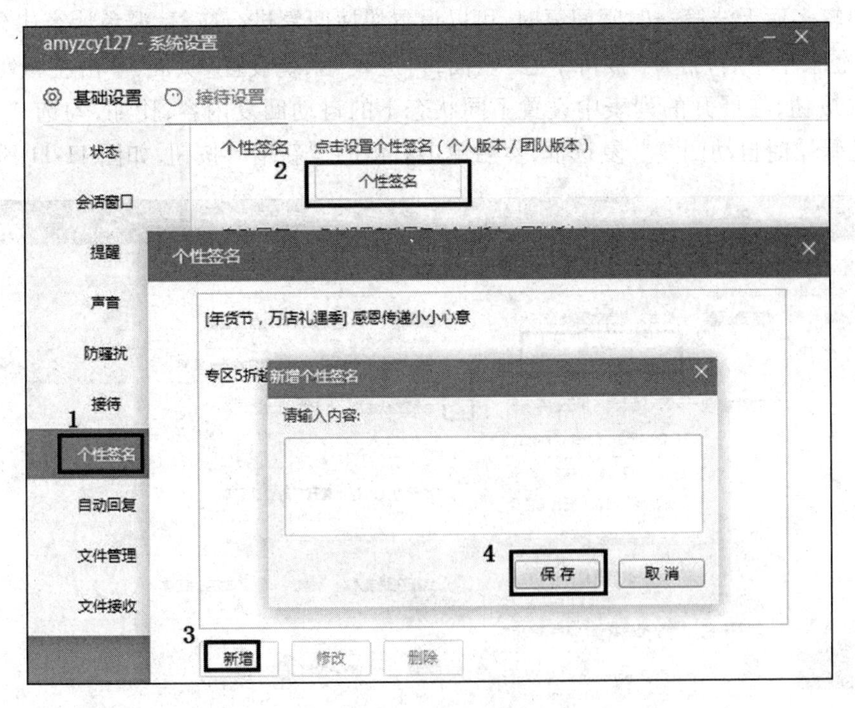

图11-9　个性签名设置页面

2. 直接输入个性签名

打开“接待中心”，在界面左上角单击旺旺名称下方的“点此输入个性签名”文本框，直接输入个性签名的内容，按Enter键确认操作，如图11-10所示。

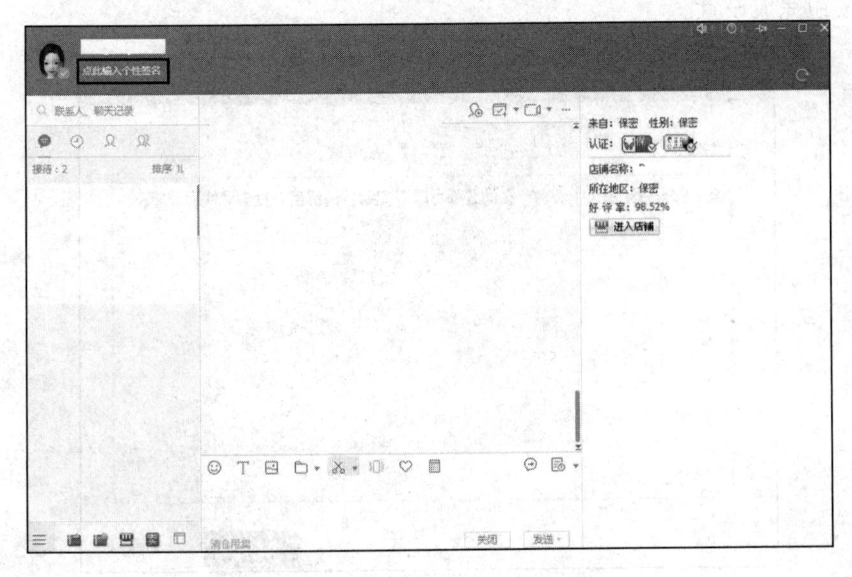

图11-10　直接设置个性签名

11.3.2 设置自动回复和快捷回复

客服离线时，可以设置自动回复，让客户知道自己的状态，避免让客户受到冷落；因在线客户较多而无法第一时间回复时，可以设置快捷回复进行应答，避免让客户久等。

(1) 登录千牛后，打开"接待中心"页面，再进入"系统设置"页面，单击左侧列表的"自动回复"按钮，在展开的列表中设置不同状态下的自动回复内容，比如，勾选"当我的状态为'忙碌'时自动回复"复选框，然后单击右侧的"新增"按钮，如图 11-11 所示。

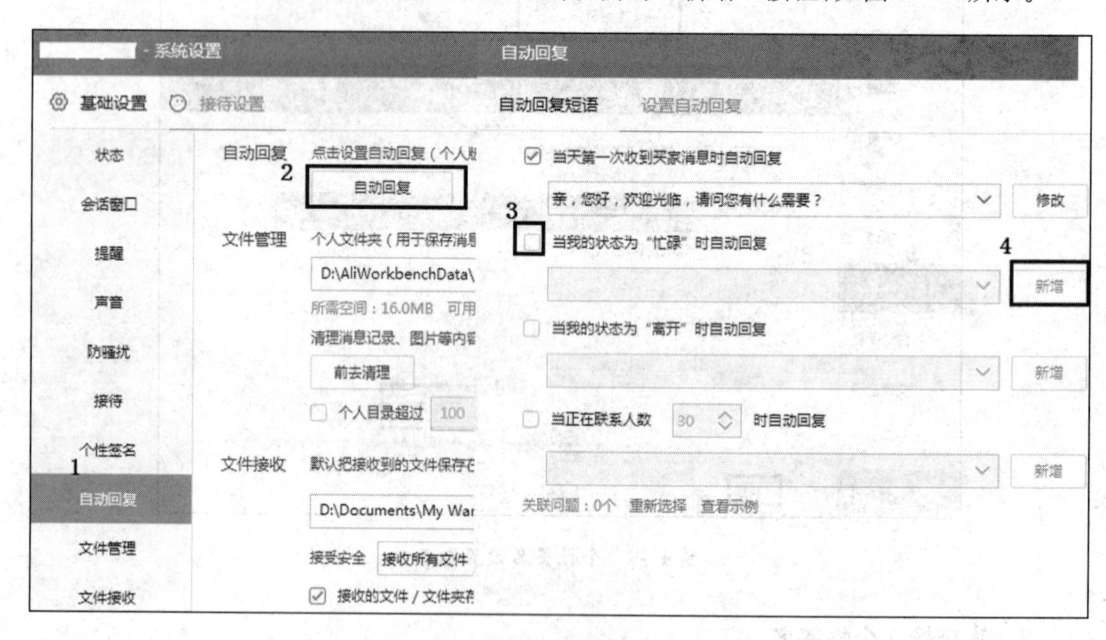

图 11-11 设置自动回复

(2) 打开"新增自动回复"对话框，输入需要回复的内容，如图 11-12 所示，然后单击"保存"按钮完成设置。

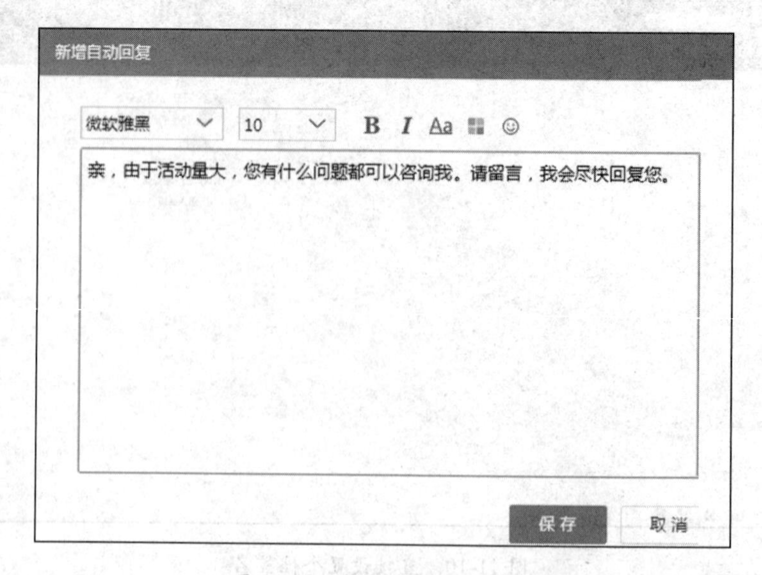

图 11-12 设置自动回复内容

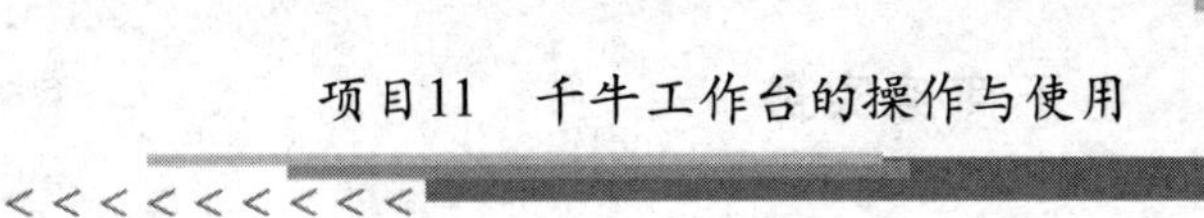

(3) 在“接待中心”页面的客户交流区中单击“快捷短语”按钮 ⊙,右侧列表框中会显示系统自带的快捷短语,这些快捷短语可以自主编辑或者删除。单击列表框底部的“新建”按钮,如图 11-13 所示,打开“新增快捷短语”对话框。

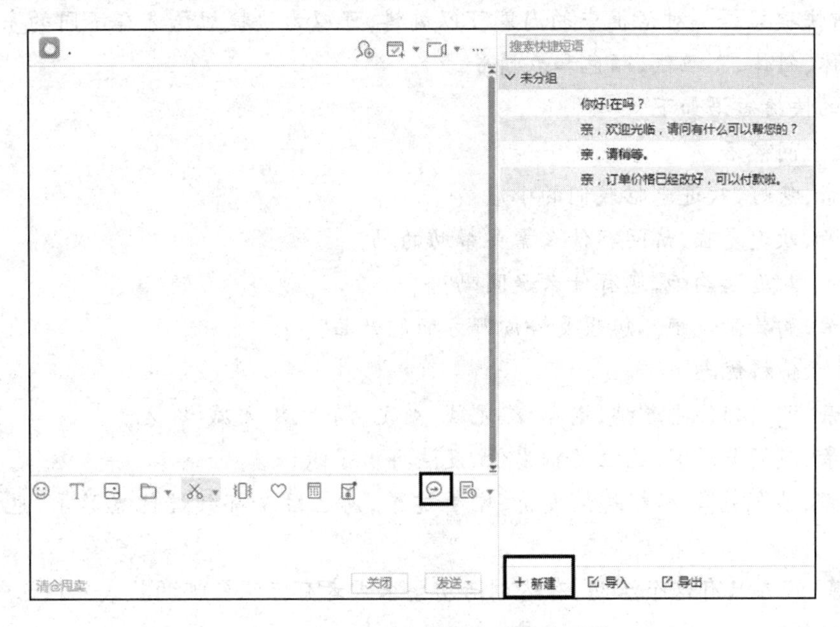

图 11-13　显示系统自带的快捷短语

(4) 在对话框中输入所需快捷短语的内容,输入“快捷编码”的内容,在“选择分组”下拉列表框中选择“新增分组”并且单击“确定”按钮,如图 11-14 所示,即完成快捷短语的新建。

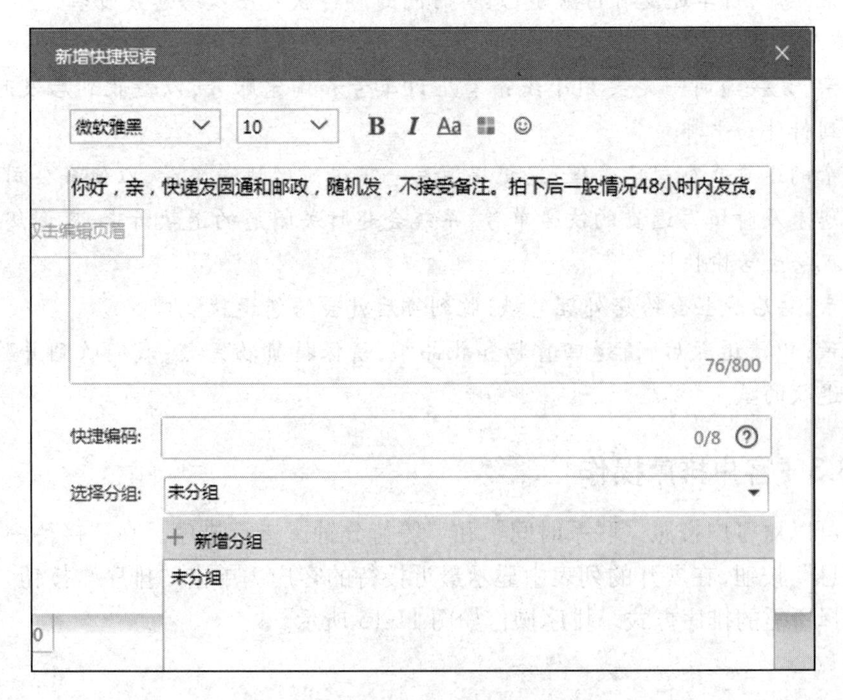

图 11-14　“新建快捷短语”对话框

【同步拓展】

新增快捷短语

“新增快捷短语”对话框中的内容可以编辑，可以为快捷短语选择不同的字体、字号，使用加粗体、斜体，下画线，颜色和表情等。

常见的快捷短语如下。

1. 关于问候语

(1) 亲，您好，欢迎光临我们的小店。

(2) 亲，欢迎光临，请问有什么需要帮助的吗？

(3) 亲，欢迎选购哦，您有什么疑问吗？

(4) 亲，购物愉快哦。您想要咨询哪方面的产品？

2. 关于价格优惠

(1) 亲，可以领优惠券哦，满 ×× 元减 × 元，满 ×× 元减 × 元。

(2) 亲，我们是厂家，已经是批发价，没法再少了哦。

(3) 亲，我们店全部都是批发价，刚看过了，您已经全部领过优惠券了，也是相当划算的。

(4) 亲，现在只有这个活动，有达到活动要求或者有标明包邮的款式并在包邮范围内，都可以包邮的哦。

3. 关于催付

(1) 亲，订单价格已经改好，可以付款啦。

(2) 亲，您的货物已经预留打包了，早点付款就可以给您发货啦！

(3) 亲，您的订单还没有付款哦，您有时间随时付款就可以给您发货啦。

4. 关于退货

(1) 亲，发快递时一定要用小纸条写上订单号和淘宝账号，以便收到后及时处理，切记不要发到付件和平邮。

(2) 亲的退货我公司已受理，您记得填写一下退货的快递单号，以便我公司为您受理退款。若您未及时填写退货的快递单号，系统会超时关闭您的退款诉求，感谢您对我公司的关注！祝您生活愉快！

(3) 亲，售后晚些会给您处理的哦，收到货后就会给您退款啦！

(4) 亲，申请退款后，请退回货物和礼品哦，请保持货物完整，我们收到并验货后，会给您处理退款的哦。

11.3.3 客户排序操作

千牛可以对客户按照“联系时间”和“等待分钟”进行排序。在“接待中心”页面单击“消息”按钮，在展开的列表中显示最近接待的客户。单击“排序”按钮，在打开的列表中选择所需的排序方式。排序操作如图 11-15 所示。

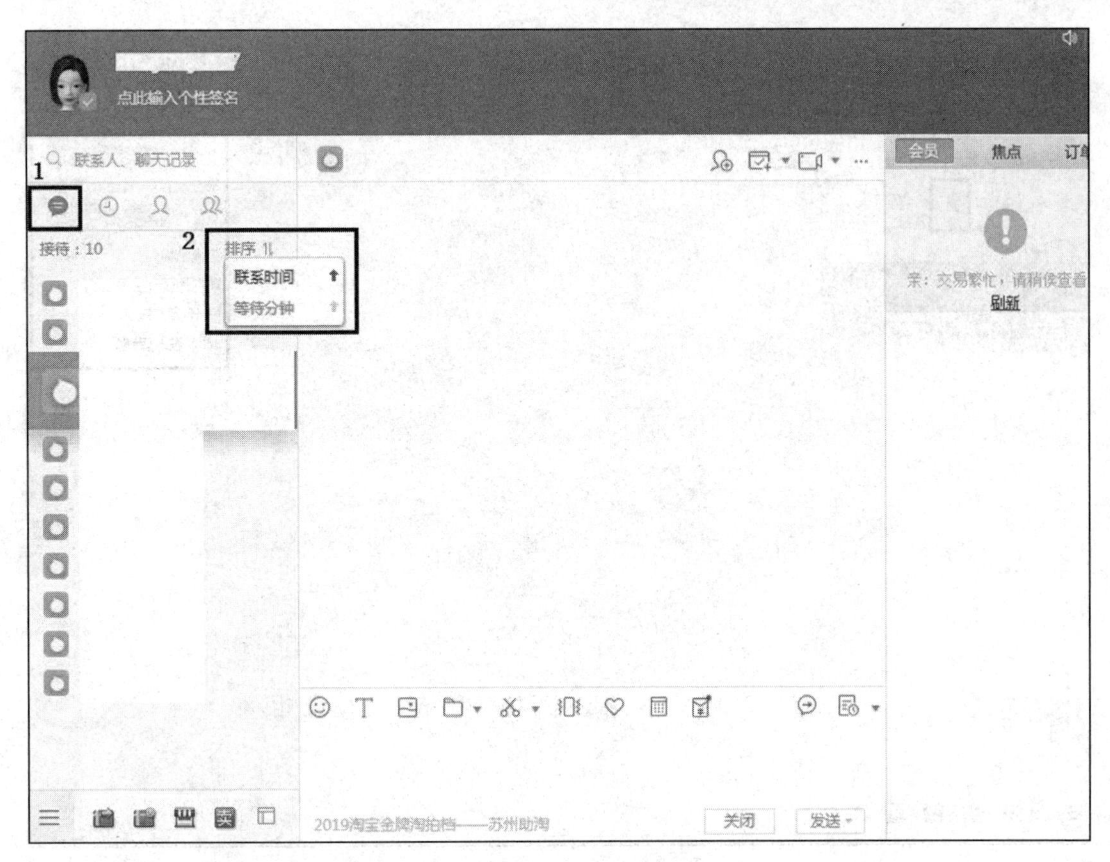

图 11-15　客户排序操作

【同步拓展】

联 系 排 序

“联系时间”排序可以快速查找曾经联系的客户，“等待分钟”排序可以优先回复等待时间较长的客户。

客服的响应时间长短是客服是否在线、是否以最佳状态迎接客户的最有力的证据。客服平均响应时间是指客服在回复客户的过程中，从客户咨询到客服回应的每一次时间差的均值，这个数值越小越好，可以帮助店铺分析客服的响应时间够不够及时，一般小型店铺平均响应时间是16秒。

11.3.4　查看客户信息

在接待客户时，经常需要查看客户的等级、好评率，从一定程度上了解客户的基本情况。千牛已经成为卖家卖货必备的聊天软件，可以查看买家的个人信息。

在“接待中心”页面单击“我的好友”按钮，在展开的列表中查找需要了解信息的客户，单击该好友头像，在页面的右侧区域查看该好友的相关资料信息，如图11-16所示。

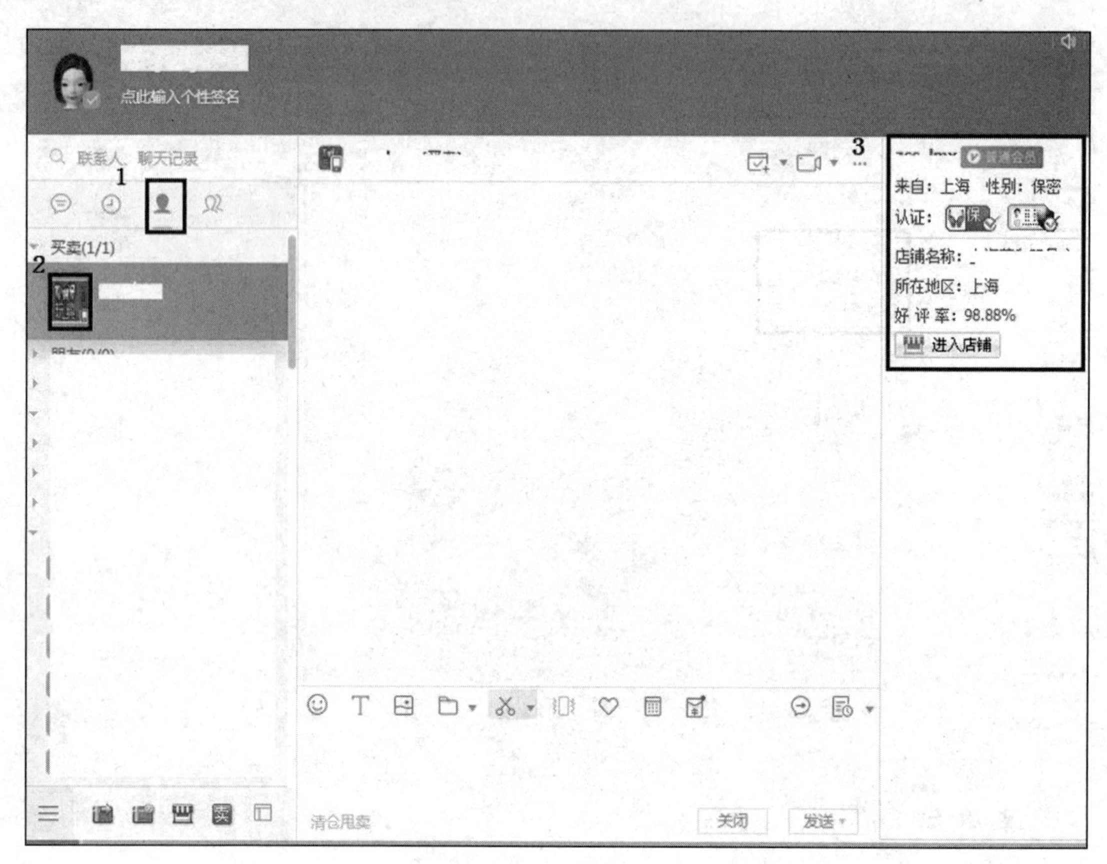

图 11-16　查看客户信息

课后习题

本项目主要介绍在线商务沟通软件——千牛工作台的功能和相关操作，下面通过实践操作巩固本项目的知识和技能。

(1) 登录千牛接待中心，熟悉千牛界面。

(2) 为自己的账户设置一条个性化签名。

(3) 根据“双 11”活动中客户经常咨询的问题（比如快递、修改订单、优惠券使用等），请设置 3 ～ 5 条快捷回复信息。

(4) 查看客户信息，并对客户进行分组。

附录　电子商务课程常用网站

1．电子商务网站

淘宝网　www.taobao.com

京东商城　www.jd.com

拼多多　https://www.pinduoduo.com/

天猫　https://www.tmall.com/

唯品会　https://www.vip.com/

苏宁易购　https://www.suning.com/

当当网　www.dangdang.com

聚美优品　http://sh.jumei.com/

考拉海购　https://www.kaola.com/

天猫国际　https://www.tmall.hk/

京东国际　https://www.jd.hk/

阿里巴巴国际站　www.alibaba.com

中国制造网　https://www.made-in-china.com/

全球速卖通　www.aliexpress.com

亚马逊　www.amazon.com

eBay　https://www.ebay.ca/

环球资源网　https://www.globalsources.com/

敦煌网　www.dhgate.com

米兰网　https://www.milanoo.com/

兰亭集势　https://www.lightinthebox.com/

Gmarket　http://global.gmarket.co.kr/

2．电子商务学习网站

派代网（电商网）　http://www.paidai.com/

艾瑞网（互联网数据平台）　https://www.iresearch.cn/

易观智库（互联网数据资讯网）　http://www.199it.com

36氪（让一部分人先看到未来）　https://36kr.com/

钛媒体（科技引领新经济）　https://www.tmtpost.com/

梅花网（营销作品库）　https://www.meihua.info/

3．电子商务资讯网站

网经社（电商门户）　http://www.100ec.cn/

亿恩网（跨境电商资讯网站） https://www.ennews.com/

亿邦动力网（电子商务新闻门户） http://www.ebrun.com/

虎嗅（商业科技资讯） https://www.huxiu.com/

创业邦（帮助创业者成功） https://www.cyzone.cn/

4．货源批发网站

阿里巴巴采购批发网 www.1688.com

义乌购 https://www.yiwugo.com/

5．其他网站

万网 https://wanwang.aliyun.com/

全国互联网安全管理服务平台 http://www.beian.gov.cn/portal/index

微信公众号 https://weixin.qq.com/

有赞 https://www.youzan.com/

参 考 文 献

[1] 赋能商学院.《啥是佩奇》一夜刷屏,谈年关广告营销 [EB/OL].（2019-02-10）.https://baijiahao.baidu.com/s?id=1623173791145023500&wfr=spider&for=pc.

[2] W3SCHOO．ASP.NET 教程 [EB/OL]．https://www.w3school.com.cn/aspnet/index.asp.

[3] 2017 年互联网领域十大典型知识产权案件 [EB/OL]．(2018-01-30)．http://www.100ec.cn/detail-6434750.html.

[4] 云联网．“双 11”12.92 亿元包裹背后,预示了哪些物流行业趋势 [EB/OL]．(2019-11-13)．https://wetuc.com/article/5dcb6b165a70000fef8c97b3.

[5] 宋治礼．《中华人民共和国电子商务法》解读 [EB/OL]．(2018-12-14)．http://blog.sina.com.cn/s/blog_1551caa100102ynpq.html.

[6] 刘双舟 . 电子商务法对互联网广告监管的影响 [J]. 中国工商管理研究 , 2019, 5:9-12.

[7] 玛丽莲 · 格林斯坦,托曼 · 法因曼．电子商务的安全与风险管理 [M]．谢淳,译 . 北京：华夏出版社，2001.

[8] 肖建华 . 电子商务物流管理 .[M]．北京：中国铁道出版社，2009.

[9] 王济昌．现代科学技术名词选编 [M]．郑州：河南科学技术出版社，2006.

[10] 杨游波．电子商务基础与应用 [M]．北京：人民邮电出版社，2017.

[11] 刘建珍,刘亚男,陈文婕．网店金牌客服 [M]．北京：中国工信出版集团，2018.

[12] 陈月波．电子商务实务 [M]．5 版．北京．中国人民大学出版社，2018.

[13] 范鹏．新零售：吹响第四次零售革命的号角 [M]．北京：电子工业出版社，2018.

[14] 嵇美华,杨楚婷,张春玉．跨境电子商务实务 [M]．北京：人民邮电出版社，2019.

[15] 白东蕊,岳云康．电子商务概论 [M]．北京：人民邮电出版社，2019.

[16] 姜吾梅,胡华江．电子商务法律法规 [M]．北京：电子工业出版社，2019.

[17] 李高阳 . 通信技术在电子商务中的应用 [J]. 计算机光盘软件与应用 .2011(13).

[18] 万晓林 . 浅析量子加密在电子商务安全中的应用 [J]. 西南农业大学学报（社会科学版）.2011(12).

[19] 陈洪,李娜,王新蕊,等 . 数字媒体技术概论 [M]. 北京：北京邮电大学出版社，2015.

[20] 袁方 .Y 陆港公司供应链信息云平台建设研究 [J]. 物流技术与应用，2019（8）.

[21] 唐四薪 . 电子商务安全 [M]. 北京：清华大学出版社，2013.

[22] 李佳 . 基于区块链的电子支付变革及展望 [J]. 中国流通经济，2018（13）.

[23] 王济昌 . 现代科学技术名词选编 [M]. 郑州：河南科学技术出版社，2006.

[24] 百度百科 . 电子交换系统 [EB/OL].https://baike.baidu.com/item/ 电子交换系统，2020.

参考文献